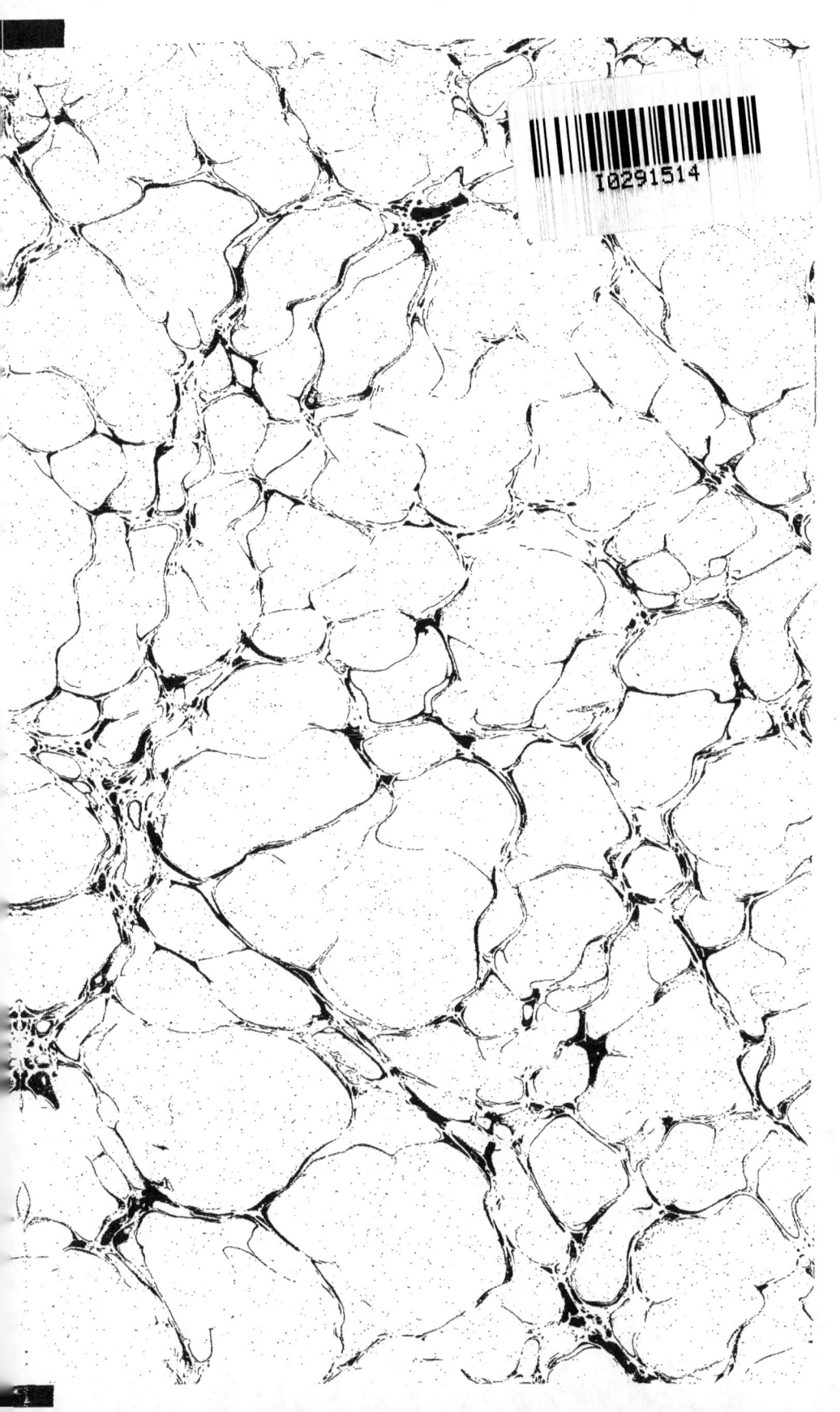

MÉMOIRES
DU
MARÉCHAL
DE VILLARS

PUBLIÉS D'APRÈS LE MANUSCRIT ORIGINAL
POUR LA SOCIÉTÉ DE L'HISTOIRE DE FRANCE

ET ACCOMPAGNÉS

DE CORRESPONDANCES INÉDITES

PAR M. LE Mis DE VOGÜÉ

MEMBRE DE L'INSTITUT

TOME SIXIÈME

A PARIS
LIBRAIRIE RENOUARD
H. LAURENS, SUCCESSEUR
LIBRAIRE DE LA SOCIÉTÉ DE L'HISTOIRE DE FRANCE
RUE DE TOURNON, N° 6

—

MDCCCCIV

MÉMOIRES

DU

MARÉCHAL DE VILLARS

IMPRIMERIE DAUPELEY-GOUVERNEUR

A NOGENT-LE-ROTROU.

MÉMOIRES

DU

MARÉCHAL

DE VILLARS

PUBLIÉS D'APRÈS LE MANUSCRIT ORIGINAL

POUR LA SOCIÉTÉ DE L'HISTOIRE DE FRANCE

ET ACCOMPAGNÉS

DE CORRESPONDANCES INÉDITES

PAR M. LE Mis DE VOGÜÉ

MEMBRE DE L'INSTITUT

TOME SIXIÈME

A PARIS
LIBRAIRIE RENOUARD

H. LAURENS, SUCCESSEUR

LIBRAIRE DE LA SOCIÉTÉ DE L'HISTOIRE DE FRANCE

RUE DE TOURNON, N° 6

—

MDCCCCIV

EXTRAIT DU RÈGLEMENT.

Art. 14. — Le Conseil désigne les ouvrages à publier, et choisit les personnes les plus capables d'en préparer et d'en suivre la publication.

Il nomme, pour chaque ouvrage à publier, un Commissaire responsable, chargé d'en surveiller l'exécution.

Le nom de l'éditeur sera placé en tête de chaque volume.

Aucun volume ne pourra paraître sous le nom de la Société sans l'autorisation du Conseil, et s'il n'est accompagné d'une déclaration du Commissaire responsable, portant que le travail lui a paru mériter d'être publié.

Le Commissaire responsable soussigné déclare que l'édition des Mémoires du maréchal de Villars, *préparée par* M. le Mis de Vogüé, *lui a paru digne d'être publiée par la* Société de l'Histoire de France.

Fait à Paris, le 15 octobre 1904.

Noël VALOIS.

Certifié :

Le Secrétaire de la Société de l'Histoire de France,

A. DE BOISLISLE.

NOTICE BIOGRAPHIQUE

Il semblerait qu'une *Notice biographique* fût superflue en tête d'une autobiographie. Mais les traditions de la *Société de l'Histoire de France* sont formelles, et l'éditeur des *Mémoires de Villars* ne peut que s'y conformer. Il lui a paru d'ailleurs qu'une esquisse de la vie de Villars, à cette place, ne serait pas sans quelque utilité. Outre qu'elle peut faciliter la lecture des *Mémoires* en donnant un cadre méthodique aux détails qui s'y rencontrent, elle peut aussi faire mieux comprendre, dans son ensemble, le caractère général de la longue existence de l'auteur. L'éditeur ne se dissimule pas ce qu'il y a peut-être de téméraire à essayer de refaire le portrait de Villars, après Saint-Simon et Sainte-Beuve; il estime pourtant que ce n'est pas faire œuvre inutile. Saint-Simon, écrivain incomparable, observateur implacable et admirablement informé, mais homme de cour dominé par de violentes passions et de mesquines préoccupations, Saint-Simon a fait une œuvre immortelle, mais, par certains côtés, injuste. La sagacité impartiale de Sainte-Beuve, son sens délicat de l'histoire se sont exercés sur des documents incomplets. Toute l'opinion du premier se résume dans cette boutade chagrine, que « l'infatigable bonheur de Villars l'a dégoûté de l'histoire; » toute celle du second tient dans cette phrase lapidaire : « Villars n'était pas un caractère, il était surtout un talent,

« un beau zèle et une fortune. » Le premier jugement ne saurait être accepté par ceux qui se rappellent que le bonheur de Villars a été le salut de la France. Le second est d'un relief saisissant et d'une exactitude frappante, mais il ne tient pas un compte suffisant du courage personnel qui fut porté au plus haut point chez Villars et qui est, après tout, la forme militaire du caractère.

Il reste donc quelque chose à dire, même après Saint-Simon et Sainte-Beuve, à l'éditeur des papiers inédits de Villars.

La famille de Villars est originaire de Lyon. Elle appartenait à ce patriciat municipal qui, enrichi par le commerce, anobli par l'échevinage, a, dans les grandes villes industrielles du midi de la France, comme dans les Républiques du nord de l'Italie, été la source principale de la noblesse locale. A la fortune près, qui a toujours été médiocre, les Villars ont suivi l'ascension normale que légitiment le travail, la probité, la science, les services rendus. Ils offrent même un des exemples les plus intéressants et les plus complets de ce qu'on pourrait appeler l'avancement social dans l'ancienne France.

Les Villars dont le nom se trouve au début de la généalogie authentique de la famille[1] exercent de modestes métiers ; ils sont *escoffiers*, c'est-à-dire marchands de vêtements en peau ; *ferratiers*, c'est-à-dire marchands de fer ; *sauniers*, c'est-à-dire marchands de sel ; en cette dernière qualité, ils afferment le transport et le tirage du sel sur le Rhône ;

---

1. Cette généalogie a été dressée, avec une érudition très sûre et toutes les preuves à l'appui, par M. Humbert de Terrebasse. Voy. la note insérée à la page 161 du tome VI du présent ouvrage.

NOTICE BIOGRAPHIQUE. xiij

l'importance de leurs affaires, l'honorabilité de leur vie les portent au premier rang de la hiérarchie municipale; pendant tout le cours des xve et xvie siècles, l'un d'eux siège presque toujours au conseil de ville; Barthélemy de Villars fut cinq fois consul de 1483 à 1511; il bénéficia de l'édit de 1495 de Charles VIII, qui anoblissait les échevins et les consuls. Balthazar de Villars fut cinq fois prévôt des marchands de Lyon, c'est-à-dire premier magistrat de la cité, de 1598 à 1627. Il fut le dernier de son nom qui ait fait partie de la municipalité lyonnaise, car, à cette époque, la race avait renoncé au commerce et s'était élevée d'un degré dans l'échelle sociale.

C'est par l'Église qu'elle avait franchi ce premier échelon. Pierre de Villars, l'oncle de Balthazar, était entré dans les ordres; intelligent et de bonne mine, il avait été remarqué par le cardinal de Tournon, qui l'attacha à sa personne et à ses missions diplomatiques; le puissant ministre de Henri II obtint pour son protégé d'abord l'évêché de Mirepoix (1551), puis une place de conseiller-clerc au Parlement de Paris (1555); après la mort de son protecteur, Pierre de Villars devint, par son seul mérite, archevêque de Vienne (1575) et membre du Conseil privé (1576)[1]. Arrivé au sommet de la hiérarchie ecclésiastique, il poussa à son tour ses neveux dans l'Église, dans la magistrature, dans l'armée. Pierre, l'aîné, lui suc-

---

1. Le brevet du roi Henri III est en notre possession; il est donné à Paris le 25 mai 1576, « en considération des bons et recommandables services faits par ci-devant et dès longtemps aux feus rois nos prédécesseurs et à nous, tant en plusieurs charges, voyages et commission dont il s'est honorablement acquitté qu'à l'exercice de l'estat de conseiller en notre court de Parlement de Paris. »

céda sur le siège archiépiscopal de Vienne, Balthazar devint premier président du Parlement de Dombes, Claude, le plus jeune, après quelques campagnes, entra dans la maison du Roi et fit son chemin à la cour; il devint chambellan du Roi, chevalier de Saint-Michel et enfin reçut de Henri III, par la protection de son oncle, des lettres de noblesse[1] qui scellaient définitivement l'entrée de sa famille dans le premier ordre de l'État.

A partir de ce moment, les Villars vécurent « noblement, » c'est-à-dire pauvrement, car, les profits du commerce supprimés, le patrimoine territorial était insuffisant et les enfants très nombreux; l'Église en recueillit un grand nombre : les filles entraient par fournées à la Visitation de Condrieu, à Saint-André-le-Haut de Vienne; les garçons se succédaient à l'archevêché de Vienne ou au prieuré de Beaumont; le reste se mariait comme il pouvait ou cherchait fortune dans le métier des armes. Le premier qui l'ait trouvée fut Pierre VIII de Villars, dit *Orondate*, le père du maréchal. Nous avons raconté ailleurs[2] la carrière de ce soldat de haute mine et d'humeur batailleuse, protégé par le prince de Conti et Mme de Maintenon, de lieutenant général devenu ambassadeur, faisant preuve, aussi bien à la guerre que dans les chancelleries, de qualités sérieuses et solides, finissant ses jours à la cour, chevalier d'honneur de la duchesse de Chartres, cordon bleu et estimé de tous, même de Saint-Simon. Il avait épousé la spirituelle Marie Gigault de Bellefonds, aussi pauvre que

---

1. Nous donnons le texte de ces lettres à l'*Appendice* du tome VI, p. 164-166.
2. *Mémoires de la cour d'Espagne,* par le marquis de Villars. Plon, 1893.

lui, mais riche de dons variés et pourvue de hautes relations ; elle fut la compagne dévouée et utile de sa carrière aventureuse.

Après la défaite de la Fronde, dont Villars avait embrassé le parti, et la mort tragique du duc de Nemours, dont il était le second, le ménage dut fuir Paris et se séparer. Villars se réfugia à Vienne, chez son oncle l'archevêque ; sa femme se cacha à Moulins, auprès de sa tante la comtesse de Saint-Géran, dont le mari était gouverneur du Bourbonnais.

C'est pendant cette retraite qu'elle mit au monde celui qui devait être le maréchal de Villars ; il naquit le 8 mai 1653 et fut baptisé le 29 du même mois en l'église de Sainte-Marie, sous les noms de *Claude-Louis-Hector*[1] ; le parrain fut le comte de Saint-Géran, la marraine, sa nièce Marie de Lévis-Ventadour, alors enfant.

De l'enfance de Villars, nous ne savons rien ; elle fut sans

---

1. L'acte de naissance retrouvé à Moulins et publié par M. Laguerenne, dans le *Bulletin de la Société d'émulation de l'Allier*, t. II, p. 380 (1852), est ainsi conçu : « Aujourd'huy, 29 may 1653, a été baptisé Claude-Louis-Hector Devillard, par le transport des fonds baptismaux des fonds de Saint-Jean, annexe de la paroisse de Saint-Bonnet, en l'église de Sainte-Marie, faubourg de Paris. Les parain et maraine ont été Monsieur le comte de Saint-Gerand, sénéchal et gouverneur du Bourbonnois, capitaine de cent hommes armez commandez par Sa Majesté et autres qualités ; la maraine, Mlle de Vantadoux, fille de M. le duc de Vantadoux. Et, lors du baptême, avoit atteint l'age de trois semaines ; et a été fait le présent baptême par moy curé de Saint-Bonnet, official et con[er] de l'eglise, ains que le parain seulement, la maraine n'a sçue signer à cause de son âge. (Signé) : DE SAINTGERAND, DEMONET. »

Le nom de *Claude* disparut dans la suite de tous les actes de Villars, sans doute comme insuffisamment héroïque et rappelant trop l'origine lyonnaise.

doute pénible; les ressources de ses parents étaient fort précaires; le père guerroyait en Espagne, en Italie, en Flandre, gagnant péniblement ses grades à la pointe de l'épée; la mère, seule au logis avec six enfants, luttait contre les dures réalités de la vie. Elle inspirait à ses fils sa propre vaillance et la volonté d'arriver par l'effort personnel; elle leur assurait au moins de puissantes protections par les relations qu'elle s'était créées; les charmes de son esprit lui avaient conquis une place marquée dans le cercle de femmes distinguées, qui comptait Mme de Sévigné, Mme Scarron, Mme de Saint-Géran, les « précieuses » et les « divines. » Louis-Hector fut mis au collège de Juilly. Ses études finies, il entra aux pages de la grande écurie. Sorti des pages en 1671, il accompagna son parent le comte de Saint-Géran, envoyé auprès de l'électeur de Brandebourg; mais la déclaration de guerre à la Hollande le rappela bientôt; il comptait sur le maréchal de Bellefonds pour lui faire faire ses premières armes; mais la disgrâce de son cousin, poursuivi par l'inimitié de Louvois, le privait de son protecteur naturel. Son père, ambassadeur en Espagne, ne pouvait rien pour lui. Ne comptant que sur lui-même, il se rendit à l'armée du Roi et fit si bien qu'il attira sur lui l'attention de Louis XIV. Courant du siège de Duisbourg à celui de Zutphen, de là au célèbre passage du Rhin, partout au premier rang, il se fit une réputation précoce de bravoure et obtint du Roi directement une cornette dans le régiment de chevau-légers de Bourgogne (1672).

Pendant l'hiver qui suivit, le Roi l'envoya à Madrid complimenter le roi d'Espagne au sujet de sa convalescence et embrasser son père. L'ouverture de la campagne de 1673 le rappela en Flandre; il se distingua au siège de Maestricht sous les yeux du Roi, puis sur le Rhin sous Turenne ; l'année suivante, nous le retrouvons à l'armée de Flandre ; il se fit remarquer par Condé à la journée de Séneffe ; blessé au fort de la mêlée, il mérita par sa belle conduite que le Roi lui donnât le régiment de cavalerie de Courcelles, vacant par la mort de son colonel ; il avait vingt et un ans.

A la tête de ce régiment, il servit pendant tout le reste de la guerre en Flandre sous Luxembourg, en Alsace sous Turenne puis sous Créqui, révélant de rares aptitudes au commandement : dû coup d'œil, de la décision, un brillant courage, se montrant partisan audacieux et vigilant, contribuant par des charges vigoureuses au succès des journées, comme à Kochersberg (1677), ou quittant ses cavaliers pour monter avec les grenadiers à l'assaut des villes assiégées, comme à Valenciennes, à Fribourg et à Kehl.

La paix de Nimègue (1678) arrêta pour quelque temps la carrière si brillamment commencée. L'oisiveté des cours ne convenait pas à la nature de Villars ; son penchant pour la galanterie, l'intempérance de son langage lui créèrent des difficultés et indisposèrent Louvois contre lui : il dut s'éloigner de Versailles ; il aurait voulu aller guerroyer en Hongrie contre le Turc, mais l'autorisation lui en fut refusée. Les bons services diplomatiques de son père et la protection de Mme de Maintenon le firent rentrer en grâce ; il reçut, en 1687, une mission de courtoisie auprès de l'empereur Léopold et une mission secrète auprès de l'électeur de Bavière, frère de la Dauphine, que le Roi voulait détacher de l'alliance autrichienne et associer à sa politique. Le diplomate improvisé débuta par des succès ; il sut si bien entrer dans les bonnes grâces de Max.-Emmanuel que l'électeur l'emmenait avec lui faire la campagne de Hongrie et le gardait ensuite à la cour de Munich. Par sa belle conduite à la bataille de Moharz, par son entrain et sa verve galante, il charma un prince avide de gloire militaire et de plaisirs mondains et l'amena à écouter favorablement ses premières ouvertures.

Très satisfait de ces débuts, Louis XIV changea en mission officielle la mission officieuse de Villars et l'accrédita auprès de l'électeur de Bavière en qualité de ministre plénipotentiaire (1688). Nous avons raconté ailleurs[1] les péripéties de la négociation que le jeune colonel, devenu diplomate, conduisit à Munich pendant plusieurs mois. Elle échoua complètement. Max.-Emmanuel, qui espérait alors tirer plus d'avantages de la maison d'Autriche que de celle de France, s'unit à la ligue d'Augsbourg, et, au moment de la déclaration de guerre, éconduisit cavalièrement le négociateur déconcerté. Le dépit de Villars fut profond; atteint dans son amour-propre autant que dans ses espérances, il quitta Munich la rage au cœur, se promettant de reprendre sa revanche, l'épée à la main ; il tint parole. La guerre le replaçait sur son véritable terrain; pendant dix ans, elle fournit à son ardeur infatigable les occasions de se distinguer. Il servit d'abord en Flandre sous Humières, sous Luxembourg, sous Boufflers. Nommé maréchal de camp (1689), il eut quelques commandements séparés ; il s'y montra actif, avisé, audacieux, sachant manier avec décision et à propos des masses de cavalerie (combat de Leuze, 1691); il se révéla aussi très habile dans l'art de vivre sur le pays ennemi, d'en tirer de fortes contributions au profit du Roi et aussi, il faut bien le dire, à son propre profit;

---

1. *Villars d'après sa correspondance*, t. I.

exagérant sans scrupule les droits de la guerre, il s'initia aux pratiques qui devaient donner à certaines de ses campagnes une triste célébrité.

A la fin de 1691, il passa en Allemagne, à l'armée du maréchal de Lorges; il y commanda toute la cavalerie. Pendant cinq campagnes, sous des chefs différents, à la tête de régiments bien entraînés, il prit une part active aux petites opérations qui désolèrent les bords du Rhin, sans exercer sur l'ensemble des affaires une influence très appréciable : coups de main heureux, escarmouches brillantes, fourrages rapides, exécutions fructueuses, il se fit partout remarquer, sans attacher son nom à aucune action de guerre importante. C'est ailleurs que les coups décisifs étaient portés, en Flandre par Luxembourg, à Steinkerque et à Nerwinde, en Italie par Catinat, à Staffarde et à la Marsaille, en Espagne par Noailles et Vendôme. Un instant, Villars alla rejoindre Catinat pour assister aux derniers mouvements qui précédèrent la convention de Vigevano, par laquelle le Milanais était neutralisé (1696). Rentré en Allemagne sous le maréchal de Choiseul, il essaya en vain de faire partager à son chef l'ardeur qui l'animait; il était inactif sous ses ordres sur les bords du Rhin quand le traité de Ryswick mit fin aux hostilités.

Ces dix années de combats avaient solidement établi la réputation militaire de Villars et commencé sa fortune; il était lieutenant général, pourvu du gouvernement de Fribourg et avait, sur ses profits de guerre, acheté la charge de commissaire général de la cavalerie.

Il avait, de plus, par une correspondance incessante, appelé sur lui-même l'attention du ministère. Louvois aimait à recevoir directement des lettres des officiers généraux pourvus de commandements subordonnés; elles lui servaient à contrôler les rapports des chefs, à augmenter ses sources d'informations, à juger les hommes d'avenir. Villars fut un de ses correspondants volontaires et non le moins actif; ses rapports ne contenaient pas seulement le récit des opérations en cours, ils abondaient en aperçus personnels, en traits piquants, en projets de guerre; les vues d'ensemble y complétaient les observations de détail; on peut croire que Villars ne s'y oubliait pas; il savait se faire valoir, et n'y manquait pas. Ses rapports furent souvent mis sous les yeux du Roi, qui s'habitua à entendre prononcer son nom, à le prononcer lui-même avec attention et sympathie. Après la mort de Louvois, Barbezieux avait continué les errements de son père; il n'aimait pas Villars, mais il appréciait ses services et ménageait en lui l'homme auquel allaient la faveur royale et la notoriété publique. Villars était sur la voie qui menait aux grands commandements et par eux à la fortune.

Louis XIV pourtant ne comptait pas faire un prochain appel à ses talents militaires. Rassasié de gloire et fatigué des lourdes responsabilités de la guerre, il espérait sérieusement avoir signé à Ryswick une longue paix. Son ambition était alors de résoudre pacifiquement les deux seules questions qu'il eût encore à régler pour achever son œuvre : la succession d'Espagne et l'annexion de la Lorraine. C'est aux seules ressources de la diplomatie qu'il voulait devoir leur solution. Villars lui parut propre à le seconder dans cette entreprise laborieuse. Il lui confia le poste de Vienne (1698). La mission était des plus délicates; il fallait amener la cour d'Autriche à renoncer à ses droits exclusifs sur l'Espagne et à accepter le traité de partage que Louis XIV négociait avec l'Angleterre et la Hollande. Villars ne réussit pas, non qu'il se fût montré inférieur à sa tâche, mais ses efforts se brisèrent contre l'obstination fataliste et mystique de l'empereur Léopold ; le seul tort qu'il ait eu fut de ne pas se rendre un compte exact de la situation, de croire et de dire que, libre de négocier un arrangement direct avec l'Autriche, en dehors des puissances maritimes, il l'eût conclu à la satisfaction des deux parties. Quoi qu'il en soit, le testament de Charles II, son acceptation par Louis XIV, l'avènement de Philippe V faisaient s'écrouler les combinaisons pacifiques du Roi, et la guerre allumée de nouveau en Europe venait offrir à Villars un champ mieux approprié à ses talents.

Contre toute attente, la guerre commença mal pour la France. En Italie, le prince Eugène, vainqueur à Carpi et à Chiari, prenait Villeroi dans Crémone ; en Flandre, Marlborough refoulait Boufflers et le duc de Bourgogne de Nimègue à Mons ; sur le Rhin, Catinat demeurait indécis et inactif en face des entreprises du prince Louis de Bade. Louis XIV se souvint de Villars, de ses vastes projets, de son audace ; il forma pour lui en Alsace un corps séparé et lui en donna le commandement, avec la mission de passer le Rhin et d'aller rejoindre l'électeur de Bavière, récemment lié avec lui.

Villars prit immédiatement l'offensive et débuta par un succès. Trompant le prince de Bade par de rapides manœuvres, il franchit le fleuve à son insu et le battit à Friedlingue (14 oct. 1702). L'effet de cette victoire, habilement présentée, fut considérable, hors de proportion même avec ses résultats, mais c'était le premier succès de la campagne ; il révélait un capitaine, rassurait l'opinion inquiète. Fait maréchal de France, Villars vit tous les regards se tourner vers lui; la duplicité de l'électeur de Bavière arrêta son élan; Max.-Emmanuel manqua volontairement au rendez-vous. Villars dut rentrer en Alsace; mais l'électeur s'étant enfin franchement déclaré, il reprit le projet de jonction et en prépara activement l'exécution.

Élevé à l'école de Turenne et de Condé, Villars rêvait de continuer leurs traditions; il avait l'instinct de la grande guerre, des combinaisons stratégiques à longue portée; il réprouvait la lente et stérile guerre de sièges qui semblait prévaloir dans les habitudes de ses contemporains. Le plan qu'il conçut alors était digne des grands capitaines. C'est celui que Napoléon exécuta en 1809. Il consistait à descendre le Danube et à marcher sur Vienne, appuyé par Vendôme venu d'Italie par le Tyrol, soutenu par Tallard, qui contiendrait le prince de Bade et assurerait les communications avec la France. Vigoureusement exécuté, ce plan aurait sans doute réussi et aurait mis fin à la guerre. Mais il échoua devant l'égoïsme à courte vue de l'Électeur, qui ne cherchait qu'à agrandir ses états, devant l'indifférence de Vendôme, qui mit deux mois à se rendre de Mantoue à Trente, devant l'aveuglement de Tallard, qui s'obstina à faire faire au duc de Bourgogne, loin des atteintes du prince de Bade, des sièges honorables et inutiles; il échoua enfin devant l'insuffisance de Chamillart, qui ne sut ni soumettre ces divergences, ni coordonner ces efforts incohérents, ni obtenir du Roi des ordres positifs. Après le début le plus brillant, après avoir enlevé Kehl en douze jours et forcé le passage des montagnes Noires (28 avril-4 mai 1703), Villars se vit réduit à l'inaction; isolé au milieu de l'Empire, il s'épuisa en querelles personnelles, en fausses manœuvres, en combinaisons avortées. Il sauva du moins l'honneur des armes et sa propre réputation par la brillante victoire de Hochstædt (20 septembre 1703). Mais il ne put accomplir aucun de ses desseins; brouillé avec l'Électeur, rebuté, découragé, il demanda son remplacement et l'obtint facilement du Roi; il rentra en France en novembre 1703, de très méchante humeur, mais chargé des dépouilles de l'ennemi, rançonné sans pitié et sans pudeur pendant six mois.

L'année suivante, Louis XIV l'envoya dans les Cévennes soulevées, qu'il pacifia par sa modération et son habileté plus encore que par ses armes. Le terrible désastre de Hochstædt (13 août 1704) ramena l'attention sur lui et le Roi lui rendit une armée. Il justifia cette confiance. La campagne qu'il fit sur la Moselle (juin 1705), de l'aveu même de Saint-Simon, fut remarquable. Ses habiles manœuvres et ses bonnes dispositions arrêtèrent Marlborough et l'obligèrent à s'éloigner de la frontière de France. Il prit aussitôt l'offensive à son tour, pénétra en Alsace, emporta et rasa les lignes de Wissembourg; puis, après ses quartiers d'hiver, il reprit Drusenheim et Haguenau, se fortifia sur la Lauter et s'empara de l'île du Marquisat avec le dessein de franchir le Rhin; mais il dut s'arrêter, en raison du triste état des affaires générales et de la nécessité de diriger une partie de ses forces sur la Flandre; la victoire de Marlborough à Ramillies sur Villeroi et Max.-Emmanuel, celle du prince Eugène à Turin menaçaient nos frontières. Il put néanmoins passer le Rhin l'année suivante (1707), forcer les lignes de Stollhofen et, jetant des partis dans la Souabe et le Wurtemberg, pousser jusqu'au Danube des contributions impitoyables. Ce fut une grande campagne financière, qui ne coûta rien au Trésor public; pourquoi sommes-nous obligés d'ajouter qu'elle ne fut pas moins profitable pour les finances privées du maréchal? « Par les scandales qu'elle causa, a écrit Sainte-Beuve, elle nuisit d'une manière durable à la considération de Villars; il aura beau faire pour gagner une entière estime, il n'aura dorénavant à espérer que de la gloire. » Ce jugement sévère est plus grave pour la mémoire de Villars que les déclamations furibondes de Saint-Simon; quand on aura invoqué les usages du temps et les coutumes de la guerre d'alors, on n'aura réussi qu'à en atténuer la portée.

L'ennemi pourtant poursuivait ses succès; il entrait en Provence et assiégeait Toulon. Villars, envoyé sur la frontière du Dauphiné (1708), retardait un peu ses progrès; mais, au nord, le cercle qui étreignait la France se resserrait : le désastre d'Oudenarde, la prise de Lille ouvraient la frontière; les rigueurs d'un hiver exceptionnel, la famine et la maladie venaient porter à leur comble la détresse, la souffrance, l'inquiétude du pays.

Dans ces conjonctures douloureuses, Louis XIV fit appel à Villars; fermant l'oreille aux critiques et aux propos malveillants, il lui confia, avec le commandement de l'armée de Flandre, la mission de sauver le pays. Villars n'avait pas d'amis à la Cour; ses ridicules, ses défauts, autant que sa rapide fortune, excitaient la verve des envieux et les railleries des gens délicats; mais il avait pour lui Mme de Maintenon. Sans illusion sur ses défauts, qu'elle savait à l'occasion reprendre d'une main délicate, Mme de Maintenon avait le profond et juste sentiment de sa valeur; elle le soutenait de sa discrète et puissante influence. Villars avait aussi pour lui l'opinion populaire; seul de tous les maréchaux de

France, il n'avait encore subi aucun échec, et le bonheur semblait attaché à ses pas; son prestige militaire était intact, son action sur la troupe encore grande ; peu sympathique aux officiers, qui se plaignaient de sa sévérité et lui reprochaient de ne pas assez faire valoir leurs services, il était aimé du soldat, auquel il plaisait par son humeur gauloise et gaillarde, auquel il imposait par sa bruyante confiance en lui-même. Il fut accueilli avec joie par l'armée de Flandre, par ces admirables régiments chez lesquels ni la défaite, ni la souffrance, ni les fautes du commandement n'avaient affaibli le sentiment de l'honneur militaire, par ces milices de fraîche levée que le milieu ambiant avait pénétrées d'une ardeur patriotique. Sa principale difficulté fut de les faire vivre ; il y parvint par sa vigueur, par l'activité ingénieuse de son esprit, « se faisant blanc de ses farines et de son épée, » obtenant de tous la résignation et la patience. Puis, quand il eut, par quelques escarmouches heureuses, rendu à ses troupes la confiance en elles-mêmes, il prit l'offensive et se porta résolument à la rencontre de Marlborough et d'Eugène, qui, dans toute l'ivresse de leurs succès, croyaient marcher à la conquête de la France. Le choc eut lieu à Malplaquet (11 septembre 1709) ; il fut terrible; pour la première fois, Villars, blessé, dut céder le champ de bataille ; mais il l'avait fait payer si chèrement à l'ennemi, la retraite, commandée par Boufflers, avait été d'une si belle tenue que l'avantage moral fut du côté du vaincu. « Si Dieu nous fait la grâce de perdre encore une pareille bataille, » écrivit Villars au Roi le 14 septembre, « Votre Majesté peut compter que ses ennemis sont détruits. » Le sage Boufflers écrivait lui-même : « Il faut compter pour une victoire d'avoir regagné et rétabli l'honneur et la réputation de la nation. » L'armée partageait ce sentiment, et de fait, à partir de ce jour, la série des grandes défaites fut close et la confiance dans le succès final s'empara des esprits.

Néanmoins, pendant les deux campagnes suivantes (1710-1711), Villars ne prit aucune offensive; les ordres prudents de la Cour, le souci exagéré de sa gloire, le poids d'une responsabilité écrasante semblaient avoir paralysé son initiative; il se contentait d'une défensive vigilante, retardant les progrès de l'ennemi sans jamais s'engager à fond, même quand les chances semblaient favorables ou le devoir évident; c'est ainsi qu'il laissa prendre sous ses yeux le Quesnoy et Bouchain sans rien tenter pour sauver ces places.

Il veillait pourtant, guettant l'occasion suprême. Celle-ci se présenta enfin en 1712, au moment où Eugène, avec des forces diminuées par l'abandon de l'Angleterre, vint mettre le siège devant Landrecies.

Le péril était extrême, l'instant solennel; la capitale était menacée, la cour inquiète, le pays épuisé; Louis XIV, frappé dans ses plus chères affections comme dans ses plus hautes gloires, se raidissait contre l'épreuve, donnant le plus bel exemple de fermeté virile et de dignité souveraine; il suivait avec une vigilance inquiète le sort de sa dernière armée et les mouvements de son dernier capitaine, insistant pour l'effort suprême, prêt à en partager les dangers. Eugène, de son côté, après dix années de victoires continues, pouvait se croire assuré du succès final et se préparait à donner le coup de grâce à son adversaire abattu. Rassuré par les hésitations de Villars, il ne croyait plus à sa valeur et pensait n'avoir plus à compter avec lui. Il avait démesurément allongé ses lignes, négligé ses précautions ordinaires. Villars se réveilla enfin, et la journée de Denain montra qu'il avait retrouvé la justesse de son coup d'œil et la vigueur de sa volonté (24 juillet 1712).

Ce coup d'audace, habilement préparé et brillamment exécuté, changeait brusquement la face des choses. « La France fut sauvée, » a écrit Napoléon, et l'histoire a ratifié ce jugement. Dès le lendemain, la décision, la confiance, la victoire ont changé de camp; c'est Villars qui agit, presse, prend des villes; Eugène, qui hésite, regarde faire, recule; en quelques jours, Villars reprend Marchiennes, Douay, le Quesnoy, Bouchain, détruit toutes les ressources accumulées par l'ennemi; Eugène lève le siège de Landrecies et repasse la frontière de la France. A Utrecht, les plénipotentiaires français relèvent la tête; la paix se signe avec l'Angleterre, la Hollande et la Savoie, puis avec le Portugal et la Prusse (août-décembre 1712). L'Autriche veut continuer la lutte; Villars, courant sur le théâtre de ses premiers succès, repasse le Rhin, prend Landau et Fribourg devant Eugène paralysé et impuissant et signe avec lui à Rastadt la paix définitive (6 mai 1714). Autour du tapis vert, Eugène a repris quelques-uns de ses avantages; la partie n'était pas égale entre le prince de grande race, qui joignait la finesse italienne à l'élégance française, et le soldat de fortune à la nature exubérante et vulgaire, à l'esprit mobile, à la vanité inquiète. Mais quelques déconvenues de détail ne changeaient rien aux conditions essentielles du traité qui rendait à la France ses frontières, assurait toutes les conquêtes de Louis XIV et maintenait son petit-fils sur le trône d'Espagne; et ces conditions, Villars les avait inscrites avec son épée.

Jusqu'ici, en esquissant la carrière militaire de Villars,

nous n'avons rien dit des autres circonstances de sa vie : elles témoignent du même bonheur. Suivant le mot de Louis XIV, en faisant très bien les affaires de l'État, Villars avait bien fait les siennes. Tout en cueillant des lauriers, il avait recueilli une abondante moisson de fruits plus solides; toutes les satisfactions que la faveur royale, la fortune, la vie publique et la vie privée pouvaient lui apporter lui avaient été prodiguées. Le Roi, qu'il avait servi, l'avait comblé; à la mort de Louis XIV, il était non seulement maréchal de France, mais duc et pair, cordon bleu, admis aux grandes entrées, désigné pour le conseil de régence, membre de l'Académie française, chevalier de la Toison d'or et destiné à la grandesse d'Espagne, pourvu des gouvernements de Fribourg et de Metz, du riche gouvernement général de la Provence; de plus, il était nanti de biens considérables achetés après les fructueuses campagnes de 1703, 1707 et 1713; comme résidence à Paris, le bel hôtel de Navailles, rue de Grenelle; à la campagne, le château de Vaux, la merveille d'art et d'élégance créée par Fouquet; en Provence, le grand domaine des Martigues, dont le Roi avait, en sa faveur, relevé le titre princier. Enfin, il avait épousé, en 1701, la belle et riche Angélique de Varangeville, dont la grâce charmait sa vieillesse et attirait autour de lui tout un mouvement d'élégances mondaines; la chronique s'était bien un peu égayée aux dépens de ces amours tardives, des voyages de la maréchale aux armées exigés par la passion jalouse du mari, mais la gloire avait eu raison des rieurs; sa brillante auréole avait voilé les petits ridicules, les défauts d'éducation ou de caractère; la faveur populaire avait couvert la voix des chansonniers, étouffé le sourire des gens délicats.

Les grands changements inaugurés par la Régence n'étaient pas pour plaire à Villars ; il avait été associé de trop près à l'œuvre de Louis XIV et était trop fidèlement attaché à sa mémoire pour ne pas avoir vu avec tristesse l'abandon du système d'alliances que le grand Roi avait si laborieusement édifié ; il était trop de la clientèle de Mme de Maintenon pour ne pas s'être ému de la disgrâce du duc du Maine ; mais, peu enclin à l'opposition, il évita de se compromettre et de compromettre la part de pouvoir qu'il pouvait encore espérer. Le Régent ne l'aimait pas ; il y avait peu d'affinité naturelle entre le scepticisme élégant, la distinction intellectuelle du duc d'Orléans et les manières tapageuses, la vanité naïve du Maréchal. Néanmoins, la situation militaire et la popularité de l'un s'imposaient à l'attention de l'autre ; le Régent sut offrir à Villars la place qui convenait le mieux à ses aptitudes : il le mit à la tête d'un des Conseils que, par une bizarre conception de l'administration, il avait substitué aux ministères, à la tête du Conseil de la Guerre. Pendant près de trois ans, Villars fit comme fonctions de ministre de la Guerre, prenant très au sérieux un rôle qui donnait à son activité un aliment de son goût. Il ne prit pas moins au sérieux sa situation de gouverneur général de la Provence ; quoiqu'il n'ait visité qu'une fois son gouvernement (1716), il s'intéressait à tout ce qui s'y passait et prétendait exercer de loin une véritable autorité, voulant être informé de tout, fatigant l'intendant Lebret d'une correspondance incessante, qui portait sur les plus petits détails de l'administration. La conclusion de la quadruple alliance et la rupture avec l'Espagne froissèrent ses souvenirs et son patriotisme ; il combattit cette politique dans le Conseil, sans aller pourtant jusqu'à épouser les illusions de la duchesse du Maine, ni à écouter les chimères de

Cellamare; il évita ainsi d'être compris dans la disgrâce de ces deux personnages, tout en feignant de s'étonner de n'avoir pas été arrêté avec eux. Il montra la même prudence dans les querelles religieuses et dans la crise financière qui agitèrent si profondément le pays; il les traversa l'une et l'autre sans encombre.

Nous ne surprendrons personne en disant qu'il ne risqua pas ses capitaux dans le *système*. Il avait assez le sens des affaires pour avoir discerné ce qu'il y avait de réel et d'utile dans les idées de Law sur la Banque et le crédit, mais ce qu'il y avait de chimérique et de dangereux dans l'organisation de la Compagnie des Indes et dans les vastes projets d'un aventurier de génie. Il lui donna des conseils, qui ne furent pas écoutés, et ne lui confia rien des économies considérables qu'il savait faire sur les gros revenus de ses biens et sur les émoluments importants de ses charges multiples. Aux terres du Mississipi, il préférait de bons domaines en Provence, en Bourgogne ou en Nivernais, des placements sûrs, qu'il sut trouver jusqu'à la fin de sa vie. Cette sage administration ne l'empêchait d'ailleurs pas de tenir convenablement son rang. Son état de maison était considérable. Au château de Vaux, devenu le duché de Villars, il avait presque des allures princières; la compagnie y était nombreuse et brillante, les hôtes illustres : Pierre le Grand, les princes de Bavière, le roi Louis XV lui-même honorèrent de leur visite la somptueuse retraite du vieux guerrier; les diplomates du Congrès de Soissons et de Cambrai s'y délassaient de leurs travaux et Voltaire y organisait des fêtes littéraires.

Après la mort de Dubois et celle du Régent, Villars rentra dans tous les Conseils; il en fut le membre le plus assidu, sinon le plus influent, notant chaque jour les affaires qui s'y traitaient ; à partir de cette date, ses *Mémoires* offrent comme le procès-verbal de leurs séances ; ils jettent une vive lumière sur le rôle de ces Conseils et la méthode de travail qu'ils avaient adoptée.

Associé à la politique du cardinal de Fleury, Villars applaudit à la reprise des traditions de Louis XIV, prit part aux délibérations qui amenèrent la conclusion du traité de Séville (1729), celle du traité de Vienne (1731), actes qui scellaient l'union de la France et de l'Espagne et confirmaient l'œuvre de Louis XIV en fermant définitivement l'Espagne à la maison d'Autriche et en ouvrant l'Italie à la maison de Bourbon. La sagesse de Fleury avait amené ce résultat. Elle ne put, deux ans plus tard, conjurer la guerre de la Succession de Pologne. Villars fut de ceux qui, au Conseil, insistèrent le plus pour une action énergique ; le sentiment public le soutenait et le désignait, malgré son grand âge, pour le commandement suprême. L'enthousiasme militaire s'était réveillé après le long sommeil de la paix et allait trouver dans sa retraite le vétéran des grandes guerres. Le Roi et Fleury cédèrent à la pression de l'opinion et donnèrent à Villars le commandement de l'armée d'Italie, avec le titre de « maréchal général, » qu'aucun chef d'armée n'avait porté depuis Turenne. Son départ fut entouré des manifestations les plus éclatantes de la confiance publique ; les attentions des cours et les acclamations populaires l'accompagnèrent jusqu'à la frontière.

Ce fut le 11 novembre 1733 que Villars rejoignit son armée, après un voyage à travers les Alpes, des plus pénibles pour un vieillard de quatre-vingts ans. Les débuts de la campagne répondirent à l'attente générale. En moins de deux mois, les places de Pavie, Pizzighettone, Milan, Tortone étaient prises ou évacuées par l'ennemi, tout le Milanais occupé jusqu'à l'Oglio. Les Impériaux, surpris et mal organisés, cédaient partout le terrain. Villars, fidèle à ses principes de guerre, voulait poursuivre activement ses avantages et, agissant avec les forces combinées des trois armées alliées, pousser l'ennemi jusqu'à la mer et aux montagnes, l'obliger à sortir d'Italie et l'empêcher d'y rentrer en lui fermant les passages. Mais, à la fin de sa carrière, il retrouvait les difficultés qui avaient paralysé ses premiers commandements et fait échouer les grandes opérations combinées que son génie avait entrevues. Les rivalités de commandements partagés, les vues particulières d'alliés méfiants, toutes les causes politiques ou personnelles qui l'avaient immobilisé sur le Danube en 1703 se retrouvaient en 1733 pour le retenir sur le Pô. Charles-Emmanuel ne songeait qu'à s'assurer le Milanais et à en écarter les Espagnols; don Carlos ne se préoccupait que de la conquête de Naples; l'un et l'autre souffraient avec impatience la direction d'un vieillard. Les tiraillements se produisirent; l'indécision dans le commandement et l'inaction des troupes en furent la suite; l'hiver se passa en mouvements incohérents et insuffisants; les Impériaux profitèrent du répit inexplicable qui leur était laissé pour accroître considérablement leurs forces. Quand, au printemps, on se décida à marcher en avant, on se heurta à de sérieux obstacles. Il fallut revenir en arrière. Villars faillit être enlevé par un parti de hussards autrichiens et dut charger l'épée à la main. Ce fut son dernier exploit; vaincu par le dépit, l'âge et la fatigue, il quitta l'armée le 27 mai, s'arrêta à Turin et y mourut le 17 juin 1734.

Villars mourait identique à lui-même, ayant conservé, jusqu'à la fin, ses brillantes qualités militaires, ses faiblesses et ses défauts. Son bonheur l'avait aussi accompagné, jusqu'au dernier jour, puisqu'il mourait vainqueur à la veille de victoires qui devaient assurer l'achèvement complet de l'œuvre politique et nationale à laquelle il avait consacré sa vie. Saint-Simon, résumant cette vie dans une page incomparable, l'a traitée avec plus de sévérité que de justice. Tout en reconnaissant à Villars « des parties de capitaine, » la conception de « projets vastes et hardis, presque toujours bons, » tout en lui accordant la vigueur et la netteté dans l'exécution, une « audace sans pareille » et une « valeur brillante, » il s'est surtout attaché à ses défauts; il a décrit, en termes d'une rare violence et d'un tour saisissant, son « avidité de harpie, » sa souplesse de courtisan, ses allures de « matamore et de bateleur, » l'indécence de ses galanteries séniles, son habileté à se faire valoir, même aux dépens de ses amis ou compagnons d'armes; il a surtout insisté sur un bonheur infatigable, seule cause de ses succès et dont la persistance l'aurait, dit-il, « dégoûté de l'histoire. » Certes, tout n'est pas à reprendre dans le portrait du grand écrivain; il y manque pourtant l'essentiel quand il s'agit d'un personnage historique, à savoir, l'appréciation juste des services rendus par lui à son pays. Villars aima l'argent, les distinctions et les plaisirs vulgaires; il fut courtisan sans dignité, solliciteur sans vergogne, soit; mais il aima son pays avec passion et le servit, dans les circonstances les plus critiques, avec un rare bonheur. Habile à manier le soldat français, à lui inspirer confiance, il a relevé son moral ébranlé, lui a fait accepter les sacrifices suprêmes et, avec lui, il a arrêté l'invasion victorieuse, libéré le territoire national, sauvé la France du démembrement et du déshonneur. De tels services ont justement valu au nom de Villars une notoriété glorieuse qui ne s'effacera pas ; ils assurent à sa mémoire la reconnaissance du pays et l'indulgence de l'histoire. Aussi, reprenant à notre tour le mot de Sainte-Beuve, sommes-nous bien tenté de dire que, si Villars ne fut pas un caractère, en ce sens qu'il ne fut ni désintéressé, ni généreux, ni indépendant, s'il fut un talent et une fortune, ce talent fut fait des plus brillantes qualités militaires, d'un courage à toute épreuve, de travail et de patriotisme, et que cette fortune fut aussi la fortune de la France.

AVANT-PROPOS

Il nous a été impossible de comprendre dans le précédent volume, déjà long, les appendices qui le concernent, ainsi que les additions et les tables. Nous avons donc rejeté toutes ces pièces dans un sixième et dernier volume. En le soumettant aujourd'hui à nos collègues de la Société de l'Histoire de France, nous les prions d'excuser le long intervalle qui sépare son apparition des débuts de la présente publication ; ce retard est dû à des circonstances indépendantes de notre volonté ; il n'a d'ailleurs pas été complètement perdu pour l'étude de la vie de Villars. Pendant ce long espace de temps, d'importantes collections de documents ont été découvertes et ont largement ajouté aux sources dans lesquelles nous avons eu à puiser. La liste que nous avons donnée, à la fin de la *Notice bibliographique* qui ouvre le premier volume, doit être sensiblement augmentée. Quelques détails à ce sujet seront ici à leur place.

Les archives du château de Vaux ont été retrouvées. On sait que le château de Vaux, bâti par Fouquet, a été vendu par la veuve du surintendant à Villars en 1705, par le fils de Villars au duc de Choiseul-Praslin en 1764 et par les descendants de Choiseul à M. Alfred Sommier en 1875. Les archives avaient été retirées du château avant cette dernière mutation ; mais, par un accord heureusement intervenu entre les anciens possesseurs et le nouveau, elles ont été réintégrées à leur place primitive, à l'exception de quelques pièces, dont le propriétaire actuel a bien voulu se dessaisir gracieusement en faveur de la collection personnelle de l'éditeur du présent ouvrage.

Ces archives se composent surtout de correspondances, minutes de lettres écrites par Villars, originaux de lettres reçues par lui. Les usages du temps permettaient aux chefs d'armée ou aux chefs de mission de conserver les dépêches officielles qui leur étaient adressées par le roi ou les ministres. Villars s'y est conformé; une grande partie de sa correspondance diplomatique et de sa correspondance militaire se trouve ainsi au château de Vaux; elle est d'ailleurs bien loin d'être complète, et d'importantes lacunes interrompent les séries; ces lacunes sont anciennes, elles datent du temps de Villars, car elles se retrouvent exactement dans les quatorze volumes de copies qui sont en notre possession[1]. Il est évident que le grand travail de transcription qui a produit ces quatorze volumes a été effectué à Vaux même, sur les pièces qui y sont aujourd'hui déposées, et dont le nombre était alors sensiblement égal à ce qu'il est à présent : ainsi, les années 1706, 1707, 1708 font défaut; les années 1692-1700 sont au contraire représentées par un certain nombre de pièces dont la copie se trouvait dans le volume qui a été perdu; enfin, quelques dépêches diplomatiques de 1713-1714 n'avaient pas été recopiées[2]. Outre les pièces officielles proprement dites, ce fonds comprend un grand nombre de correspondances échangées, soit avec des personnages politiques, soit avec des personnages militaires, tels que le duc de Bourgogne, Mme de Maintenon, le prince Eugène, etc.

Un second fonds est celui du gouvernement de Provence,

---

1. Voy. ci-dessus, t. I, p. vi.
2. Ce sont celles dont M. Sommier a bien voulu se dessaisir en ma faveur.

très incomplet, mais très considérable; il renferme un grand nombre de minutes de lettres adressées par Villars à l'intendant Lebret, à l'archevêque d'Aix, aux municipalités des principales villes de la Provence, à des particuliers, à des hommes d'affaires; il contient en outre les originaux des réponses.

Un troisième fonds est celui des affaires particulières du maréchal; il ne comprend guère (en dehors de la Provence) que les années 1706-1708. Pendant cette période, Villars recevait des lettres de quatre hommes d'affaires : le plus important est Delafond[1], qui lui écrit *Monsieur* et non *Monseigneur*, comme les autres, qui a des terres en Normandie et des fils à l'armée; il s'occupe des placements de Villars, de l'acquisition de ses terres, donne à l'occasion des nouvelles mondaines ou politiques; il a sous sa direction Lefèvre des Boulleaux et Saint-Hilaire, qui cherchent les occasions et correspondent aussi directement avec Villars. Le quatrième correspondant paraît avoir exercé les fonctions d'intendant; il se nommait Guillebert, avait été commissaire des guerres en 1702 et résidait à Paris; il écrivait à chaque instant au maréchal, donnant des détails sur la maison, sur la famille et ajoutant, chemin faisant, quelques nouvelles du dehors. C'était lui aussi qui correspondait avec la *Gazette de France*, le *Mercure* et la *Gazette de Hollande*, et faisait passer à ces journaux des notes sur les victoires du maréchal, ce qu'il appelle « la feuille de nouvelles. » Il effectuait tous les payements et, en cette qualité, refusait catégoriquement à la maréchale de payer, en

---

1. Il serait possible que ce fût l'ancien intendant d'Alsace et de l'armée d'Allemagne, en 1698, qui fut obligé de quitter le service en 1699 et vécut jusqu'en 1719. Saint-Simon le traite fort mal. (Boislisle, X, 59, 430.)

dehors de « son quartier, » toute dépense qui n'avait pas été autorisée par son mari; il recevait aussi très souvent des lettres du maréchal. L'activité épistolaire de Villars était prodigieuse; il écrivait presque tout lui-même; beaucoup de minutes sont de sa main; celles qui sont de la main d'un secrétaire ont presque toutes été ou dictées ou recopiées sur l'autographe de Villars et recorrigées par lui.

Les archives de Vaux renferment, en outre, une quarantaine de cahiers manuscrits contenant des extraits et des analyses des lettres de Louvois et de celles de Villars pendant les campagnes de Hollande, 1671-1672 et 1677.

Enfin, il s'y trouve une série de cahiers in-folio manuscrits, d'une même écriture et intitulés *Annales du ministère de France pendant les années 1714-1717.* C'est un résumé de l'histoire diplomatique de chacun des États d'Europe fait à l'aide de la correspondance du ministère des Affaires étrangères. Torcy y est couvert d'éloges et Villars, comme diplomate, y est fort malmené. Il est donc à supposer que ce grand travail n'a pas été fait sous l'inspiration ou du vivant du maréchal.

La Bibliothèque nationale contient, dans trente-six de ses volumes, la collection presque complète des originaux des lettres officielles écrites par Villars à Lebret, intendant de Provence, et des minutes de Lebret. Ces documents m'étaient inconnus en 1884. Ils ont été révélés au public par mon savant confrère M. Babeau, qui en a tiré la matière d'un livre très intéressant.

La bibliothèque de l'Arsenal possède la correspondance de Villars et du comte du Bourg pendant les années 1705, 1706.

Les villes de Marseille, de Toulon et des Martigues conservent, dans leurs archives municipales, de nombreuses lettres écrites par Villars, soit comme gouverneur de la province, soit comme propriétaire d'importants domaines.

La mairie de Riom possède un volume de copies des correspondances militaires de Villars pendant la campagne de 1707. Ces copies paraissent avoir été exécutées aux archives du ministère de la Guerre, sans doute pour combler la lacune des archives de Vaux ; on ignore comment elles ont pu s'égarer dans une ville d'Auvergne ; elles ont été découvertes et m'ont été gracieusement signalées, en 1888, par M. Taboureau, alors lieutenant au 86° régiment d'infanterie.

Il existe à Dijon, aux archives de la Côte-d'Or, sous le nom de *Fonds Thiard-Bissy*[1], une importante collection de papiers provenant d'Anne-Claude de Thiard, marquis de Bissy (1682-1765), qui, entre autres fonctions, remplit celles de ministre de France auprès de l'infant don Carlos, fils de Philippe V, duc de Parme et de Plaisance, puis roi de Naples. Cette collection renferme une volumineuse série de lettres échangées entre Villars et le marquis de Bissy pendant tout le cours de sa dernière campagne d'Italie (1733-1734).

Aux archives de Chantilly se trouve une biographie manuscrite de Villars qui paraît avoir été composée sous son inspiration pendant la Régence.

Quelques lettres écrites ou reçues par Villars sont dispersées dans plusieurs collections particulières ou dépôts étrangers. Je signalerai particulièrement seize lettres de Villars au maréchal de Noailles, sans grand intérêt, conservées dans le riche chartrier de Mouchy ; une liasse plus

---

1. Cette collection a été léguée aux archives de la Côte-d'Or en 1875 par Mme la marquise d'Estampes, fille aînée du général Auxonne-Marie-Théodose de Thiard, comte de Bissy († 1852), dernier du nom. Elle m'a été signalée par le savant et obligeant archiviste du département, M. Garnier.

intéressante qui m'a été communiquée par M. le vicomte de Grouchy, et qui provient évidemment des archives de Vaux, dont elle est sortie à une époque inconnue et probablement assez ancienne.

Tous ces documents, ajoutés à ceux qui ont été signalés en tête du premier volume, constituent une masse colossale de pièces ; il ne pouvait être question de tout publier ; un choix était même très difficile à faire ; tout ce qui était relatif aux relations de Villars avec l'électeur de Bavière Maximilien-Emmanuel, avec Mme de Maintenon et le prince Eugène, a été reproduit par nous dans un travail spécial sur Villars[1]. De tout le reste, nous avons extrait les pièces qui ont été imprimées en appendice aux quatre premiers volumes de la présente publication et celles qui formeront la matière du présent volume.

Dans cette recherche et dans ce choix, nous avons été aidé par des bonnes volontés dont nous sommes profondément reconnaissant ; il nous est particulièrement agréable de remercier de son utile concours M. Léon Le Grand, archiviste aux Archives nationales, et, en première ligne, notre savant confrère M. de Boislisle, dont l'érudition bien connue n'est égalée que par l'empressement avec lequel il a bien voulu la mettre à notre disposition. Nous lui devons, outre de précieux conseils, l'indication d'un grand nombre de documents intéressants, et particulièrement celle des curieux portraits de généraux autrichiens que nous avons insérée dans l'appendice du premier volume.

1. *Villars, d'après sa correspondance et des documents inédits.* Paris, 1888, 2 vol.

MÉMOIRES
DU MARÉCHAL DE VILLARS

APPENDICE AU TOME V

I.

EXTRAITS DE LA CORRESPONDANCE DE VILLARS COMME
GOUVERNEUR DE PROVENCE.

1712-1734.

Par lettres patentes du 20 octobre 1712, Louis XIV nomma Villars au gouvernement de la Provence, vacant depuis le 15 juin par la mort du duc de Vendôme. Villars venait d'entrer dans Bouchain et de clore, par la prise de cette place, la série de brillants succès qu'avait inaugurée la victoire de Denain. « Tant de grandes actions, » disent les lettres patentes, « ne nous laissent pas lieu de douter que le choix que nous avons fait de notredit cousin pour remplir le gouvernement général de notredit pays et comté de Provence ne soit digne de lui. »

Cette grâce et les termes dans lesquels elle était octroyée comblèrent de joie le maréchal. Le gouvernement de Provence était parmi les plus recherchés. Outre qu'il comprenait le premier port militaire et peut-être aussi le premier port commercial du royaume, outre qu'il veillait à l'une des frontières les plus importantes de la France, il donnait des revenus considérables. Tous ces avantages étaient pour plaire à Villars. Le dernier n'était pas celui qu'il appréciait le moins. Mais, si préoccupé qu'il fût de ses intérêts personnels, Villars ne perdait pas de vue les intérêts publics et savait se dévouer à leur défense; il entendait rendre au Roi et au pays, en services effectifs et utiles, ce qu'il recevait d'eux en honneurs et en profits. A l'opposé de la plupart des grands seigneurs pourvus de gouvernements de provinces, il prit ses fonctions au sérieux. Sans assumer les réalités du gouvernement, il se mêla à tout, se tint au courant de tout. L'intendant dut acquérir l'habitude de l'informer, de le consulter, voire même de prendre ses ordres dans les circonstances importantes; lui-même se mit en rapport direct avec les autorités locales, avec les personnages influents; de là, une correspondance volumineuse qui remplit de nombreux volumes de la Bibliothèque nationale et de nombreux cartons des archives de Vaux, des archives municipales de Marseille, de Toulon, de Martigues. La collection de la Bibliothèque nationale a été pour la première fois signalée au public par M. Babeau, qui en a tiré les éléments d'une très intéressante publication[1]. Elle ne concerne que Lebret.

Pierre-Cardin Lebret était à la fois intendant de Provence et premier président du Parlement d'Aix; il avait succédé à son père dans ces doubles fonctions, qu'il exerça vingt ans. C'était le type accompli du fonctionnaire correct, assidu, pondéré, rompu aux affaires. Il appartenait à cette pléiade d'hommes laborieux et distingués qui ont si puissamment contribué à l'unification de la France et qui ont fondé, sur de solides bases, l'édifice encore debout de l'administration provinciale. Lebret résidait à Aix et n'en sortait guère, si ce n'est pour passer quelques jours à Barbentane; peu à peu, il réunit dans ses mains tous les pouvoirs administratifs, judiciaires, militaires même. Villars aida à cette concentration; il avait confiance dans les talents et la fermeté de l'intendant; il avait du goût pour sa personne, malgré de profondes différences de caractère; le contraste des deux natures éclate dans la correspondance : d'un côté, la correction méthodique, la

1. *Le Maréchal de Villars gouverneur de Provence.* Paris, 1892.

prudence réfléchie du fonctionnaire expérimenté et légèrement sceptique; de l'autre, l'ardeur enthousiaste, la verve primesautière et légèrement incohérente du soldat habitué au succès et confiant en lui-même. Villars gourmande parfois ce qu'il appelle « le phlegme » de son correspondant, tout en reconnaissant que ce phlegme tempérait parfois heureusement son propre emportement; leur correspondance touche à tout, aux plus grands comme aux plus petits intérêts, aux affaires publiques comme aux affaires privées; aussi offre-t-elle comme un miroir dans lequel vient se refléter la vie provinciale avec ses grandeurs et ses petitesses, ses luttes et ses taquineries, avec les mille conflits que soulevait le heurt incessant des privilèges contradictoires, mettant aux prises bourgeois et gentilshommes, échevins et viguiers, évêques et religieux, sans que la paix fût compromise ni le progrès suspendu. Et, ce qui ajoute encore à l'intérêt de cette correspondance, c'est que, de la part de Villars au moins, elle n'est pas exclusivement confinée dans le cercle étroit des intérêts locaux. Commencée en 1712 pendant le congrès d'Utrecht, continuée pendant la brillante campagne d'Allemagne et les négociations diplomatiques qui occupèrent Villars de 1713 à 1715, poursuivie pendant les diverses phases de sa vie active, elle renferme de fréquentes allusions aux événements politiques ou militaires.

Villars a soin de noter les faits qui sont ou qu'il croit être favorables à sa gloire, mais qui n'intéressent pas moins l'histoire générale du pays. On ne saurait trop admirer la liberté d'esprit avec laquelle il discute les plus modestes affaires, au milieu des plus graves préoccupations de la guerre ou de la diplomatie : telle lettre écrite à Lebret de Fribourg, de Landau ou de Rastadt, coïncide avec les plus sérieuses opérations d'un siège meurtrier ou les plus critiques discussions d'une négociation difficile. Rien n'y trahit l'inquiétude; rien ne paraît avoir obscurci chez l'auteur la vue claire des intérêts en jeu, surtout quand ces intérêts sont les siens. Or, ces derniers tiennent une place importante dans le commerce des deux personnages; car Lebret, tout en administrant la province, s'occupe aussi des affaires privées de Villars. Le maréchal a souvent des placements à faire : en temps de guerre les sauvegardes, en temps de paix une sage économie lui procurent de fréquentes disponibilités. Il achète volontiers des terres, et Lebret a mission de rechercher en Provence les bonnes occasions; l'intendant doit également veiller à la rentrée des fonds alloués au gouverneur. Des missions aussi multiples expliquent une aussi vaste correspondance.

Il ne saurait évidemment être question de reproduire toutes ces lettres d'un intérêt très inégal; nous nous sommes borné à faire un choix entre celles qui touchent aux sujets les plus piquants, ou celles qui éclairent d'un jour plus vif la personnalité de Villars.

Pour l'intelligence de ces extraits, il convient de rappeler brièvement quelle était l'organisation administrative de la province et de donner quelques détails sur certaines des affaires dont la solution intéressait le gouverneur et l'intendant.

La Provence était pays d'États comme le Languedoc; mais elle n'avait pas su, comme sa voisine, conserver à ses États leur périodicité et la plénitude de leurs pouvoirs. La dernière assemblée générale des trois ordres avait eu lieu en 1639; depuis cette époque, elle n'avait plus été convoquée; le Tiers-État seul, qu'il fallait ménager comme représentant les contribuables, était appelé à tenir des réunions, dites *assemblées des communautés*, où étaient discutés le don gratuit et les affaires les plus essentielles; deux représentants de la noblesse y siégeaient, élus par leurs pairs dans des assemblées particulières rarement réunies. En dehors de cette représentation intermittente, les États de Provence avaient une sorte de représentation permanente, composée de cinq *procureurs-nés* (l'archevêque et les consuls d'Aix) et de six *procureurs-joints* élus par l'assemblée à raison de deux par ordre. Mais le rôle de ces corps électifs était de plus en plus effacé; ils résistaient en vain au mouvement de concentration qui s'opérait au profit du pouvoir royal et de l'intendant. Guillaume de Vintimille, alors archevêque d'Aix, esprit actif et enclin à la lutte, encourageait la résistance; quelques gentilshommes protestaient de temps à autre : Lebret laissait dire, ne marchandait ni les égards, ni les témoignages de respect, mais absorbait lentement les réalités de l'administration provinciale.

L'administration municipale des villes et communautés n'était pas, comme l'administration de la province, concentrée entre les mains de l'intendant; mais, là aussi, l'ingérence du représentant de l'autorité royale tendait à s'accroître et modifiait lentement le caractère primitif des institutions municipales.

Cette ingérence, il faut bien le dire, était singulièrement facilitée par l'indifférence croissante des populations et l'éloignement que montraient, pour les fonctions municipales, les notables habitants des grandes villes. A Marseille surtout, cet éloignement était devenu une cause permanente de difficultés. La cité était administrée par quatre échevins, assistés d'un conseil de soixante membres et de divers officiers municipaux nommés les uns et les autres d'après un système assez compliqué, où l'élection et le sort étaient combinés avec art et où le champ était largement ouvert à l'action gouvernementale. C'était, dans les familles patriciennes, à qui échapperait à ces fonctions. Une très sage disposition, émanée du roi Charles IX, autorisait les nobles de Marseille à faire le commerce en gros sans déroger : aussi un grand nombre de négociants et d'armateurs, arrivés à la richesse par le travail, s'empressaient-ils d'acheter une charge de secrétaire du Roi ou un de ces offices de finances qui conféraient la noblesse ; mais, une fois nantis de ce brevet, ils arguaient de certains termes équivoques des édits et règlements pour refuser les charges d'échevins, tout en continuant à négocier; d'autres achetaient aux Franciscains ou aux Pères de la Merci des offices de quêteurs qui conféraient certains privilèges, et, sous prétexte de recueillir des aumônes pour la rédemption des captifs ou la récupération de la Terre Sainte, se refusaient aussi à l'exercice des charges municipales. Il faut ajouter que le pouvoir royal avait involontairement encouragé cet esprit d'abstention par la création, faite en 1712, des six syndics, officiers municipaux relevant de lui, sorte de contrôleurs financiers qui, sortant progressivement de leur rôle, avaient absorbé les diverses fonctions et mécontenté gravement les échevins [1].

1. Voy. Méry et Guindon, *Histoire de la commune de Marseille*, t. VI, p. 371.

A l'époque de l'entrée en scène de Villars, cette désertion systématique était d'autant plus regrettable que les affaires de la cité étaient dans une déplorable situation ; l'état de guerre prolongé, les désastres maritimes avaient eu sur le commerce de Marseille un contre-coup funeste ; des faillites retentissantes avaient ébranlé la confiance, jeté la perturbation dans les affaires ; les finances de la ville étaient obérées ; les impôts ne rentraient pas ; chacun se dérobait aux responsabilités ; de prompts remèdes étaient nécessaires. Villars en provoqua l'étude ; une commission fut nommée par le Régent parmi les magistrats les plus en vue du Parlement d'Aix[1] ; Villars alla la présider à Marseille en avril 1716, pressa ses travaux et obtint qu'elle étudiât, non seulement les mesures financières réclamées par les circonstances, mais les modifications à introduire dans l'administration municipale. De cette étude sortit un nouveau règlement qui fut promulgué par édit de mars 1717 et dont les cent quarante-cinq articles semblaient avoir tout prévu. Villars, qui le considérait comme son œuvre, se flattait de l'espoir qu'il mettrait fin aux conflits de personnes et d'autorité, ainsi qu'aux abstentions systématiques. Il comptait sans la subtilité des interprétations intéressées. Les négociants nobles ou anoblis, les porteurs de *bassins* d'œuvres ou de fabriques privilégiées continuèrent à refuser le chaperon et trouvèrent des tribunaux pour accueillir leurs prétentions. Villars était exaspéré ; il gourmandait les récalcitrants dans des lettres véhémentes et indignées ; il ne put rien obtenir. Étonné de résistances auxquelles il n'était pas habitué, et n'étant pas d'humeur à reculer, il obtint de nouveaux ordres du Roi qui ne laissaient place à aucune équivoque. Les termes des lettres patentes, datées de Chantilly, mars 1724, étaient formels :

Comme par le règlement de 1660 et notre édit de 1717 il est

---

[1]. Cette commission, nommée par arrêt du Conseil du 5 février 1716, comprenait, outre Villars et Lebret, MM. de Bézieux, conseiller et président des enquêtes, de la Garde, procureur général, de Raousset comte de Bourbon, président à mortier, et de Félix, marquis du Muy, conseiller, tous du Parlement d'Aix. (Méry et Guindon, t. VI, p. 380.)

porté que les échevins de Marseille seront choisis parmi les *gens de loge*[1] ou *négociants,* il est arrivé que nos conseillers-secrétaires en notre grande chancellerie, ceux de nos chancelleries près nos cours de parlement et des comptes, aides et finances, ceux qui se sont fait pourvoir de différents offices dans les bureaux de nos finances ont prétendu se dispenser d'accepter les charges d'échevins, encore qu'ils aient continué le même commerce qu'ils faisoient avant l'acquisition desdits offices de nos secrétaires ou de trésoriers de finance, et, à leur exemple, plusieurs particuliers ont voulu aussi se dispenser des mêmes fonctions en se chargeant de quêtes pour la redemption des captifs, pour la terre sainte ou autres bonnes œuvres, en faveur desquelles les rois nos prédécesseurs ont accordé des privilèges..., ordonnons... que notre édit de mars 1717 soit exécuté selon sa forme et teneur et, en interprétant en tant que besoin seroit ledit édit..., voulons que ceux qui seront élus auxdites charges de maire et échevins de ladite ville de Marseille soient tenus de les accepter et d'en faire les fonctions, sans qu'ils puissent en être dispensés, quand même ils seroient nobles d'extraction ou pourvus d'offices de nos conseillers secrétaires en notre grande chancellerie, etc..., ou sous prétexte qu'ils seroient quêteurs ou fabriciens, ayant lettres de ceux à qui nous avons donné pouvoir d'en délivrer, pourvu toutefois qu'ils négocient actuellement lors de leur nomination et élection, dérogeant pour cet effet seulement à tous privilèges contraires à ces présentes[2].

Les nobles ou anoblis, obstinés à refuser le chaperon, n'avaient plus qu'une ressource, renoncer à la banque ou au commerce; plusieurs d'entre eux prirent ce parti extrême. Vil-

1. A Marseille comme à Lyon, on appelait *loge des marchands* ou *loge du change* la Bourse où se réunissaient, à certains jours et à certaines heures, les marchands, banquiers, courtiers pour traiter de leurs affaires. Aucun négociant ou banquier ayant fait faillite ne pouvait entrer dans *la loge.* (Voy. Savary, *Dictionnaire du commerce,* art. *Bourse, Loge.*) A Marseille, *la loge* était dans la grande salle du rez-de-chaussée de l'hôtel de ville. (*Mercure galant,* avril 1701, p. 205.) « L'hôtel de ville, qu'on nomme *la loge.* » (Duché, *Lettres inédites,* p. 263.)

2. Imprimé dans Méry et Guindon, *Hist. de la comm. de Marseille,* t. VI, p. 427.

lars était désarmé. Son indignation n'en fut que plus vive et se traduisit par des objurgations violentes.

Ces échevins, si rebelles aux honneurs municipaux et aux ennuis de l'administration quotidienne, savaient pourtant, dans les circonstances importantes, se montrer à la hauteur de leurs devoirs. La célèbre peste de 1720 en fournit la démonstration la plus honorable. On sait que ce terrible fléau, apporté de Syrie par le navire du capitaine Châtaud le 25 mai, reconnu par un chirurgien, nié par un médecin, ne fut d'abord pris au sérieux ni par les autorités ni par le public; aucune mesure ne fut prise au début, et, quand les effroyables ravages du mal eurent enfin ouvert tous les yeux, la panique succéda à l'insouciance et le désordre fut porté à son comble. Toute l'administration municipale s'effondra par la fuite des fonctionnaires, officiers de la santé et de la justice, par l'émigration des principales familles. Seuls, les échevins restèrent à leur poste et payèrent courageusement de leur personne; l'histoire a conservé leurs noms et les a associés avec admiration à ceux du grand évêque et des fonctionnaires militaires qui partagèrent leurs efforts charitables : c'étaient les échevins Estelle, Moustier, Audimar et Dieudé, assistés de l'avocat Pichatty[1], secrétaire de la municipalité, resté, lui aussi, ferme à son poste. Mais le dévouement de ces courageux citoyens eût été impuissant, s'il n'eût été secondé par l'intervention d'une autorité plus haute et de corps plus puissamment organisés : Belsunce et le clergé, qu'il entraîna par son admirable exemple; le marquis de Pilles, gouverneur de la ville, et les quelques troupes sous ses ordres; l'arsenal avec sa forte discipline et les hommes de cœur qui étaient à sa tête, le bailli de Langeron et le chevalier Roze en première ligne, puis les chevaliers de Rancé, de Vaucresson, de La Roche, de Lévi. Nous n'avons pas à décrire ici les mesures prises de concert par ces hommes de bien ni à redire comment, à l'aide de commissions méthodiquement distribuées, de services bien répartis, d'escouades de

---

1. On a de lui un journal de la peste, qui fut imprimé à Paris, et qui est reproduit dans l'ouvrage déjà cité de Méry et Guindon, t. VI, p. 200.

forçats conduites par eux-mêmes, de médecins venus de Montpellier, d'Aix, de Paris pour remplacer les médecins de Marseille morts ou exténués, ils surent organiser les secours, pourvoir aux subsistances, purger la ville des charniers infects qui encombraient les rues et les maisons, ramener l'ordre, la sécurité, l'espérance au milieu du plus effroyable déchaînement de la souffrance, de la misère et du désespoir. Revenons à Lebret et à Villars.

Dès la première nouvelle des malheurs qui désolaient la principale ville de son gouvernement, Villars avait été demander au Régent l'autorisation de se rendre sur les lieux[1]; le duc d'Orléans, cédant, lui aussi, au premier mouvement, avait approuvé le départ du maréchal; mais, à la réflexion, il retira son agrément; Villars resta à la cour et y fut plus utile à ses administrés que s'il était allé s'enfermer au milieu d'eux. Marseille avait été entourée d'un cordon sanitaire d'une extrême rigueur; nul ne pouvait le franchir; les populations voisines s'étaient enfuies; la ville aurait succombé à la famine, si des mesures efficaces n'eussent été prises du dehors. Ce fut Lebret qui pourvut à ce service important; demeuré à Aix, il présida à l'expédition des convois, des fonds, des troupes, des subsides de toute nature, organisa des moyens de communication à l'abri de la contagion, veilla à tout avec un grand dévouement et une rare activité. De Versailles ou de Paris, Villars secondait son action, provoquant les décisions du conseil, veillant à l'expédition des ordres qui assuraient l'exécution des mesures décidées; la correspondance échangée entre le gouverneur et l'intendant ne fut jamais si active que pendant ces cinq mois d'angoisse et d'inquiétude; les extraits que nous en donnerons témoignent de l'activité que chacun d'eux déploya dans sa sphère propre et des services que chacun d'eux rendit dans la limite de ses attributions.

Le fléau passé, la correspondance se ralentit, sans cesser d'être active et de toucher aux sujets les plus variés. Les plaisirs de la ville de Marseille occupaient le gouverneur de Provence autant que ses intérêts et son état sanitaire. Villars aimait le

1. Voy. ci-dessus, t. IV, p. 186.

théâtre et la musique ; il se piquait de littérature. Saint-Simon a raillé son goût pour les citations de romans, d'opéras, dont, dit-il, il avait « la tête farcie. » Il encourageait chez les autres des distractions qu'il recherchait pour lui-même. Membre de l'Académie française, il contribua très efficacement à obtenir du Roi, en 1726, la création d'une académie à Marseille ; il s'en fit nommer le protecteur, la fit adopter par l'Académie française et fonda pour elle un prix annuel de 300 livres destiné à couronner une œuvre d'éloquence ou de poésie. Les lauréats reçurent d'abord une lyre d'or ciselée à leur intention par un orfèvre de Paris ; mais bientôt cet insigne banal était remplacé par une belle médaille d'or aux armes de Villars[1], que le maréchal ne dédaigna pas d'attribuer lui-même en 1728 à l'avocat Roborel de Climens, qui avait célébré en vers la gloire du vainqueur de Denain[2].

En 1717, il avait approuvé l'établissement d'une académie de musique, qui n'était pas plus académique que son homonyme de Paris, mais qui, selon lui, « pouvait occuper agréablement grand nombre d'honnêtes gens » et leur procurer « des divertissements bien préférables à ceux du jeu. » Il s'occupa

---

1. Le revers portait l'emblème de l'Académie, un phénix, avec la légende : PRIMIS RENASCOR RADIIS. Ce type fut changé en 1733 par un acte solennel de Villars, qui s'empressa de consigner la nouvelle dignité dont il venait d'être honoré, celle de *maréchal général* de l'armée d'Italie. Le nouveau coin porte d'un côté la tête de Villars, avec la légende : L · HEC · D(*ux*) · DE VILLARS FR(*anciæ*) · PAR · ET M(*areschalcus*) · GENERALIS ; et, au revers, la légende : PRÆMIVM ACADEMIÆ MASSILIENSIS, dans une couronne de lauriers. Il est signé DV VIVIER, sans date. D'après le *Mercure* (déc. 1742, p. 2709), cette médaille aurait été frappée pour la première fois en 1740. Nous en possédons un exemplaire en bronze. Nous possédons aussi un exemplaire de la médaille que le duc de Villars, fils du maréchal, fit graver par Benjamin Duvivier, fils du précédent, en 1766, pour remplacer celle à l'effigie de son père.

2. Cette ode a été imprimée à Marseille, accompagnée de trois des odes qui n'avaient pas été couronnées ; cette plaquette étant extrêmement rare, nous croyons devoir la reproduire ci-dessous.

souvent de ce théâtre, ainsi que des entreprises concurrentes qui, à plusieurs reprises, cherchèrent à s'établir à Marseille; il intervenait dans leurs affaires, voire même dans leurs démêlés, non moins aigus que ceux qui mettaient aux prises les intérêts ou les privilèges municipaux. On trouve aussi la marque de son intervention dans les projets d'embellissements qui furent élaborés par la ville lorsqu'elle voulut affirmer sa prospérité retrouvée par la création de quartiers nouveaux et la décoration de ses monuments. Sur ces sujets, et sur cent autres d'ordres divers, la correspondance abonde en détails intéressants, en traits de mœurs et de caractère; Villars s'y révèle sans voiles et tout entier, avec ses qualités et ses défauts, son actif dévouement aux intérêts publics, sa mesquine préoccupation de ses intérêts privés. Pour que rien ne manque au tableau que la présente publication se propose de donner, il convient, avant de laisser la parole au gouverneur de Provence, de donner encore quelques éclaircissements sur deux affaires qui tiennent une place considérable dans sa correspondance, l'affaire de Barcelonnette et l'acquisition de Martigues.

La vallée de Barcelonnette avait été rétrocédée à la France par le traité d'Utrecht en échange d'un petit territoire situé sur le versant oriental des Alpes; mais un grand débat s'était élevé sur la question de savoir à quelle province elle serait administrativement rattachée : il y avait compétition entre la Provence et le Dauphiné, ou plutôt entre le Parlement de Grenoble et celui d'Aix, qui se disputaient la juridiction et surtout les profits qu'elle entraînait. Le Dauphiné avait pour lui les apparences du droit, puisque le territoire cédé à la Savoie en échange de Barcelonnette lui appartenait; mais la Provence avait pour elle Villars, qui voyait dans l'annexion une extension donnée à l'importance de son gouvernement, et aussi, il faut bien le dire, une nouvelle source de revenus. Le maréchal plaida sa cause avec l'énergie et la verve qu'il savait allier aux apparences du désintéressement; il la gagna, et, le 14 décembre 1714, il avait la satisfaction d'annoncer à Lebret qu'il tenait de la bouche même du roi Louis XIV que la vallée de Barcelonnette était donnée à la Provence, et la principauté d'Orange au Dauphiné. Il eut ensuite la satisfaction d'obtenir qu'une somme de

6,000 livres lui fût assignée sur les revenus de la vallée, « pour tenir lieu au gouverneur de la Provence de supplément d'appointements à raison de l'augmentation du territoire de son gouvernement. »

Cette clause, qui entraînait une imposition nouvelle, souleva de vives protestations dans une population fort éprouvée par la guerre. Située sur la frontière, la vallée avait été presque constamment occupée par des troupes qui vivaient sans scrupule sur le pays; la misère était grande dans ces régions reculées; les habitants exposèrent leur détresse à Villars, espérant fléchir son âpreté bien connue. Ils échouèrent, et essayèrent des voies légales. Villars obtint un arrêt du conseil d'État du 31 mai 1717, et des lettres patentes du 13 juin, enregistrées au Parlement de Provence, en vertu desquelles une ordonnance de l'intendant Lebret, en date du 29 septembre 1717, enjoignit aux habitants de s'imposer de 6,000 livres et de faire entre eux la répartition de l'imposition.

Grand émoi dans la vallée; le conseil général, composé de députés des douze communautés, se réunit à Barcelonnette au son des cloches, sous la présidence du sieur Honorat, conseiller-juge, *préfet* pour le Roi; les procès-verbaux de quatre de ses séances ont été conservés[1] et jettent un jour assez curieux sur l'organisation administrative de la région. On écrit à Villars des lettres suppliantes, on lui offre une transaction honorable, il refuse; on fait opposition au Parlement et on dépêche à Paris un député pour suivre légalement l'affaire; Villars ne veut rien entendre : il fait signifier les arrêts par Dugrou[2], son procureur général, puis il s'abouche avec un notable du pays, Jean-Hyacinthe Pascalis, qui lui a offert ses services, et le charge de procéder au recouvrement de l'imposition, même par la force. Celui-ci remplit son mandat avec une grande rigueur; les exécutions violentes se multiplient, pendant l'hiver 1718, avec le concours

---

1. Aux archives de Vaux. Ils sont des 22 mars, 27 septembre, 21 octobre et 31 novembre 1717. Les douze communautés y sont nommées Barcelonne, Alloz, Jausies, Saint-Paul, Meolans, Revel, Meyronnes, Larche, Lauzet, Chastelard, Entraunes et Saint-Martin.

2. Voy. ci-dessous quelques détails sur ce personnage.

de la troupe que Villars a mise à la disposition des huissiers; quinze compagnies d'infanterie ont été réparties dans la vallée, sous le commandement de M. du Montet, pour veiller à la sécurité des frontières et prêter main-forte aux collecteurs d'impôt; Pascalis est homme de main et de ressources; pour plus de sûreté, il perçoit la taxe de deux années et menace les plus récalcitrants de réclamer aussi la troisième année d'avance; au 15 mars 1718, 12,064 livres étaient déjà rentrées. Villars, qui, au début, se méfiait de la lenteur de Pascalis et de sa faiblesse, se prend d'une réelle considération pour un agent aussi avisé : il lui prodigue éloges, termes affectueux, promesses d'emplois. Pascalis, non content de réduire par la force les récalcitrants, introduit la division dans le camp de la résistance; trois communautés se détachent du concert établi; il est vrai que leurs intérêts sont distincts : l'une, celle d'Alloz, occupe une vallée séparée de celle de Barcelonnette par de hautes montagnes; les deux autres, celles d'Entraunes et de Saint-Martin, sont sur le versant savoyard des Alpes, dans le bassin de la Stura. Elles se soumettent sans attendre l'exécution; un sieur de Verrayon, envoyé par elles à Aix, traite directement en leur nom avec Dugrou; les troupes de garnison leur sont retirées.

Sur ces entrefaites, on découvre que ces deux communautés n'ont pas été cédées à la France par le traité d'Utrecht : Pascalis rappelle en vain leur importance stratégique; des négociations sont ouvertes et aboutissent à un traité signé le 4 avril 1718, par lequel le roi de Sicile rentre en possession d'Entraunes et de Saint-Martin et abandonne le petit village du Mas. Cette transaction ne fait pas l'affaire de Villars; le contingent de ces deux communautés dans l'imposition des 6,000 livres à lui assignées était de 634 livres 1 sol; il entend ne pas en être frustré; il insiste pour que les arrérages au moins soient payés jusqu'à la prise de possession du territoire par le nouveau souverain et s'inquiète de l'avenir.

Cependant, le bruit de ces discussions et de ces violences parvient jusqu'à Versailles; le Régent s'en émeut et tranche souverainement les questions en litige; il comprend qu'on ne saurait laisser plus longtemps en présence l'inflexibilité du maréchal et la détresse de la vallée; il prend l'opération au compte de l'État, estimant que la fin de cet état de choses valait bien un léger sacrifice du trésor; il décide que l'impôt du dixième et la capitation de la vallée seront réduits de 10,000 livres à 6,000, et que ces 6,000 livres, versées par la vallée au trésor royal, seront par le trésor comptées au gouverneur de la Provence comme supplément d'appointements. Il y eut bien encore quelques difficultés de détail, quelques réclamations de Villars; mais enfin le silence se fit sur cette affaire et sur l'arrangement qui l'avait terminée : la vallée de Barcelonnette y gagnait une diminution de charges, et Villars une augmentation de traitement; Saint-Simon y gagnait l'occasion d'insérer dans ses Mémoires un mot sévère, qui cette fois était justifié.

Parmi les acquisitions que le zèle empressé de ses agents indiquait à Villars, il en était une surtout qui le tentait : la petite principauté de Martigues, qui avait appartenu au duc de Vendôme et que sa veuve ne tenait pas à conserver. Martigues était une petite ville située sur l'étroit canal qui relie à la mer le vaste étang de Berre; elle n'était pas sans quelque importance commerciale et maritime; son petit port était assez fréquenté, ses pêcheries ou *bourdigues* assez productives; l'administration seigneuriale y faisait une certaine figure, avec son tribunal, son juge d'appel, ses procureurs et ses officiers. Le revenu n'était pas très élevé, mais il pouvait facilement être augmenté. Il ne déplaisait pas au successeur de Vendôme, tout en faisant une bonne affaire, d'acquérir un titre que son prédécesseur avait porté et d'ajouter une qualification princière, fût-elle en Camargue, au protocole déjà fort long de ses distinctions honorifiques. Le titre avait d'ailleurs une origine fort honorable, il avait été créé par Henri III, en 1582, en faveur de Philippe-Emmanuel de Lorraine, duc de Mercœur, et avait été apporté à César de Vendôme par sa femme Françoise de Lorraine. La terre avait à cette époque une assez grande étendue. De nombreux fiefs mouvaient de la seigneurie et ressortissaient à sa justice. Il est vrai que Vendôme en avait fortement diminué la liste, il avait vendu les seigneuries de Lançon, Istres, Berre, Châteauvieux, etc., à un riche bourgeois de Paris, Maximilien Titon, secrétaire du Roi, qui plaçait en terres, sans regarder à la distance, le produit de ses nombreux offices; mais Titon aussi était mort; sa veuve, Marguerite Beccaille, et son petit-fils Louis Titon de Villegenon, héritiers de ses biens, ne paraissaient pas tenir à les conserver en entier; il ne semblait pas impossible de rendre à la principauté son ancien territoire en en achetant séparément les deux moitiés disjointes. Villars était séduit par l'opération, et Lebret avait ordre de la tenter.

Les négociations conduites avec les deux veuves furent longues et traversées par de nombreux incidents; on crut un moment que Louis Titon voulait faire à son profit la reconstitution poursuivie par Villars; l'indignation du maréchal fut extrême, elle stimula l'intendant Lebret, qui, aidé par Dugrou, triompha de tous les obstacles; le 9 août 1714, Marie-Anne de Bourbon vendait sa part à Villars, moyennant 403,000 livres, et, le 4 mai 1715, Marguerite Beccaille vendait la sienne 400,000 livres. Mais l'acquisition ne suffisait pas pour conférer à l'heureux propriétaire le droit de porter le titre de prince de Martigues. Il fallait l'agrément du Roi; celui-ci ne se fit pas attendre; dès juillet 1715, des lettres patentes de Louis XIV continuaient et confirmaient la grâce faite au duc de Mercœur, et, en tant que besoin, érigeaient de nouveau la terre de Martigues en principauté en faveur de Villars, de ses successeurs et ayants cause, les autorisant à se dire et qualifier *prince de Martigues*. La faveur était motivée par les services du maréchal, dont une très longue et très minutieuse énumération terminait le document royal.

Dugrou, envoyé par Villars pour prendre possession de sa nouvelle acquisition, fut reçu avec un enthousiasme extraordinaire, au bruit des cloches, du canon, des tambours, fifres et violons : il fut harangué par le curé et par le juge, acclamé par la foule, qui criait : « Vive le Roi et le maréchal de Villars notre cher prince et seigneur[1] ! »

Villars visita Martigues en 1716, lors du voyage qu'il fit dans son gouvernement. C'est à cette occasion qu'il étudia et décida l'exécution du canal qui mit en communication le Rhône et le

---

1. Procès-verbal annexé à l'acte de vente.

Port-de-Bouc et auquel on donna le nom de *canal de Villars*[1].

Villars ne retourna plus dans sa principauté, mais il ne cessa de s'occuper d'elle, défendant ses intérêts et ceux des communautés qui la composaient, plaidant la cause de ses finances obérées, intervenant dans les difficultés locales, dans les prétentions rivales du clergé et des capucins, des pêcheurs et du fisc.

Il mettait moins d'empressement à accueillir les demandes de secours qui lui venaient de ses vassaux; il se contentait généralement de les transmettre à Lebret et de solliciter, pour les signataires, des exonérations d'impôt. Villars, on le sait, était moins enclin à donner qu'à recevoir. Ce grave défaut lui a été sévèrement reproché; nous ne chercherons pas à le dissimuler, tout en rappelant que les usages du temps excusaient des habitudes qui nous choquent justement aujourd'hui. L'envoi de présents était fréquent; le gouverneur était exposé à en recevoir des municipalités, des corps constitués, de particuliers même; les échevins de Marseille se faisaient remarquer par leur générosité; un jour c'étaient des produits de l'industrie locale, un autre jour un cheval accompagné de compliments en vers, plus souvent des échantillons des objets précieux et recherchés que le commerce de l'Orient déversait dans les comptoirs de la ville[2]. Villars ne savait pas refuser, il donnait à la maréchale ou à sa belle-fille les riches étoffes, les tapis ou les parfums de l'Orient, il gardait pour l'usage de sa maison l'huile, le café ou les bougies, non sans protester du bout des lèvres; le cas était parfois

---

1. Voy. ci-dessus, IV, 87. Il semble, d'après les passages un peu confus des *Mémoires*, que la partie du canal ordonnée par Villars, et qui n'avait, d'après ce texte, que deux lieues, est celle qui, commençant près de l'embouchure du Rhône, traversant les salines et les lagunes et passant à Fos, aboutit au Port-de-Bouc, non loin de Martigues.

2. Les échevins de Toulon n'étaient pas moins exacts à envoyer à leur gouverneur les « présents d'usage. » Ceux-ci consistaient en « vin muscat, eau de fleurs d'oranger et de Hongrie, gants passés au lait pour femmes... » Les comptes de la ville accusent de ce chef une dépense qui varie de 291 livres à 560. (Arch. mun. de Toulon.)

embarrassant; ainsi, un certain envoi d'étoffes, fait à la marquise de Villars, vers la fin de 1721, suivait de bien près les effroyables catastrophes de la peste; Villars ne put s'empêcher d'être frappé de cette coïncidence : « J'avoue, écrivait-il aux échevins de Marseille, qu'un aussi beau présent dans un temps où votre ville, accablée de tant de malheurs, est si peu en état de faire des dépenses, m'a fait de la peine à recevoir; j'en ai d'autant plus de reconnaissance... » L'expression de la peine du gouverneur dut faire sourire MM. Moustier et Estelle, mais la certitude de sa reconnaissance avait une valeur qu'ils savaient apprécier. Nous ferons comme eux, nous n'insisterons pas davantage sur des faiblesses que l'histoire impartiale doit enregistrer, sans perdre de vue les circonstances qui les expliquent, sans surtout laisser affaiblir le sentiment de reconnaissance dû aux grands services militaires de Villars.

Un dernier mot sur les correspondants de Villars en Provence. Ils étaient nombreux. Outre le principal, Lebret, dont nous avons déjà parlé, et les échevins des principales villes de la Province, ils comprenaient plusieurs personnages officiels ou privés, parmi lesquels il convient de signaler les suivants.

L'archevêque d'Aix, Guillaume de Vintimille du Luc, appartenait à la meilleure noblesse de Provence; esprit actif et mesuré, ne craignant pas la lutte et non dépourvu d'ambition, mais droit et généreux; d'abord évêque de Marseille (1684-1708), il s'était fait remarquer par sa charité, et, plus tard, archevêque de Paris (1729-1746), il prit vivement parti pour la bulle *Unigenitus*, et réussit à éviter de graves démêlés avec son clergé et le Parlement. A Aix, il montra non moins d'activité et de charité, prenant au sérieux son rôle de président-né des États et s'efforçant, d'ailleurs sans succès, de maintenir à l'assemblée provinciale son ancienne influence. Sa correspondance est claire, précise, exempte de toute formule ecclésiastique; il donne de bons avis à Villars, tout en réclamant son appui auprès du Régent.

Alphonse de Fortia-Forville, marquis de Pilles, était gouverneur de Marseille depuis 1682; il avait succédé dans cette charge à son père, Paul III de Fortia, gouverneur du château d'If, qui lui-même succédait à son père et à son grand-père[1]. Il devait transmettre ses fonctions à ses descendants, qui les conservèrent jusqu'à la Révolution. Gentilhomme de race, que nous avons vu, lors de la peste de Marseille, donner les preuves du plus grand courage, il paraît avoir été très chatouilleux sur les questions d'étiquette. Elles remplissent pour ainsi dire sa correspondance avec Villars, chargé à chaque instant d'arranger les conflits qu'il avait soulevés : conflits avec les échevins au sujet des visites, de l'eau bénite, des bandoulières des gardes de police, des titres qu'il devait recevoir ou de la place que devait occuper sa signature, suivant qu'il agissait comme *gouverneur* ou comme *viguier*, comme *gouverneur-viguier* ou comme *capitaine-gouverneur*..., conflits avec Villars lui-même, qui lui contestait le commandement des milices[2]. Au demeurant, homme de valeur et de bon jugement.

Parmi les agents subalternes, nous avons déjà cité Pascalis et Dugrou. Le premier ne s'occupait guère que des affaires de Barcelonnette. Quant au second, il était et resta jusqu'à la fin mêlé à toutes les affaires que Villars avait en Provence; la correspondance qu'ils ont échangée est très considérable. Dugrou était trésorier des États depuis 1712. Sa gestion avait donné lieu à quelques critiques. Villars lui avait fait maintenir ses fonctions, non sans peine, et lui avait en outre confié la gestion de ses intérêts privés. Il avait en lui une confiance sans bornes. Dugrou s'était montré très entendu, très actif, homme de ressources et d'initiative; Villars le soutint avec la dernière énergie.

La seconde gestion de Dugrou fut encore plus vivement critiquée que la première; elle donna lieu à une accusation for-

---

1. Voy. Ruffi, *Hist. de la ville de Marseille*, mars 1696, I, 292. En recevant le serment de Paul III, le chancelier lui dit : « Ce n'est que pour la forme, car la maison de Fortia a toujours été fidèle à la France. »

2. Sauf en temps de guerre, auquel cas, écrivait Villars le 2 février 1732, « si Marseille était attaquée, le véritable gouverneur irait promptement à son secours. » (Arch. de Marseille.)

melle de malversation de la part de l'archevêque d'Aix et des procureurs du pays. Villars prit de très haut l'attaque dirigée contre son procureur; il intervint dans la contestation, discuta les témoignages, exigea des vérifications, n'accepta pas l'avis des arbitres qui avaient condamné Dugrou à d'importantes restitutions. La correspondance est pleine de détails à ce sujet; elle ne donne pas le dénoucment du litige, soit qu'il n'ait pas eu de solution définitive, soit que les lettres se soient perdues. Quoi qu'il en soit, ce silence, joint à la netteté de l'avis donné par les procureurs et à la réserve prudente observée par Lebret, n'est pas favorable à la mémoire de Dugrou. Nous ignorons ce qu'il devint après la mort de Villars.

Le maréchal correspondait aussi volontiers avec l'avocat Capus, qu'il avait fait nommer secrétaire archivaire de Marseille, dont il louait le bon esprit et auquel il attribuait une part dans le rétablissement des affaires de la ville.

La dernière lettre que Villars ait signée comme gouverneur de Provence est datée de Milan, 4 mars 1734. Les échevins de Marseille lui avaient écrit pour le féliciter des heureux débuts de sa campagne; il leur répondit avec sa verve habituelle, et pourtant il touchait au terme de sa glorieuse carrière; deux mois à peine le séparaient du jour où, vaincu par l'âge, il remettait son commandement à Coigny et rentrait à Turin pour y mourir.

Il avait écrit à son fils, récemment nommé brigadier par le Roi, de venir le rejoindre, de passer par la Provence, et, par une précaution anticipée, de s'y faire recevoir en qualité de gouverneur; il avait la survivance de cette charge. Le marquis de Villars se mit en rapport avec Lebret et régla avec lui tous les détails de son voyage : le 1er mars, il quittait Marly; le 10, il était à Aix, où tous les honneurs lui furent rendus; des réceptions magnifiques lui furent faites à Marseille, à Toulon, à Antibes, où une felouque l'attendait pour le conduire à Gênes. Il trouva son père à Milan et ne le quitta plus jusqu'au jour de sa mort (17 juin 1734).

1. *Villars à Lebret.*

Marly, le 8 novembre 1712.

Vous voulez bien que je vous supplie, Monsieur, de me faire instruire de plusieurs détails que je ne puis bien apprendre que par vous, et dont j'espère que vous voudrez bien m'informer.

M. de Vendôme, très respectable en bien des choses, ne faisoit pas grand cas des détails, et moins encore de ceux qui pouvoient regarder ses intérêts que des autres; pour moi, Monsieur, je suis dans des principes différents : je vous serai donc très obligé de m'envoyer un état bien juste de tout ce qui compose les revenus du gouvernement de Provence, tant ce qui est destiné pour le gouverneur que tout autre émolument, ou sous le nom des capitaine et officiers de ses gardes et secrétaire. Ce que je puis vous dire, c'est que l'on veut croire que ce gouvernement-là vaut ou a valu près de 80,000 livres de rente; tout ce que j'en sais de bien net, c'est les 51,000 livres que payent les États, et quelque chose des villes et Terres Adjacentes qui ne sont pas du corps de la Provence; pour cela, il faudra peut-être remonter au père de M. de Vendôme, car, pour lui, il n'a jamais su rien de ses affaires.

S'il y a un présent à l'avènement[1], comme à celui des Évêchés que j'ai eu en dernier lieu, la ville de Metz donnant 12,000 francs, je vous demande, Monsieur, un peu d'attention sur cela, et de me rendre la justice de me croire, etc...

(Original. Bibl. nat., fr. 8898, fol. 268.)

2. *Du même au même.*

Paris, 29 novembre 1712.

Je vois, Monsieur, par la lettre que vous me faites l'honneur de m'écrire, l'opinion que vous avez sur le sieur de Beaumont. Vous croyez bien, Monsieur, que je suis très disposé à régler mes sentiments sur les vôtres; je croirois ne pouvoir mieux faire quand

---

1. Les États offraient d'ordinaire un présent de 20,000 livres au nouveau gouverneur lors de sa première visite. Vendôme y avait renoncé. On sait que Villars, à la première allusion faite devant lui au désintéressement de son prédécesseur, répondit par la saillie : « Que me parle-t-on de M. de Vendôme? un homme inimitable! »

même je pourrois connoître par moi-même ceux dont vous parlez ; à plus forte raison, ne pouvant juger que sur ce que vous et Mgr l'archevêque d'Aix me ferez l'honneur de me mander.

Je crois devoir vous dire, Monsieur, pour commencer à vous donner quelque joie de ce que je pense, que, naturellement, je suis plus porté que personne du monde à chercher l'amitié de ceux avec qui j'ai à vivre ou à traiter, incapable de prendre légèrement des préventions, ni d'être gouverné par mes domestiques, leurs intérêts et encore moins les miens ; cherchant le bien, la justice et la vérité avec ardeur.

Vous serez bien persuadé, Monsieur, qu'avec de tels sentiments, je me trouve trop heureux d'avoir affaire avec deux personnes aussi estimables que vous et Mgr l'archevêque d'Aix. Je suis, d'ailleurs, persuadé que le service du Roi et l'utilité de la province que nous avons à gouverner exigent notre bonne et parfaite intelligence ; croyez, je vous supplie, que je ferai de mon côté tout ce qui sera possible pour que rien ne dérange un concert également nécessaire à notre bonheur particulier et à celui des gens qui auront affaire à nous.

Par la lettre que vous me faites l'honneur de m'écrire le 21 novembre, vous me faites espérer quelque éclaircissement sur ce qui peut regarder mes intérêts : je vous serai très obligé de vouloir bien me l'envoyer. J'y suis fort peu attaché ; mais je tiens raisonnable d'être informé de ce que l'on doit avoir, ou laisser aux autres, et ne jamais faire aucun bien ni mal par ignorance.

(Original. Bibl. nat., fr. 8959, n° 1.)

3. *Villars à Lebret.*

Paris, 15 décembre 1712.

Je vous rends mille grâces, Monsieur, de la lettre que vous me faites l'honneur de m'écrire du 7 de ce mois et des éclaircissements qu'elle contient. Il est bien certain que bien des gens de Marseille même m'ont assuré que cette ville et ce qu'on appelle les Terres Adjacentes donnoient tous les ans une somme assez considérable. J'aurai l'honneur de vous dire, Monsieur, que j'aimerois mieux perdre de mes appointements que de faire diminuer en rien tout ce que pourroit avoir M. le comte de Grignan[1],

---

1. Fr.-Adhémar de Monteil, comte de Grignan, gendre de Mme de Sévigné, lieutenant général en Provence, caractère noble et généreux, qui

ni même former de prétentions actuelles sur les siennes, ni, en un mot, rien faire qui pût donner le moindre chagrin à un homme respectable comme M. de Grignan, que j'honore, et auquel mon intention est de marquer en toute occasion les égards qui lui sont dûs; il peut même compter que, lorsque j'irai en Provence, si je pouvois augmenter sa considération, je le ferois : ces sentiments sont dans mon cœur très profondément établis; mais, entre vous et moi, je suis bien aise aussi de savoir tout. Je me suis adressé à vous sur cela; mais je n'ai aucune impatience sur ces sortes d'éclaircissements; gens de la famille même de M. de Grignan m'ont dit qu'il y avoit 15 ou 16,000 francs d'extraordinaire, que M. de Vendôme, n'ayant jamais mis le pied en Provence que pour traverser le pays en poste, l'avoit ignoré, comme il ignoroit toutes ses autres affaires, et même la nature de son bien, au point que, s'étant marié principalement pour priver la maison de Savoie de sa succession, les biens de Normandie viennent tout entiers à M. le duc de Savoie, son bon et cher ami. Ce petit détail ne vous étoit pas nécessaire, parce que tout le monde a connu l'indolence de M. de Vendôme. Je ne suis point du tout intéressé, et assez connu sur ce pied-là; mais je suis homme d'ordre.

Vous n'avez besoin, Monsieur, d'aucune caution auprès de moi : j'ai l'honneur de vous connoître par la réputation que vous avez; M. le Chancelier[1] et M. Desmaretz vous rendent beaucoup de justice, et je puis vous assurer, sur ce qu'ils m'ont dit de votre caractère, que j'ai une entière confiance que nous serons fort unis et travaillerons utilement pour le service du Roi et le bonheur de la Provence. Pour moi, je n'entre jamais dans aucune sorte de cabale, je n'en connois aucune à la Cour, et, si cet esprit ne convenoit pas, il me seroit très aisé de ne me mêler de rien.

Je compte de prêter serment incessamment : après quoi je vous enverrai mes patentes et je prierai M. le président de Bourbon[2]

« se ruina à commander en Provence, » où il remplaçait le gouverneur, toujours absent et indifférent. Les scrupules de Villars n'eurent pas d'objet, car Grignan mourait quelques jours après l'expédition de cette lettre, à quatre-vingt-trois ans, dans une hôtellerie, en allant de Lambèse à Marseille. (Saint-Simon, X, 55. Voy. la note de M. de Boislisle, t. XII de son éd., p. 288.)

1. Voysin.
2. N. de Raousset, comte de Bourbon ou Boulbon, d'une ancienne

de vouloir bien se charger de ce qui a coutume d'être pratiqué pour les présenter au Parlement. Je sais ces usages-là par les divers commandements que j'ai eus, et mon intention est de marquer en toutes occasions les sentiments que mérite une cour illustre et respectable comme celle à la tête de laquelle vous êtes.

L'on m'a donné des patentes particulières pour plusieurs petits gouvernements joints au gouvernement de Provence, entre autres les tours de Toulon.

(Original. Bibl. nat., fr. 8898, fol. 373.)

4. *Lebret à Villars.*

Aix, 15 décembre 1712.

J'ai eu l'honneur de vous mander, Monseigneur, dans une de mes précédentes, qu'il étoit parlé de quelques gratifications pour les secrétaires du gouverneur de Provence dans l'arrêt du Conseil du 17 janvier 1708, concernant les dépenses de la ville de Marseille : en effet, le secrétaire du lieutenant-général y est employé pour 1,100 livres, tant pour gratification que pour son logement, ce qui est d'un usage assez nouveau ; le secrétaire du gouvernement de la Provence y est employé pour 700 livres de gratification seulement, ce que je crois d'un usage plus ancien ; les gardes du lieutenant-général sont employés aussi pour 40 livres 10 deniers, et il n'est point parlé de ceux du gouverneur.

J'ai entendu dire à plusieurs personnes fort affirmativement que, sur l'imposition des Terres Adjacentes, il étoit pris 12,000 livres, dont on prétend que M. de Grignan jouit actuellement. D'autres personnes m'ont assuré qu'il n'en étoit rien ; cependant, un gentilhomme de ce pays-ci qui a été à feu M. de Vendôme assure que ces 12,000 livres avoient été autrefois payées à M. d'Oppède, premier président de ce Parlement, qui faisoit les fonctions d'intendant ; que, depuis la mort de M. d'Oppède, M. de Grignan avoit touché ces 12,000 livres ; que feu M. de Vendôme, à qui l'on avoit fait entendre que ces 12,000 livres lui appartenoient, n'avoit pourtant pas voulu en priver M. de Grignan. J'ai fait parler à plusieurs personnes que je croyois pouvoir être instruites, et qui ne m'ont rien appris ; j'en suis à me faire représenter les

---

famille de Provence; dans toute la correspondance de Lebret et de Villars, le nom est écrit *Bourbon*.

comptes de ces Terres Adjacentes, et j'y trouve quelque difficulté, que je tâcherai néanmoins de surmonter; mais l'on me dit que je n'y trouverai pas grand éclaircissement, parce que l'on croit que ces 12,000 livres sont payées de la main à la main en retirant les ordonnances de modération que M. de Grignan accorde aux communautés des Terres Adjacentes et des sommes auxquelles il les cotise chaque année en vertu de la commission du Roi pour la tenue des États.

Vous voyez, Monseigneur, qu'il n'est pas bien aisé d'être éclairci sur ces sortes de choses. J'y ferai de mon mieux, ne désirant rien avec tant de passion que le moyen de vous persuader de mon attachement et du vrai respect avec lequel je suis, etc.

(Minute. Bibl. nat., fr. 8898, fol. 391.)

5. *Mémoire touchant les revenus du gouvernement de Provence*[1].

Avant l'année 1635, les États de Provence accordoient tous les ans 15,000 livres pour le *plat*, ou don gratuit du gouverneur, et 9,000 livres pour sa compagnie des gardes. Il lui étoit encore accordé l'entretènement de sa compagnie d'ordonnance pour le temps qu'elle étoit sur pied dans la Provence, tantôt pour six mois, tantôt pour l'année entière, n'y ayant rien de fixe à cet égard.

En 1627, il fut accordé 63,000 livres par les États, pour le tout.

En 1631, M. le duc de Guise, gouverneur, n'ayant rien touché depuis 1628, les États délibérèrent de lui faire payer 100,000 livres pour les trois années 1629, 1630 et 1631, tant pour l'entretènement de la compagnie d'ordonnance, plat, ou don gratuit, que compagnie des gardes.

En 1635, ayant délibéré de faire de très humbles remontrances pour supplier le Roi de fixer à une somme certaine ce que la Provence devoit faire payer à l'avenir tous les ans au gouverneur, par arrêt du Conseil du dernier mars 1635, il fut ordonné que les États de Provence feroient payer à M. le maréchal de Vitry, pour lors gouverneur, et à ses successeurs au gouvernement, la somme de 36,000 livres pour son plat, et 15,000 livres pour la solde et entretènement de ses gardes : moyennant quoi les États sont déchargés de toutes autres prétentions et entretè-

1. Annexé à une lettre de Lebret à Villars du 18 décembre 1712.

nement de la compagnie d'ordonnance, voulant Sa Majesté, lorsqu'elle seroit sur pied, qu'il soit fait fonds des deniers de son épargne, et la dépense faite par le trésorier de l'extraordinaire des guerres comme des autres compagnies de son royaume.

Cet arrêt a été depuis suivi jusques aujourd'hui ; M. d'Angoulême, M. le cardinal de Vendôme et feu M. le duc de Vendôme ont été payés tous les ans desdites 51,000 livres.

Par l'assemblée de 1664, il fut accordé 20,000 livres à M. le duc de Vendôme le père, pour être employées à l'acquisition de places dans la nouvelle enceinte de la ville d'Aix pour y bâtir un palais, à la charge que, s'il venoit à changer de dessein, les places seroient vendues et le prix en reviendroit à la Provence.

Feu M. le duc de Vendôme n'étant venu en possession qu'en l'année 1681, quoiqu'il eût été pourvu du gouvernement depuis la mort de M. le cardinal son père, arrivée en 1669, les États délibérèrent de lui faire un présent de 20,000 livres, qu'il refusa, et fit approuver son refus par le Roi, dont il fut remercié par l'assemblée générale des communautés[1] de 1682. On ne voit point qu'il eût jamais été accordé aucun présent aux autres gouverneurs, avant lui, pour l'avènement au gouvernement.

La gratification accordée tous les ans au secrétaire du gouverneur, qui étoit de 1,000 livres, et après de 1,200 livres, a été portée depuis quelques années jusques à 1,500 livres.

(Minute. Bibl. nat., fr. 8898, fol. 271.)

6. *Villars à Lebret.*

Marly, ce 15 janvier 1713.

Je vous rends mille grâces, Monsieur, de votre attention et ne puis assez vous marquer combien j'y suis sensible ; j'ai déjà eu l'honneur de vous mander que j'aurois toujours pour M. le comte de Grignan toute la considération qu'il mérite : ainsi, soit qu'il lui revienne ou non quelques utilités des Terres Adjacentes de Marseille ou autres lieux, à Dieu ne plaise que je veuille en prendre aucune connoissance qui pût lui faire la moindre peine !

Je compte très précisément d'avoir l'honneur de vous voir dans le commencement de l'hiver prochain, au retour des eaux de

---

1. Voy. ci-dessus, p. 10.

Barèges[1], et ensuite de me rendre tous les ans à vos États. Avant ce temps-là, je vous supplierai de vouloir bien me donner vos réflexions et vos conseils sur tout ce qui peut être utile pour le Roi, et pour la Provence, par rapport même à la ville de Marseille, dont les désordres ont grand besoin de remède.

Je sais la commission que M. Desmaretz a fait donner à M. de Harlay; nous parlâmes fort hier, M. Desmaretz et moi, de cette matière : il m'en paroît assez informé. Jusques à présent, je n'ai voulu entrer en rien, et ne le ferai point que M. Desmaretz lui-même ne soit persuadé que vous et moi soyons plus propres à rétablir l'ordre, la bonne intelligence, que par toute autre voie, mon intention étant de ne me mêler de certaines affaires qu'autant que le Roi et les ministres trouveront que cela convient. Mais, comme j'ai eu l'honneur de vous le dire, Monsieur, tout cela ne presse point, et j'aurai tout le temps de consulter avec vous tout ce qui sera le plus utile.

Les gazettes d'Hollande vous apprendront que tout va bien, et la déclaration de la reine d'Angleterre qu'a portée le comte Strafford marque une prompte fin de la guerre. Il y a cependant un parti en Hollande qui veut la continuer; mais les plus sages l'emportent.

Le duc de Shrewsbury, ambassadeur d'Angleterre, saluera demain le Roi; nous devons dîner demain avec lui chez M. de Torcy. Vous savez par Marseille les bonnes nouvelles de Constantinople, et que tout s'y prépare à une guerre qui occupera la cour de Vienne.

(Minute. Bibl. nat., fr. 8899, fol. 110.)

7. *Villars à Lebret.*

Paris, ce 25 décembre 1712.

Je vois, Monsieur, par la lettre que vous me faites l'honneur de m'écrire du 15, la continuation des soins que vous avez la bonté de prendre pour m'éclaircir de tout ce qui peut revenir de Marseille ou des Terres Adjacentes, tant pour mon capitaine de gardes, secrétaire, que pour toute autre chose.

---

1. Ce voyage, remis d'année en année, commencé en juillet 1715, interrompu par la mort de M. de Maisons et par celle du roi, n'eut lieu qu'en mars 1716. Ce fut le seul que fît Villars malgré ses bonnes intentions. Voy. ci-dessus, t. IV, p. 49, 56, 78.

Gens de Marseille et principaux dans cette ville m'ont assuré bien positivement que la ville donnoit 16,000 livres à M. le comte de Grignan ; cela a quelque rapport à ce qui vous a été dit.

J'ai déjà eu l'honneur de vous mander que je ne voudrois pas toucher à ce qui regarde M. de Grignan; c'est un respect que bien des raisons engagent à avoir pour lui, et il n'est pas surprenant qu'une si longue et si ancienne possession du commandement dans une province dont le gouverneur avoit en horreur les moindres connoissances de toute affaire qui pût exiger quelque attention, ait produit divers établissements, vous comprendrez aussi, Monsieur, que je dois désirer de les connoître; le Roi m'a fait l'honneur de me donner, ainsi que je crois vous l'avoir mandé, des patentes particulières pour le gouvernement des tours de Toulon et citadelle de Saint-Tropez ; M. l'abbé de Chaulieu m'a dit que la Tour-du-Bouc étoit aussi un gouvernement particulier attaché à celui de la province. L'on démêle ces états pour donner les mêmes patentes qu'a eu ou dû avoir M. le cardinal de Vendôme ; enfin, Monsieur, je ne puis assez vous témoigner ma reconnoissance sur les soins que vous voulez bien prendre pour me donner une connoissance certaine de tout ce qui peut regarder mes intérêts.

Je ne vois rien dans les affaires générales qui m'ôte l'espérance de vous aller voir avant votre première assemblée ; les nouvelles publiques vous auront appris à quoi on en est de la paix générale : celle d'Angleterre est bien assurée, aussi bien que celle de Portugal; l'on ne peut même guère douter de celle de Savoie ; nous savons que M. le duc de Savoie est content, et la raison ne veut pas qu'il hasarde une satisfaction certaine par la durée d'une guerre que nous soutiendrions avec peu de péril, étant soulagés de nos plus dangereux ennemis.

Les avis particuliers de Hollande ne nous promettent pas une opiniâtreté insurmontable.

Voilà, Monsieur, à quoi nous en sommes, et j'espère, avec l'aide du Seigneur, que l'on sera désormais plus occupé des soins de modérer les impositions que de ceux de les augmenter, et qu'ainsi nous pourrons revoir les dedans du royaume au moins avec les premières douceurs de sortir d'une maladie bien violente.

(Original. Bibl. nat., fr. 8898, fol. 427.)

8. *Villars à Lebret.*

Versailles, le 2 janvier 1713.

Vous voulez bien, Monsieur, que je vous parle d'une vue que la proposition que l'on vient de me faire m'a donnée; l'on veut acheter une terre que nous avons, Mme de Maisons et moi, en Normandie[1], laquelle se vendra aux environs de 550,000 livres, et il me reviendra, pour la part de la maréchale de Villars, près de 300,000 livres; j'aimerois mieux faire une acquisition en Provence qu'ailleurs, puisque j'en ai le gouvernement.

Je vous supplie donc, Monsieur, si par hasard il y avoit quelque terre considérable à vendre, de me faire l'honneur de me le mander, et, en attendant, de ne faire part de cette vue à personne.

Tout nous confirme l'espérance d'une prompte paix et même générale.

Le Roi nous apprit hier un grand événement, qui la rend encore plus assurée : c'est une victoire complète de l'armée de Suède, commandée par le général Steinbock, contre l'armée de Danemarck. Le roi y étoit en personne, en sorte que les troupes danoises au service d'Hollande sont rappelées et plusieurs autres[2]...

(Original. Bibl. nat., fr. 8899, fol. 5.)

9. *Lebret à Villars.*

Sans date.

Je reçois, Monseigneur, la lettre dont vous m'avez honoré le 2 de ce mois, par laquelle je vois le dessein que vous avez d'employer à l'achat d'une terre dans cette province le prix de celle que vous voulez vendre en Normandie.

Les acquisitions ne sont pas faciles en ce pays, où le décret n'est pas en usage, et, d'ailleurs, je ne vois point de terre considérable à vendre présentement; mais on peut prévoir qu'il y en

---

1. Terres de Varangeville, Galleville, Doudeville, Harcanville, près d'Yvetot et de Nouille, près de Dieppe, appartenant à la maréchale de Villars, ainsi que les terres des Menulz et d'Orgerus, près de Montfort-l'Amaury. Rappelons que la maréchale était la sœur de Mme de Maisons.

2. Victoire éphémère après laquelle Steinbock rançonna et brûla Altona, mais fut bientôt obligé de se rendre aux Danois.

aura bientôt une fort belle, qui est la comté de Grignan, laquelle, après M. de Grignan, sera, à ce que l'on croit, en vente; vous savez, Monseigneur, qu'il n'est plus jeune.

Il avoit dessein de vendre une autre terre érigée en marquisat, appelée Entrecasteaux; mais je ne crois pas qu'elle vaille plus de 200,000 livres, et, d'ailleurs, le sieur Anfossy, son secrétaire, ne veut pas qu'il la vende, à ce qu'on présume des démarches qu'il a faites à l'égard de plusieurs personnes qui se présentoient pour acquérir, car il y a toujours beaucoup d'acheteurs en ce pays pour les terres dont le prix est médiocre.

La terre de Voulx, près Sisteron, appartenant à M. de Valavoire, est, à ce qu'on m'a dit, à vendre; le château fort élevé que j'ai vu de loin en passant paroît beau pour le pays et l'on en parle sur ce pied-là; on estime que cette terre peut valoir 100,000 écus; j'ai ouï dire qu'elle n'étoit pas en beaux droits.

On m'a dit qu'il y avoit une terre considérable dans le Comtat, à deux lieues d'Avignon, à vendre; elle se nomme, si je m'en souviens bien, Sérignan, et appartient à M. de Duras; on prétend qu'elle vaut 12 ou 15,000 livres de rente.

J'ai encore ouï parler d'une autre terre, située partie en Dauphiné et partie dans le Comtat, de 7 ou 8,000 livres de rente; c'est la comté de Suze, environ 230 ou 240,000 livres.

Celle d'Allemagne, appartenant à M. de Caderousse, sera une affaire d'environ 200,000 livres, et rien de plus faisable, car on veut vendre, et il le faut même. M. de Caderousse en a une autre que j'aimerois mieux, c'est le marquisat d'Oraison, auquel je le crois attaché, et madame sa femme encore plus, parce que son père en portait le nom.

La Tour-d'Aigue est une baronnie magnifique; elle appartient à Mme la duchesse de Lesdiguières-Retz; elle vaut plus de 20,000 livres de rente.

Vous vous êtes, Monseigneur, précisément adressé au bureau d'adresse, car on s'imagine, en Provence, que je parviendrai à vendre ma charge de maître des requêtes et que j'en emploierai le prix à acquérir une terre, et, dans cette pensée, on me vient dire toutes celles qui sont à vendre ou qu'on croit être en vente.

La principauté de Martigues, qui appartenait à feu M. de Vendôme et qui est aujourd'hui toute démembrée, seroit peut-être votre affaire, mais je ne sais si elle est à vendre, comme je m'imagine qu'elle devroit l'être.

(Minute. Bibl. nat., fr. 8899, fol. 3.)

10. *Villars à Lebret.*

Versailles, ce 8 janvier 1713.

Vous voulez bien, Monsieur, que je vous adresse le présent paquet pour M. le président de Bourbon; ce sont mes patentes. M. de Fréjus[1] m'a assuré qu'il se chargeroit volontiers de tous les soins nécessaires pour vous les présenter et à votre cour. Je sais par lui toutes vos attentions pour que ce petit cérémonial se passe au gré de tout le monde; je suis bien persuadé que, pouvant compter sur les bonnes grâces du chef, il disposera favorablement toutes les parties; je vous serai très obligé, Monsieur, de vouloir bien assurer ces Messieurs en particulier que je chercherai avec empressement toutes les occasions de mériter l'honneur de leur amitié. Pour vous. Monsieur, je dois être bien persuadé, par toutes vos attentions, que je puis me flatter de la vôtre, et je vous supplie de l'être de ma très vive reconnoissance et de tous les sentiments d'attachement et de parfaite estime avec lesquels je serai toujours, etc.

Je vous supplie, Monsieur, de vouloir bien me renvoyer les patentes sous l'adresse de M. Adam, premier commis de M. de Torcy, en chargeant les directeurs de la poste; je tiens cette voie encore plus sûre que mon adresse.

(Original. Bibl. nat., fr. 8899, fol. 26.)

11. *Villars à Lebret.*

Paris, le 30 janvier 1713.

J'ai tous les jours, Monsieur, de nouvelles raisons de vous rendre mille grâces de toutes vos attentions; j'en reçois des marques dans les dernières lettres que vous me faites l'honneur de m'écrire et dans la réponse très honnête de Messieurs du Parlement; je vous supplie, Monsieur, de vouloir bien les en remercier et d'être persuadé de ma très vive reconnoissance et de la forte passion que j'ai d'établir avec vous une très parfaite union.

L'on avoit mandé à M. de Fréjus que je songeois à m'approprier ce que M. le comte de Grignan peut tirer des Terres Adjacentes; je suis bien persuadé qu'il me rendra assez de justice pour ne jamais penser ainsi, et je ne vous demande pas même

---

1. Fleury, depuis cardinal et ministre.

aucune sorte d'explication sur cela ; mais il est très constant que je donnerois plutôt de mes propres appointements que de songer à lui ôter aucune sorte d'émolument, bien que je puisse croire que certains regarderoient le gouverneur ; je ne vous dis pas que je me crusse obligé aux mêmes égards pour ceux qui pourroient lui succéder, mais ce sont matières que nous agiterons ensemble lorsque nous serons sur les lieux, et tout ce qui se passe en Angleterre me persuade que ce pourra être vers le mois d'octobre prochain, car, bien qu'il y ait quelque délai, cependant nous savons que l'Angleterre pousse sa pointe, et que, si elle ne presse pas la Hollande de déclarer sur-le-champ les résolutions que nous savons déterminées, c'est pour conserver jusques au bout des égards qui ne peuvent jamais aller à faire manquer le grand ouvrage de la paix.

Le Roi est revenu de Marly dans une santé parfaite, et nous nous préparons à un voyage de Rambouillet pour le 6 du mois prochain et retourner ensuite pour le reste du carnaval à Marly.

(Original. Bibl. nat., fr. 8899, fol. 143.)

12. *Du même au même.*

Marly, ce 25 janvier 1713.

Je vous rends mille grâces, Monsieur, de votre attention très régulière à vouloir bien m'informer des connoissances que je vous avois supplié de prendre ; je sais que les décrets ne sont pas d'usage dans votre province et que les substitutions fréquentes y rendent les acquisitions dangereuses ; aussi faut-il y regarder de si près que l'on n'y puisse être trompé.

Je vous dirai, Monsieur, que ce qui feroit renchérir une terre à gens du pays qui voudroient l'acheter, c'est ordinairement une belle maison de campagne, ne seroit pas regardé par moi, parce que certainement, quand j'irai en Provence, ce ne sera que pour me tenir pendant le séjour que j'y ferai à Aix, Marseille ou le lieu où les députés des États s'assembleront ; ainsi, je ne regarderai pas une maison de campagne comme un avantage, et, par conséquent, je pourrois trouver à meilleur marché, ne désirant pas ce que les acquéreurs ordinaires compteroient avec raison pour beaucoup ; il me semble que les terres en pays de droit écrit sont plus désirables ; qu'étant gouverneur de Provence, il me seroit plus convenable d'y en avoir que dans une autre province ; j'en ai une très belle et par les mouvances et par la magnificence des bâtiments, à onze lieues de Paris[1], je ne désire aucune autre habitation.

Je vous supplie donc, Monsieur, en vous demandant toujours le même secret, ce que vous me conseilleriez sur les différentes terres que vous avez bien voulu me nommer. Mme de Lesdiguières ne vendra rien ou vendra bien cher ; il est bon d'acheter de ceux qui sont pressés de vendre, parce que la raison veut que ce soit à bon marché ; mais il me semble que, si toutes ces terres sont à vendre, il faut qu'il y ait grand nombre d'acquéreurs en Provence pour ne pas trouver quelque bon marché à faire ; il y en a plusieurs belles à vendre dans d'autres provinces, mais vous voyez les raisons qui me font préférer votre pays.

Les affaires de la paix vont toujours très bien ; nous dînâmes ici avec le duc de Shrewsbury ; l'on attend d'un moment à l'autre des nouvelles de Londres, qui finiront même les affaires des Hollandois, lesquels se sont entièrement remis à la reine d'Angleterre.

Il est arrivé un courrier de M. le duc d'Aumont[2], par lequel on apprend qu'il a été reçu avec des acclamations et des marques de joie surprenantes, tout le peuple étant sorti au-devant de lui.

(Original. Bibl. nat., fr. 8899, fol. 126.)

13. *Villars à Lebret.*

Marly, le .. février 1713.

Vous voulez bien, Monsieur, que je vous supplie de faire rendre les lettres ci-jointes à M. le premier président de la chambre des comptes d'Aix et à M. de l'Augier, auquel je mande tout le bien que vous m'avez fait l'honneur de m'écrire de lui et de son discours, lequel je vous supplie de me faire tenir avec mes lettres patentes lorsque vous me les renverrez.

L'ambassadeur et l'ambassadrice d'Angleterre dînèrent hier chez moi à Versailles, et je puis vous assurer que la paix avance, autant que nous pouvons le désirer, et sera certainement signée avec la Hollande dans la fin de ce mois ; l'Empereur s'est rendu sur ce qu'il y avoit de plus important à discuter avec lui ; ainsi, nous touchons à la paix générale.

1. La terre et le château de Vaux achetés à la veuve de Fouquet en 1705, désignés sous le nom de *Villars* depuis l'érection de la terre en duché-pairie.
2. Louis, duc d'Aumont, ambassadeur de France en Angleterre.

Je vous ai supplié de me faire l'honneur de me mander ce que vous penseriez sur la terre de Martigues ; ce seroit celle où je m'attacherois le plus volontiers ; je sais bien que Mme de Vendôme ne peut se dispenser de vendre, mais, si M. Crozat[1] veut la principauté, je ne sache personne qui veuille disputer le prix avec lui.

(Original. Bibl. nat., fr. 8899, fol. 256.)

14. *Du même au même.*

Versailles, ce 6 février 1713.

Je sais, Monsieur, que vous n'oubliez rien pour me donner tous les jours de nouvelles marques de bonté et d'attention, et tout ce qui s'est passé dans l'enregistrement de mes lettres et leur publication m'oblige à de nouveaux remerciements ; je vous supplie d'être bien persuadé de leur sincérité et de la vive reconnoissance que j'ai de toutes les marques d'amitié que vous voulez bien me donner ; j'espère plus que jamais de vous en aller remercier moi-même dans la fin de cette année, et nous ne pouvons plus douter que les premières nouvelles d'Angleterre ne nous apprennent la certitude de la paix ; la satisfaction pleine et entière faite par les états généraux à M. Mesnager[2], et telle que le Roi l'avoit désirée, a été la première démonstration authentique de la résolution prise en Hollande de consentir aux conditions proposées par la reine d'Angleterre ; nous attendons dans trois jours l'abbé de Polignac[3], que le pape a dû déclarer cardinal le 25 du passé, ayant exigé qu'il ne reçoive point en Hollande la nouvelle du chapeau ; l'on tient encore cela secret ici.

M. Desmaretz a bien voulu diminuer une confiscation d'un marchand de soie de Grignan, c'est-à-dire en faire rendre une

---

1. Antoine Crozat, très riche financier, qui connaissait d'autant mieux les affaires de Vendôme qu'il les avait administrées. (Voy. les notes de M. de Boislisle, *Saint-Simon*, t. VI, p. 198.)

2. Ménager, gros négociant de Rouen, que Torcy avait envoyé secrètement à Londres en 1711, avec l'anglais Prior, pour répondre aux premières ouvertures de paix, et qui fut ensuite, au grand scandale de Saint-Simon (IX, 128), plénipotentiaire à Utrecht et très écouté. (Voy. ci-dessus, t. III, p. 305.)

3. Depuis cardinal, alors plénipotentiaire à Utrecht avec le précédent et le maréchal d'Huxelles.

partie au propriétaire; je crois qu'il eût été assez juste de lui rendre le tout, mais on a jugé ici sur la nécessité de contenir par les exemples ceux qui voudront frauder les gabelles. Je n'oublierai rien, en tout ce qui sera juste, pour servir Messieurs les Provençaux, mais je m'en rapporterai fort sur cela à tout ce que vous estimerez raisonnable, et, si j'avois pu être informé de votre sentiment sur ce qui regarde ce marchand, nommé Piola, je m'y serois conformé.

P. S. Je crois avoir eu l'honneur de vous mander, Monsieur, que le Roi m'a donné les patentes du gouvernement des ville et tours de Toulon, fort de l'Esguille et autres; j'en ai aussi une du gouvernement de la ville et citadelle et tours de Saint-Tropez; j'ai vu sur les états de l'extraordinaire de la guerre que le Sr de Saint-Victor touchoit partie de ces sommes; j'ai vu aussi que Mme de Vendôme avoit touché, depuis la mort de M. de Vendôme, quatre mille et tant de livres pour Saint-Tropez et Toulon; je ne sais ce que pourroit vouloir M. de Saint-Victor, mais je vous supplie, Monsieur, de vouloir bien avertir le trésorier général de la Provence de ne rien donner de tout ce qui peut regarder lesdites charges, que par mon ordre, quand même il en arriveroit des rescriptions; je ne voudrois pas troubler en rien M. de Saint-Victor sur les commissions de lieutenant de Roi, si tant est qu'il ait un brevet du Roi; quand même je le voudrois, ce seroit très inutilement, puisque le brevet du Roi doit expliquer ses appointements, mais je ne veux pas lui donner les miens ni lesdits droits et émoluments; ainsi, Monsieur, j'ai cru devoir prendre ces précautions-là d'avance, car, quand une fois on a touché, il n'est pas aisé de faire rendre.

(Original. Bibl. nat., fr. 8899, fol. 169.)

15. *Villars à Lebret.*

Versailles, 11 février 1713.

... Mon sentiment est donc que, si quelqu'un peut remédier à cet état violent où se trouve la plus grosse ville du royaume (Marseille) et qui passoit pour la plus riche, c'est un gouverneur bien intentionné, un intendant droit et véritable et parfaitement instruit; j'ajouterai de tout mon cœur M. le comte de Grignan, qui, par sa probité et plusieurs qualités respectables, peut aussi contribuer au bien. Mais on prétend qu'il est gouverné ; reste à savoir s'il l'est bien, car, pour moi, je suis très aise d'être gouverné, pourvu que je le sois bien et que mon gouverneur n'en prenne pas le titre; ou, pour mieux dire, je prends conseil très volontiers dans les plus importantes affaires, et, sur les diverses vues que l'on peut avoir par soi ou par les autres, je préférerai toujours le mérite du discernement à celui de l'invention. Je crois donc que, lorsqu'étant sur les lieux, nous travaillerons vivement à rétablir l'ordre, nous en devons plutôt trouver les moyens que personne ; mais il faut laisser venir cette pensée au ministre[1], sans vouloir la lui suggérer, car, s'il croyoit que l'on en eût envie, peut-être seroit-il armé contre un dessein que je n'aurai jamais que dans l'intérêt du Roy et de la ville de Marseille... Je n'en parlerai point du tout à personne, et, quand je verrai la paix générale bien établie et par conséquent mon voyage de Barrège et de là en Provence bien assuré, je parlerai à M. Desmaretz et verrai ce qui se pourra penser, suivant ce que vous penserez vous-même...

   (Original appartenant au marquis de Pleurre et communiqué par lui.)

16. *Lebret à Villars.*

Aix, 14 février 1713.

Je reçus hier au soir, Monseigneur, la lettre que vous m'avez fait l'honneur de m'écrire le 6 de ce mois. Je voudrois mieux mériter l'attention pleine de bonté que vous faites sur mes soins et je serai trop heureux s'ils pouvoient vous marquer une partie de mon dévouement.

Je n'ai jamais ouï parler, Monseigneur, de Piola, marchand de soie de Grignan, ni de la contrebande qu'on lui impute. Ces sortes d'affaires vont ordinairement par-devant la cour des Aides, et je n'y entre qu'autant que M. Desmaretz m'en charge.

Je viens de parler au Sr du Grou, trésorier des États, et de lui recommander de ne payer aucun appointement des gouvernements des villes, tours et citadelles de Toulon et Saint-Tropez sans votre ordre, encore qu'on lui représentât des rescriptions, et

---

1. Une commission du Conseil d'État avait été chargée par Desmaretz de chercher les remèdes à apporter à la situation financière de Marseille, mais n'aboutissait à aucun résultat.

il m'a promis de s'y conformer d'autant plus exactement qu'il m'a dit avoir pris la liberté de vous offrir ses services en ce pays pour les affaires dont vous le jugerez capable, et qu'il me paraît avoir grande envie de mériter la grâce qu'il vous a demandée. Ce que j'en puis dire, Monseigneur, c'est que je l'ai toujours connu pour honnête homme et exact dans les choses dont il se mêle. Il a la charge de receveur général des domaines et bois et nous avons cru qu'il avoit du bien lorsque nous l'avons admis à la charge de trésorier de la province.

Je crois, Monseigneur, que, s'il a été payé quelque chose à Mme de Vendôme depuis le décès de M. de Vendôme, ce ne sera que des arrérages d'appointements, car la province a été dans de grands retardements. On a pourvu au courant à commencer du 1er janvier 1712 par l'établissement des trésoriers des États, et au payement des arrérages par l'établissement d'un receveur pour ceux qui étoient dus à la province par les communautés. Ce receveur est obligé de payer une certaine somme dans des termes, et, à mesure des échéances, l'on acquitte ce que la province doit du passé.

Les trésoriers sont chargés de payer le courant, et, comme les appointements de Saint-Tropez et de Toulon ne sont payés qu'une année après leur échéance, c'est-à-dire ceux de 1712 à la fin de 1713, on n'a encore dû rien payer de l'année dernière. Apparemment que vous vous arrangerez avec les héritiers de M. de Vendôme sur la portion qui peut leur appartenir de l'année 1712, que les trésoriers du pays devront acquitter dans les six derniers mois de 1713.

(Minute. Bibl. nat., fr. 8899, fol. 172.)

17. *Villars à Lebret.*

Marly, le 26 février 1713.

Je vous rends mille grâces, Monsieur, de la lettre que vous me faites l'honneur de m'écrire, du 15, en m'envoyant un mémoire de M. du Grou, qui me fait voir les divers temps des payements, et que ce que la province paye et ce qui vient des rescriptions de l'extraordinaire de la guerre se donnent en deux temps différents; ce que vous aurez vu, Monsieur, dans mes patentes, c'est que Sa Majesté a eu la bonté de me donner les appointements du jour de la mort de M. de Vendôme, arrivée, je crois, dans le mois de mai; ainsi, je n'ai rien à prendre, que de ce jour-là, et ne demanderai pas à Messieurs les trésoriers de me payer plus tôt qu'à l'ordinaire. Je vous rends mille grâces de la continuation de votre attention.

Nous comptons d'apprendre le 4 ou le 5 au plus tard l'ouverture du parlement d'Angleterre, à laquelle l'on ne doute pas que la Reine n'ait annoncé le grand ouvrage de la paix terminée. M. le cardinal de Polignac nous a confirmé ce que nous savions, qu'il n'y avoit plus d'obstacles à la paix en Hollande et qu'il n'en étoit que de médiocres de celle de l'Empereur.

(Minute. Bibl. nat., fr. 8899, fol. 259.)

18. *Du même au même.*

Paris, 8 mars 1713.

J'ai reçu seulement avant-hier, Monsieur, la lettre que vous me faites l'honneur de m'écrire, du 23 février, bien que les nouvelles que je vous ai données de la paix aient dû vous paroître prématurées; le parlement d'Angleterre ayant été encore une fois ajourné au 14 de ce mois, nos ministres ne me paraissent pas moins persuadés qu'elle est assurée et prochaine.

L'on voit que la reine d'Angleterre voudroit bien l'annoncer générale à son Parlement et qu'elle aime mieux en différer l'ouverture de quelques jours, dans l'espérance qu'elle pourra parler aussi positivement pour l'Empereur que pour la Savoie, le Portugal et même la Hollande.

Pour moi, je vous dirai naturellement que je répondrois également de la paix, mais non qu'il n'y eût aucun commencement de campagne, c'est-à-dire que l'on ne fût pas obligé d'assembler l'armée sur les terres de nos ennemis. Ce qui est très certain, c'est que ce commencement de campagne (si tant est qu'il arrive) ne nous mènera pas loin et ne m'empêchera pas, s'il plaît à Dieu, de vous aller voir dans le mois d'octobre prochain.

Sur les affaires de Marseille, je vous trouve trop modeste de vouloir que l'on ait raison de préférer les sentiments des autres aux vôtres. Je suis très persuadé que vous devez être mieux instruit que personne des véritables intérêts de cette grande ville, et je me flatte aussi que, n'ayant d'autre objet que de procurer le bien et le salut d'un si puissant peuple, nous en trouverons les véritables moyens plus naturellement que toute autre personne; mais, comme je vous l'ai déjà mandé, il faut se donner patience, laissant toujours travailler les commissaires du Conseil, et, quand je serai prêt à partir, je recevrai les ordres du Roi, saurai ses intentions, qui suivront assez celles de M. Desmarets, et nous nous conduirons en conformité. Il est certain que ces examens de comptes se trouveront sans comparaison plus faciles à être éclaircis sur les lieux qu'à Paris.

Je vous avois supplié par mes dernières de me donner quelque éclaircissement sur la terre de Martigues, laquelle me conviendroit si Mme de Vendôme la vouloit vendre, y trouvant des sûretés, ce qui sera peut-être assez difficile à éclaircir; mais c'est une condition sans laquelle on n'acquiert pas volontiers. Je vois par votre dernière que vous voulez bien m'en donner de plus amples éclaircissements; nous en avons cherché sur le gouvernement de la Tour-du-Bouc; M. de Grignan a mandé, ainsi que le commandant, que c'était M. le Grand Prieur qui avoit le titre de ce gouvernement; M. l'abbé de Chaulieu[1] m'a dit à moi que c'étoit feu M. de Vendôme, lequel avoit consenti que M. le Grand Prieur donnât les appointements à M. de Grignan, ainsi que M. de Vendôme laissoit prendre à M. de Saint-Victor ceux de Toulon. Il y a toujours un tel désordre dans les affaires de M. de Vendôme que l'on a bien de la peine à trouver les anciens titres qu'il a eus; l'intention du Roi est que l'on me donne les mêmes gouvernements particuliers qu'a eus M. de Vendôme; j'ai déjà, par des patentes séparées, ceux de Toulon, ville, tours et forts, et ceux de la ville et citadelle de Saint-Tropez; l'abbé de Chaulieu m'a dit que c'étoit la même chose de la Tour-du-Bouc; il est bien certain que Séguiran, qui y commande, n'a point de patentes de gouverneur; il m'a mandé que c'étoit M. le Grand Prieur; si vous pouvez me donner quelque lumière sur cela, je vous serai très obligé.

M. le marquis de Jaucourt, gouverneur de M. de Charolois[2], m'a prié, Monsieur, de vous recommander le sieur de la Mavillière, gouverneur de Saint-Maximin et commissaire de marine; je vous supplie qu'il lui paroisse que je vous ai écrit en sa faveur; il n'est question que de cela seulement.

(Original. Bibl. nat., fr. 8899, fol. 312.)

1. L'abbé de Chaulieu avait longtemps administré les grands biens du duc de Vendôme; suivant Saint-Simon, il aurait dû cette situation au grand prieur, auquel il permettait de s'approprier une partie des revenus de son père. Vendôme mit fin à cette situation en 1699 et remplaça Chaulieu par Crozat. (Voy. l'éd. de M. de Boislisle, VI, p. 197.)

2. Charles de Bourbon, comte de Charolais, second fils du prince de Condé, avait alors treize ans. Sur Jaucourt, voy. *Saint-Simon*, IX, p. 303.

19. *Villars à Lebret.*

Paris, le 13 mars 1713.

Je reçus hier, Monsieur, par M. du Grou la lettre que vous m'avez fait l'honneur de m'écrire au sujet de son frère, trésorier général de la Provence; j'en ai ouï dire mille biens à M. de Fréjus, et il suffit de la bonne opinion que vous en avez pour établir le cas que j'en dois faire; j'avois résolu de ne me déterminer à rien de tout ce qui peut regarder mes affaires en Provence qu'après avoir eu l'honneur de vous voir dans ce pays-là, où vous croyez bien que je suivrai volontiers vos conseils pour tout ce qui pourra regarder mes intérêts.

Je trouve, dans la lettre que vous me faites l'honneur de m'écrire, du 5, des éclaircissements sur la terre des Martigues; par ces mêmes éclaircissements, il paroit qu'il y a eu des procès sur les réquisitions des gens du Domaine, et, bien qu'il paroisse qu'ils ont été déboutés de leurs demandes en certaines occasions et qu'ensuite elle a été unie au Domaine et après vendue à Philippe-Emmanuel de Lorraine en faveur de mariage, je ne sais si tout cela ne se sent pas un peu du péril des biens du Domaine; c'est ce qu'il faut examiner, car je vous avoue que les procès avec les rois ou leurs ministres me paraissent très redoutables. C'est une question très importante et de quelle manière on pourroit en faire des payements assurés; il est certain que, se mettant au lieu et place des premiers créanciers, on peut avoir hypothèque sur tous les biens; mais je vois qu'il faudra y regarder de près.

Vous avez vu dans mes précédentes que j'étois porté à penser qu'il pourroit y avoir une ouverture de campagne, quoique de peu de durée; je pourrois assurer présentement la paix générale avant le 20 d'avril, à la réserve de l'Empereur, auquel on donnera six semaines pour entrer dans le traité général, ce qu'assurément il ne refusera pas.

(Original. Bibl. nat., fr. 8899, fol. 302.)

20. *Du même au même.*

Paris, le 22 mars 1713.

Je vous rends mille grâces, Monsieur, de la lettre que vous me faites l'honneur de m'écrire, du 13, et de votre attention à me donner sur la terre de Martigues tous les éclaircissements possibles;

il y a une raison qui m'arrête tout court sur ce dessein-là, c'est que M. le Grand Prieur a intenté un procès à Mme de Vendôme, qui l'a mis hors de pouvoir de vendre aucun des effets de M. de Vendôme; ainsi, il n'y a qu'à se donner patience, et cela peut être long et durer jusques à ce que M. le Grand Prieur et Mme de Vendôme se soient bien parfaitement ruinés; ce qui arrive à ces princes très mal habiles et qui ne consultent que ceux qui font leur fortune de leur désordre. Ainsi, Monsieur, je suspens sur cela toute démarche.

Tout va bien pour la paix; nous voilà entièrement soulagés de celle d'Italie et d'Espagne, et tous les ordres sont envoyés pour les embarquements des troupes de Barcelone et la neutralité d'Italie. Quant à la Flandre, nous avons lieu de compter que tout sera signé dans ce mois; mais il n'est pas bien sûr que l'Empereur ne nous oblige à un commencement de campagne, d'autant plus que les nouvelles qui arrivent de la guerre du nord sont très peu favorables aux Suédois.

(Original. Bibl. nat., fr. 8899, fol. 345.)

21. *Villars à Lebret.*

Paris, le 23 mars 1713.

Je vois que l'ordre que l'on veut mettre d'ici aux affaires de Marseille en augmente le désordre, lequel, à mon sens, ne peut être terminé par les gens qui s'en mêlent actuellement à la manière dont ils s'y prennent; quand je serai à deux mois près de partir, je vous supplierai de me donner vos avis pour voir, avec MM. Desmaretz et de Torcy, ce qui conviendra le mieux pour le service du Roi et la conservation de cette puissante ville ci-devant estimée des plus riches du royaume; pour moi, je n'ai d'autre objet que le bien; ainsi, je ne m'en mêlerai pas que les ministres ne soient bien persuadés que vous et moi sur les lieux sommes plus propres à le procurer que personne; jusque-là, je n'en dirai pas un mot, et même j'y entre si peu que je n'ai pas même vu les agents de Marseille qui travaillent ici avec Messieurs du Conseil.

Il n'est pas impossible que l'Empereur ne devienne un peu plus difficile par le mauvais état des affaires des Suédois, l'armée de Stenbock, par la faute de ce général, étant sur le point de sa ruine entière, après une victoire complète, pour s'être enfermé dans des pays dont il ne peut plus sortir.

(Original. Bibl. nat., fr. 8899, fol. 358.)

GOUVERNEMENT DE PROVENCE. 47

22. Lebret à Villars.

Aix, le 24 mars 1713.

On me mande, Monseigneur, que le gouvernement de la Tour-de-Bouc a autrefois appartenu à M. le marquis de Marignane, de qui la communauté de Martigues l'acheta pour le remettre à M. le duc de Vendôme César, après la mort duquel le Roi le donna à M. le duc de Beaufort, à qui la principauté de Martigues appartenoit.

Après le décès de M. de Beaufort, le Roi en a, dit-on, pourvu M. le Grand Prieur.

Voilà tout ce que l'on sait au Martigues par rapport au gouvernement de cette petite place ; ce qui a assez de rapport à ce qu'on vous en avoit dit. Cependant, M. l'abbé de Chaulieu, ne convenant pas du fait, laisse quelques doutes, sur lesquels j'aurai l'honneur de vous faire savoir ce qui viendra à ma connoissance.

A l'égard des commandants, ce fut un nommé M. de la Hunière du temps de M. César de Vendôme et de M. de Beaufort. M. de Brillet, capitaine de vaisseau, lui succéda, et M. de Séguiran à celui-ci. L'on prétend que tous ces commandants ont toujours touché les mêmes appointements que M. de Séguiran reçoit.

(Minute. Bibl. nat., fr. 8899, fol. 307.)

23. Villars à Lebret.

Versailles, ce 1er avril 1713.

L'on m'a demandé, Monsieur, une lettre de recommandation pour vous, laquelle n'exige aucune grâce particulière, mais seulement d'être connue de vous, et c'est bien assez que vous ayez pris la peine d'écrire au sujet recommandé.

Il est certain que M. de Séguiran n'a aucune patente de gouverneur ; mais, sur le bon plaisir de M. de Vendôme, ils ont pris cette qualité dans des temps où l'on n'étoit pas fort régulier à se faire apporter des copies authentiques des provisions. Je vous avoue que je ne regarderois pas, à bien près, à ses appointements, outre que je n'ai pu trouver encore dans tous les registres de M. de Torcy que M. de Vendôme ait eu les provisions de gouverneur particulier de la Tour-du-Bouc, et, pour vous faire voir que l'on n'est pas bien régulier dans les rescriptions, c'est que, dans les états de M. de Sauroy, M. de Séguiran ne prend pas la qualité de gouverneur.

A l'égard de Martigues, je vous ai mandé, il y a quelques jours, ce qui avoit suspendu mes mesures sur cela; j'apprends, d'ailleurs, que M. l'électeur de Bavière y songe; ainsi, ces diverses raisons m'arrêtent tout court.

Il nous arrive tous les jours des courriers d'Utrecht; le dernier nous apprend que l'Empereur entre dans le traité comme toutes les autres puissances; mais nous sommes au mois d'avril : comment se flatter que les armées ne seront pas obligées de s'assembler? Pour moi, Monsieur, je compte toujours d'avoir l'honneur de vous aller voir au mois d'octobre. Il y aura assez loin à promener un équipage des frontières de Flandre à l'extrémité de la Provence; mais rien ne me paroîtra difficile pour un voyage que je désire fort.

(Original. Bibl. nat., fr. 8899, fol. 391.)

24. *Villars à Lebret.*

Paris, ce 7 avril 1713.

Je pars, Monsieur, pour aller passer six jours à Villars; comme il m'est arrivé quelquefois de pousser ce voyage-là plus loin sans en avertir, le bruit s'est répandu qu'il en seroit de même de celui-ci, mais c'est sans fondement; il est vrai que le Roi m'a ordonné de me tenir prêt à partir; mais Sa Majesté m'a fait l'honneur de me dire en même temps qu'elle ne croyoit pas que les Hollandois l'obligeassent à continuer la guerre; je sais qu'on est d'accord pour tout avec la Hollande, la Savoie, le Portugal et l'Électeur de Brandebourg. J'en sais toutes les conditions; il s'en faut si peu que tout ne soit réglé, de même avec l'Empereur, que l'on ne peut compter sur la guerre d'aucun côté; les Hollandois, voyant tout comme réglé, voudroient ne signer qu'avec tous leurs alliés; la reine d'Angleterre voudroit aussi déclarer la paix générale signée à l'ouverture de son Parlement plutôt que de dire : elle le sera dans quinze jours.

Voilà uniquement ce qui retarde; vous pouvez m'en croire, avec de telles dispositions, je ne m'attends pas à la guerre; mais, ce qui sera le plus propre à la finir, c'est que nous avons de très bonnes dispositions pour la continuer, et j'ai pris la liberté de parler à Sa Majesté d'une manière bien différente des dernières campagnes, c'est-à-dire qu'elle n'avoit qu'à ordonner et choisir quelle conquête lui seroit la plus utile en Flandre et que je pourrois la lui promettre, sans crainte de manquer à ma parole, et que, certain par le nombre de bataillons qui manquent à nos ennemis cette campagne, nous avons lieu de croire qu'ils ne se montreront pas; nous leur comptons soixante-douze bataillons de moins que la dernière. Enfin, Monsieur, je compte plus que jamais de pouvoir faire le voyage que je me suis proposé et vous assurer moi-même que je suis, etc.

(Original. Bibl. nat., fr. 8899, fol. 402.)

25. *Du même au même.*

Versailles, ce 19 avril 1713.

Je suis revenu de ma campagne, Monsieur, sur les nouvelles de la paix; vous en verrez tous les articles dans la première gazette d'Hollande; en attendant, on peut vous dire que jamais la France n'en a fait de si glorieuse et telle que l'on n'a pas besoin de se souvenir des conditions de Gertruydenberg pour être ravi de la gloire du Roi et de la nation; en partant pour Villars, le Roi m'a fait l'honneur de me dire qu'il comptoit la paix faite, mais que je devois pourtant me préparer à marcher; hier, M. Voysin me dit que l'on ne pouvoit pas mettre en doute que l'Empereur ne suivît; mais cependant, comme il a jusqu'au 1er juin, il est vraisemblable qu'il ne se rendra pas avant ce temps-là, et par conséquent que l'on se mettra en campagne.

Je vous connois trop bon Français, Monsieur, pour n'être pas bien persuadé de votre parfaite joie de nous voir sortis d'une si dangereuse guerre et avec des avantages si considérables; la conduite de nos ennemis ayant fait voir jusqu'au dernier moment qu'ils ne se rendoient que par la crainte des conquêtes que nous pouvions faire après celles de la dernière campagne, on a ordonné aux gardes du corps et aux bataillons des régiments des gardes de se tenir prêts à marcher.

Je sors, dans ce moment, du cabinet du Roi; il me paroit que Sa Majesté est bien résolue de ne rien omettre pour que la paix soit incessamment générale et universelle.

(Original. Bibl. nat., fr. 8899, fol. 440.)

26. *Du même au même.*

Marly, 12 mai 1713.

J'avois compté et bien désiré, Monsieur, de ne point sortir de

Paris, surtout ne voyant pas beaucoup d'apparence que l'Empereur veuille s'obstiner à la guerre; mais, le Roi ayant voulu m'honorer du commandement de ses armées d'Allemagne, je serai obligé de m'y rendre incessamment.

J'espère cependant que cela ne changera rien à ma résolution de me rendre en Provence au plus tard dans le mois d'octobre. Je vous rends mille grâces des deux lettres que vous voulez bien m'écrire, du 3, et de la confiance avec laquelle vous voulez bien me parler des affaires de Marseille, dont j'étois déjà informé en détail; soyez tranquille sur ce que vous me faites l'honneur de me dire; je n'ai pas le temps d'y répondre complètement; mais je vous écrirai de Paris, où je vais coucher demain, et ensuite je reviendrai pour prendre congé de Sa Majesté.

L'abbé Gaultier[1] est arrivé ce matin et les ratifications de Savoie.

(Original. Bibl. nat., fr. 8899, fol. 500.)

27. Lebret à Villars.

Aix, le 17 mai 1713.

Réfléchissant, Monseigneur, sur la dernière lettre dont vous m'avez honoré, je prends la liberté de vous dire qu'il seroit peut-être à propos de régler la manière dont vous voudrez être payé de vos appointements, qui ont quatre échéances dans l'année et dont le recouvrement se fait en quatre quartiers. Je suis persuadé qu'il n'y a rien à craindre pour nos trésoriers ni du côté de la solvabilité ni du côté de l'honneur, et d'ailleurs, qu'en cas d'accident, le péril ne retomberoit pas sur vous; mais cependant il seroit, à mon avis, toujours bon de mettre cette affaire sur un certain pied de régularité.

Nous travaillons ici à dresser un mémoire pour faire voir que la vallée de Barcelonnette faisoit autrefois partie de la Provence. Il y a dans le greffe de la sénéchaussée de Digne quantité de sentences qui justifient que les affaires de cette vallée y ont été portées lorsque le Roi en a été souverain, et tant le statut de Provence que les historiens ne laissent aucun lieu de douter sur cela. Cependant, comme nous apprenons avec assez de surprise que le

---

1. Le négociateur habile, modeste et discret qui avait le premier abouché la cour d'Angleterre et celle de France en 1711 et qui, la paix faite, « rentra dans son état naturel et y vécut comme s'il ne se fût jamais mêlé de rien. » (*Saint-Simon*, XVII, p. 72. Voy. ci-dessus, t. III, p. 302.)

parlement de Grenoble demande que cette vallée soit réunie au Dauphiné, celui de Provence donnera ses mémoires pour s'y opposer. Les procureurs du pays sont dans le dessein d'en faire autant; M. de Grignan se donne aussi sur cela beaucoup de mouvement, et tous espèrent que vous voudrez bien les aider.

(Minute. Bibl. nat., fr. 8899, fol. 400.)

28. *Villars à Lebret.*

Paris, le 19 mai 1713.

Je pars, Monsieur, après-demain pour l'Allemagne, ayant pris congé du Roi; je puis vous dire que l'on ne peut m'honorer de plus de marques de bontés, de confiance et même d'autres grâces assez considérables et que je n'avois pas pris la liberté de lui demander.

Le Roi augmente les armées que j'ai l'honneur de commander d'un nombre de troupes assez considérable. Nous ne voyons pas bien clair dans les desseins de l'Empereur, et il semble que l'on est plus porté à compter sur son opiniâtreté depuis quelques jours.

Je vous supplie de vouloir bien avertir M. du Grou, trésorier général, qu'il me conviendroit fort d'être payé incessamment de tout ce qui doit me revenir des appointements de l'année présente, tant pour les 51,000 livres de Provence que pour le gouvernement des ville et fort de Toulon et des ville et citadelle de Saint-Tropez.

Vous avez peut-être ouï-dire que Saint-Victor vouloit avoir les appointements de Toulon; il fut décidé avant-hier au Conseil que la prétention étoit des plus mal fondées, et le Roi me fit l'honneur de me dire qu'il n'y avoit pas ombre de difficulté; je vous supplie de me faire l'honneur de m'écrire, étant très aise d'avoir souvent de vos nouvelles. J'ai parlé au Roi de la vallée de Barcelonnette, et Sa Majesté attendra les divers éclaircissements que l'on lui promet.

(Original. Bibl. nat., fr. 8899, fol. 518.)

29. *Du même au même.*

Au camp de Spire, le 11 juin 1713.

Je reçois en même temps, Monsieur, toutes les lettres que vous me faites l'honneur de m'écrire, des 25, 29, 30 mai et 1er juin;

je vous rends mille grâces, Monsieur, de votre régularité ; je suis très aise de ce que vous me mandez du bon état actuel de la Provence ; pour ces paiements, c'est le fruit de vos soins et de votre application, et on ne peut s'intéresser aussi vivement que je le fais aux intérêts de cette province sans apprendre avec une véritable satisfaction qu'elle peut éviter le désordre où tant d'autres sont tombées.

Je vois que le Sr du Grou a trouvé un moyen de me faire toucher les 50,000 francs à Paris ; cela me sera d'autant plus nécessaire que j'ai laissé ordre de les payer à Paris.

Je vous supplie, Monsieur, de voir, comme si cela venoit de quelqu'un de Provence, comment on pourroit traiter de la terre de Martigues ; il me semble qu'il n'y a plus que 8,000 livres de rente, le reste étant engagé à M. Titon ; mais il faudroit que cette vue vînt de quelque particulier de Provence, car, pour moi, si l'on me fait parler du côté de Mme de Vendôme, je dirai que je n'y songe pas.

M. l'électeur de Bavière y avoit paru songer ; mais il n'en est plus question.

Je vous ai fait envoyer, Monsieur, il y a quelques jours, un détail de l'heureux début de notre campagne fait par un de mes secrétaires, n'ayant pas le temps d'avoir l'honneur de vous écrire moi-même ; je suis bien persuadé que vous l'aurez appris avec joie ; une assez surprenante marche a mis les armées du Roi au milieu de trois Électorats, dont les maîtres se sont joints à l'Empereur pour soutenir la guerre, sans que nos ennemis, commandés par un général habile[1] et pour lors plus fort que moi de cent escadrons, aient jamais soupçonné qu'il fût possible qu'une armée, qui n'étoit pas assemblée, fît dix-sept lieues en moins de vingt heures avec infanterie et canon ; nous voici bien, grâce à Dieu, Monsieur, et j'espère que les suites seront encore plus heureuses ; nous sommes occupés à rassembler ce qui est nécessaire pour le siège de Landau, qui est déjà investi ; je compte que l'on ouvrira la tranchée devant cette place dans fort peu de jours ; j'apprends de toutes parts que M. le prince Eugène est bien touché de notre diligence et de nous voir dans des postes où il ne nous attendoit pas.

(Original. Bibl. nat., fr. 8899, fol. 571.)

1. Le prince Eugène. (Voy. ci-dessus le récit de cette expédition, t. III, p. 187.)

30. *Lebret à Villars.*

Aix, le 16 juin 1713.

... Le Sr Perrini nous mande, Monseigneur, que M. le maréchal de Tallart et M. le duc de la Feuillade font de grands mouvements pour faire joindre la vallée de Barcelonnette au Dauphiné. Les prétentions contraires de la Provence sont sans difficulté, et, si elles étoient appuyées par vous personnellement, Monseigneur, nous ne craindrions pas le crédit dont on nous menace; mais ledit Sr Perrini nous fait craindre que votre absence ne soit préjudiciable à la bonne cause. Sur cela, je prends la liberté de vous supplier, Monseigneur, de voir s'il ne seroit point à propos que vous eussiez la bonté de demander qu'on suspendît la décision jusqu'à votre retour. Nous vous fournirons tout autant de bonnes raisons que vous voudrez et quantité de titres...

(Minute. Bibl. nat., fr. 8899, fol. 600.)

31. *Villars à Lebret.*

Au camp devant Landau, le 16 juin 1713.

Les mouvements vifs dans lesquels je suis depuis l'ouverture de cette campagne, Monsieur, m'empêchèrent d'être aussi régulier que je voudrois à vous faire part de ce qui se passe en ce pays-ci; je vous prie, Monsieur, de vouloir bien vous contenter aujourd'hui de la petite relation ci-jointe faite par un de mes secrétaires et des assurances de la passion avec laquelle je suis, etc.

Annexe.

M. le maréchal de Villars est venu ici pour déterminer avec M. le maréchal de Besons et M. de Valori les endroits les plus convenables pour les attaques que l'on pourra faire à Landau et le jour que l'on ouvrira la tranchée.

Avant que de quitter le camp de Spire, il a fait tirer un retranchement de onze cents toises d'étendue pour fermer l'avenue de Philisbourg et n'avoir aucune inquiétude de ce débouché des ennemis, d'autant plus facile pour eux qu'ils ont un pont sur le Rhin et que l'on pourra, par le moyen du retranchement, le fermer avec peu de troupes.

M. le maréchal a fait avancer M. le comte de Broglie avec vingt escadrons à hauteur de Worms, tant pour tenir le pays que pour tirer des grains des villes qui sont entre nous et Mayence.

M. le marquis d'Alègre soutient ce premier corps avec le gros de notre cavalerie; il est campé à hauteur de Franckendal; M. d'Albergotty attaque l'ouvrage que les ennemis ont en deçà de Manheim.

M. le comte du Bourg garde la plaine du Rhin depuis le Fort-Louis jusqu'à Joquenum[1] avec un corps de troupes, et M. le comte de Coigny avec un autre depuis ledit lieu jusques à l'armée campée à Spire.

Dès que M. le Maréchal aura réglé ce qui regarde le commencement du siège de Landau, il ira visiter les autres postes.

On est étonné que l'on ait pu dire que M. le maréchal de Villars et M. le maréchal de Besons fussent brouillés; l'union paroit entière et leur attention mutuelle à procurer le bien du service et à éloigner toute sorte de discussion.

(Original. Bibl. nat., fr. 8899, fol. 596.)

32. *Villars à Lebret.*

Au camp de Spire, le 20 juillet 1713.

Je vois, Monsieur, par la lettre que vous me faites l'honneur de m'écrire du 10 les soins que vous voulez bien prendre pour la terre de Martigues; la conduite que vous voulez bien avoir sur cela est précisément celle que j'avois désirée, mais il y a une observation à faire très sérieuse, qui est ce qui peut être recherché comme domaine, car les prétentions de la cour sur pareilles matières sont très dangereuses, et je ne sais quelles précautions on pourroit prendre sur cela; le nom, la situation et la qualité de l'acquisition me conviennent fort.

Je crois, Monsieur, pouvoir vous envoyer copie d'une lettre dont Sa Majesté Catholique m'a honoré de sa main; je ne m'attendois pas à la grâce qu'elle veut bien me faire[2], à laquelle je suis très sensible, mais plus encore à la lettre.

(Original. Bibl. nat., fr. 8900, fol. 30.)

---

1. Petite localité entre Hagenbach et Rheinzabern, orthographiée *Yockenum* dans les documents annexés aux *Mémoires militaires* (Pelet, XI, p. 612, 614) et *Jockrum* sur la carte du Rhin de l'Atlas desdits mémoires.

2. Il s'agit de l'envoi de la Toison d'or, que Philippe V annonça à Villars par lettre, et qui lui fut remise à son retour à la Cour. (Voy. ci-dessus, t. IV, p. 43.)

33. *Du même au même.*

Extrait.

Au camp devant Landau, le 27 juillet 1713.

J'ai chargé un secrétaire de vous mander les nouvelles. Hier, comme j'étois à la tranchée, un nommé Villars, major de la Vieille-Marine, fut blessé à mort d'une de nos bombes. Si, par hasard, l'équivoque se formoit sur ce nom, ma lettre feroit cesser l'erreur; je veux me flatter qu'elle vous donneroit quelque inquiétude.

Voilà une grande querelle entre M. de Grignan et M. de Pilles; mais est-ce une nouveauté que l'occasion qui la fait naître, et, depuis que M. de Grignan est lieutenant de Roi de Provence, les titres sont-ils douteux? Pour moi, je suis contre toute nouveauté et tiens l'usage un grand droit, à moins que l'usage ne soit préjudiciable à l'utilité publique.

(Original. Bibl. nat., fr. 8900, fol. 44.)

34. *Du même au même.*

Au camp devant Landau, le 22 août 1713.

Vous trouverez, Monsieur, dans la feuille ci-jointe, le détail de ce qui s'est passé pendant notre siège, duquel j'espère que vous serez assez content. Je puis dire que mon opiniâtreté a été nécessaire pour résister aux supplications de M. le duc de Wirtemberg et aux représentations que l'on me faisoit d'ailleurs.

Annexe.

La garnison de Landau, après bien des difficultés et avoir fait retirer, s'est rendue prisonnière de guerre, et trois ou quatre de leurs généraux les plus estimés. M. le maréchal de Villars n'a jamais voulu se relâcher, bien que la place ne soit pas ouverte, et que, pour faire une brèche raisonnable, on eût été obligé de placer le canon sur les contregardes.

On fait distribuer tous les chevaux de la cavalerie, dragons et hussards des ennemis aux capitaines et officiers de grenadiers et aux ingénieurs.

M. le maréchal de Villars leur parla à tous hier. Jamais troupes n'ont montré plus de gloire et plus d'audace; les simples soldats, sur les louanges qu'il leur donnoit, répondoient : « Nous ne faisons que notre devoir, et nous sommes prêts à recommencer. »

(Original. Bibl. nat., fr. 8900, fol. 136.)

35. *Villars à Lebret.*

Au camp de Spire, le 3 septembre 1713.

Je vous rends mille grâces, Monsieur, de la lettre que vous me faites l'honneur de m'écrire du 18 août. Vous aurez vu, par mes précédentes, ce que m'a mandé M. Desmaretz au sujet de la continuation des procureurs de Provence. Je vois, par les dernières lettres de M. de Torcy, que la vallée de Barcelonnette est si vivement attaquée par le Parlement de Grenoble, qu'elle aura bien de la peine à se défendre. J'écris encore très fortement en leur faveur; mais, si M. de Torcy ne soutient pas vivement, nous serons battus; il me semble cependant que nous n'avons pas affaire à des ennemis bien redoutables.

Je ne doute pas que le sieur Renard de Pleinechesne ne garde le secret sur les pièces que vous lui avez confiées touchant Martigues; mais, comme j'ai déclaré ne plus songer à aucune des terres de Mme de Vendôme, malgré ce que les gazettes de Hollande ont dit, le secret sur cela me paroîtroit nécessaire, d'autant que, plus il y aura de prétendants, plus les vendeurs seront difficiles, et que, en vérité, je crois qu'il n'y a que moi qui y songe.

Je vous ai mandé les dernières nouvelles de ce pays-ci. Il y a longtemps que j'ai préparé de nouveaux projets; mais les arrangements de subsistances sont difficiles, aussi bien que les réparations de Landau et la nécessité indispensable d'y mettre les munitions de guerre et de bouche, ne voulant pas être arrêté un moment dans mes ultérieures entreprises pour ne pas laisser la dernière conquête bien assurée.

(Original. Bibl. nat., fr. 8900, fol. 161.)

36. *Du même au même.*

Au camp devant Fribourg, le 20 octobre 1713.

Je ne connois, en vérité, pas du tout les raisons qu'a eues M. de Fréjus de ne vouloir point être procureur-joint; je l'en ai pressé, et il ne m'a répondu qu'en général. C'eût été bien fait de le déclarer, sauf à lui à remercier ensuite, s'il avoit voulu absolument s'en défendre.

Je comprends bien que les gens raisonnables sont fort désirables, surtout lorsque l'on doit traiter avec eux ; le nouvel évêque de Riez[1] m'a écrit pour l'être, supposant que M. de Fréjus n'y songeât pas ; ce sont ses expressions. Ainsi, je ne sais pourquoi M. l'archevêque d'Aix me mande qu'il ne le désire pas.

Vous dites que vous ne le connoissez pas, et je vois cependant que vous opinez plutôt pour lui que pour tant d'autres que vous connoissez.

Il n'y a pas grand mal que M. le maréchal de Tessé vienne faire un tour à Marseille ; nous avons affaire à des ennemis si opiniâtres sur la paix, qu'il est bon, outre les maux réels, de leur donner toute sorte d'inquiétude.

Il y a déjà plusieurs États d'au delà du Danube qui viennent traiter pour les contributions, et le cercle de Souabe a formé une assemblée à Ulm malgré les émissaires et partisans de l'Empereur, qui parle hautement contre la continuation de la guerre et se plaint que la cour de Vienne lui manque de parole et ne donne pas tous les secours qu'elle avoit promis.

(Original. Bibl. nat., fr. 8959, n° 6.)

37. *Du même au même.*

A Fribourg, le 20 novembre 1713.

Je suis persuadé, Monsieur, que vous aurez appris avec joie la dernière nouvelle que je vous ai mandée, et vous ne serez pas moins touché du bruit de ces importantes conquêtes[2]. J'ai reçu cette nuit une lettre du prince Eugène, qu'un gentilhomme à lui m'a apportée, par laquelle il me demande une conférence pour traiter de la paix, étant autorisé par les pleins pouvoirs de l'Empereur. Je vous prie de vous laisser apprendre cette nouvelle par les lettres de la Cour, et qu'elle soit pour vous seul, l'envoyant à M. de Fréjus, que je prie d'user de la même discrétion.

(Original. Bibl. nat., fr. 8900, fol. 449.)

---

1. Louis-Balthazar Phélypeaux d'Herbault, évêque de Riez d'août 1713 à septembre 1751.
2. La prise de la ville de Fribourg, qui eut lieu le 20 octobre, et celle de la citadelle, le 18 novembre.

38. *Lebret à Villars.*

Aix, 26 janvier 1714.

Je suis très honoré, Monseigneur, de votre lettre du 16; vous avez appris par la mienne d'hier que nous avons fait ici ce que vous désirez de nous. J'envoyai le contrat de 40,625 livres en paiement à M. Poitevin[1], qui, je crois, le trouvera conforme à ce qu'il avoit désiré par rapport aux clauses; ainsi, c'est une affaire finie.

Quant aux Martigues, en prenant les précautions marquées par la consultation de M. d'Aramont[2], je crois, Monseigneur, que l'acquisition sera très sûre. Il en coûtera un peu de peine; mais aussi le titre de cette terre, qui a été accordé de sorte, m'a-t-on dit, que l'acquéreur le conservera pourvu qu'il soit duc, me semble mériter qu'on en prenne.

Je dois avoir eu l'honneur de vous mander que ce qui reste à Mme de Vendôme consiste en la ville, composée de trois quartiers appelés Jonquière, l'Isle et Ferrières; qu'il y a un juge ordinaire et un Siège composé de quatre lieutenants, six conseillers et un procureur fiscal qui connoissent des appellations de ce juge ordinaire et de tous ceux des dépendances de la principauté qui sont aliénées à M. Titon. Ces officiers paient un droit annuel au prince, et, faute de le payer, leurs offices vaquent à son profit.

Que le revenu particulier du Martigues consiste en un bourdigue, sorte de pêcherie, quelques censives et des droits de la dîme, et que tout cela a été affermé dans le bon temps 7,700 livres.

Et enfin, qu'outre ce revenu, il y a une pension ou rente de 4,000 livres à prendre sur les gabelles, 300 sur la recette générale des finances, et 450 dues par le seigneur de Lanière, fief de Rognac. On m'a dit que, présentement, la ferme avoit pu diminuer et être réduite à 7,300 livres, en sorte que le revenu seroit, comme vous voyez, Monseigneur, de 12,000 livres, comme on vous l'a dit.

(Minute. Bibl. nat., fr. 8901, fol. 203.)

39. *Villars à Torcy.*

Rastadt, le 25 janvier 1714.

Je reçois souvent des lettres de Messieurs de Provence sur la

---

1. Intendant du maréchal en résidence à Paris.
2. « Très célèbre avocat et provençal, » écrivait Villars le 27 septembre, en priant Lebret de le « consulter comme de lui-même. »

vallée de Barcelonnette et la principauté d'Orange. Je ne puis trouver leurs raisons mauvaises, parce qu'en effet elles me paroissent très bonnes; mais, pour moi, Monsieur, il y en a une qui me décidera toujours, c'est l'intérêt du Roi et celui des peuples. Celui du Roi n'est point du tout que le Parlement du Dauphiné gagne plutôt sur les procès que celui d'Aix, et, au contraire, il est d'éviter les dépenses inutiles des peuples, d'éviter, outre le malheur des procès, celui de les aller plaider loin de chez eux, et par conséquent devant des juges qui, naturellement, doivent être moins bien informés que s'ils étoient voisins des terres qui fournissent la matière des procès ; car, de dire qu'il est juste de dédommager le Parlement de Dauphiné des vallées qu'il a perdues par lui en donner une qui fait voir sa ruine manifeste, si on la tire du Parlement de Provence, en vérité, Monsieur, je ne trouve pas cette raison suffisante : plus les peuples se ruinent pour leurs intérêts particuliers, moins ils sont en état de soutenir ceux du Roi ; il est donc juste de les soulager lorsque le mal de ces peuples est évident et que l'utilité est disputée par des parties indifférentes à Sa Majesté, à laquelle il est égal que les épices aillent à Aix ou à Grenoble.

Enfin, Monsieur, quand je vous explique leurs raisons, ce n'est pas que la Provence ne compte sur votre protection et qu'elle ne soit bien persuadée que vous donnerez une nouvelle force à ses droits dès que vous voudrez bien les honorer de votre éloquence naturelle.

(Original. Bibl. nat., fr. 8901, fol. 241.)

40. *Villars à Lebret.*

A Rastadt, le 28 janvier 1714.

J'apprends, Monsieur, par la lettre du Sr Poitevin, sous-intendant à Paris, et celles que vous lui écrivez, aussi bien que M. Du Grou, que vous avez bien voulu porter Messieurs de Provence à se charger des 40,000 livres qu'il a données au Sr Orceau ; je vous avoue que cela m'a fait grand plaisir, parce que j'ai eu plusieurs remboursements et que le décroissement des espèces fait que tout le monde paye. Enfin, je suis fort aise que cet emploi-là soit bon et bien assuré par les soins que vous avez voulu en prendre.

Au reste, je vous dirai en deux mots sur ce qui se passe ici, et pour vous seul, s'il vous plaît, que, si Sa Majesté veut la paix, elle pourra obtenir les conditions les plus glorieuses et avantageuses que la France ait jamais reçues dans aucun traité[1]. Peut-être y a-t-il d'autres intérêts plus importants, mais ils ne me sont pas connus. Tout ceci est prêt à finir, et, avant qu'il soit six jours, les affaires seront décidées, et cela dépend du courrier que j'attends d'un moment à l'autre. Je vous prie de brûler ma lettre, qu'il ne soit pas question de ce que je vous mande.

(Original. Bibl. nat., fr. 8901, fol. 261.)

41. *Villars à Lebret.*

Rastadt, le 4 février 1714.

Je vois, Monsieur, par la lettre que vous me faites l'honneur de m'écrire du 25 janvier, que vous n'avez rien oublié sur ce qui regarde le contrat passé sur la Provence; je vous en suis très obligé, d'autant qu'il m'eût été assez pénible de trouver actuellement un emploi pour cette somme.

Je ne puis encore vous dire aucune nouvelle d'ici. Nous sommes dans la crise; je sais les bruits de Paris, et même des mal informés de la Cour. Je suis toujours persuadé que nous pourrons avoir une paix des plus glorieuses et des plus utiles, ceci pour vous seul, car, si par malheur elle ne se fait pas, il faudra publier les injustices des ennemis et notre modération; mais, actuellement, toutes les puissances étrangères font leurs efforts pour que nous continuions la guerre.

(Original. Bibl. nat., fr. 8901, fol. 337.)

42. *Du même au même.*

Strasbourg, le 9 février 1714.

J'ai reçu, Monsieur, les deux lettres que vous me faites l'honneur de m'écrire des 23 et 26 janvier; on ne peut être plus sensible à tous les soins que vous avez bien voulu prendre pour mes intérêts. Je suis très obligé aussi à Messieurs les procureurs de Provence de leur attention; ils auroient fort embarrassé mon intendant, s'ils ne s'étoient pas chargés de cette somme.

J'avois tant d'affaires avant-hier, qu'il ne fut pas en mon pouvoir de vous mander aucune nouvelle de ce qui se passoit sur

---

1. Nous avons discuté cet optimisme dans notre *Villars d'après sa correspondance*, t. II.

l'envoi de M. de Contades[1] à la Cour. Un secrétaire me dit vous avoir mandé seulement deux mots sur les discours répandus à la Cour, dont mes gens ont été plus en colère que moi, étant accoutumé depuis longtemps aux traits les plus noirs de l'envie et à des matières d'autant plus grossières qu'elles se détruisent toujours d'elles-mêmes et quinze jours après; pour moi, je les méprise fort.

Enfin, Monsieur, tout sera bientôt publié, ou par Sa Majesté approuvé, ce dont je ne doute pas, ou par les ennemis, publiant qu'ils ont été à des conditions auxquelles on n'auroit pas espéré de réduire l'Empereur et l'Empire. Il est certain que j'ai vu le prince Eugène (et qui n'est point du tout un comédien) pénétré de douleur de passer les dernières conditions.

Je verrai pour Martigues ce qui se pourra faire; ma première condition sera une sûreté parfaite de l'acquisition, n'ayant jamais rien voulu qui sentît le domaine et par conséquent la dépendance des ministres : je suis né très libertin, cheminant tout seul de ma bande et avec la consolation de ne devoir qu'à moi les bonheurs que j'ai eus, même pour le service du Roi.

(Original. Bibl. nat., fr. 8901, fol. 360.)

43. *Gally à Lebret.*

Rastadt, le 7 mars 1714.

Mgr le Maréchal ayant passé, Monsieur, jusques à 4 heures après minuit à collationner, relire, et enfin signer le traité de paix, m'ordonne de vous apprendre cette très bonne et grande nouvelle que tout bon François apprendra avec une joie d'autant plus sensible que jamais paix n'a été plus glorieuse, avantageuse et solide[2].

Les principaux articles sont la paix de Ryswick en entier, la restitution totale des deux électeurs, la ville de Bonn fortifiée à l'électeur de Cologne, la neutralité et le repos de l'Italie assurés par les plus fortes expressions, et celui de Portolongone supprimé, en sorte que ces deux intérêts si précieux à l'Empereur sont abandonnés par lui.

(Original. Bibl. nat., fr. 8901, fol. 524.)

1. Sur le voyage de Contades à la Cour, voy. ci-dessus, t. **IV**, p. 27, et *Villars d'après sa correspondance*, t. II, p. 102 et suiv.
2. Gally emploie les mêmes expressions enthousiastes que Villars.

44. *Villars à Lebret.*

Marly, le 4 mai 1714.

M. le duc de Berry[1] vient d'expirer, Monsieur, en deux jours, d'une maladie que l'on n'a point connue, et causée par un effort qu'il a fait à cheval pour s'empêcher de tomber, il y a sept ou huit jours, et lequel lui fit rompre un petit vaisseau dans l'estomac. Les exemples funestes arrivés depuis trois ans avoient porté tous les médecins à croire que sa maladie étoit toute pareille à celle de nos Dauphins : sur quoi on lui a donné beaucoup d'émétique. Il n'est pas impossible que les efforts violents n'aient contribué à lui ouvrir encore ce vaisseau. On perd en lui un très bon prince ; le Roi est fort affligé, et toute la Cour fort consternée.

Je vous rends mille grâces, Monsieur, de votre attention à me chercher quelques jeunes gentilshommes de Provence propres à être pages ; par bien des raisons, je préférerois de les avoir de la Provence, parce que l'on est bien aise, en les faisant bien élever, de faire plutôt ces plaisirs dans un pays où l'on veut se faire des amis que partout ailleurs, et j'avoue que je désirerois qu'ils fussent bien faits, car les petits ramoneurs de cheminées ne font pas d'honneur, et pas plus âgés que quinze ans, parce que l'on les garde trois ou quatre ans, et puis on leur fait avoir des emplois dans les troupes, et on les équipe en leur donnant un cheval. Quand ils sont d'une figure qui représente un peu, cela porte les colonels, dans les régiments desquels on les place, à les avancer.

M. de Mainguy et M. Boulet, conseillers à la Grand'Chambre, et qui ont soin des affaires de Mme de Vendôme, m'ayant demandé une conférence sur l'acquisition de Martigues, je leur ai offert, supposé qu'outre la rente de 4,000 livres, le reste soit affermé 8,000 livres de rente, que vous m'avez mandé n'aller qu'à 7,700 au plus, beaucoup plus qu'ils n'en trouveront partout ailleurs, d'autant plus que personne n'en veut en ce pays-ci, et je suis persuadé qu'ils reviendront bientôt à moi.

Dans le moment, Monsieur, que la poste part, je reçois une lettre de Messieurs les procureurs du pays, du 26 avril, à laquelle je n'ai pas le temps de répondre. Il y a un long mémoire sur ce qui regarde les actes de notaires, et ces Messieurs me demandent

---

1. Petit-fils de Louis XIV.

du secours pour soulager la province; je ne doute pas que je reçoive incessamment une de vos lettres qui m'explique ce qu'il y aura à faire pour l'intérêt de la province dans cette occasion; j'attends avec impatience vos premières nouvelles : après quoi, j'agirai autant que le service du Roi et l'intérêt de la province l'exigeront.

Je sais bien, Monsieur, que les pays d'États se rachètent des taxes; mais je vous prie de me faire savoir si le Languedoc, par exemple, est traité différemment de la Provence, parce que, d'espérer des grâces particulières dans des temps comme ceux-ci, c'est vouloir se flatter. Je vous demande des explications sur cela : après quoi, j'agirai fortement auprès de M. Desmaretz, voulant rendre à la Provence les services qui peuvent dépendre de moi.

Je reçois dans ce moment, Monsieur, la lettre que vous m'avez fait l'honneur de m'écrire du 25 avril; j'ai oublié de vous dire que MM. Mainguy et Boulet m'ont assuré qu'il y avoit des gens qui offroient 8,000 livres de la ferme de Martigues, que vous m'avez mandé n'aller qu'à 7,500, et qu'ils auroient des certificats des fermiers sur cela. Bien que ces Messieurs soient de fort honnêtes gens, je n'ai pas ajouté grande foi à tous ces discours-là.

(Original. Bibl. nat., fr. 8902, fol. 149.)

45. *Lebret à Villars.*

Aix, 23 juillet 1714.

Villars a écrit à Lebret que la terre de Martigues lui a été enlevée par un acquéreur inconnu. Lebret ne croit pas que cet acquéreur soit le Grand Prieur; il suppose que c'est un financier ou un négociant, et espère que Villars pourra le désintéresser par l'expédient qu'il lui suggère dans les termes suivants :

... Vous pourriez demander au Roi le transport du droit que l'arrêt de 1556 conserve à S. M., et vous trouveriez aisément une terre de 12,000 livres de revenu dans le royaume à donner à ces acquéreurs pour rentrer, au nom du Roi, dans celle de Martigues; cela pourroit même se faire de sorte que l'acquisition en seroit plus solide.

Le Roi peut, ce semble, y être facilement déterminé, non seulement par les raisons que tout le monde sait, mais encore par la confiance que S. M. a en vous, et qui peut lui faire désirer qu'une terre où il y a un port de mer, un bon mouillage, une petite place, et où l'on pourroit faire un port magnifique dans l'étang, par le moyen duquel on peut approcher par eau jusqu'à deux lieues d'Aix, ne reste pas entre les mains des premiers venus. Cette idée demande d'être digérée ; mais voilà ce qui me vient dans l'esprit.

(Minute. Bibl. nat., fr. 8902, fol. 508.)

46. *Villars à Lebret.*

Marly, le 17 juillet 1714.

J'ai enfin découvert, Monsieur, le nouveau prince de Martigues : c'est M. Titon, qui n'a pu ignorer que j'étois en marché de cette terre et a poussé tout d'un coup si haut, que, Mme de Vendôme m'ayant fait l'honneur de m'en offrir la préférence, j'ai abandonné, ne voulant pas donner 410,000 livres de 12,000 livres de rente, dont 4,000 sont une rente sur les gabelles rachetable pour 80,000 quand Messieurs des gabelles le voudront ; vous croyez bien que je suis un peu piqué contre M. Titon et que très raisonnablement je ne dois rien oublier pour lui faire sentir l'indignité de son procédé.

(Original. Bibl. nat., fr. 8902, fol. 460.)

47. *Du même au même.*

Paris, le 13 août 1714.

Je réponds en même temps, Monsieur, aux deux dernières lettres que vous me faites l'honneur de m'écrire ; je vois que vous désirez également que l'affaire de Martigues ne manque pas : elle est entièrement conclue et terminée ; je ne puis trop me louer de la conduite de M. Titon. On commence aujourd'hui le payement de ce que Mme de Vendôme avoit intention de vendre à M. Titon, lequel marché n'a pu se terminer par des refus de ratifications de la part de la famille de M. Titon, et, pour la portion que son père avoit acquise, les engagements sont prêts de sa part pour me les vendre dès que les partages à faire dans la famille de M. Titon le permettront, ce qui sera incessamment. Mon inclination pour la Provence fait que je suis très aise de m'y attacher par de nouveaux liens et d'y avoir des établissements.

Dans ce moment, je reçois les ordres du Roi pour me rendre

incessamment à Bade, où je ne compte pas d'être plus de cinq ou six jours, le prince Eugène devant y arriver le 26 au plus tard.

(Original. Bibl. nat., fr. 8902, fol. 500.)

48. Du même au même.

Fontainebleau, le 29 septembre 1714.

J'ai reçu, Monsieur, plusieurs lettres de Provence sur les extrêmes besoins où l'on est de grains, et pour faire envoyer ordre à M. de Basville[1] qu'il vous soulage. M. Desmaretz lui a écrit, et on en laissera sortir quelques mille setiers, surtout pour la ville de Toulon.

... J'ai été informé, par un mémoire du S^r Du Grou, de quelque détail sur la ville de Martigues, lequel m'y fait voir un grand désordre. Je suis bien persuadé que, par votre attention en général au bien des Provençaux, vous faites ce qui est en votre pouvoir pour empêcher la ruine des communautés; mais je veux me flatter que, par rapport à moi, vous voulez bien redoubler de soins pour ma nouvelle acquisition; mais, en vérité, Monsieur, cela fait pitié de voir des villes, autrefois riches et puissantes, à la veille de leur ruine entière. Je veux toujours espérer que je vous irai voir cet hiver : j'en ai, je vous assure, la plus grande envie du monde; le grand voyage que je viens de faire n'a fait que me mettre en haleine pour en commencer d'autres; mais, comme il n'y a pas encore d'ambassadeur de l'Empereur établi ici, le Roi a voulu absolument que j'entretienne directement un commerce avec le prince Eugène. M. de Torcy, qui est fort de mes amis, n'a pas voulu s'en charger : ainsi, je pourrois bien n'être pas entièrement libre de deux mois, et, pour moi, je veux être plus longtemps avec vous autres, comptant même de commencer mes voyages par Barèges et d'arriver dans le mois d'octobre à Aix. C'est ce qui m'est impossible pour cette année; cependant, je ne désespère pas; mais voilà des doutes auxquels je ne m'attendois pas.

(Original. Bibl. nat., fr. 8903, fol. 107.)

49. Lebret à Villars.

Aix, le 8 octobre 1714.

Je reçois, Monseigneur, la lettre dont vous m'avez honoré le

---

1. Intendant du Languedoc.

29 du passé, au sujet des lettres que vous avez reçues sur le besoin que nous avons de grains. Je suis persuadé que tout ce qui fait notre mal n'est autre chose que les défenses que fait M. de Basville de transporter des grains hors du Languedoc, parce que toute interruption de commerce, et même toute attention marquée sur cette matière, donne occasion à l'usurier de resserrer; mais M. de Basville est dans un principe contraire, et c'est notre malheur.

. . . .

J'ai eu l'honneur de vous informer à fond, Monseigneur, de l'état du Martigues. Je crois que ce que j'ai eu l'honneur de vous en dire vous aura convaincu que nous n'avons d'autre expédient que celui que je propose pour rétablir cette communauté, et je crois qu'il faut y travailler, tant pour le service du Roi que pour vos intérêts.

Il faut compter, Monseigneur, que les communes de Provence devoient en 1688 environ 30 millions. La guerre a augmenté ces dettes, et tout ce qu'on a pu faire a été d'empêcher que les arrérages ne s'accumulassent. Vous voyez par là, Monseigneur, qu'avant les deux dernières guerres elles pouvoient passer pour ruinées. Il n'y en a pourtant guère qui le soit autant que le Martigues, et il faudra nécessairement que M. Desmaretz nous accorde 200,000 livres par an, pendant cinq ou six années, pour rétablir les affaires de ces communautés, leur donner le moyen de se dégager et de se mettre au courant des impositions. La paix devroit naturellement réduire le don gratuit à 400,000 livres, et je m'imagine qu'il trouveroit bien expédient de le laisser à 600,000 pour donner aux communautés ruinées les 200,000 livres que l'on va lui demander bientôt, sans qu'il en coûte rien au Roi. Cependant j'ai toujours fait une proposition pour le Martigues, par les raisons que vous voulez bien penser vous-même; ayez la bonté, s'il vous plaît, de m'aider.

L'impatience que nous avons d'avoir l'honneur de vous voir ne m'empêche pas, Monseigneur, de douter que nous l'ayons cet hiver, car la saison de Barèges me paroît à présent passée, par la connoissance que j'ai de ce pays-là.

Nous serons honorés, la semaine qui vient, du passage de la reine d'Espagne[1], à laquelle il faut trouver des voitures, ce qui n'est pas un petit embarras.

(Minute. Bibl. nat., fr. 8903, fol. 111).

1. Élisabeth Farnèse, seconde femme de Philippe V, mariée par pro-

50. *Lebret à Villars.*

Aix, 13 novembre 1715.

Puisque S. A. R. est dans le goût de faire de nombreuses commissions, vous trouverez, en ce pays-ci, Monseigneur, des gens de robe pour ajouter à la vôtre, et, si vous consultez M. l'archevêque d'Aix, il vous nommera assurément M. de Bézieux, président des Enquêtes, qui est un excellent sujet. M. Darbaud de Jouques, conseiller au Parlement, est encore un homme appliqué et capable; M. de Rippert, aussi conseiller au Parlement, seroit encore bon. Si vous en voulez de la Cour des comptes, M. de Meyronnet, doyen de cette Compagnie, est un très honnête homme et fort vertueux; M. de Fresse de Montval, conseiller, est encore un fort bon sujet et en état de travailler aussi bien que M. de Collobrières, autre conseiller en la même Cour des comptes. Quant aux gentilshommes, je n'en vois qu'un qui puisse être proposé; mais aussi c'est un homme d'un mérite très rare : c'est M. le marquis de Castellane d'Ampus, qui étoit premier consul d'Aix, procureur du pays l'année passée. Nous trouverions bien, parmi la noblesse de ce pays-ci, des gens d'honneur; mais vous voulez apparemment de l'intelligence pour les affaires, et que les commissaires n'aient point de relations à Marseille. Tout cela seroit difficile à trouver ailleurs que chez M. de Castellane, dont le nom ne vous rebutera pas.

Vous savez, Monseigneur, que, de tout temps, les gentilshommes de cette province se sont mis dans la robe quand ils y ont eu de la disposition et le bien nécessaire, de sorte que ce qui n'est pas dans le Parlement manque de l'un ou de l'autre; c'est ce qui fait que je n'ai pas trois sujets de cette espèce à vous proposer.

(Original. Arch. de Vaux.)

51. *Villars à Lebret.*

Extrait.

Sans date.

Vous ne serez pas fâché d'apprendre que, dans le moment que

curation à Parme le 16 septembre 1714, et qui traversait le midi de la France pour se rendre en Espagne, où elle se maria effectivement à Guadalaxara le 14 décembre suivant.

je partois, il y a quinze jours, le Roi me fit l'honneur de me dire que, ne me trouvant pas assez bien logé, Sa Majesté me faisoit celui de me donner l'appartement de feu M. le duc de Berry; vous croyez bien que je n'aurois pas osé le demander; il est plus grand et plus beau que je ne mérite.

J'envoie à M. Dugrou toutes les copies de procuration et de contrat nécessaires pour prendre possession et faire dans la principauté de Martigues tout ce que j'y pourrois faire moi-même. J'avois compté de porter avec moi, en allant en Provence, mes nouvelles patentes et celles de mon fils; mais, mon voyage étant remis à l'année prochaine, je vous les enverrai incessamment pour vous supplier de les faire enregistrer.

Vous trouverez ci-joint, Monsieur, un mémoire que l'on m'a donné sur les Carmélites de Marseille; comme je ne m'y intéresse que médiocrement, je vous prie de ne faire, sur ce qu'il contient, que ce que vous trouverez le plus convenable, et selon votre équité ordinaire.

(Original. Bibl. nat., fr. 8901, fol. 54.)

52. *Le marquis de Pilles à Villars.*

Marseille, 1er novembre 1715.

On a fait l'élection des échevins de cette ville le jour de la Saint-Simon et Saint-Jude, suivant l'usage, et l'on a procédé, le 29 et le 30, à celle des autres officiers municipaux conformément à ce qui est établi. Je dois, Monseigneur, avoir l'honneur de vous rendre compte que tout s'est passé conformément aux intentions de S. M.; mais je dois en même temps avoir celui de vous informer que le Sr Porry, qui a été élu premier échevin pour l'année prochaine, a fait un acte d'opposition sur son élection, prétendant être dispensé de toutes charges publiques en vertu de l'acquisition qu'il a faite d'un bassin[1] de la Rédemption. Il est vrai que ceux qui en sont pourvus doivent en être dispensés; mais on a cru que cette exemption ne pourroit pas avoir lieu dans la situation où l'on se trouve ici : une grande partie des marchands ont fait banqueroute. Les autres ont demandé du temps à leurs créanciers; il s'en trouve un nombre de comptables à la Communauté, plusieurs engagés dans la Compagnie d'Afrique, et une quantité qui

---

1. Plat d'argent qui servait à recueillir les aumônes et qui était l'insigne de la fonction achetée des Pères de la Merci par les quêteurs privilégiés.

ne conviennent pas, au lieu que celui-ci n'est chargé d'aucune sorte d'affaires particulières; il est d'ailleurs riche et ne se trouve dans nulle sorte de commerce, ce qui l'obligera de donner toute son application aux affaires de cette ville, qui en a un si grand besoin.

Je dois avoir l'honneur de vous représenter, Monseigneur, que, si ces sortes d'exemptions ont lieu, on se trouvera incessamment à la veille de n'avoir aucun sujet pour remplir les chaperons par l'abus que les religieux, qui disposent de cela, peuvent en faire, s'ils sont les maîtres d'augmenter le nombre des possesseurs de ces bassins. L'on m'a assuré qu'il n'y a pas plus de dix ans qu'il n'y en avoit que six; l'on m'assure qu'il s'en trouve douze présentement; il n'y a pas de doute que cela ne vienne à un nombre plus considérable, puisqu'ils en retirent cinq ou six cents francs de chacun. Il se trouve bien des gens qui n'aiment pas la peine, et qui ne se soucient pas de sacrifier cette somme pour se satisfaire. Y auroit-il, Monseigneur, quelque inconvénient qu'il fût ordonné au Sr Porry de servir sans préjudice aux droits attribués aux acquéreurs desdits bassins de la Rédemption, attendu la difficulté qu'il y a de trouver des sujets convenables dans le dérangement où sont la plupart des négociants? Cet ordre, à mon sens, lèveroit toute difficulté, et Marseille auroit, en la personne du Sr Porry, un échevin qui ne pourroit que la servir utilement.

(Original. Arch. de Vaux.)

53. *Les échevins de Marseille à Villars.*

Marseille, 4 novembre 1715.

Il arrive un accident à notre Communauté, duquel nous ne pouvons nous dispenser d'en informer Votre Grandeur.

Le Sr Porry, un des échevins par nous élus, s'est mis en tête de ne pas servir sur le fondement d'une exemption qu'il tire de sa qualité de quêteur de la Rédemption des Captifs. Nous ne le croyons pas fondé, tant par rapport à ce qu'il n'est pas apparent que cette qualité puisse exempter des charges municipales, que par rapport au défaut de signification des titres sur lesquels il la fonde, étant la maxime que ceux qui ont des privilèges pour s'exempter des charges publiques doivent les signifier avant l'élection et ne pas attendre qu'ils soient élus; et nous étions d'autant plus fondés à nommer le Sr Porry pour échevin que, lors de sa nomination à d'autres fonctions publiques qu'il exerce actuellement, il n'a point excipé de son prétendu privilège. Cette affaire, Monseigneur, est d'une très grande importance. La charge d'échevin, qui étoit autrefois acceptée avec plaisir, est à présent si embarrassante, par la multiplicité des affaires, que l'on cherche tous les moyens imaginables pour s'en exempter. Nous avons eu une peine incroyable pour remplir le rôle des éligibles : nous ne trouvions sur notre chemin que des privilégiés, des faillis, des comptables, des décrétés.

Votre Grandeur put, Monseigneur, juger de la répugnance qu'ont à présent les Marseillois pour ces charges par l'ordre qu'elle nous donna de tirer du rôle un particulier qui lui en fit la prière; si tous ceux que nous mîmes dans ce rôle avoient osé prendre la même liberté, Elle auroit été accablée de sollicitations.

Cependant, Monseigneur, voilà un procès que nous avons au Parlement avec le Sr Porry, et, ce qu'il y a de fâcheux, c'est qu'il faut que ce soient les nominateurs qui aillent en personne le soutenir, et, de ces nominateurs, il n'en reste plus qu'un en charge, qui, au lieu d'instruire ses collègues nouvellement élus, sera obligé de rester à Aix pour le poursuivre et le faire juger. Il seroit très important, pour le bien du service, que Sa Majesté interposât son autorité pour obliger le Sr Porry de remplir sa charge; les affaires de notre Communauté sont assez délabrées, sans avoir encore pour surcroît un inconvénient de cette espèce. Nous espérons, Monseigneur, que Votre Grandeur voudra bien avoir la bonté de nous aider de sa protection dans cette fâcheuse conjoncture.

(Original. Arch. de Vaux.)

54. *Lebret à Villars.*

Aix, le 11 novembre 1715.

Le Sr Pierre Porry a été nommé échevin de Marseille, Monseigneur, et a refusé d'accepter cet emploi. Ensuite il s'est pourvu au Parlement, auquel il a demandé d'être déchargé par trois raisons : l'une, qu'il est noble, ayant acheté des lettres; l'autre, qu'il n'est point négociant, et, comme le règlement de 1660 exclut les gentilshommes de l'hôtel de ville en ordonnant que les échevins seront négociants, il prétend qu'en le choisissant on a contrevenu à ce règlement, qui est enregistré au greffe du Parlement. Sa troisième raison est tirée du privilège des quêteurs de la Rédemption des Captifs établis par des lettres patentes et par plusieurs arrêts du Parlement.

GOUVERNEMENT DE PROVENCE.   71

La première fois que j'entendis parler de cette requête, je priai le rapporteur de faire comprendre au Sr Porry qu'il n'étoit pas honnête de plaider par-devant moi sans m'avoir vu. Il a profité de l'avis, et il m'est venu voir, escorté de deux religieux de la Merci qui l'ont établi quêteur. J'essayai de leur faire entendre qu'il ne falloit pas suivre davantage cette affaire, et, ayant prié le Sr Porry de me voir à une autre heure, il vint le lendemain, et je tirai de lui quelques discours qui marquent une sorte d'indifférence sur la perte ou le gain de son procès.

Il est vrai que je lui fis entendre que les établissements faits par le règlement de 1712 ne subsisteroient pas, et que j'étois persuadé que vous détruiriez bientôt tout ce qui avilit le chaperon de Marseille et en éloigne les meilleurs sujets; car il me fit connoitre que la servitude dans laquelle l'on a réduit les échevins en les mettant dans la dépendance des syndics étoit ce qui lui faisoit le plus de peine; c'est aussi ce qui m'en fait beaucoup, car ces syndics, quoique nommés par le Roi, sont seuls cause qu'on a refusé d'y payer le dixième. Ainsi, je crois, Monseigneur, qu'il faudroit ôter ces mauvais esprits de l'hôtel de ville, où ils n'ont servi, jusqu'à présent, qu'à proposer de ne pas payer le dixième et entrainer dans cette opinion le reste du conseil de la Communauté.

D'ailleurs, j'observe que ces syndics furent établis par le règlement du 15 novembre 1712, article 21, et qu'ils furent nommés par l'article 23 pour servir une année seulement.

Ce règlement fut enregistré le 2 mars 1713, et, par conséquent, l'année de l'exercice de ces syndics finit le 2 mars 1714. Ils furent continués encore pour un an par l'arrêt du Conseil du 24 février 1714, que j'ai encore l'honneur de vous adresser, et, cet arrêt ayant été enregistré le 26 mai 1714, la seconde année de l'exercice de ces syndics est finie depuis le 26 mai 1715. Cependant ces gens-là n'ont pas cessé de se mêler depuis des affaires de l'hôtel de ville et de se trouver aux assemblées qui furent tenues dans le mois de juillet dernier, où ils encouragèrent tout le reste à refuser de payer le douzième.

Si j'avois vu, dans ce temps-là, ces deux arrêts de règlement, je n'aurois pas assurément détourné M. Desmaretz, comme j'ai fait, de les châtier, car la circonstance de la fin de leur exercice les rend, ce me semble, beaucoup plus condamnables.

Il me semble donc, Monseigneur, que, le temps de ces syndics étant fini, et au delà, il conviendroit de leur dire de se retirer chez eux et de laisser en repos les échevins.

Le Roi s'est réservé par ces deux règlements la nomination des syndics après l'expiration du temps de leurs fonctions, ou en cas de décès; mais, comme vous voyez par expérience qu'ils n'ont servi qu'à augmenter le désordre des affaires de la ville, à dégoûter les échevins, à faire refuser le chaperon, et, enfin, à empêcher le service du Roi, il me semble qu'il sera très à propos de n'en point nommer d'autres.

S'il y avoit quelque difficulté, dans la suite, par rapport aux défenses que fait l'article 22 de payer aucun mandement, s'il n'est point visé des syndics, je crois, Monseigneur, qu'elle pourra être levée par une ordonnance, qui dira que, le temps des syndics étant fini, ils se sont retirés, et que, le Roi n'en ayant pas nommé d'autres, le trésorier acquittera les mandements des échevins comme auparavant le règlement de 1712, jusqu'à ce qu'il ait plu à S. M. d'en ordonner autrement et de nommer des syndics.

Comme il s'agit en cela de deux arrêts du Conseil, peut-être que vous trouverez à propos d'en parler à Mgr le duc d'Orléans, pour me faire ensuite savoir ses intentions et les vôtres.

Je ne propose pas de révoquer ces règlements tout entiers, quoique cela fût assez à propos; mais, comme M. de Harlay m'a paru fort affectionné à cet ouvrage, je crois qu'il convient mieux de les laisser peu à peu tomber, sans les rétracter d'une manière trop marquée, qui pourroit lui faire de la peine, outre qu'il y a de bonnes choses.

Je vous supplie, Monseigneur, de m'honorer de vos ordres sur cette affaire le plus tôt qu'il se pourra, parce que nous avons besoin de mettre au plus tôt les esprits dans une assiette tranquille et capable de travail, afin que nous soyons, s'il se peut, aidés pour l'exécution de votre commission.

(Original. Arch. de Vaux.)

Villars répondit aux échevins de Marseille « qu'il lui paroissoit honteux, pour une ville aussi considérable que Marseille, que ses principaux citoyens refusassent le soin honorable des affaires publiques. » Il écrivit dans le même sens à Lebret, approuvant ses réfléxions sur les syndics et lui demandant d'attendre sa prochaine arrivée à Marseille pour prendre les mesures nécessaires. Il estimait d'ailleurs que sa patente de gouverneur lui donnait le « pouvoir de faire ces changements, sans nouveaux arrêts de la Cour. » Lebret n'était pas du même avis et insista pour que Villars obtînt des ordres positifs du Régent. Cependant Porry gagna son procès devant la cour d'Aix, qui le déclara justifié de refuser le chaperon municipal. Ce fut alors que Lebret et Villars poursuivirent la réforme complète de l'organisation municipale de Marseille et l'obtinrent sous la forme du *Règlement* de 1717 dont nous avons déjà parlé. Nous avons également dit comment les négociants nobles ou anoblis, ou investis de privilèges, trouvèrent moyen de tourner les termes de ce règlement, comment Villars déjoua leur habileté par l'édit de 1724 et ne leur laissa d'autre alternative que de se soumettre ou de renoncer au commerce, ce que plusieurs firent; les extraits suivants correspondent aux diverses phases de cette lutte :

Il m'est revenu que quelques négociants des plus habiles et des principaux de votre ville se sont mis dans les petites fermes de la communauté, en vue de ne pouvoir pas être élus échevins; j'aurai toujours peine à croire que d'honnêtes gens puissent songer à éviter d'avoir part aux premières charges de leur ville, tant pour l'honneur que le bonheur de la servir utilement; s'il me revient qu'ils veulent se dispenser par là de leurs premiers devoirs, je ne manquerai pas d'ordonner que l'on n'ait aucun égard à de pareils subterfuges. (*Villars à Capus,* 11 août 1719.)

Des secrétaires du Roi, qui ont négocié toute leur vie, vous ont fait signifier des actes pour renoncer au commerce et n'être pas élus échevins. N'y ayez aucun égard, quand ils seront élus; on les obligera bien à faire leur charge... Je suis indigné contre ces lâches citoyens qui se refusent à l'administration de leur patrie et préfèrent les heures qu'ils donnent à leurs affaires particulières à celles que leur honneur les oblige d'employer pour le bien public. (*Villars aux échevins de Marseille,* octobre 1724.)

« Les négociants nobles voudraient faire révoquer l'ordonnance du Roi qui leur procure l'honneur de l'administration de la ville, » écrit encore Villars aux échevins de Marseille, le 24 août 1727 ; il leur conseille de ne pas admettre ces réclamations, cite l'exemple des municipalités hollandaises, de la municipalité de Saint-Malo, et ajoute : « Que le bien public, d'où résulte le bien particulier, soit donc votre premier et plus noble objet. »

Le *Règlement* de 1717 ne mit pas davantage fin aux contestations que soulevaient les questions d'étiquette, si aiguës à cette époque cérémonieuse. Très peu de temps après la promulgation de cet acte souverain, un échevin nouvellement élu, le s^r Boiselly, refusa au viguier, le marquis de Pilles, une visite qu'il lui devait. Le conflit fut soumis à Villars, qui le trancha; l'affaire donna lieu à une correspondance dont nous extrayons les deux lettres suivantes :

55. *Villars au marquis de Pilles.*

Paris, 11 février 1718.

J'ai reçu, Monsieur, la lettre que vous prenez la peine de m'écrire, du 2, et examiné très attentivement vos raisons et toutes celles qu'a avancées le Sr Boiselly sur l'explication du règlement. Il me semble que cet échevin devoit s'en rapporter à ce que M. Lebret avoit déjà réglé, et que, ses confrères n'ayant pas approuvé sa conduite, il eût dû s'en tenir là. Il est vrai que, par le premier article du règlement, il paroît fondé en quelque chose; mais il est encore plus vrai que l'on n'a voulu diminuer en rien les prérogatives du viguier, et que l'on a voulu suivre, en tout ce qui le regarde, le règlement de 1660.

Je crois donc que l'explication, en suivant l'esprit à la lettre, c'est que, si le conseil de ville s'assembloit trois ou quatre fois la semaine, ledit règlement ne prescrit pas qu'il aille toutes les fois un échevin vous prendre; mais, comme, dans l'article 6, il est formellement porté que, dans les autres cérémonies, action de civilité, visites de personnes qualifiées et autres occasions pareilles, l'un des échevins, accompagné des quatre capitaines de quartier, l'ira prendre chez lui, sans chaperon, pour le mener à l'hôtel de ville, celle où il y a une élection à faire doit être censée une de ces occasions, et, par conséquent, ledit Sr Boiselly a grand tort; il est de l'honneur et de l'intérêt de MM. les échevins de soutenir les prérogatives du viguier, au lieu de vouloir les diminuer, puisqu'il fait la principale et la plus noble partie de leur assemblée.

J'écris audit Sr Boiselly en conformité, et lui mande de vous faire des excuses sur sa protestation, d'autant qu'elle n'a pas été approuvée par ses confrères.

(Original. Bibl. nat., fr. 8912, fol. 124.)

56. *Villars aux maire et échevins de Marseille.*

Paris, 11 mars 1718.

Je vois, Messieurs, par votre lettre du 27 février, que vous avez bien compris que je ne pouvois approuver la conduite du Sr Boiselly contre M. le marquis de Pilles; puisque vous avez pensé comme moi sur cela, il me semble que vous deviez penser de même sur le reste. Est-il dans l'ordre qu'un échevin fasse une protestation publique contre le viguier, que la protestation soit trouvée mal fondée, et qu'après cela ces deux personnes se trouvent à travailler journellement ensemble sans que celui qui a lieu de se plaindre reçoive aucune sorte d'excuse par celui qui a voulu attaquer ses prérogatives? Je suis persuadé que M. le marquis de Pilles n'exigera pas une satisfaction onéreuse au chaperon; mais toute la raison veut que le Sr Boiselly, tout au moins, dise à M. le marquis de Pilles, dans la maison de ville, qu'il est très fâché de ce qui s'est passé, qu'il sait la considération et le respect dus à sa personne et à sa charge, qu'il avoit mal entendu le règlement, et qu'il le prie de l'honorer comme ci-devant de ses bonnes grâces; cela devroit déjà être fait, et il est de votre intérêt, Messieurs, de faire respecter le viguier. Voilà tout ce que j'ai à répondre à votre dernière lettre.

(Copie. Bibl. nat., fr. 8912, fol. 182.)

57. *Belzunce[1] à Villars.*

Marseille, 2 janvier 1716.

Souffrez que, dans ce renouvellement d'année, je prenne la liberté de vous assurer que personne du monde ne fait des vœux plus sincères et plus ardents pour votre prospérité. Toute la France, Monsieur, est intéressée à en faire pour un général à qui elle doit tant; mais nous, qui avons l'honneur de vous avoir pour gouverneur, nous en devons faire d'une manière plus particulière. C'est une obligation dont je m'acquitte tous les jours comme au commencement de l'année; faites-moi, s'il vous plaît, la justice d'en être persuadé, et agréez que je vous demande votre protection et pour moi et pour mon diocèse. Vous n'ignorez pas, Monsieur, le besoin qu'en a Marseille, qui attend tout de vous. Le respect infini que j'ai pour la mémoire du feu Roi et la reconnoissance que m'inspire tout ce que je lui dois m'obligent, Monsieur, d'avoir l'honneur de vous représenter qu'il ne se fait point ici de service

1. Henri-François-Xavier de Belzunce de Castel-Moron, né en 1671, nommé évêque de Marseille en 1709, célèbre par son admirable conduite pendant la peste de 1720.

solennel pour le repos de son âme. De tous les temps, la ville a été en usage de faire la décoration de ces sortes de services, et, par cette seule raison, est en usage aussi de nommer l'orateur qui prononce l'oraison funèbre. Les échevins, selon l'ancien usage et une nouvelle convention, avoient déjà fait faire ce qu'ils avoient jugé nécessaire pour cette triste cérémonie, lorsque les syndics qu'ils ont ont tout arrêté sous prétexte que la ville ne reçoit l'ordre que d'assister au service, et non de contribuer aux frais. Mon chapitre, de son côté, ne croyant pas devoir consentir à l'interruption de cet usage, en est demeuré là : de sorte qu'il n'y aura point de service solennel ici, à moins que vous n'ayez la bonté de l'ordonner. Nous attendons cela, Monsieur, de votre équité. Toutes les églises particulières ont, sur cela, satisfait à mes ordres; il n'y a que ma cathédrale qui ne le peut par cette raison. En mon particulier, je ne manquerai pas de satisfaire à mes obligations.

(Original autographe. Arch. de Vaux.)

58. *Villars à Lebret.*

Paris, le 27 juin 1717.

J'apprends dans ce moment, Monsieur, par une lettre de MM. les marguilliers de la paroisse Saint-Ferréol de Marseille, qu'il y a une loterie ouverte dans cette ville en faveur de la chapelle des pénitents; c'est ce que j'ignorois absolument. Comme elles ont été défendues à Paris, je les croyois également suspendues dans tout le royaume.

Il faut que l'on ait cru que Messieurs de Marseille avoient plus d'envie de jouer que les autres et, qu'au défaut du pharaon, il leur falloit des loteries pour les amuser ; je n'ai rien ouï dire sur cela, et, s'il en arrive quelques mémoires à la Cour, ils vous seront renvoyés pour que vous donniez votre avis.

(Original. Bibl. nat., fr. 8959, n° 26.)

59. *Lebret à Villars.*

Aix, 19 janvier 1718.

Le Sr Boniface, frère du seigneur du lieu de Vachières, se plaint, Monseigneur, qu'ayant voulu empêcher le Sr Gougony, dudit lieu de Vachières, de tirer sur les pigeons, celui-ci vint à lui, le 21 décembre dernier, dans le temps qu'il étoit au soleil, enveloppé

GOUVERNEMENT DE PROVENCE.   77

de son manteau, et lui demanda s'il étoit encore en colère, à quoi le Sr Boniface lui ayant dit : « Pourquoi tirez-vous sur les pigeons ? » Gougony lui donna des soufflets, le jeta par terre, lui donna plusieurs coups de pied et de poing, et le traîna dans le dessein de le jeter dans la fontaine.

J'ai envoyé un de vos gardes, qui a trouvé ces faits véritables par la déposition de plusieurs témoins et qui a chargé les consuls de Vachières de faire arrêter le Sr Gougony dès qu'il paroîtroit dans le lieu. On l'arrêtera donc, Monseigneur, s'il revient ; ainsi, il ne reste plus qu'à savoir combien vous voulez qu'il demeure en prison. Je crois le Sr Boniface gentilhomme.

(Original. Arch. de Vaux.)

60. *Du même au même.*

Aix, 8 mars 1718.

M. le marquis de Pilles, après m'avoir mandé, Monseigneur, qu'il avoit apaisé les querelles d'entre les gardes de l'Étendart des galères et quelques jeunes gens de Marseille, m'écrit qu'il y a encore eu un démêlé entre un de ces gardes de l'Étendart, nommé le Sr de Saint-Clément, et le Sr Roland, et que ce dernier obligea l'autre à mettre l'épée à la main dans le Cours. Et comme il croit que le nommé Bidache, maître d'armes, suscite toutes ces querelles, il seroit d'avis d'obliger cet homme, qui est étranger, à sortir de Marseille, et tant parce que M. de Pilles, qui est sur les lieux, le juge à propos, que parce qu'il m'est revenu d'assez mauvaises relations de cet homme-là. Je le prie, sous votre bon plaisir, d'exécuter son dessein.

(Original. Arch. de Vaux.)

61. *Du même au même.*

Aix, 18 avril 1718.

Le Sr Cameron, Monseigneur, est venu me porter plainte de ce que le Sr Barthélemy, frère d'un conseiller en la sénéchaussée de cette ville, lui avoit donné une bourrade d'un bâton, et que, ayant ensuite mis l'épée à la main, et le Sr Cameron l'ayant saisie, il en avoit été blessé à la main.

J'ai cru qu'il falloit envoyer ce jeune homme, d'ailleurs fort mal morigéné, à la Tour-de-Bouc pour le temps qu'il vous plaira le prescrire, et, comme il est sujet à faire des querelles, je crois qu'il seroit bon de lui défendre de porter l'épée, n'étant pas gentilhomme; il a véritablement, à ce que l'on m'a dit, servi, mais pendant si peu de temps, que je ne crois pas que cela lui donne droit de porter une épée dont il ne se sert que pour insulter.

(Original. Arch. de Vaux.)

62. *Villars aux maire et échevins de Marseille.*

16 mai 1718.

J'apprends avec plaisir, Messieurs, par la lettre que vous prenez la peine de m'écrire du 8 mai, que, dans les ornements dont vous avez résolu de décorer la face de l'hôtel de ville qui regarde le port, vous voulez qu'il y ait quelque chose qui marque votre attention et votre amitié pour moi; je vous en rends grâce. Il étoit bien juste qu'avec les armes de la ville de Marseille, il y eût une devise qui en marquât l'origine, son pouvoir et sa magnificence sur la mer, et j'avoue que je suis très aise que la postérité puisse voir aussi que votre gouverneur général ne vous est pas indifférent. Vous n'en aurez jamais qui souhaite plus de vous voir augmenter en considération et en richesse, et qui ait plus d'envie d'y contribuer par ses services.

(Minute. Arch. de Vaux. — Original. Arch. de Marseille.)

L'affaire des embellissements de la façade de l'hôtel de ville revient souvent dans la correspondance; des plans furent soumis à Villars, qui ne les approuva pas sans discussion[1]. Il s'agissait, sans doute, d'incruster dans la façade les armes de Marseille et une inscription; Villars voulait qu'on y ajoutât ses propres armes et « l'ancienne devise de sa maison : *Fortis Fortunam Superat*[2], » avouant qu'il ne serait « pas fâché qu'il

---

1. Il écrivait le 30 juin 1718 à Capus qu'il trouvait bien cher le devis du s^r Garavagne, « un de vos plus habiles sculpteurs. Je connois trop, ajoutait-il, ce que ses ouvrages peuvent valoir, pour ne pas vous dire que, quelque habile qu'il puisse être, 8,000 livres seroient une somme suffisante. Les belles statues du roi faites par les Coyssevaux et les Coustou ne lui coûtent pas mille écus. »
2. Sur quelques-uns des livres conservés de la bibliothèque de Balthazar de Villars (1557-1627), cette devise est : *Fortis Fortuna Fortior* (H. de Terrebasse, *B. de Villars*, p. 32). D'autre part, la devise *Fortis Fortunam Superat* se trouve au-dessus de l'écusson de Villars, en tête

demeure à Marseille quelques petits monuments marquant son attachement pour la ville et l'amitié de la ville pour lui. » Il offrait d'ailleurs de payer les frais de cette addition. Rien ne prouve que le travail ait été exécuté; il n'en reste aucun indice aujourd'hui, il semble pourtant que la *devise* à laquelle Villars fait allusion ci-dessus ait été gravée en 1726. Nous trouvons, en effet, dans le t. III, p. 290, de la *Continuation des Mémoires de littérature et d'histoire* (Paris, 1726), une lettre adressée aux échevins de Marseille par l'auteur de l'inscription, qui signe B. D. L., et qui en commente longuement le texte, conforme au programme tracé ci-dessus par Villars; elle débute par ces mots : « Je ne me fusse jamais avisé de composer l'inscription *que vous venez de faire placer* à la façade de votre hôtel de ville, si vous ne l'aviez exigé de moi. » L'inscription est ainsi conçue :

Massilia, Phocentium filia, Romæ soror, Carthaginis terror, Athænarum æmula, Cultrix disciplinarum, Gallorum agros, mores, animas novo cultu ornavit : illustrat quam sola fides. Muros, quos vix Cæsari cesserat, contra Carolum V meliori omine tuetur. Omnium fere gentium commerciis patens, Europam quam modo terruerat, modo docuerat, alere et ditare gaudet. Anno MDCCXXVI. Regn. Ludovico XV.

63. *Villars à Hyacinthe Pascalis*[1].

Paris, 16 août 1716.

Je vois, par votre lettre du 16 juillet, que vous n'êtes pas plus avancé que le premier jour sur l'offre que vous m'avez faite il y a plus de deux ans, M. le président de Piolenc étant présent, et apparemment pour m'engager à presser plus vivement votre réunion à la Provence, laquelle vous regardiez pour lors comme le salut de votre pays.

Enfin, je pris la liberté d'en supplier le feu Roi, et vous n'igno-

des lettres patentes de sa grandesse d'Espagne, et le dictionnaire de Bayle la traduit en grec ΤΥΧΗΝ ΑΝΔΡΕΙΟΣ ΥΠΕΡΒΑΙΝΕΙ (éd. 1820, XIV, 399).

1. Cette lettre et les quatre suivantes ont trait à l'affaire de la vallée de Barcelonnette que nous avons résumée ci-dessus, p. 17.

rez pas que Sa Majesté, en sortant du Conseil, me fit l'honneur de me dire : « J'ai fait ce que vous avez désiré. » Vous voilà donc réunis à la Provence. Vous êtes persuadé que l'inféodation à moi et à mon fils étoit fort avantageuse pour votre vallée, et l'assurance qu'elle me l'offriroit m'a empêché, lorsque le Régent a donné 10,000 livres par an à M. de la Feuillade sur la principauté d'Orange, de lui demander la même imposition par an sur la vallée de Barcelonnette, quatre fois plus puissante et plus riche que la principauté d'Orange.

Enfin, voyant que vous ne finissiez rien, je vous dirai que j'ai l'inféodation de la vallée; ainsi, je lui en aurai moins d'obligation que si j'avois pu dire à S. A. R. qu'elle me l'a offerte. Vous pouvez donc en avertir ces messieurs. Je préfère un droit d'inféodation de 6,000 livres par an aux 10,000 livres que je pourrois avoir sur la vallée. Si l'on me fait quelques difficultés à une pension féodale de 6,000 livres, je demanderai à S. A. R. les mêmes 10,000 livres qu'a M. de la Feuillade sur la principauté d'Orange, et, d'ailleurs, je ne me croirai pas obligé à de grands égards pour votre pays, quand je verrai qu'au lieu de tenir ce qui m'a été promis, on me fait des difficultés.

Je vous prie de m'envoyer incessamment copie de l'inféodation qui a été faite autrefois par le roi de Sicile à M. le prince de Carignan, son neveu. J'écris en même temps à Turin pour avoir ladite copie, parce que je vous avoue que je trouve un peu de lenteur aux affaires dont vous vous chargez. Si vous vous conduisez bien dans celle-ci, je vous en saurai gré, et à ceux de votre vallée qui me marqueront de l'amitié. Si je ne trouve que de l'ingratitude des plaisirs que j'ai faits, je me passerai bien de leur bonne volonté, et ils auront besoin de la mienne. Il a été résolu au Conseil de guerre d'envoyer quinze compagnies d'infanterie dans la vallée de Barcelonnette.

(Minute. Arch. de Vaux.)

64. *Villars aux maires et consuls de la vallée de Barcelonnette.*

Paris, 16 janvier 1717.

Il y a plus de huit jours que je suis informé du placet que vous avez pris la liberté d'adresser à S. A. R., et je reçois seulement aujourd'hui votre lettre du 29 décembre, dans laquelle je trouve deux choses très opposées qui sont les assurances de votre reconnoissance et les marques de votre ingratitude. Vous avez bon

conseil; conduisez-vous suivant vos principes, et je me conduirai suivant ceux de l'équité, laquelle, par vos propres aveux, pourroit ne vous être pas favorable.
(Minute. Arch. de Vaux.)

65. *Villars à Hyacinthe Pascalis.*

28 septembre 1717.

L'on m'a toujours voulu persuader que la vallée de Barcelonnette se soumettroit à la raison. Elle y auroit trouvé quelques avantages; mais, pour moi, qui connois leur ingratitude et leur mauvaise volonté, je me suis peu flatté qu'ils suivissent les partis les plus sages, et, si l'on m'avoit cru, immédiatement après l'arrêt, on les auroit exécutés. Je mande présentement à M. le Premier Président qu'il n'a pas d'autre parti à prendre, et je fais dire au S^r Du Grou, que vous savez avoir soin de mes affaires, de commencer à exécuter[1]. Comme vous vous êtes offert pour le recouvrement, vous me ferez plaisir d'y travailler; le Sr Joubert s'y est offert aussi[2]. Je mande à M. du Montet[3] que, si le secours des troupes est nécessaire, d'en donner à ceux qui seront chargés du recouvrement; mais toujours, comme nous avons les arrêts, il faut que ce soit par les voies de la justice.
(Minute. Arch. de Vaux.)

66. *Villars aux maire et consuls d'Alloz*[4].

9 mai 1718.

Je reçois la lettre que vous m'écriviez du 28, par laquelle je

---

1. Les exécutions commencèrent sous la direction de Pascalis, dans le courant de janvier 1718; le 15 mars, toutes les communautés s'étaient soumises, sauf la ville de Barcelonnette : Pascalis la taxe à trois années, et le 29 mars elle se soumet à son tour; le 3 avril, toute l'imposition était rentrée.

2. Les services du s^r Joubert furent déclinés, parce qu'il avait proposé d'ajourner les exécutions jusqu'au printemps, afin de laisser aux troupeaux de la vallée, hivernés dans les plaines de la Provence, le temps de rentrer. Il fut remplacé par un huissier de Digne, nommé Ailhaud. Le préfet Honorat soutenait les prétentions de Villars, et le premier consul Séb. Maurin soutenait la résistance des habitants.

3. Commandant des quinze compagnies d'infanterie cantonnées dans le pays.

4. La vallée d'Alloz s'était séparée de celle de Barcelonnette et avait

vois que vous n'avez aucune part aux derniers placets très inutilement présentés ici au nom de la vallée de Barcelonnette ; je ne puis que louer en cela votre bonne et sage conduite à mon égard et vous assurer que je m'en souviendrai en temps et lieu, de même que de celle des mutins, auxquels il sera bon de faire sentir ce que mérite leur ingratitude et mauvaise volonté.

(Minute. Arch. de Vaux.)

67. *Hyacinthe Pascalis à Villars.*

Barcelonnette, 18 mai 1718.

Sur la nouvelle qu'on nous donne ici que les communautés d'Entraunes et de Saint-Martin, dépendantes de cette vallée, doivent être cédées au roi de Sicile[1] en échange de celles de Mas et de Salières, situées en deçà du val, du côté de Grasse, j'ai cru du devoir d'un bon sujet du Roi d'informer Votre Grandeur que, le même traité ayant été mis sur le tapis à la Cour en 1714, je pris la liberté d'observer à Mgr Voysin l'importance de ces deux communautés pour le service du Roi, à cause du chemin de communication par lequel les troupes du camp de Tournoix se rendent dans trois jours sur le val à Saint-Laurent et sont toujours en état d'y prévenir celles du roi de Sicile, au lieu qu'avant la découverte de cette route il falloit aux troupes du Roi, de Tournoix, sept jours de marche pour aller sur le val, et elles ne pouvoient y arriver que tard. Ce chemin de communication fut découvert en 1710 et indiqué à Mgr le maréchal de Berwick, que j'avois l'honneur d'accompagner sur ces montagnes. J'eus l'honneur de lui parler à Versailles de l'échange qu'on proposoit : il me sut très bon gré de l'avis que je lui donnois, et il fut d'abord mettre au fait de cette communication le Roi et Mgr de Torcy : après quoi il me fit la grâce de me dire qu'il avoit bien empêché que son ouvrage ne tombât, et qu'il n'y avoit plus à craindre que ces communautés fussent cédées, qu'au contraire on bâtiroit à Entraunes un fort où l'on transporteroit la garnison de Colmars pour former une chaine du fort d'Entraunes et de ceux de Guillaume et d'Entrevaux pour couvrir la marche des troupes allant

fait sa soumission aux agents de Villars ; le maréchal l'en récompensa en retirant les garnisons et en la soutenant contre les taquineries auxquelles elle resta longtemps en butte de la part des communautés dont elle avait abandonné la cause.

1. La cession était consentie depuis le 4 avril.

du camp de Tournoix sur le val... Je croirois manquer en ne vous donnant pas cet avis.

(Original. Arch. de Vaux.)

68. *Lebret à Villars.*

Aix, 12 juin 1718.

Un jeune homme nommé M. de Tournon, neveu de Mme la marquise de Villeneuve, qui est de la maison de Simiane Moncha, a insulté violemment un autre jeune homme, fils de M. de Meyronet, conseiller au Parlement, et petit-fils de M. de Meyronet, doyen de la Cour des comptes; il y a même eu un soufflet donné. J'avois d'abord fait chercher ce jeune gentilhomme par un de vos gardes, pour le faire mettre en prison; mais on ne le trouva pas, et M. le président de Coriolis et M. le marquis de Simiane se sont entremis, et il a été convenu de certaines réparations, qui seroient précédées d'un séjour dans une citadelle, où Mme la marquise de Villeneuve convenoit de faire remettre son neveu : à l'effet de quoi je lui ai donné un ordre pour le faire recevoir au fort Saint-Jean, croyant que vous ne le désapprouveriez pas.

(Original. Arch. de Vaux.)

69. *Villars à l'abbé de Citeaux.*

Paris, 14 août 1719.

Je suis bien aise de vous dire que votre procureur n'a jamais voulu convenir d'arbitres qu'aux conditions qu'il ne se soumettroit pas à leur jugement, si la décision ne lui étoit pas favorable[1]. Pour moi, Monsieur, j'admire cet esprit de justice, de probité et de soumission à son général, que je trouve dans votre prieur. Vous lui avez ordonné de terminer nos affaires par des arbitres; il se moque de vous et de moi; il attaque une possession de trois cents ans qui a toujours été tranquille.

J'espère que je gagnerai mon procès; mais, comme vous lui permettez de n'avoir guère de religieux et de mettre tout son argent à plaider, il profite de votre indulgence pour bien boire,

---

1. Le prieur de Bonnevaux avait détourné des eaux au détriment de moulins appartenant à Villars et aurait refusé tout accommodement, faisant garder par des gens armés les ouvrages exécutés par ses ouvriers. Villars réclame auprès du chef de son ordre.

bien manger et faire des présents à ceux dont il a besoin. Je ne vous en dirai pas davantage, et vous assurerai seulement de la parfaite estime avec laquelle je suis...

(Minute. Arch. de Vaux.)

70. *Villars aux échevins de Marseille.*

5 décembre 1719.

J'eus l'honneur de rendre compte à S. A. R. du changement que vous aviez été obligés de faire sur l'élection du Sr Magy, qui avoit trouvé moyen de se soustraire de cette place par un arrêt du Parlement, et que vous aviez nommé, sous le bon plaisir du Roi et de S. A. R., le Sr Moustier[1] pour votre premier échevin, lequel vous m'assurez être un très bon sujet. Le Roi et S. A. R. approuvent donc cette seconde élection; mais je vous exhorte, Messieurs, à prendre dorénavant mieux vos mesures pour ne plus tomber dans le même inconvénient, et, en vérité, il est honteux que, parmi un si grand nombre d'honnêtes gens, il y en ait si peu qui ne préfèrent pas l'honneur de servir leur patrie à des appointements plus ou moins forts...

(Minute. Arch. de Vaux. — Original. Arch. de Marseille.)

71. *Villars aux échevins de Marseille.*

Paris, 22 juillet 1720[2].

J'ai eu l'honneur de rendre compte à S. A. R., Messieurs, de toutes les précautions que vous prenez pour empêcher le progrès d'un mal aussi dangereux; je lui ai représenté que l'arrêt qui autorise la Compagnie des Indes à faire mettre en dépôt toutes les toiles avoit produit un désordre auquel toutes les précautions des magistrats et de MM. les intendants de la Santé[3] auroient de la peine à remédier. S. A. R. m'a paru résolue à ne pas faire exécuter cet arrêt dans la ville de Marseille. Comme je passe à Villars le temps que les Conseils me permettent de m'absenter, je

---

1. Cet échevin est celui qui se distingua pendant la peste de Marseille.
2. C'est vers le 15 juillet seulement que Villars fut officiellement informé par les échevins de l'existence de la peste, à la suite d'une démarche pressante des médecins Peyssonel père et fils.
3. Officiers municipaux élus par le conseil de ville, et chargés de la police sanitaire, des quarantaines et lazarets.

charge M. de Beaumont de solliciter M. des Forts pour que la ville de Marseille ait une liberté entière de prendre toutes les précautions qu'elle a jusques à présent si utilement mises en œuvre pour se garentir, et tout le royaume, de ce fléau de Dieu. Je n'ai pas besoin de vous exhorter, et messieurs de l'infirmerie[1], à redoubler d'attention, et j'attends avec impatience vos premières lettres pour être entièrement tranquille sur l'inquiétude que les dernières m'ont donnée.

(Original. Arch. de Marseille. — Minute autographe. Arch. de Vaux.)

72. Villars à Lebret.

Villars, 28 juillet 1720.

Je reçois ici, Monsieur, la lettre que vous me faites l'honneur de m'écrire du 17. Je vous ai écrit sur l'inquiétude que nous avons eue pour Marseille ; je vois que vous avez bonne espérance que nous en serons quitte pour la peur. Dieu veuille qu'il en soit de même pour tous les autres petits malheurs que l'on craint, et je l'espère, par la juste confiance que l'on doit prendre dans les bonnes intentions de S. A. R.; mais le manque d'argent et la cherté excessive de tout fait quelque peine.

Nous avons la plus belle moisson du monde ; pour moi, je m'occupe à faire nos foins, serrer nos blés, les avoines. Tout va à merveille et la terre, notre chère mère, fait bien son devoir ; nous avons quantité d'abricots, moins de pêches ; les figues et les melons seront admirables. Je m'en retourne pour les premiers conseils, après quoi j'irai dans mes terres de Normandie[2] et Nivernois[3], en manquant un pour le premier voyage. J'ai une impatience pareille à la vôtre que vous soyez tranquille sur votre moisson de la Selle ; mon tempérament un peu vif me fait souffrir de la lenteur de mes paiements d'Arles, de l'acquisition de mes coussons d'Istres[4]. J'en parle à M. Du Grou depuis quatre mois avec la même vivacité, parce que c'est mon génie, soutenu par cette grande maxime que ce qui est bon à faire ne peut être trop tôt fait.

MM. les échevins de Marseille me mandent qu'en attendant

1. Lazaret alors établi aux îles.
2. Voir ci-dessus, p. 34, note 1.
3. Domaine de la Nocle, acheté en 1719.
4. Terres en Camargue achetées de la ville d'Arles.

qu'ils aient de mes nouvelles, ils se servent du Sr Pichardy[1] pour leur orateur; pour moi, vous savez que je n'ai voulu entrer en rien dans toutes les élections que pour empêcher le mal, si on le pouvoit craindre. J'attends de vos nouvelles pour leur répondre, car j'aime les conseils quand ils sont aussi bons que les vôtres.

(Original. Bibl. nat., fr. 8916, fol. 179.)

73. *Du même au même.*

Paris, 5 aoust 1720.

Je sors de chez S. A. R., Monsieur, laquelle m'a fait l'honneur de me dire avoir donné tous les ordres à M. des Forts[2] pour que l'on donne à Marseille tous les secours d'argent possibles; je lui ai dit que vous aviez encore quelque espérance que cette dernière maladie ne seroit pas la peste[3]; il envoie ordre à Montpellier que, si l'on peut y trouver quelque médecin capable de donner quelques secours dans la conjoncture présente, que l'on l'envoie à Marseille[4]. S. A. R. m'a fait l'honneur de me dire que c'étoit la faute d'un échevin, lequel avoit fait décharger les marchandises que lui apportoit un vaisseau qui venoit des lieux dangereux; je mande cela aux échevins. Je vous avois mandé que S. A. R. avoit donné, sur mes premières représentations, des ordres nécessaires pour que cet entrepôt de la Compagnie des Indes ne pût empêcher les précautions que l'on prend avec tant de soin aux infirmeries de Marseille.

Je reçois les lettres que vous me faites l'honneur de m'écrire des 27 et 29. J'ai dit à S. A. R. que, par votre dernière, vous avez encore quelque espérance que cette dernière attaque ne seroit point peste; en vérité, ce pauvre royaume n'a pas besoin de ce fléau : celui qui arrive sur les finances est bien assez dangereux.

Comme vous ne me mandez rien qui soit contraire aux intentions que les échevins de Marseille ont de faire remplir la place du Sr Timon par le Sr Pichardy, je leur mande que je l'approuve.

---

1. Pichatty de Croislainte, avocat-conseil et secrétaire des échevins.
2. Michel Le Peletier des Forts, intendant des finances, puis contrôleur général, mort en 1740.
3. A Aix comme à Marseille, on conserva cette illusion jusqu'à la fin de juillet.
4. Les docteurs Chycoineau et Verdy vinrent offrir leurs services; ils furent suivis des docteurs Deydier et Bouthillier.

Voilà une seconde lettre du Sʳ Laurent Gardane, qui demande que l'on lui fasse son procès et que l'on le remette à la justice ordinaire; pour moi, j'avoue que, lorsqu'un prisonnier demande à être jugé, je suis toujours porté à croire que sa demande doit être accordée.

(Original. Bibl. nat., fr. 8916, fol. 249.)

74. *Villars aux échevins de Marseille.*

Paris, 5 aoust 1720.

J'apprends, Messieurs, avec une très vive douleur, par le courrier dépêché d'Aix, que le mal que je croyois étouffé dans sa naissance donne de nouvelles inquiétudes. M. le comte de Toulouse en lut hier une lettre au Conseil qui faisoit craindre le malheur que le courrier confirme par la cessation de commerce avec votre ville. Je m'en vas parler à S. A. R. pour vous donner les secours qui vous sont si nécessaires, et surtout de l'argent. Je vous ai mandé que j'avois eu l'honneur de parler à S. A. R. sur ce qui m'étoit revenu par M. le marquis de Pilles, et par plusieurs autres, que la liberté que l'on ôtoit en quelque manière à MM. les intendants de la santé de veiller avec la même autorité à tout ce qui peut empêcher la contagion par l'entrepôt que la Compagnie des Indes avoit établi pour les toiles de Levant, l'avoit portée à donner tous les ordres nécessaires pour que cette nouveauté ne troublât plus les précautions ordinaires; l'on a voulu malignement répandre que la peste avoit été apportée par un vaisseau appartenant à un échevin, dont il avoit empêché la quarantaine. Je sais bien que c'est une fausseté; cependant vous devez vous en justifier, écrivant sur cela à moi, à M. des Forts et à M. de la Vrillière. J'attends avec une grande impatience et grande inquiétude vos premières lettres.

P.-S. — Je viens de parler à S. A. R., qui donne tous les ordres que vous pouvez désirer pour votre soulagement.

(Arch. municip. de Marseille. Correspondance générale, carton V³.)

75. *Villars à Lebret.*

Paris, 7 août 1720.

Si M. de Beaumont avoit bien voulu, Monsieur, retarder son courrier d'un quart d'heure, ou lui ordonner de prendre mes lettres en passant, vous auriez reçu par lui celle que je comptois vous écrire par son retour.

Je parlai hier sur-le-champ à S. A. R., laquelle est très inquiète et donne assurément tous les ordres possibles pour le soulagement de notre pauvre ville de Marseille ; je vous assure que je suis dans une très vive inquiétude.

Un de vos retrayans, qui est le marquis de Béthune, est fort brouillé avec Mme la duchesse du Lude, sa tante, pour le retrait de Rosny qu'il veut faire malgré elle, et elle lui a défendu sa maison. Je suis en peine du vôtre, dites-m'en des nouvelles ; le mien ira bien, et je compte que je gagnerai mon procès ; je ne vous recommande pas d'aider M. Du Grou pour de petits billets qui lui sont nécessaires pour des paiements, parce que je sais bien que vous voulez bien aller au-devant de tout ce qui regarde mes intérêts.

(Original. Bibl. nat., fr. 8916, fol. 263.)

76. *Villars aux échevins de Marseille.*

Paris, 17 août 1720.

Il y a deux ordinaires, Messieurs, que je n'ai reçu de vos lettres ; je vous prie de n'en pas manquer un. Vous ne doutez pas de mes vives inquiétudes sur la nature des maux dont votre pauvre ville est accablée. Je vois par les lettres de M. Lebret qu'il n'est pas décidé que ce soit la peste[1] ; mais, sans les précautions raisonnables que l'on prend, peut-être un peu prématurées, vous causeriez bien de la peine. Je vous ai mandé que S. A. R. avoit donné sur-le-champ tous les ordres possibles pour votre soulagement. Ce que je crains pour le peuple, c'est la cherté des vivres. J'attends vos premières nouvelles avec impatience.

(Original. Arch. de Marseille.)

77. *Villars à Lebret.*

Paris, 19 août 1720.

La lettre, Monsieur, que vous me faites l'honneur de m'écrire

---

1. Si Lebret conservait ou feignait de conserver des illusions, à Marseille il n'y avait plus d'hésitation ; la mortalité était effrayante dès les premiers jours d'août, et, dès le 10, le dévouement des échevins avait déjà eu l'occasion de se signaler.

du 7, quoique très affligeante, me console cependant, puisque rien n'est pis que la peste. Je reçois une lettre de M. Du Grou, qui me paroît bien effrayé, puisqu'il parle déjà de quitter Aix. Je reconnois en vous une fermeté qui ne me surprend pas; effectivement, l'arrêt du Parlement[1], quoique sage, paroît avoir été un peu prématuré : on pouvoit prendre toutes les précautions, sans aller si vite à cette défense de commerce, qui met la pauvre ville de Marseille dans un cruel état; il me semble que l'on y craint autant et même plus la famine que la peste. S. A. R., par les secours qu'elle a envoyés, a pourvu autant qu'il a dépendu d'Elle ; mais les secours rendront-ils les denrées moins chères, que le prix excessif des espèces a augmentées partout? C'est ce qui fait souffrir le peuple, et à quoi je ne vois d'autre remède qu'une distribution de blé; et comment pourront faire les journaliers? S'ils ne gagnent pas, de quoi achèteront-ils?

Ce que vous me mandez du Sr Magalon, que je connois, me fait voir que, pour lui au moins, il ne craint pas la peste.

P.-S. — Depuis cette lettre écrite, j'ai parlé à S. A. R., laquelle m'a dit qu'elle donnoit tous les ordres possibles pour remédier à la famine; les lettres qu'elle a reçues du 10 et du 11 la rassurent sur la peste, et, à la vérité, M. le maréchal de Villeroy m'en a montré une, laquelle assure très positivement que ce n'est pas la peste. S. A. R. m'a dit que M. de Bernage avoit fait passer des blés; je lui ai dit que c'étoit beaucoup d'avoir le blé, mais qu'il falloit beaucoup plus encore : c'est que le pauvre peuple pût l'avoir à très bas prix, les fabriques étant cessées, qui donnoient une subsistance, et la cherté d'ailleurs étant exorbitante. Elle me paroît bien résolue à soulager notre pauvre ville, dont je vous avoue que les malheurs me touchent sensiblement.

(Original. Bibl. nat., fr. 8916, fol. 401.)

78. *Villars aux échevins de Marseille.*

Paris, 26 août 1720.

J'ai eu l'honneur de rendre compte, Messieurs, à S. A. R. de tous les soins que vous prenez[2] pour empêcher autant qu'il est

1. Le Parlement d'Aix avait, le 30 juillet, défendu de ne rien laisser sortir de la ville de Marseille.
2. C'est le 21 août que le service avait été organisé à la suite d'une conférence entre les quatre échevins et les officiers des galères.

en votre pouvoir le progrès du mal qui attaque réellement notre chère ville de Marseille. S. A. R. n'a pas besoin d'être sollicitée pour vous donner tous les secours possibles dans une si triste conjoncture. Elle est informée de tout ce que fait M. votre évêque et M. le marquis de Pilles. En vérité, on ne peut trop les louer. Je vous prie de ne pas manquer de m'écrire tous les ordinaires. Je veux espérer que, par tous vos soins, vous empêcherez que cette cruelle maladie ne fasse autant de ravages que l'on en doit craindre. On mande que les pères jésuites et les capucins se distinguent par tous les secours qu'ils donnent. Marquez-moi aussi ce qui en est. Je reçois dans ce moment des lettres d'Aix, du 20, qui me font voir que le mal augmente. J'en suis très affligé. J'ai cru que, dans de tels malheurs, je devois aller travailler au soulagement de notre chère ville de Marseille et de cette malheureuse province, et je suppliai S. A. R. de vouloir bien approuver mon zèle.

(Original. Arch. de Marseille.)

79. *Villars à Lebret.*

Paris, 29 août 1720.

Je vous mandai hier, Monsieur, que j'avois supplié S. A. R. de trouver bon que, dans le cruel état où se trouve notre malheureuse ville de Marseille, et dont la province est menacée, que je me rendisse en Provence. Elle a trouvé à propos de différer de dix ou douze jours à prendre sa résolution de me laisser partir. Je vois dans ce délai beaucoup de bontés pour moi. Si le mal continue, je la supplierai encore de vouloir bien que j'aille travailler à secourir les malheureux et empêcher les progrès d'un mal qui peut attaquer le reste de la province, et même les voisines.

J'attends vos lettres avec la plus vive impatience et vous supplie de m'écrire tous les ordinaires. J'ai véritablement le cœur pressé de tout ce que j'apprends de Marseille.

Vous avez été informé de la mort du premier consul de Saint-Tropez; les consuls prétendent que c'est d'un coup de coude sur la mamelle par le Sr de Préfontaines, précédé de plusieurs altercations, et dans la marche. Le Sr de Préfontaines veut que ce soit d'une attaque d'apoplexie; en un mot, s'il y a eu un coup de coude, bien que pour l'ordinaire il ne soit pas mortel, cette vivacité dans l'église me paroit un fait grave. Le Sr de Préfontaines me parle d'un de mes règlements ; je ne me souviens pas d'avoir jamais décidé autre chose que de suivre les usages.

(Original. Bibl. nat., fr. 8916, fol. 497.)

Cette ridicule affaire a fait l'objet d'une correspondance entre Villars et Leblanc, ministre de la Guerre, dont une partie est conservée aux archives de Vaux. Une enquête fut faite sur les lieux par M. Sinety, commissaire des guerres. Elle prouva que la querelle entre le s^r de Préfontaines, major de la citadelle de Saint-Tropez, et le s^r Martin, premier consul de la ville, était née pendant la procession du 15 août, le major marchant en tête, et le consul s'obstinant à vouloir marcher à ses côtés. A l'église, « le major, s'étant agenouillé sur son prie-Dieu, le consul vint se placer sur l'extrémité de ce même prie-Dieu et tomba presque aussitôt ; on crut qu'il étoit évanoui, et on le porta sur un banc voisin, où il mourut. » Les rapports de médecins et de témoins constatèrent qu'il avait reçu trois coups de coude du major et portait une forte contusion au côté, mais établirent qu'il avait fait une chute de cheval quelques jours auparavant, que la contusion provenait vraisemblablement de cet accident, que les coups de coude pouvaient difficilement l'avoir produite, et que la mort était sans doute le résultat d'un violent accès de colère.

80. *Lebret à Villars.*

Aix, 1er septembre 1720.

Les maladies de Marseille continuent d'y faire beaucoup de ravages, mais il n'y a point de malades ici.

J'ai eu l'honneur de vous mander les précautions que M. de Cailus a prises de faire venir six compagnies d'infanterie, dont j'en avois mis quatre tout autour de Marseille pour empêcher la communication. M. Perrini perfectionne cette chaîne, qui, à ce que j'espère, nous garantira, et tout le reste de cette province.

Mais nous sommes à la vraie famine, et je crois que je n'aurai point de potage aujourd'hui. MM. les consuls me le signifièrent hier. Si cela continue, je serai obligé d'envoyer mes petits-enfants, qui ne mangent autre chose, du côté du Rhône, pour en avoir.

... Les cent mille écus que M. des Forts eut la bonté de nous envoyer ne durèrent pas trois jours, et nous en aurions consommé bien davantage, si nous en avions eu. Il y a quinze jours que M. de Bernage m'en a demandé pour dix mille écus, pour payer des blés qu'il a eu la bonté de nous envoyer; je n'ai pu lui en adresser que pour dix mille livres, parce que nous n'en avions plus du tout.

Il est vrai que, par l'augmentation des espèces, le fonds de la Monnoie a augmenté; mais les diminutions produisent un effet contraire.

(Original. Arch. de Vaux. — Minute. Bibl. nat., fr. 8916, fol. 393.)

81. *Villars à Lebret.*

Villars, le 8 septembre 1720.

Les lettres que je reçois, Monsieur, du 23 août, de M. Capus, m'affligent très vivement, et j'y vois avec grande douleur la continuation des malheurs de Marseille. Il m'y paroît craindre une sédition et demande trois ou quatre cents hommes. Vous les recevrez incessamment; mais est-ce qu'en attendant, les troupes des galères vous manqueroient, et celles des citadelle et fort Saint-Jean? Est-il possible qu'en pareille occasion les troupes refusent leur secours? Pour moi, j'attends toujours la permission de m'y rendre, et je vous assure que je désire fort de pouvoir aller rendre des services que j'ose me flatter être certains par la décision avec laquelle je ferois exécuter ce que je croirois être utile et nécessaire[1].

(Original. Bibl. nat., fr. 8916, fol. 603.)

82. *Lebret à Villars.*

Aix, 10 septembre 1720.

La ligne autour de Marseille a été ma première idée, et, si nous avions eu ici un bataillon, je l'aurois mis autour et tout auprès de Marseille dès le premier jour, comme j'y ai mis les

---

1. Le Régent n'autorisa pas Villars à se rendre à Marseille.

trois compagnies du régiment de Brie dès qu'elles ont été arrivées ici, et une quatrième du régiment de Flandres; mais il est vrai que les passages sont bien difficiles à garder; cependant, comment faire?...

J'ai tant écrit à M. de Rancé [1], et les échevins l'ont tant supplié de les secourir, qu'il leur a donné cent forçats tout à la fois, mais encore quarante soldats pour les contenir, et les bas officiers des galères nécessaires pour les faire travailler. Les échevins ont partagé ces gens-là en quatre brigades, à la tête de chacune desquelles l'un d'eux s'est mis avec son chaperon [2], et ils ont déjà fait de grands enlèvements de cadavres, et l'on espère qu'aujourd'hui ou demain il n'y en aura plus dans les rues, ni dans les maisons.

(Original. Arch. de Vaux.)

83. *Du même au même.*

Aix, 12 septembre 1720.

J'ai l'honneur, Monseigneur, de vous adresser un paquet de M. le marquis de Pilles, auquel j'ai été obligé de faire mettre une seconde enveloppe, la première ayant été déchirée par le parfum ou le vinaigre. Sans doute, il vous rend compte de ce qui se passe à Marseille, que je crois à présent nette de cadavres. Il m'a fort recommandé ce paquet.

Ce gentilhomme-là est bien louable de s'être renfermé comme il l'a fait dans la ville de Marseille, où il s'est trouvé tout à coup environné de la plus insolente populace, sans avoir aucun moyen de la contenir [3].

(Minute. Bibl. nat., fr. 8916, fol. 657.)

1. Commandant des galères.
2. Nous avons donné ci-dessus, p. 14, le nom de ces vaillants échevins, qui se partagèrent le service, assistés du chevalier Roze et du bailli de Langeron.
3. Le marquis de Pilles parvint à réprimer l'émeute par le seul ascendant de son caractère; il se prodigua avec un dévouement sans bornes et tomba malade. Ce même 12 septembre, le bailli de Langeron, chef d'escadre, fut nommé commandant de la ville; il prit l'autorité suprême et l'exerça avec une telle intelligence, qu'en quelques jours il avait changé la face des choses. C'est le 14 septembre que le chevalier Roze fit enlever, par son exemple, l'effroyable charnier du bastion de la Tourette.

APPENDICE.

84. *Villars à Lebret.*

Villars, ce 20 [septembre 1720].

Je vois, Monsieur, par la lettre que vous me faites l'honneur de m'écrire, du 10, que la maladie diminue un peu à Marseille, et vois avec horreur la peine que l'on a eue à faire enterrer les morts, et je suis surpris que la peste ait pu un peu diminuer tant que les rues étoient pleines de corps morts.

Je vois que M. du Moustier[1] se distingue en bon citoyen; je vous prie de lui faire tenir ma lettre.

Je vous écris de ma main par la maladie de mon secrétaire. J'ai reçu une lettre de M. du Grou qui m'éclaircit sur tous mes doutes. Vous avez vu, par l'arrêt du 15, de quelle conséquence il est de n'être pas chargé de billets de 1,000 livres; je suis en peine de ceux que vous pouvez avoir. Je retourne à Paris dans trois jours, et j'ai toujours une grande impatience d'apprendre de vos nouvelles. Je vous prie de faire tenir les lettres ci-jointes à leurs adresses, et suis très parfaitement, Monsieur, etc.

Mes respects à Mme Lebret.

(Original autographe. Arch. Vogüé.)

85. *Du même au même.*

Paris, le 28 septembre 1720.

Il y a longtemps, Monsieur, que je n'ai reçu de vos lettres; celles que M. le maréchal de Villeroy vient de me montrer m'accablent de la plus vive douleur. J'y vois la continuation de la maladie, et qu'elle règne toujours avec la même fureur, qu'elle s'est même étendue aux Pennes. Voilà mes terres attaquées d'un côté et bien avoisinées de l'autre; c'est un fléau de Dieu bien cruel. Les lettres du 27, d'Aix, assurent toujours que cette ville n'est pas attaquée. Dieu vous conserve, Mme Lebret et notre grand archevêque, auquel je vous prie de faire bien des compliments de ma part.

(Original. Bibl. nat., fr. 8916, fol. 834.)

---

1. Tous les documents contemporains écrivent *Moustier*, et non du Moustier, le nom du dévoué échevin de Marseille.

86. *Du même au même.*

Villars, le 21 octobre 1720.

Vous croyez bien, Monsieur, que j'attends avec une extrême inquiétude et impatience vos premières lettres. J'apprends par les nouvelles publiques que le Parlement a quitté Aix, et l'on publie que cette ville est violemment attaquée de la peste ; vous ne m'avez mandé encore rien de précis, et je ne croirai rien que sur vos lettres. Cependant mon inquiétude est extrême et trouble fort la douceur de la vie de la campagne...

(Original. Bibl. nat., fr. 8917, fol. 212.)

87. *Du même au même.*

A Paris, le 4 novembre 1720.

M. l'abbé de Guintrandi, Monsieur, qui vous rendra cette lettre avec une de M. des Forts, porte le remède de Garus, que l'on prétend être très salutaire pour la contagion ; je voudrois bien que les malades en pussent retirer le même soulagement que j'en ai reçu, car il m'a donné, grâce à Dieu, une santé parfaite. J'attends toujours avec une grande impatience de vos nouvelles ; vous croyez bien qu'il n'y en a point qui me donnent une plus vive inquiétude.

(Original. Bibl. nat., fr. 8917, fol. 203.)

88. *Villars aux échevins de Marseille.*

A Paris, le 6 novembre 1720.

Je reçois, Messieurs, votre lettre du 22 octobre et j'y vois avec une grande consolation la diminution du mal et en même temps, avec une extrême peine, le désordre où vous vous trouvez par le manque d'espèces. J'ai déjà eu l'honneur d'en parler à S. A. R.; mais je vous avoue que la crainte où je suis que sa bonne volonté n'ait pas un aussi prompt effet qu'il seroit à désirer me porte à vous exhorter à chercher tous les moyens que vous pourrez imaginer. L'argent est si rare ici, que je puis vous assurer que, depuis plus de deux mois, je ne vis que d'emprunt et de crédit, à très haut prix pour le pain, le vin et la viande. Je ne sais ce que vous pourrez faire de vos billets ; j'en ai déjà parlé à

M. des Forts, qui m'a dit que l'on gardoit des rentes sur la ville, de celles qui sont au denier 40. C'est une espérance pour ne pas perdre vos billets; mais ce n'est rien moins qu'une commodité pour la subsistance. L'on m'assure que vous ne sauriez manquer de blés; mais il s'en faut bien que ce ne soit assez pour une ville accablée de maladie. S. A. R. est très satisfaite de votre conduite; je vous l'ai mandé, et même qu'Elle songeoit à des grâces pour vous. Je vous assure, Messieurs, que je n'entends pas parler de vos maux que je ne regrette de n'avoir pu aller moi-même travailler à les soulager. Je vous prie de m'écrire plus souvent. J'ai écrit à M. Moustiers, et n'ai pas reçu sa réponse. S. A. R., d'elle-même, m'a dit que le Sr Estelle, auquel on avoit voulu d'abord attribuer le commencement des malheurs, s'étoit bien justifié de cette fausse accusation et qu'il avoit fort bien servi, aussi bien que ses confrères. J'ai fait réponse à M. le marquis de Pilles sur ce qu'il m'avoit mandé au sujet de l'élection.

(Original. Arch. de Marseille.)

89. *Villars à Lebret.*

Paris, le 19 novembre 1720.

Je vois, Monsieur, avec une grande consolation, dans la lettre que vous me faites l'honneur de m'écrire du 5, que vous avez de meilleures nouvelles de Marseille; j'en ai reçu des lettres du 1er qui me marquent la même chose. Il seroit bien temps que cette malheureuse ville fût, enfin, délivrée de ce terrible fléau de Dieu. Il paroît que la ville d'Aix est toujours assez attaquée; pour de l'état où en est Lançon[1], je n'en ai aucune sorte de nouvelles; les échevins de Toulon me mandent qu'ils sont dans la dernière misère faute d'espèces. Il n'y a guère d'endroit dans le royaume où l'on ne soit dans le même cas; pour moi, depuis trois mois, mes gens font subsister ma maison, et l'on ne trouve d'argent qu'avec des usures si énormes, que l'on ne peut s'y résoudre.

J'ai été quelques jours assez vivement occupé d'une négociation, laquelle, grâce à Dieu, a réussi. Je voyois S. A. R. dont la bonté est comme engagée dans une dureté qui lui faisoit à elle-même beaucoup de peine[2]. J'étois véritablement pénétré de voir le Par-

---

1. Fief et village dépendant de la principauté de Martigues.
2. Il s'agit de la querelle entre la Cour et le Parlement exilé à Pontoise pour l'enregistrement des déclarations du roi sur la *Constitution*; sur le rôle de Villars, voy. ci-dessus, t. IV, p. 144 et suiv.

lement sur le point de sa ruine entière. S. A. R. n'a point désapprouvé la liberté que j'ai prise de lui parler avec la sincérité d'un bon serviteur, quoique je fusse peut-être moins aposté qu'un autre d'oser le faire. M. le cardinal de Noailles et M. le premier président ont désiré que j'assistasse à quelques conférences; l'un et l'autre avoient de très bonnes intentions de satisfaire S. A. R., et, grâce à Dieu, tout est accommodé; Elle a bien voulu me paroitre satisfaite de mon zèle, et j'ai trouvé dans cette occasion, comme dans plusieurs autres de ma vie, que qui veut procurer le bien et prévenir le mal ne doit craindre, surtout avec un bon prince, que de manquer de fermeté dans ses représentations.

M. le cardinal de Noailles et M. le premier président et le Parlement entier avoient les mêmes intentions, et, pour dire vrai, je n'ai eu d'autre mérite que de les bien faire connoître.

(Original. Bibl. nat., fr. 8917, fol. 390.)

90. *Du même au même.*

Paris, le 23 novembre 1720.

Je reçois, Monsieur, la lettre que vous me faites l'honneur de m'écrire du 9. Il est certain que les lettres arrivent peu régulièrement; l'on a cependant grande impatience de savoir bien précisément si la contagion diminue autant que l'on veut nous le faire espérer. Vous ne me parlez pas bien positivement sur Martigues : vous croyez bien que je suis fort inquiet du péril où je vois que cette ville est exposée. Je vous prie aussi de me mander ce que vous savez de Lançon : je n'apprends plus aucune nouvelle par M. du Grou; mais je vois dans des lettres de M. d'Escragnolle les démêlés qu'il y a entre MM. du Parlement demeurés à Aix et M. de Vauvenargues [1].

Je suis bien affligé de la mort de Mme de Ventabrain. C'était une des plus jolies dames d'Aix.

Je ne sais pas comment vous faites pour vivre où vous êtes; mais, pour moi, je vis d'emprunts depuis trois mois, non d'argent emprunté, car on ne trouve pas du tout à emprunter à Paris, mais le boucher, le boulanger et le marchand de vin me font crédit.

Le premier président dîna hier chez moi, avec plusieurs de son

[1]. Premier procureur du pays.

corps; ils me paroissent contents des services que j'ai essayé de leur rendre. S. A. R. me paroît aussi très satisfaite.

Comme je finissois cette lettre, Monsieur, j'en reçois une de M. de Caylus qui m'apprend que la peste est à Martigues : ce qui m'afflige fort. Je vous prie de vouloir bien donner à ces pauvres gens-là tous les secours qui dépendront de vous pour que ceux qui ne périroient pas de la maladie ne périssent pas de faim.

(Original. Bibl. nat., fr. 8917, fol. 420.)

91. *Villars à Lebret.*

Paris, le 30 novembre 1720.

Je dois vous informer, Monsieur, que, sur les diverses représentations de M. l'archevêque de Narbonne, de M. l'évêque de Saint-Pons et des députés des États de Languedoc au sujet du commerce qu'ils voudroient faire par le port de Cette pendant que celui de Marseille sera interdit par la peste, S. A. R. a ordonné qu'il y eût une conférence sur cela avec moi, et, M. l'archevêque de Narbonne ayant désiré que ce fût chez moi, ces Messieurs s'y trouvèrent hier. Je fis avertir les sieurs de Beaumont et Grégoire, députés du commerce. Il fut très exactement agité tout ce qui se pouvoit dire sur le *commodo* et *incommodo* des deux provinces; ces Messieurs assurèrent fort qu'ils se soumettroient à reprendre le commerce par Marseille dès que cela seroit possible. Pour moi, je dis qu'il me sembloit que nous débattions sur une chose que des intérêts plus importants devoient décider; que ça ne pouvoit être ni sur ceux de Marseille et de la Provence en particulier, bien que nos malheurs dussent exiger grande attention et même exciter la pitié de nos voisins, mais que ce seroit celui du royaume en général qui vouloit que le commerce du Levant ne fût fait que dans les ports où les quarantaines, les infirmeries et les bâtiments fussent bien établis; qu'après Marseille, il n'y auroit que le seul port de Toulon où tous ces établissements fussent assez solides pour tranquilliser le royaume; qu'il y avoit peu d'années que la peste ne parût aux infirmeries de Marseille, mais que, par l'exactitude, la vigilance et la bonté des infirmiers, le mal ne se communiquoit point; que, cette année même, il ne seroit pas sorti des infirmeries, si, par avoir ôté la franchise du port de Marseille, les pacotilles et contrebandes ne nous avoient amené ce fléau terrible; que nous ne voulions pas nous opposer aux avantages que nos voisins pouvoient retirer de nos malheurs;

que nous étions persuadés qu'ils n'en profiteroient qu'avec douleur, mais qu'il n'y avoit qu'à laisser décider ceux qui, étant neutres sur l'une et l'autre province, seroient uniquement guidés par le bien général de l'État. Voilà, Monsieur, ce qui s'est passé à cette conférence, où il n'a été rien décidé de part ni d'autre. Ces Messieurs ont grande envie d'établir le premier retour de leurs vaisseaux à Cette en s'engageant que ce ne sera que pendant le temps que Marseille ne pourra les recevoir, et nos gens craignent que, une fois cet établissement fait, malgré les paroles données, ils ne voulussent le continuer. Je n'ai point reçu de vos nouvelles depuis quelques jours : ce qui m'inquiète d'autant plus qu'il y a des lettres ici qui disent que la peste s'étoit un peu renouvelée à Marseille.

(Original. Bibl. nat., fr. 8917, fol. 477.)

92. *Du même au même.*

Paris, le 3 décembre 1720.

M. Le Blanc m'a envoyé, Monsieur, la lettre que vous me faites l'honneur de m'écrire du 25, par laquelle je vois que le mal n'est pas bien violent à Martigues; mais, dès qu'il y en a, qui peut répondre que cela n'augmente pas terriblement d'un moment à l'autre? et c'en est toujours assez pour être privée du commerce. J'espère bien que, par votre moyen, cette malheureuse ville ne le sera pas des secours nécessaires : Aix me paroit maltraitée, puisque, dans un jour, on a compté cinquante-six morts, et que les infirmeries sont aussi remplies.

Je vous ai mandé notre conférence avec M. l'archevêque de Narbonne, M. de Saint-Pons et le syndic des États de Languedoc; je n'ai pas douté que l'intérêt général ne l'emportât sur les particuliers, et qu'il ne fût décidé que le port de Toulon fût seul destiné au commerce pendant les malheurs de Marseille; l'arrêt, pour cela, a été signé.

(Original. Bibl. nat., fr. 8917, fol. 515. — Minute autogr. Arch. de Vaux.)

93. *Villars aux consuls de Martigues.*

11 décembre 1720.

J'ai reçu seulement depuis deux jours, Messieurs, les lettres que vous m'écriviez des 17 et 18, dans lesquelles je vois avec beaucoup de peine que vous êtes fort attaqués de la cruelle maladie de Provence. M. de Caylus et M. Lebret me mandent qu'ils vous procurent tous les secours qui peuvent dépendre d'eux, et qu'ils auront une particulière attention à ce qui vous regarde. Je leur en avois déjà écrit. Quant à moi, je suis aux emprunts depuis trois mois pour faire subsister ma maison : sans quoi j'aurois été obligé de vendre mes meubles, bien que je puisse dire qu'il y a peu de gens dans le royaume dont les affaires soient dans le meilleur ordre. Je vous exhorte à l'union. J'ai représenté votre état à S. A. R., et vous pouvez compter que vous ne serez pas abandonnés. (Minute. Arch. de Vaux.)

94. *Villars aux échevins de Marseille.*

Paris, le 12 décembre 1720.

Je reçois, Messieurs, votre lettre du 23 novembre. J'ai eu l'honneur de rendre compte à S. A. R., dans le dernier conseil des dépêches, où elle me permet d'assister, de la continuation de vos soins pour achever de détruire le mal qui a si fort accablé notre chère ville de Marseille. Elle est très satisfaite de votre conduite, et, dès que le mal sera entièrement cessé, M. le marquis de Pilles, Messieurs les échevins et l'archivaire[1] recevront des marques de son estime. Elle est bien disposée à vous donner tous les secours possibles. Les plus nécessaires seroient d'argent; mais il est bien rare, et, pour moi, si, par un grand bonheur, je n'avois trouvé de l'argent à emprunter, il falloit vendre mes meubles pour payer les marchands qui ne pouvoient plus faire crédit. Si un homme dont les affaires sont aussi bonnes est réduit en cet état, que doit-on penser des autres? S. A. R. ordonne que les deux consuls qui devoient sortir de charge y restent jusques à nouvel ordre. Elle sait bien qu'il n'est pas possible de faire une élection, et l'on avoit proposé que le Roi en nommât deux. Mais S. A. R. a trouvé plus convenable de laisser tout *in statu quo*. Soyez bien persuadés de l'intérêt très tendre que je prends à tout ce qui vous regarde et de l'extrême envie que j'ai de vous procurer tous les secours qui seront en mon pouvoir.

(Original. Arch. de Marseille. — Minute autographe. Arch. de Vaux.)

95. *Villars à Lebret.*

Paris, 16 décembre 1720.

Je vois, Monsieur, par la lettre que vous me faites l'honneur de

---

1. L'avocat Capus.

m'écrire le premier, ce que vous faites pour assurer des subsistances à notre malheureuse Provence. Aix va mal, Marseille beaucoup mieux ; vous ne me dites pas un mot de Martigues dont je suis fort en peine ; pour Lançon, je vois que tout y a fini ; je vous prie, cependant, de me dire en quel état est ma pauvre ville de Martigues.

Law va à Effiat, et, tous les jours, on apprend de nouveaux désordres causés par cet homme envoyé du diable[1] pour séduire le meilleur prince du monde; c'est bien à lui à qui nous devons la peste de Provence pour avoir ôté la franchise du port de Marseille pendant quelques jours, car S. A. R. la rendit dès que je lui représentai les premiers malheurs.

(Original. Bibl. nat., fr. 8917, fol. 286. — Minute autogr. Arch. de Vaux.)

96. Du même au même.

Villars, ce 15 avril 1721.

Je reçois, Monsieur, avec une grande satisfaction la lettre que vous me faites l'honneur de m'écrire du 1er avril. Il y avoit longtemps que je n'en avois reçu d'aussi consolante. Dieu veuille que les premières continuent dans un style aussi agréable. Je vous rends mille grâces des soins que vous voulez bien prendre de mes pauvres terres. Nous sommes ici en très bonne compagnie; M. le Premier Président y est, avec toute sa famille et plusieurs Messieurs du Parlement, lesquels je retiendrai le plus longtemps que je pourrai.....

(Original. Bibl. nat., fr. 8918.)

97. Du même au même.

Paris, le 8 novembre 1721.

M. le marquis de Brancas[2] part après-demain ; il dîna hier ici avec toute sa famille ; il compte d'être à Lyon en peu de jours, car il va en poste, et de se rendre incessamment à Aix. S. A. R. m'avoit dit, il y a quelque temps, qu'elle vouloit que l'élection des échevins de Marseille se fît à l'ordinaire ; après cela, elle

---

1. Villars fut toujours ouvertement opposé à Law et à son *système*; son opposition contribua à la disgrâce finale du financier.
2. Nommé commandant à Marseille en remplacement du bailli de Langeron, qui quitta la ville le 29 novembre.

jugea à propos de la remettre jusqu'à l'arrivée de M. de Brancas, et les ordres lui en avoient été donnés, avec tout ce qui regarde l'assemblée des États ; je l'ai prié d'envoyer incessamment à Marseille celui qui regarde les échevins, afin que leur élection se puisse faire dans le courant de cette année. S. A. R. a accordé des grâces considérables à M. le marquis de Pilles et à M. de Vauvenargues ; il étoit bien juste que le premier fût dédommagé du commandement de Marseille qui lui avoit été ôté, ayant été donné à M. le bailli de Langeron. Pour toutes les autres grâces qu'elle a destinées, elle attend encore des connoissances plus exactes, et elle m'a fait l'honneur de me dire qu'elle en délibéreroit avec moi. Je vous serai très obligé de me mander tous ceux que vous en croyez les plus dignes, les noms seulement, et leurs familles.

(Original. Bibl. nat., fr. 8959, n° 35.)

98. *Villars à Lebret.*

Paris, le 25 avril 1722.

Je crois, Monsieur, devoir joindre à cette lettre celle que je reçois du Sr Régis, viguier d'Istres[1], qui m'informe d'un procès d'entre les gens de la marine de Martigues et les propriétaires de bourdigues de ladite ville, au sujet du peu de profondeur de la mer et des canaux, et de la difficulté qu'il y a d'y faire aborder les bâtiments. Le Parlement, selon ce que m'écrit le Sr Régis, l'a nommé pour la visite des lieux, et il me paroît, comme il l'observe aussi par la même lettre, que l'entretien des eaux nécessaires et suffisantes pour la marine au Martigues intéresse non seulement les propriétaires des bourdigues, mais encore toute la communauté du Martigues, la province, et l'État même, par les sels que l'on tire de Berre et par l'utilité du commerce qui se fait au Martigues et le grand nombre de matelots qui s'y forment et s'y établissent. Aussi la province et le Roi même devroient, ce me semble, entrer dans les dépenses aussi considérables que celles qu'il convient de faire pour le quartier de la Marine au Martigues ; c'est pourquoi je crois qu'il seroit à propos de [faire] prendre sur cela, par la province, quelque délibération, ou de faire quelque représentation au Roi sur cette dépense.

Comme vous êtes, Monsieur, plus instruit que moi sur cette affaire, ne pourriez-vous pas proposer ces difficultés, et ne trouve-

1. Petite ville de la Camargue dépendant de Martigues.

riez-vous pas à propos d'intéresser le Roi ou la Provence dans une pareille affaire avec d'autant plus de raison, comme le marque M. Régis, que les bâtiments sont beaucoup plus grands qu'ils n'étoient lors du règlement de 1627, qui charge les propriétaires des bourdigues de l'entretien des eaux et des canaux? Je crois que, si cette affaire vous paroît aussi importante qu'on me le fait entendre, vous voudrez bien vous y intéresser pour le soulagement du pays et la facilité d'un commerce si utile au public, et qui priveroit de leurs revenus tous les propriétaires des terres qui environnent la mer du Martigues.

(Original. Bibl. nat., fr. 8921, fol. 603.)

99. *Du même au même.*

Paris, le 26 juin 1722.

Je reçois, Monsieur, les lettres que vous m'avez fait l'honneur de m'écrire les 8 et 13 de ce mois, lesquelles me font véritablement espérer que la maladie de Marseille n'aura pas de suite; mais cette ville malheureuse aura bien de la peine à se relever du tort considérable que le renouvellement du mal lui causera[1]. Si les exemples de Lyon que vous me citez, de l'année 1628, qui durèrent jusqu'en 1638, pouvoient être regardés comme capables de donner la même crainte pour Marseille, nous serions perdus : il faut une cessation entière du mal pour redonner la confiance, et le renouvellement de celui-ci a donné occasion à un grand dégoût que l'on donne à M. le marquis de Brancas et à M. le marquis de Pilles, qui ne le méritoient point.

M. de Langeron m'a écrit avant son départ, pour recevoir mes ordres, et je ne doute point qu'il soit à ceux de M. de Brancas; cependant les lettres de MM. les secrétaires d'État laissent un doute fort pénible à un homme comme M. de Brancas, aux intérêts duquel je prendrai toujours beaucoup de part. Un voyage que j'ai fait à Versailles m'a empêché de vous répondre plus tôt.

(Original. Bibl. nat., fr. 8922, fol. 182.)

1. Le 4 mai, il y avait eu à Marseille une panique occasionnée par de nouvelles craintes de peste. Malgré le dévouement de Pilles et le don de toute sa vaisselle d'argent, l'opinion publique avait réclamé le retour de Langeron. Le conseil des ministres crut devoir lui rendre provisoirement le commandement de la ville. Pilles se retira le 27 juin dans les îles, dont il était gouverneur, et Langeron resta à Marseille jusqu'au 4 septembre. La maladie n'eut pas de suites.

100. *Du même au même.*

Rouen, le 14 juillet 1722.

Je reçois ici, Monsieur, la lettre que vous m'avez fait l'honneur de m'écrire le 30 du mois passé; par ce qu'elle contient et tout ce que l'on me mande de Marseille, il n'y a plus à douter que la maladie n'y soit entièrement finie. Je souhaite passionément que les nouvelles favorables que je reçois de cette ville et de tout le reste de la province puissent se confirmer de plus en plus.

Je ferai en cette ville un plus long séjour que je ne m'étois proposé, puisque l'on m'y retient en quelque sorte malgré moi. Ce sont des fêtes continuelles, de très grands et très magnifiques repas, et, assurément, j'ai bien lieu de me louer de la politesse et des attentions obligeantes de cette ville, d'où je compte cependant partir jeudi prochain[1].

(Original. Bibl. nat., fr. 8922, fol. 363.)

101. *Du même au même.*

Galleville[2], le 21 juillet 1722.

Je vois, Monsieur, par la lettre que vous me faites l'honneur de m'écrire, du 6 de ce mois, que vous comptez Marseille totalement délivré de la peste; mais, si, pour en convaincre, il falloit qu'il ne mourût plus personne, notre province ne seroit pas assez grande pour contenir tous ceux qui voudroient l'habiter. Pour moi, je vous avoue que je n'en sortirois jamais, puisqu'entre plusieurs malheurs dont la vie est mêlée, celui de mourir me paroît quasi le plus fâcheux.

Si vous avez trouvé le moyen d'accommoder le démêlé des échevins et du bureau du vin, Dieu soit loué; car, pour moi, j'aime fort, en cette occasion, besogne faite.

M. le bailli de Langeron me rend un compte fort exact de l'état actuel de la ville de Marseille : il me parle d'une désinfection générale; mais il compte que la Cour en fera la dépense, et ce seroit fort juste.

Je pars dans ce moment pour retourner à Versailles après avoir fait un très court séjour dans mes terres, dans lesquelles l'œil du maître est toujours nécessaire.

(Original. Bibl. nat., fr. 8922, fol. 456.)

1. Sur ce voyage en Normandie, voy. ci-dessus, t. IV, p. 231.
2. Terre de Normandie appartenant à la maréchale de Villars.

102. *Villars aux échevins de Marseille.*

Paris, le 3 octobre 1722.

J'ai reçu, Messieurs, — au retour de ma campagne à Versailles, où le Roi m'avoit ordonné de me rendre pour voir son siège, et même fait réitérer ses ordres sur ce que je ne m'y rendois pas assez promptement, — la lettre que vous m'écriviez sur la nécessité d'ôter les franchises qui empêchent de choisir les meilleurs sujets pour l'échevinat. Je crois même vous avoir déjà mandé que Son Altesse Royale et M. le cardinal Dubois, premier ministre, auquel j'ai donné un mémoire à ce sujet, avoient trouvé la proposition très convenable au bien du service; ainsi, je ne doute pas qu'il n'y ait incessamment un arrêt sur cela[1]. Mais j'apprends seulement aujourd'hui ici, à mon retour de Versailles, que M. le bailli de Langeron a proposé de ne pas faire d'élection dans le temps ordinaire; comme il m'écrit très souvent pour m'informer de l'état de votre ville, je lui fais un petit reproche sur ce qu'il n'a pas voulu prendre la peine de lire le règlement de 1717, dans lequel il auroit trouvé que c'est au gouverneur à proposer au Roi les échevins, et qu'ainsi c'est à moi qu'il devoit adresser la proposition pour avoir l'honneur de la porter au Roi et à S. A. R. et avoir leur agrément sur cela. Les malheurs de votre ville ont produit des dérangements.

Conduisez-vous toujours avec le zèle que vous devez au Roi, à votre patrie et la soumission à ceux que S. M. a nommés pour vous gouverner sous mon autorité et en mon absence; il faut toujours mériter les bontés du Roi et de S. A. R. par une grande soumission.

Croyez que vos intérêts me sont très chers et que je ne les oublierai dans aucun temps ni dans aucune occasion. Le principal consiste dans le plus prompt rétablissement du commerce; c'est à quoi je vais travailler vivement. J'en parlerai fortement à M. le premier ministre, et j'ai lieu de croire, par son esprit d'équité et par toutes les honnêtetés qu'il a pour moi, que j'en obtiendrai tout ce qui sera juste et raisonnable.

(Original. Arch. de Marseille.)

---

1. L'édit modifiant le règlement de 1717 ne fut rendu qu'en 1724. Voy. ci-dessus, p. 12.

103. *Du même aux mêmes.*

Paris, le 16 janvier 1723.

J'ai reçu, Messieurs, une très grande lettre de MM. du Chapitre de la cathédrale de Marseille. Il est certain que M. l'archevêque d'Aix, qui a été longtemps évêque de Marseille, et M. l'évêque de Marseille, arrivé depuis peu de jours, m'ont tous dit que ce n'étoit que depuis quelques années que l'on offroit de l'eau bénite à M. le lieutenant général de la province; que feu M. de Grignan, après qu'elle lui avoit été présentée, en donnoit de son doigt mouillé à MM. les échevins. Je suis persuadé que si M. le bailli de Langeron avoit eu connoissance de cet usage, il auroit fait cette petite libéralité, tant par sa politesse naturelle que parce qu'il ne faut pas être avare des bénédictions de Dieu; je vois qu'une suite de cette nature vous porte à ne pas aller à la cathédrale les jours de fêtes solennelles suivant la coutume. Pour moi, je mande à MM. du Chapitre que j'aime la paix, que je l'approuverai, autant qu'il sera en mon pouvoir, dans tous les lieux où la bonté du Roi me donnera quelque autorité. Aussi, j'ai exhorté MM. du Chapitre à n'être occupés que de la joie d'être délivrés des malheurs qui vous ont accablés pendant plusieurs années.

Vous rentrez en commerce avec toute l'Europe, n'en voulez-vous pas avoir avec vos concitoyens? Il faut que MM. du Chapitre aillent dîner chez vous, mais comme il est juste que ce soit après la messe, que vous l'alliez entendre chez eux et puis boire à la santé du Roi, de M. le Régent, de votre saint évêque et, si vous voulez, celle de votre gouverneur, qui fera toujours son premier bonheur de contribuer au vôtre.

(Original. Arch. de Marseille.)

104. *Du même aux mêmes.*

Paris, le 22 juin 1723.

Vous devez être bien assurés, Messieurs, que je ne perdrai aucune occasion de rendre à notre chère ville de Marseille tous les services qui dépendront de moi. Depuis mes dernières lettres, la quarantaine pour laquelle M. le bailli de Langeron m'avoit écrit a été; je lus sa lettre à M. le cardinal premier ministre le moment d'après que je l'ai reçue.

A l'égard de M. le marquis de Pilles, je n'ai pas de rancune

GOUVERNEMENT DE PROVENCE.

sur la faute qu'il a faite de partir sans prendre congé de moi. Sur les titres que vous lui donnez de « gouverneur viguier faisant les fonctions de gouverneur en absence », il me semble que le titre de gouverneur ne se peut donner à qui ne l'est pas. Pour moi, j'ai voulu avoir ce gouvernement, que j'avois déjà dans mes patentes, pour qu'il n'y eût personne entre vous et moi, uniquement pour votre intérêt, car ce n'en est pas un pour moi de donner 180,000 livres en liquidation qui m'ont coûté 40,000 livres en argent, pour avoir un gouvernement déjà mentionné dans mes patentes, et, si j'y avois songé plus tôt, Marseille n'auroit pas été compris dans la liste des gouvernements qui devoient être vendus, puisque j'en ai fait ôter d'autres.

Mandez-moi toujours ce que vous trouverez nécessaire que je sache pour mes intérêts.

(Original. Arch. de Marseille.)

105. *Villars à Lebret.*

Versailles, le 7 décembre 1724.

Vous trouverez ci-joint, Monsieur, une lettre que je reçois du Sr Alphanty, et je crois vous devoir envoyer la réponse que je lui fais, aussi bien que la copie de la lettre que j'écris au Sr Capus. Vous verrez mes sentiments sur ce qui regarde le commerce, et je vous prie de vouloir bien me mander les vôtres ; je voudrois fort que notre chère ville de Marseille pût prendre un peu de l'esprit de ces villes de Hollande qui se sont rendues si puissantes par le commerce ; mais l'esprit provençal pourroit bien tenir un peu plus du soleil, ainsi que celui de la Hollande a le flegme du nord et des marais.

Vous, Monsieur, dont le flegme peut rectifier l'ardeur de nos esprits, je vous exhorte à mettre le vôtre à seconder mes bonnes intentions pour faire fleurir le commerce.

J'ai recommandé et ordonné à MM. les échevins de défendre dans Marseille tout jeu de bassette, pharaon, biribi et roulette ; je vous supplie de vouloir bien conformer vos ordres aux miens sur cela, rien n'étant si pernicieux pour une ville de commerce que ce qui contribue à débaucher la jeunesse ; la musique, l'opéra, la comédie et tout spectacle tant qu'ils voudront ; je leur enverrai même, s'ils le veulent, des danseurs de corde et des marionnettes, mais à la condition que vous n'en manquerez pas un spectacle ; je sais que vous aimez passionnément ce dernier.

Je vois, par la dernière lettre que vous me faites l'honneur de m'écrire, qu'il y a toujours des gens qui veulent mettre le nez dans mes domaines d'Arles[1], tantôt par un endroit et tantôt par l'autre; si je peux les découvrir, je vous assure que je leur déclare une guerre mortelle et d'autant plus juste que Dieu permet de défendre son bien.

(Original. Bibl. nat., fr. 8928, fol. 387.)

106. *Villars à M. Alphanty, premier échevin de la ville de Marseille.*

Versailles, le 7 décembre 1724.

Je reçois, Monsieur, votre lettre du 22 du mois dernier. Je mande au Sr Capus de lire dans votre assemblée celle que je lui écris aujourd'hui; elle vous fera voir que je mande à MM. les échevins qu'ils doivent avoir grande attention à marquer une sorte de considération à ceux qui, ayant eu ou possédant actuellement des charges qui anoblissent, sont élus échevins; comme aussi les nobles ne doivent être occupés que du bien public dans le temps qu'ils sont en exercice. Votre ville est située le plus heureusement qu'il soit possible pour faire fleurir le commerce et pour devenir une des plus puissantes de l'Europe si tout ce qu'il y a de personnes de considération qui la composent sont attentives, comme elles doivent être, à leurs premiers intérêts.

Je me fais un devoir et un honneur de contribuer de tout mon pouvoir à vos avantages; l'on peut compter sur une protection entière de ma part lorsque l'on se conduira bien; mais, si vous préférez de petits intérêts particuliers ou de fausses vanités au bien public, je ne me mêlerai plus de vos affaires. Entrez dans mes sentiments et considérez que, lorsque vous êtes chargés de l'administration publique, ce doit être votre unique soin. Réglez-vous un peu sur la conduite de ces villes de Hollande; le commerce ne déroge pas à Marseille, ne songez qu'à commercer, surtout dans l'année où vous êtes les premiers de la ville.

(Original. Bibl. nat., fr. 8928, fol. 383.)

107. *Villars à Lebret.*

Fontainebleau, le 18 octobre 1724.

Je vous rends mille grâces, Monsieur, des bons éclaircisse-

---

1. Domaines que Villars avait achetés à la ville d'Arles le 22 avril 1720, pour la somme de 730,000 livres.

ments que vous me donnez par la lettre que vous m'avez fait l'honneur de m'écrire, le 2 de ce mois, au sujet des entreprises que l'on vouloit faire sur mon bien ; elles n'ont pas été bien loin, mais je vous avoue que, si ces donneurs d'avis viennent de votre pays, je n'oublierai rien pour leur marquer ma reconnoissance de leur bonne volonté, et, à la vérité, ils la méritent ; des fripons qui veulent s'appuyer du crédit de Mme la Duchesse pour avoir quoi? mon bien, et un bien qui m'a coûté assez cher[1]! Quoi qu'il en soit, j'espérois bien qu'il ne falloit qu'éclaircir la chose pour être tranquille, surtout M. le Duc tenant le timon de l'État, lequel, assurément, ne souffrira aucune injustice de gens qu'il connoîtroit le moins.

J'ai reçu une lettre des échevins de Marseille qui me mandent que des secrétaires du Roi, qui ont négocié toute leur vie, leur avoient signifié des actes par lesquels ils renoncent au commerce pour s'exempter d'être élus échevins ; ils seront contents de la réponse que je leur fais sur cela. Je crois rendre un grand service à l'État quand je fais tout ce qui est en mon pouvoir pour que la ville de Marseille devienne, dans la suite des temps, une des plus riches et des plus florissantes pour le commerce ; et, dans cet esprit, je suis indigné contre les citoyens qui, bien loin de se trouver honorés de l'administration de leur patrie, cherchent, par une lâche et honteuse paresse, à ne se mêler en rien au bien public ; je les punirois si j'en avois l'autorité.

Je leur cite l'exemple de ceux que j'ai vus dans le Briançonnois : des commerçants très riches, ayant de grands biens dans les grosses villes d'Italie, se faire honneur de venir exercer l'année de leur consulat dans un petit village et quitter, pendant ce temps-là, de très riches habitations pour manger du pain de six mois ; nos secrétaires du Roi de Marseille sont bien éloignés de ces maximes d'honneur et de vertu. Mandez-leur un peu ce que vous pensez sur cela et que vous ne protégerez pas leur pusillanimité.

(Original. Bibl. nat., fr. 8928.)

108. *Du même au même.*

Versailles, 4 mars 1725.

M. de la Vrillière, Monsieur, eut l'honneur de présenter hier au

---

1. Il s'agissait d'atterrissements du Rhône, dont certains habitants d'Arles vouloient s'emparer au détriment de Villars, qui, comme riverain du fleuve, s'en prétendait le propriétaire.

Roi, dans son conseil, trois modèles de façades pour la place Royale de Marseille[1]; M. le Duc fut de sentiment que l'on sût de MM. de Marseille celui dont le prix et la construction leur seroient le plus convenables. Puisque ce sont eux qui font la dépense, il est bien juste de les consulter. L'on vous écrit dans ce sens-là et on vous demande une prompte réponse, parce qu'il n'y a pas de temps à perdre à faire travailler, et je vous exhorterai même, quand l'ouvrage sera commencé, d'en presser la construction, la ville de Marseille étant remplie de gens assez puissants pour que ceux qui achèteront les places puissent y faire bâtir sans perte de temps. Pour moi, j'aurois pensé qu'une galerie voûtée, ressemblant à celle de la place Royale de Paris, et qui permette de communiquer à couvert de la pluie et des ardeurs du soleil, conviendroit fort à une ville de commerce comme Marseille, et je sais que l'on s'est fort repenti de n'avoir pas suivi le premier projet pour la place de Vendôme.

(Original. Bibl. nat., fr. 8929, fol. 205.)

109. *Villars à Lebret.*

Versailles, le 7 mai 1725.

M. Fagon m'apporta hier, Monsieur, la minute de la lettre que M. le Contrôleur général doit vous écrire sur le canal de Villars[2]. Comme, dans celle qu'il m'a apportée de vous à M. le Contrôleur général, vous paroissez incertain du succès et que, dans cette incertitude, vous pencheriez à laisser l'ouvrage tel qu'il est, sans s'arrêter ni à la pensée des ingénieurs ni aux objections des *Remarques,* il me paroît bien important de faire attention si l'on se peut passer dudit canal; l'unique raison qui m'avoit porté à en décider l'entreprise a été les assurances que l'on m'a données que le commerce du cours du Rhône étoit non seulement rempli d'une infinité d'obstacles, mais que l'on le prévoyoit même impossible dans la suite. A ces assurances, si elles sont fondées, il n'y a point de réplique, puisqu'il faut absolument que la France ait un commerce navigable avec la Méditerranée.

Il n'est plus question que d'examiner si l'on peut se servir du Rhône, puisque, si cela n'est pas possible, il faut le canal; le dernier point supposé, il faut éviter les dépenses inutiles. M. d'Asfeldt, qui est dans ma chambre, m'assure que le Sr de Senès est,

1. Aucun de ces projets ne fut exécuté.
2. Voy. ci-dessus, p. 22.

non seulement un honnête homme, mais un des plus forts ingénieurs qu'il y ait dans les fortifications et que l'on peut se fier à lui.

Voilà, Monsieur, tout ce que je puis vous dire sur la présente affaire, me rapportant à vous de tout le reste, ainsi que j'ai assuré M. le Contrôleur général que l'on pouvoit le faire sur tout.

(Original. Bibl. nat., fr. 8929, fol. 211.)

110. *Du même au même.*

Versailles, 28 mai 1725.

... Le Roi déclara hier son mariage avec la princesse de Pologne, et je vous assure que l'on ne peut être plus gai ni désirer plus vivement l'arrivée de la princesse ; il nous a promis que, dix mois après son mariage, il seroit père...

(Original. Bibl. nat., fr. 8929, fol. 361.)

111. *Du même au même.*

Paris, 9 septembre 1725.

J'aurois fort désiré, Monsieur, que l'on eût pu vous donner les secours que vous demandez pour faire un magasin de blé ; l'extrémité où est Paris nous fait bien voir qu'il ne faut jamais négliger cette précaution ni s'exposer aux transes où nous sommes depuis quinze jours[1] ; mais je ne veux remplir ma lettre que des réjouissances de la Cour[2]. La nuit du 5 au 6 a été pour notre jeune Roi une des plus glorieuses, et vous pouvez compter que les cadets d'Aix les plus estimés ne se sont jamais signalés par de plus beaux faits ni en vérité si surprenants ; celle du 6 au 7 a été à peu près égale. Le Roi, comme vous croyez bien, est fort content de lui et de la Reine, laquelle, en vérité, est, avec raison, bien Reine de toutes les façons : un esprit de discernement, de bonté, de la dignité, avec beaucoup de politesse ; je vous prie de faire part de tout cela à M. l'archevêque...

(Original. Bibl. nat., fr. 8929, fol. 511.)

---

1. Voy. ci-dessus, t. IV, p. 334, le récit de la disette de Paris et des émeutes qu'elle causa.
2. La reine Marie Leczinska, mariée par procuration à Strasbourg le 15 août, était arrivée à Fontainebleau, où était le roi, le 5 septembre.

112. *Du même au même.*

Villars, le 8 octobre 1726.

Je reçois, Monsieur, la lettre que vous m'avez fait l'honneur de m'écrire le 29 du mois dernier. Vous avez bien fait d'envoyer le Sr de Carros en prison en attendant les ordres de la Cour ; il est certain que, si les plaintes portées contre lui sont bien fondées, il sera traité avec la sévérité qu'il mérite.

Je revins de Fontainebleau avant-hier, et j'y retournerai ce soir pour les conseils de ce jour et de demain ; je laisse ici Mlle de Clermont avec plusieurs dames et la compagnie la plus brillante de la Cour : MM. de la Trémouille, de Luxembourg, de Retz, d'Olonne et grand nombre d'autres[1]. Je leur ai fait dresser un théâtre, et ils jouent des comédies tous les jours ; je suis bien fâché de perdre celles d'aujourd'hui et de demain, mais il faut aller à son devoir.

(Original. Bibl. nat., fr. 8931, fol. 157.)

113. *Villars aux échevins de Marseille.*

Versailles, le 13 juillet 1727.

J'apprends, Messieurs, par votre lettre du 6 de ce mois que l'on vous a demandé la permission de représenter dans votre ville une comédie qui attaquoit l'Académie des belles-lettres de Marseille et que vous l'avez refusée.

Je dois vous dire, Messieurs, que, lorsqu'un nombre de personnes très estimables a songé à former dans Marseille une Académie des belles-lettres, l'on s'est adressé à moi pour obtenir de Sa Majesté les patentes nécessaires.

J'ai été moins touché du désir de voir mon nom dans quelques discours que de celui d'illustrer votre ville par un tel établissement, persuadé qu'elle en étoit plus susceptible qu'aucune autre de l'Europe par l'esprit naturel à ses concitoyens et pour y avoir vu fleurir les lettres dans son antiquité la plus éloignée et la plus respectable.

Les intérêts de votre ville, en tout genre, me donnent une très vive attention. J'ai vu avec douleur dans cette ville, aussi heureusement située pour voir fleurir le commerce, que l'adminis-

---

1. Voy. ci-dessus, t. V, p. 31.

tration des affaires publiques paroissoit pénible aux gens les plus considérables. L'envie, honteuse à des gens de mérite, de n'en être pas chargés, les obligeoit à désirer même ce que l'on appelle le bassin de quêteur pour s'en garantir.

Je ne crois pas m'être trompé quand j'ai pensé que jamais une ville ne pouvoit être heureuse que lorsque les plus honnêtes gens étoient occupés de son bonheur. Ce doit être la première gloire de tout citoyen. Elle est aussi intéressée à voir fleurir les belles lettres, et, quand votre nouvelle Académie est attaquée, il est de votre dignité non seulement de la soutenir, mais de faire honte à ses ennemis par une réprimande qu'ils ont bien méritée. Pour ces Messieurs, je crois qu'ils méprisent ces misérables traits de l'envie.

L'Académie des belles-lettres, à Paris, où est entré tout ce que le dernièr siècle a produit d'esprits sublimes par la poésie et l'éloquence, plus fameux, peut-être, en cela, que celui d'Auguste, cette Académie est souvent attaquée et ne s'en embarrasse pas. Je suis persuadé que vous vous ferez toujours un plaisir de rendre à celle de Marseille tous les services qui seront en votre pouvoir.

(Original. Arch. de Marseille.)

L'Académie de Marseille avait été fondée, comme nous l'avons dit ci-dessus (p. 16), par lettres patentes d'août 1726, obtenues du roi par l'intervention de Villars. Un des articles du règlement obligeait l'Académie à adresser chaque année à l'Académie française, sa patronne, le jour de la Saint-Louis, un morceau d'éloquence ou de poésie. Le premier envoi, un *Discours sur les inconvénients de l'imitation*, par M. Olivier, fut jugé médiocre et retourné à Marseille pour être corrigé ; on se plaignit de ce procédé au protecteur de l'Académie, qui, légèrement embarrassé, répondit par la lettre suivante :

114. *Villars à Messieurs de l'Académie des belles-lettres de Marseille.*

Paris, 2 octobre 1727.

Les affaires des savants me touchent moins que les marques de confiance que vous voulez bien me donner, et votre réputation, je vous l'assure, m'est beaucoup plus chère que les triomphes que je pourrois remporter moi-même ; mais, quoi que l'on dise contre vous, croyez que je n'en croirai jamais rien sur parole, parce que je vous estime trop pour qu'on me puisse persuader sur les choses que mon cœur n'auroit pas consenties ; j'ai trouvé votre discours fort bon, autant que j'en puis juger, et les formes qu'on lui reproche me paroissent bien susceptibles d'être défendues ; ainsi, ne vous affligez pas tant de cette affaire, car, en vérité, elle ne vous rend ni moins estimables ni moins dignes de toute mon affection.

(Registres de l'Académie de Marseille. — Lautard, *Hist. de l'Académie de Marseille*, t. I, p. 84.)

Une violente satire contre l'Académie circula en même temps à Marseille. Villars, informé, requit avec indignation l'intervention des échevins, qui réussirent à découvrir l'auteur, nommé Decugis, l'imprimeur, nommé Mallart, et à détruire l'édition avant qu'elle eût été distribuée.

115. *Villars aux échevins de Marseille.*

Versailles, le 7 août 1727.

M. de Francine m'a écrit, Messieurs, et m'assure qu'un opéra est fort désiré dans votre ville ; je lui ai dit que je savois que les opéras y avoient péri plusieurs fois, même avant qu'il y eût une Académie de musique, laquelle est présentement très florissante, et, par conséquent, que je voyois peu d'apparence qu'un opéra pût s'y soutenir ; comme je ne désire que la satisfaction de votre ville, vous me ferez plaisir de me mander ce que vous pensez sur cela.

(Original. Arch. de Marseille.)

116. *Du même aux mêmes.*

Fontainebleau, le 24 septembre 1727.

J'avois attendu, Messieurs, avant de rien décider sur l'opéra ou la comédie que vous m'ayez fait connoître lequel des deux spectacles seroit plus agréable à la ville de Marseille, et, sur ce que j'ai appris par votre lettre du 9 de ce mois, que l'opéra y convenoit davantage, j'ai fait expédier la patente nécessaire pour autoriser le Sr Lafond à s'y rétablir. Vous pouvez compter, Messieurs, que mon premier objet sera toujours de contribuer, en ce qui sera en mon pouvoir, à tout ce qui pourra vous être utile ou agréable.

(Original. Arch. de Marseille.)

117. *Du même aux mêmes.*

Fontainebleau, le 24 octobre 1727.

J'apprends, Messieurs, par votre lettre du 13 de ce mois, qu'une troupe de comédiens qui est à Marseille veut continuer d'y représenter au préjudice de l'opéra, auquel j'ai donné une patente qui l'autorise à s'y établir. Plusieurs personnes considérables de votre ville m'ayant écrit en faveur dudit opéra, j'ordonne que ladite troupe de comédiens cesse d'y représenter dans le moment que vous leur aurez signifié de ma part; je n'ai point ouï-dire qu'à Rouen, à Lyon et dans toutes les principales villes du royaume où il y a des spectacles, personne puisse imaginer que ce soit à d'autres qu'aux gouverneurs à autoriser lesdits spectacles, et je suis bien persuadé que Messieurs du Parlement n'ont point de part à la conduite de cette troupe de comédiens, et je vous répète, Messieurs, que mon intention est qu'ils cessent de jouer dès que vous leur en aurez signifié l'ordre de ma part.

L'on m'a rapporté une de vos lettres du 26 juillet 1726, et, par la réponse que j'y ai faite le 4 août de ladite année[1], je vous laissois la liberté de choisir entre l'opéra et la comédie, et je vous mandois que je donnerois les pouvoirs à celui des deux spectacles qui seroit le plus désiré à Marseille. Si les comédiens qui sont actuellement en possession de la salle ont fait un bail avec le propriétaire de ladite salle, le Sr de Lafont peut prendre ledit bail sur son compte, à commencer du jour qu'il y entrera, parce qu'il ne seroit pas raisonnable que cela fût autrement; je ne veux que la justice et les plaisirs de votre ville, mais je ne veux pas que les spectacles s'y établissent que par la permission que je leur en donne, laquelle je puis révoquer quand je le crois convenable, puisque le Roi veut bien m'en laisser la liberté.

(Original. Arch. de Marseille.)

118. *Du même aux mêmes.*

Fontainebleau, le 12 novembre 1727.

J'apprends dans ce moment, Messieurs, par votre lettre du 4 de

---

1. La lettre existe aux archives de Marseille. Villars y observe que

ce mois, que vous avez fait cesser les comédiens et que même vous n'avez pas voulu leur permettre de jouer une seule fois en faveur de Mme de Simiane, ce qui vous avoit été demandé par M. de Pilles ; vous croyez que moi-même, qui respecte Mme de Simiane et qui suis fort serviteur de M. le marquis de Pilles, j'aurois désiré que vous n'eussiez pas exécuté l'ordre tellement à la rigueur qu'une seule fois ne leur eût été permise ; cependant, je vous suis obligé de votre exactitude, mais je ne puis m'empêcher de vous dire, avec ma sincérité ordinaire, que, sans doute, votre vivacité aura fait de la peine à des personnes qui méritent considération, et que, quant à moi, c'est la chose du monde que j'évite avec le plus de soin, que de faire de la peine à personne, à moins que l'on n'y soit obligé pour conserver l'ordre, qui va avant tout.

(Original. Arch. de Marseille.)

119. *Du même aux mêmes.*

Versailles, le 29 juillet 1728.

Je vois, Messieurs, par votre lettre du 16 de ce mois, les raisons qui vous ont porté à laisser jouer les comédiens, lesquels m'ont écrit aussi plusieurs lettres très touchantes et très propres à faire impression sur un aussi bon cœur que le mien, surtout quand il est question de divertissement.

Comme j'ai vu l'opéra tomber à Marseille lorsqu'il n'y avoit pas une Académie de musique aussi célèbre, je n'imaginois pas que, cette Académie fournissant un spectacle, la ville ayant encore désiré un opéra, il fût possible à une troupe de comédiens d'y trouver une subsistance ; mais, puisque tout va bien, je suis ravi que l'on se réjouisse ; si l'on veut encore des danseurs de corde, moitié comédiens italiens, j'en serois très aise, car je désire que partout où j'ai quelque pouvoir, après avoir bien servi Dieu et le Roi, on se divertisse de tout son cœur.

Puisque vous trouvez la demande du médecin pour lequel Mme d'Orléans m'avoit fait l'honneur de m'écrire peu fondée, vous êtes les maîtres.

Vous feriez bien de m'informer de temps en temps comment va votre commerce ; vous ne m'en parlez que quand vous croyez avoir besoin de moi, mais je suis bien aise d'apprendre qu'il

deux spectacles se ruineraient mutuellement et dit aux Marseillais de choisir.

fleurisse. M. le Contrôleur général me dit au dernier Conseil, où il étoit question d'un procès d'environ 12,000 livres que vous avez perdu, que vous étiez payés de toutes les avances faites aux ambassadeurs; je parlai sur cela sans que vous m'en ayiez rien mandé très fortement; vous pouvez toujours compter sur une attention très vive de ma part à tous vos intérêts.

(Original. Arch. de Marseille.)

120. *Villars à Lebret.*

Paris, le 14 décembre 1728.

Il y a près d'un mois, Monsieur, que je n'ai pas reçu la moindre petite marque de votre souvenir; vous ne m'avez pas accoutumé à un si long oubli, et je n'en puis démêler la raison; cependant, comme j'en suis en peine, je vous prie de ne me pas laisser plus longtemps dans l'incertitude où je suis de votre santé plutôt que de vos bonnes grâces, jugeant de votre cœur par le mien, de votre conduite par la mienne et par tous les sentiments avec lesquels, etc.

(Original. Bibl. nat., fr. 8959, fol. 38.)

121. *Du même au même.*

Versailles, le 17 juin 1729.

J'ai été informé, Monsieur, par une infinité de lettres comme par celle que vous me faites l'honneur de m'écrire, de la mort de M. le marquis de Pilles[1], que je regrette beaucoup. Vous croyez bien que son gouvernement est bien demandé; il est remis sur l'ancien pied, et je vous supplie de vouloir bien me mander à qui vont les émoluments et le revenant bon au delà des 4,500 livres que le Roi donne.

L'on vous destine pour archevêque d'Aix M. de Brancas, évêque de la Rochelle; vous ne sauriez croire, parmi le très grand nombre d'évêques qu'il y a en France, combien M. le cardinal de Fleury m'a paru peiné de trouver un sujet pour remplir cette place.

(Original. Bibl. nat., fr. 8936, fol. 435.)

1. Alphonse de Fortia-Forville, marquis de Pilles, était gouverneur-viguier de Marseille depuis 1682. Il était en même temps gouverneur du château d'If; la fonction était exercée de père en fils depuis 1598, et fut exercée de même jusqu'à la Révolution.

II.

Extraits de la correspondance de Villars pendant sa dernière campagne en Italie.

1733-1734.

Nous avons déjà dit que toutes les pièces essentielles de la correspondance officielle de Villars pendant sa dernière campagne avaient été publiées par M. le général Pajol (*les Guerres de Louis XIV*, t. I, p. 341-450). Nous ne pouvons que renvoyer le lecteur à ce volume. Mais, en dehors des documents conservés au Dépôt de la guerre, il existe des collections de lettres de Villars que nous avons également signalées, et auxquelles il convient d'emprunter quelques pièces intéressantes et inédites. Nous aurons surtout recours aux *fonds Thiard-Bissy* des archives de la Côte-d'Or. Le marquis de Bissy était ministre de France auprès de don Carlos, duc de Parme et de Plaisance. Il suivait de près les mouvements de l'Infant, beaucoup plus préoccupé de conquérir Naples et de servir sa politique personnelle que de seconder les opérations de Villars. Sa correspondance jette une lumière très vive sur toute la campagne; elle éclaire de même les derniers mois de la vie de Villars; elle montre le capitaine octogénaire demeuré jusqu'à la fin absolument semblable à lui-même, ayant conservé, jusqu'à la dernière semaine, son activité de corps et d'esprit, sa confiance en lui-même, sa verve intarissable, sa vue claire des grandes opérations de guerre, la préoccupation jalouse de son autorité et de sa gloire, ses grandes qualités et ses faiblesses. S'étendant presque jusqu'à la veille de sa mort, elle clôt, de la manière la plus intéressante, la série des documents personnels émanés du maréchal de Villars.

Nous avons donné ci-dessus (*Notice biographique*) une rapide esquisse de la campagne. Rappelons que ce fut le 11 novembre 1733 que Villars rejoignit son armée sous la ville de Pizzighettone, laquelle fut prise le 9 décembre; que toute la ligne de l'Oglio fut occupée le 7 décembre et le château de Milan pris le

30 du même mois; qu'après trois mois d'inaction, l'armée fit un mouvement en avant insignifiant et dut revenir sur l'Oglio; que Villars la quitta le 27 mai et mourut à Turin le 17 juin 1734[1].

122. *Villars au duc d'Antin.*

Du camp de Maleo, le 17 novembre 1733.

Je suis plus sensible que je ne puis vous le dire, Monsieur, à vos sentiments très tendrement exprimés dans la lettre que vous me faites l'honneur de m'écrire; ce sont ces sentiments que je voudrois mériter qui donnent du courage. Ce que je dois au Roi et à l'État, un désir de gloire qui ne s'éteint guère et toute l'amitié que l'on veut bien me montrer me donnent toutes les forces de corps nécessaires; elles m'ont fait marcher la nuit et souvent avec assez de peine; la berline quelquefois versée pouvoit avoir de fâcheuses suites, mais il falloit arriver et nul moment à perdre. Pour les peines du corps, cela, Dieu merci, va bien; pour celles d'esprit, je crains quelquefois qu'elles ne soient au-dessus de mes forces.

J'ai reçu en arrivant plus de marques de bonté du roi de Sardaigne que je n'en pouvois espérer.

M. le marquis d'Ormea[2] me paroît fort content de moi; mais l'arrangement des projets concertés et menant à un même objet, avec l'Espagne et la cour de Sardaigne, les premières opérations déjà entamées, des troupes que l'on veut être sages et sans des secours que je veux pourtant leur procurer dans une saison si avancée, avoir leur amitié, exiger leur sagesse, tout cela est quelquefois fort difficile; n'est-il pas vrai, Monsieur, que vous comprendrez quelques peines d'esprit dans le petit détail que je viens de vous faire? j'espère que Dieu m'aidera, mais j'en ai besoin.

Je monte à cheval, j'ai voyagé en charrette et j'ai envie de rire quand je songe que, pour aller de ma chambre à mon carrosse à Paris, je mettois un mouchoir dans mon nez. Voilà, Monsieur, ce

---

1. Sous le titre : *la Dernière campagne de Villars* (Orléans, 1872), M. Hilaire de Lacombe a donné un très bon résumé des événements militaires et politiques.

2. C.-Fr.-V. Ferrero, marquis d'Ormea († 1745), d'origine obscure, distingué par Victor-Amédée II, devint premier ministre de Charles-Emmanuel III et dirigea toutes les affaires jusqu'à sa mort.

que je puis vous dire en vous demandant la continuation de l'honneur de votre amitié, et vous supplie de me croire avec bien du respect, puisque vous le voulez, mais le plus vif attachement, Monsieur, votre très humble et très obéissant serviteur.

P.-S. — Nous ouvrons la tranchée ce soir[1]. L'entreprise était entamée quand je suis arrivé. Je ne vous en dirai pas davantage, mais je la mènerai vivement. Il y a de l'eau.

(Original. Arch. Vogüé.)

123. *Villars au marquis de Bissy.*

Du camp de Maleo, le 13 novembre 1733.

J'arrivai avant-hier ici, Monsieur, avec la plus grande diligence, et, tous les chevaux de poste m'ayant manqué, j'ai traversé les montagnes avec des porteurs, et ma berline et les chaises de poste étant derrière, j'ai été obligé même de me servir d'une manière de charrette, j'appelle ainsi les chaises de voiture qui n'ont ni rideaux ni vitres; Dieu merci, je m'en porte bien, malgré quelques chutes de berline.

J'ose me flatter que Son Altesse Royale[2] sera bien persuadée que l'espérance de lui rendre des services considérables redouble mon ardeur et me donne de nouvelles forces; j'ose l'assurer que Leurs Majestés Catholiques en sont bien convaincues, et je suis pénétré de toute la confiance dont elles veulent bien m'honorer.

Je dois vous dire que je suis comblé des marques d'amitié de Monsieur votre beau-frère. Le roi de Sardaigne[3] me comble de bontés et paroît vouloir suivre toutes mes idées sur la guerre, et c'en est une preuve que de s'être rendu maître de Pavie, avec une très grosse artillerie, des ponts de bateaux sur les haquets et plus de trois cents milliers de poudre. Son Altesse Royale peut compter d'être bientôt dans une situation magnifique.

L'on veut avoir ici quelque inquiétude sur ce que l'Espagne n'a pas encore accédé; pour moi, je n'en ai aucune.

Je désire fort d'aller faire ma cour à Son Altesse Royale, mais les occupations de la guerre ne me le permettent pas.

1. L'armée franco-sarde assiégeait Gera-d'Adda, faubourg fortifié de la place de Pizzighettone, sur la rive droite de l'Adda. Gera capitula le 28 et Pizzighettone le 30.
2. L'infant Don Carlos, fils de Philippe V, duc de Parme et de Plaisance.
3. Charles-Emmanuel III.

Je vous prierai de venir faire un tour à Plaisance et de m'en marquer le jour, que je m'y rendrai régulièrement; je passerai une nuit avec vous, le plus tôt est le mieux; je serai ravi de vous pouvoir assurer de tous les sentiments avec lesquels je vous honore et vous suis très parfaitement dévoué.

P.-S.[1]. — Je vous supplie de me mander si je trouverois dans votre voisinage beaucoup de chevaux de carrosse ou autres à acheter. J'attends de vos nouvelles impatiemment, et j'espère que le retour de mon courrier m'apprendra précisément le jour que vous voudrez bien vous rendre à Plaisance; je vous ai déjà dit que le plus tôt est le mieux.

(Original. Arch. de la Côte-d'Or.)

124. *Du même au même.*

Au camp de Maleo, le 28 novembre 1733.

C'est vous, Monsieur, qui m'aviez mandé que M. le comte de Montemar[2] devoit venir concerter avec moi; il s'en retourne sans me donner à peine le temps de lui répondre; je vous mandois hier en deux mots que jamais concert ne m'avoit paru si nécessaire.

Vous trouverez ci-joint une copie de la très longue lettre que je lui écris; s'il ne veut pas concerter avec moi, montrez-la toujours à M. de Saint-Estevan[3]; pour moi, je n'ai dans le cœur que le service des deux couronnes; mais, je vous l'avoue, il est impossible qu'elles fassent jamais rien de bon sans cette union.

Je vous assure que j'ai déjà assez d'affaire de gouverner la Cour et l'armée du roi de Sardaigne; s'il m'arrive les mêmes tribulations pour gouverner les Espagnols, n'ayant que de bonnes intentions, j'y renonce.

Mille compliments à M. le comte de Saint-Estevan, mais préalablement bien ma cour à Son Altesse Royale.

P.-S. — Les troupes du Roi sont dans Geradada, et le général qui commande à Picighitone a envoyé demander à nous remettre Picighitone dans huit jours.

(Original. Arch. de la Côte-d'Or.)

1. Ce *post-scriptum*, comme ceux qui suivent, est de la main de Villars.
2. Commandant en chef des troupes espagnoles en Italie avec le titre de capitaine général.
3. Ministre et conseiller de l'infant Don Carlos.

125. *Le marquis de Bissy à Villars.*

A Parme, le 29 novembre 1733.

Monseigneur,

Je viens de recevoir la lettre que vous me faites l'honneur de m'écrire du 28 de ce mois; je ne devois point douter que M. de Montemar n'allât pour se concerter avec vous, puisque M. de Saint-Estevan me l'avoit dit, et même que Son Altesse Royale le lui avoit ordonné. M. de Montemar, en me parlant même de son voyage, s'expliqua toujours en homme qui remettoit ses projets à ce que vous régleriez ensemble. La veille de son départ, assez tard, M. le duc de Liria[1] vint me trouver chez moi et me dit qu'il accompagneroit M. de Montemar dans son voyage; qu'il en étoit d'autant plus aise qu'il vous faciliteroit à l'un et à l'autre l'intelligence des langues françoise et espagnole. Vous pouvez juger, Monseigneur, que toutes ces assurances étoient plus que suffisantes pour m'obliger à vous prévenir sur une entrevue que l'on regardoit ici comme certaine, et que...[2], ainsi que M. de Saint-Estevan, furent très étonnés d'apprendre hier par le retour de M. de Montemar qu'elle n'avoit pas eu lieu. Aussitôt que j'ai eu reçu, ce matin, la lettre dont vous m'honorez, j'ai été chez M. de Saint-Estevan lui en dire le contenu. Il a trouvé comme moi qu'une entrevue entre vous, Monseigneur, et M. de Montemar étoit absolument nécessaire et n'a point oublié que lui et Son Altesse Royale m'avoient dit que ce général alloit à Plaisance pour cela. Il a été en rendre compte à ce prince, et moi j'ai été trouver M. de Montemar, qui m'avoit envoyé votre lettre. Je lui ai marqué mon étonnement qu'il ne vous ait point vu et la nécessité indispensable de se communiquer avec vous; qu'ayant été jusqu'à Plaisance et m'ayant parlé à moi-même sur le besoin de conférer avec vous, je n'avois pas douté qu'il ne vous eût vu. Il m'a répondu que la chose du monde qu'il désiroit davantage, et qu'il sentoit être la plus utile, étoit une entrevue, mais que le roi d'Espagne n'ayant point encore accédé au traité avec le roi de Sardaigne, il ne pouvoit aller à l'armée, ne pouvant voir ce prince; que, dans la réponse qu'il vous avoit faite, il vous avoit mandé que les occupations du siège l'empêchoient de vous propo-

1. Fils du maréchal de Berwick, resté au service de l'Espagne et pourvu d'un commandement.
2. Nom en blanc dans le texte.

ser un rendez-vous, et qu'il avoit compris que vous pourriez sur cela lui en donner un où vous auriez jugé à propos et auquel il se seroit rendu. Il m'a même montré la copie de cette lettre; mais, dès que c'étoit son intention, il auroit pu s'expliquer tout naturellement sur cela. Je lui ai répété encore combien il étoit nécessaire que vous eussiez une entrevue, il m'a répondu que, partout où il vous plaira, il en seroit ravi, quand ce seroit même à une demi-lieue de l'armée. Comme je le pressois de se décider, il m'a dit qu'il alloit prendre les ordres de Son Altesse Royale et qu'il m'en informeroit. J'ai toujours commencé cette lettre pour ne pas retarder le départ de votre courrier.

J'ai parlé aussi à M. de Montemar par rapport à son projet de prendre Piombino, Porto Ercole ou Orbitello, et je lui ai dit qu'il ne me paroissoit pas de proportion, comme en effet il n'y en a point entre cette petite conquête, ou à être en force pour s'opposer à l'entrée des ennemis s'ils envoyent du secours dans ce pays-ci, soit en gardant le Pô ou l'Adige au débouché des montagnes, comme nous fimes il y a trente-deux ans. Il m'a répondu que, n'étant pas sûr que les secours d'Allemagne que l'Empereur doit envoyer dans ce pays-ci soient si près d'arriver, il avoit désiré cette expédition, en attendant aussi que le reste des troupes espagnoles, tant infanterie que cavalerie, fussent entièrement arrivées pour se rassembler. Pour moi, je croirois que de garder les rivières et les passages dans ce pays-ci est le point le plus essentiel. Voilà, Monseigneur, ce qui a été dit, à quoi M. de Montemar m'a ajouté toutes sortes de protestations d'attachement pour vous et d'envie d'une parfaite union. Je vous suis très obligé de la copie de la lettre que vous lui aviez écrite et que vous m'avez fait la grâce de m'envoyer, parce que cela m'a mis en état de pouvoir lui parler suivant vos principes. J'ai l'honneur de vous faire mon très humble compliment sur la prise de Geradada. Il paroit que le gouverneur de Pissighettone, en demandant huit jours pour vous rendre sa place, ou espère du secours, ce qui ne paroit pas possible d'ici à ce temps, ou a des idées que M. de Montemar dit, lui, qu'il ne comprend pas. L'on m'a dit qu'il entroit journellement beaucoup d'officiers allemands dans Mantoue, qui serviroient à discipliner les milices du pays, que les ennemis retiennent.

Dans ce moment, Monseigneur, je reçois de M. de Montemar une lettre par laquelle il me mande que, Son Altesse Royale, lui donnant commission de visiter les places et les postes de son État, il ne peut quant à présent aller de sa personne auprès de vous. Il m'ajoute qu'il fait réponse à votre lettre en tout ce qu'elle contient et qu'il vous assure que l'armée du roi d'Espagne ne se séparera point de ce que vous jugerez de conséquence et nécessaire; voilà les propres termes de son billet. J'ai l'honneur de vous envoyer une carte par laquelle vous verrez les chemins que tinrent les Impériaux lorsqu'ils entrèrent en Italie en 1701 et les postes que nous commençâmes par occuper.

(Minute. Arch. de la Côte-d'Or.)

126. *Villars au marquis de Bissy.*

A Crémone, le 6 décembre 1733.

Mon fils me rendit, hier, Monsieur, la lettre que vous me faites l'honneur de m'écrire et celles de MM. de Saint-Estevan et de Montemar.

J'ai mille remercîments à vous faire de toutes vos attentions pour mon fils; il en revient comblé, aussi bien que de toutes les bontés de Son Altesse Royale pour lui et pour moi; j'en suis pénétré et je vous supplie de renouveler mes actions de grâce.

Je commencerai par un article qui vous aura fatigué. C'est sur les mauvais chevaux que l'on vous a fait acheter à Guastalla: tout le monde m'a conseillé de les renvoyer; à la vérité, autant qu'il m'a paru, ils ne valent pas la moitié de ce que l'on en demande; ils n'auroient pas la force de faire une course.

L'homme qui les a amenés dit qu'il lui en coûte huit louis d'or de France pour les conduire de Guastalla à Picighitone, avec deux hommes, sept chevaux et celui qui les amenoit; croyez-vous que cela puisse coûter huit louis pour faire le chemin? MM. de Crémone m'ont donné un homme sûr pour les reconduire jusqu'à Guastalla; je lui ai donné ce qu'il faut pour cela et je vous ferai rendre tout ce que vous aurez jugé à propos de faire donner pour les autres jusqu'à Picighitone; mais passons à des matières plus importantes.

M. de Montemar me demande un rendez-vous, et je lui donne Sabionette, où je compte être après-demain à deux heures après-midi. Je mande au comte de Broglio de s'y trouver avec ses gens.

Dans sa lettre, il dit bien qu'il est à mes ordres; M. de Patigno[1] me l'a mandé, mais je vous supplie qu'il ne paroisse jamais que je compte sur cela; ce qui est indispensablement nécessaire, c'est une disposition des armées de France et d'Espagne qui fasse leur gloire, leurs avantages et leur sûreté.

1. J. Patiño, ministre des Affaires étrangères d'Espagne.

Peut-être conviendroit-il que vous y vinssiez aussi; je vous en laisse le maître; M. le marquis d'Ormea m'a fait de très grandes plaintes des discours que M. de Liria a tenus à Milan; dites-en un mot si vous voulez à M. de Saint-Estevan, que je sais être dans les dispositions qui conviennent aux deux couronnes; vous le prierez de faire tenir ces deux lettres à M. de Patigno et à M. de Rottembourg[1].

(Original. Arch. de la Côte-d'Or.)

127. *Villars au comte de Montemar.*

Sans date.

Votre Excellence aura trouvé dans la lettre que j'avois l'honneur de lui écrire hier, en réponse à la sienne du même jour, que je croyois d'une nécessité indispensable de concerter avec elle nos premières dispositions.

Celles qu'elle a trouvé dans le mémoire duquel s'est chargé M. le duc de Liria étoient presque entièrement conformes aux idées de M. de Patigno, contenues dans une de ses lettres de douze pages, que je comptois de lui montrer, mais elle me permettra de paroître un peu surpris qu'elle soit venue jusqu'à deux lieues et demie de notre camp, pour que nous concertassions ensemble, et qu'elle soit repartie dans le moment. Je dois lui dire, sur ce qu'elle m'a fait l'honneur de me mander par sa lettre, que j'avois déjà réglé les mouvements de l'armée du Roi et le moment d'après la prise de Geradada, que je crois pouvoir compter aujourd'hui — l'assaut me paroissant facile dans quelques heures — je devois marcher avec la plus grande partie de l'armée sur l'Oglio, et ensuite vers le Mincio, établir notre commerce par quelques postes près de Cremone et de là suivre le Pô.

Cette position est la seule qui puisse nous assurer l'Italie. Votre Excellence me permettra de lui dire que ce ne sera jamais par la prise de Piombino, Porto Ercole, Orbitello que nous assurerons le royaume de Naples au sérénissime Infant. C'est porter au royaume de Naples l'espérance d'y voir arriver les armées impériales. Ainsi, je supplie Votre Excellence de suspendre ses résolutions jusqu'à ce que nous ayons discuté cette matière ensemble. Je lui dirai même que j'ai eu l'honneur de mander au Roi mes dispositions.

1. **Envoyé de France à la cour de Madrid.**

Je ne dis point que, si avec une douzaine de bataillons et quelque cavalerie vous pouviez vous rendre maître d'une de ces places, cela ne puisse être de quelque avantage, mais non pas au préjudice de tenir le Pô avec vos principales forces. Je dois vous dire que je serois obligé de changer mes dispositions, si vous laissiez le gros de vos troupes en Toscane; en un mot, tout ce qui est attaché aux intérêts des deux couronnes me presse de me rendre maître du Pô.

L'ambassadeur de France, qui est à Rome, me mande, de la part de plusieurs têtes fort sensées, que rien n'est plus important que de tenir le Pô jusqu'à son embouchure; que, pour cela, il faut occuper Messolla, qui est au duc de Modène, et une tour qui est au pape, qu'il a même empêché de fortifier pour qu'il nous soit plus aisé de l'occuper, et, sur ces principes, je crois pouvoir lui répondre que tout ira bien si nous les suivons.

Si, au contraire, vous voulez suivre vos dernières vues, nous serons embarrassés. Peut-être a-t-elle reçu des ordres contraires aux lettres qu'elle m'a fait l'honneur de m'écrire.

J'ai envoyé au Roi copie de celle que M. de Patigno m'écrivoit. Enfin, Monsieur, vous verrez quel moyen nous pourrons avoir de nous entretenir, puisque les ordres que vous devez envoyer à Livourne à deux jours près ne gâtent rien, et que je ne puis régler la marche de l'armée du Roi ni mes mouvements que sur ceux de forces aussi considérables que les vôtres. Je dois ajouter, Monsieur, à ce qui regarde les positions des armées de France et d'Espagne, que le roi de Sardaigne vient de me dire que, par quelques avis de l'Empire, on apprenoit que, les armées de France ayant repassé le Rhin, celles de l'Empereur, qui de Pilsen avoient marché vers Ulm, pourroient bien tout d'un coup passer par le Tirol et se rendre en Italie; il est certain que d'avoir marché à Ulm ne les détourne pas de ces routes-là; si dans le même temps les troupes de Transylvanie et de Hongrie, qui sont déjà en marche, arrivent par le Frioul, nous aurions plus de soixante mille hommes sur les bras. Je vous prie de juger, dans ce cas-là, si la prise de ces trois places dont vous me parlez est préférable à tenir le Pô, et, si vous ne le tenez pas, que deviendra l'État de Parme et de Plaisance? Faites-y, s'il vous plaît, vos réflexions. J'avois même réglé mes dispositions sur ce que M. de Liria me dit que vous faisiez marcher les neuf bataillons de Livourne.

(Copie. Arch. de la Côte-d'Or.)

128. *Du même au même.*

12 décembre 1733.

Monsieur, j'ai reçu la lettre que Votre Excellence me fait l'honneur de m'écrire du 12 de ce mois. Elle ne me marque point précisément le temps que les troupes d'Espagne arriveront à Parme, ou si elle a pris quelques mesures pour faire occuper Guastalla principalement et Brescello.

J'ai avis que la tête des Impériaux est arrivée à Roveredo.

Pendant que je suis occupé au siège du château de Milan, il n'est pas impossible que les ennemis ne reprissent les postes qu'ils ont abandonnés après cela; il faut les attaquer, et cela coûte du temps et des hommes. Il faut aussi vous assurer du cours du Pô, tout cela est remis à vos soins.

Nous apprenons, par toutes les nouvelles d'Espagne, que M. le prince Eugène vient commander l'armée de l'Empereur et de l'Empire en Italie.

Vous croyez bien que le lieutenant général de l'Empereur ne viendra pas avec des forces médiocres.

P.-S. — Je répète à Votre Excellence que rien au monde n'est si important qu'une parfaite et vive intelligence entre nous. Les ennemis profiteroient de notre indolence. C'est par tenir le Pô que nous empêcherons les Impériaux de pénétrer en Italie, que nous leur ôterons le commerce des grains du Ferrarois, duquel ils ne peuvent se passer.

J'avois compté, quand j'ai quitté Votre Excellence, qu'elle alloit mettre ordre à tout cela. Je la supplie de vouloir bien me faire écrire en françois. Elle entend très bien notre langue et moi très mal l'espagnol, surtout ce qui est écrit, tant par les abréviations que par ne pas bien expliquer de certains mots; enfin, il faut fermer le Pô, plus tôt que plus tard, et c'est à votre armée que celui-là est confié.

(Copie. Arch. de la Côte-d'Or.)

129. *Villars au marquis de Bissy.*

A Milan, le 30 décembre 1733.

J'envoye M. le comte de Croix, Monsieur, porter à Son Altesse Royale la nouvelle de la prise du château de Milan.

M. de Croix vous dira les nouvelles de ce pays-ci. Je suis en peine de celles de M. de Montemar; j'en parle ainsi à M. de Saint-Estevan; j'ai bien reçu avis que M. le duc de Liria venoit avec un corps de trois mille cinq cents hommes, mais ce n'est pas assez, et vous savez que j'étois convenu avec M. de Montemar qu'il envoyeroit dix à douze bataillons; ma lettre ne sera pas plus longue, puisque M. de Croix vous mettra au fait de tout. Je n'ai reçu aucune de vos nouvelles sur l'arrivée des troupes espagnoles du côté de Livourne ni des mouvements qu'elles font.

M. de Montemar me mande seulement que Ulla est pris, sans nulle autre sorte de détail de ce qui regarde les troupes.

(Original. Arch. de la Côte-d'Or.)

130. *Le marquis de Bissy à Villars.*

A Parme, le 31 décembre 1733.

Monseigneur,

M. le comte de Croix est arrivé ici ce matin. Je l'ai conduit chez M. le comte de Saint-Estevan et ensuite chez Son Altesse Royale, auquel il a eu l'honneur de remettre votre lettre. Ce prince, qui savoit depuis hier au soir la prise du château de Milan, a été véritablement sensible, Monseigneur, à votre attention de lui en envoyer part, car l'on ne savoit ici que la prise et point du tout les conditions de la capitulation. J'ai eu soin de faire remarquer que vous ne manquiez point d'occasion à lui donner des marques de votre attachement et de votre respect, et que, pour lui donner des nouvelles, vous vous serviez des mêmes personnes que vous envoyez au Roi. Je n'ai aucune peine à rien persuader là-dessus, parce qu'il n'y a rien à ajouter à tous les sentiments que le prince et toute sa cour ont pour vous. Vous pouvez être bien persuadé, Monseigneur, que, si j'avois eu des nouvelles de M. de Montemar ou de l'arrivée de ses troupes, j'aurois eu sur-le-champ l'honneur de vous le mander. Tout ce que nous savons de lui ne consiste qu'aux deux mille cinq cents hommes qu'il vous a mandé, comme à moi, qu'il envoyoit pour occuper la Mirandole, Guastalla et Brescello. Je viens de lui écrire pour l'informer de la prise du château de Milan. Je n'oublie rien par mes attentions de tout ce qui peut m'attirer sa confiance ou son amitié. Je lui parle dans ma lettre de mon impatience sur l'arrivée de ses troupes conformément à ce qui avoit été réglé entre vous et eux à Sabionnette.

Je laisse à M. le comte de Croix à vous rendre compte, Monseigneur, de ce qu'il a dit à M. le comte de Saint-Estevan de votre part. Il lui a très bien parlé, et M. le comte de Saint-Estevan, aussi pénétré que vous et moi pouvons l'être de ce qu'on lui disoit, lui a répondu avec une sagesse infinie, d'autant plus que M. de Montemar et lui ne sont pas dans une grande union. M. de Montemar prétend se mêler de tout par lui-même, parler au prince sans que M. de Saint-Estevan en soit témoin, comme de lui écrire directement et recevoir ses réponses de même. M. de Saint-Estevan, au contraire, dit qu'il doit être en tiers dans les conversations de M. de Montemar avec l'Infant; que, quoique ce soit à M. de Montemar à commander l'armée sans aucune difficulté, l'on doit lui faire part de tout, puisque si par malheur il arrivoit des cas où M. de Montemar et vous, Monseigneur, ne fussiez pas de même avis, ce seroit à lui à conseiller à l'Infant laquelle des deux opinions il avoit à choisir, chose plus raisonnable que de l'exposer à prendre son parti pour lui-même; que, de plus, étant chargé par Leurs Majestés Catholiques du soin de l'Infant, il ne pouvoit répondre de lui quand il n'auroit pas la première autorité dans sa cour et dans son État et qu'on ne lui feroit pas de part des opérations de guerre. Et, sur ce que l'on a mandé d'Espagne à M. de Saint-Estevan de ne se point mêler de ce qui regarderoit la guerre, il a demandé à Leurs Majestés Catholiques la permission de se retirer, disant que, n'ayant plus d'autorité, il ne peut servir le roi d'Espagne utilement ni répondre de l'Infant. Vous pouvez juger par ce récit, Monseigneur, de l'embarras où je me trouve par l'obligation, en ne me mêlant point de cette contestation, de ménager M. de Montemar, que je ne connois pas beaucoup, et en même temps de continuer à M. de Saint-Estevan toute la confiance qu'il mérite, parce que ses sentiments sont pleins de vérité, de droiture et de bonne foi; que le Roi m'ordonne de conserver ma confiance pour lui, et que, personnellement par rapport à moi, je dois le regarder comme mon ami, puisqu'il m'a ouvert son cœur sur tous les chagrins dont il ne parle point et gardant sur cela la plus grande modestie. Il y a plus, c'est que S. A. R. aime M. de Saint-Estevan, et que, depuis sa majorité, il paroît vouloir dépendre de lui avec plus d'attention qu'auparavant. J'ai rendu compte à la Cour de tout ce que j'ai l'honneur de vous mander, et je vous supplie, Monseigneur, que la désunion dont je vous fais le détail et que je crois qu'il est nécessaire que vous sachiez ne soit point publique par moi. Je crois que l'on ne pourroit trouver personne si persuadé, que l'est

M. de Saint-Estevan, que le seul intérêt de la France et de l'Espagne est d'être intimement uni; ce sont là les principes qu'il a inspirés au jeune prince, dont les François, qui viennent ici lui faire leur cour, sont charmés par la façon dont il les reçoit.

(Minute. Arch. de la Côte-d'Or.)

131. Le marquis de Bissy à Villars.

A Parme, le 6 janvier 1734.

M. le duc de Liria est arrivé aujourd'hui après midi, et aussitôt je lui ai rendu la lettre que vous m'avez fait l'honneur de m'adresser hier pour lui. Il m'a dit que, n'amenant avec lui qu'environ deux mille hommes tout au plus, consistant en trois bataillons et les cent cinquante chevaux qui sont ici, il ne lui seroit pas possible d'occuper avec si peu de monde un poste comme celui d'Ostiglia. Comme il vous écrit, Monseigneur, et vous fait le détail, à ce qu'il m'a dit, de ce que lui a dit M. de Montemar, je n'aurai pas l'honneur de vous rien dire de plus sur cela, et il vous informera sans doute également que M. de Montemar lui a promis de lui envoyer un régiment de dragons et même encore des troupes, si, dans les postes qu'il compte occuper, il y trouve des subsistances.

J'ai reçu ce matin une lettre de M. de Montemar, datée de Pise du 1er de ce mois. Il me mande qu'il est bien aise d'avoir appris par moi le parti que vous avez pris, Monseigneur, de faire occuper Guastalla en attendant que les troupes espagnoles puissent y arriver. Il me prie d'avoir l'honneur de vous écrire pour vous demander d'envoyer vos ordres pour que, quand M. le duc de Liria se présentera pour occuper ce poste, celui qui y commande ne fasse point de difficulté de le lui laisser occuper et sortir dudit Guastalla. Il me mande aussi de l'informer de ce qui se passe à l'armée; je lui fais réponse en lui mandant que j'ai l'honneur, Monseigneur, de vous rendre compte de ce qu'il désire au sujet de Guastalla, et qu'à l'égard des nouvelles qu'il demande de notre armée, il a pu voir par mes lettres que je n'avois pas manqué à l'informer de ce que j'avois su ici qui s'y passoit, et lui avois donné part de la prise du château de Milan aussitôt que je l'avois apprise. Que, ne sachant pas où il étoit, j'avois adressé hier une lettre pour lui à M. le comte de Lorenés, à Florence, par laquelle je l'informois, ainsi que vous m'avez chargé de le faire, de l'envie que vous aviez de faire occuper Ostiglia.

Le premier des trois bataillons qui viennent ici n'arrivera à Parme qu'après-demain au plus tôt.

Par les nouvelles que les gens de ce pays-ci reçoivent, il ne paroit pas qu'il vienne encore de secours aux ennemis. J'aurai l'honneur de vous mander exactement ce qui viendra à ma connoissance.

P.-S. du 7. — M. le duc de Liria vient de m'envoyer, Monseigneur, la réponse qu'il a l'honneur de vous faire. Un de ses aides de camp me l'a apportée toute ouverte pour me la faire lire. Après quoi il l'a cachetée devant moi et me l'a laissée.

Il y a plusieurs jours, Monseigneur, qu'il ne me sort point de l'esprit que M. de Montemar a en tête quelque projet dont on n'est point informé. Sa cavalerie arrivée à Antibes, qu'il veut faire rembarquer pour aller à Livourne, l'inexécution de tout ce dont on étoit convenu à Sabionnette, le peu qu'il donne de ses nouvelles m'a toujours fait croire qu'il avoit quelque dessein, n'étant pas naturel sans cela d'en user ainsi. Il ne m'appartenoit pas, Monseigneur, de vous mander sur cela mes inquiétudes, ne jugeant de cela que par conjecture. Je me suis bien gardé de mander de ce que je soupçonnois à M. de Montemar pour qu'il ne pût pas croire que je voulois savoir ses desseins et par là lui devenir suspect. Depuis trois ou quatre jours, j'ai vu le bruit se répandre ici sourdement d'un prochain départ de Son Altesse Royale, sans dire où il alloit, et ce matin, deux heures avant que d'avoir reçu votre dernière lettre, j'en ai parlé à M. de … et l'ai prié de me dire en ami ce qu'il sait et ce qu'il pense de … Il m'a dit que, n'étant informé de rien de ce qui regardoit …, et ayant même ordre de la cour d'Espagne de ne s'en pas mêler, il ne pouvoit me rien dire sur cela, et, quant à ce qu'il pensoit, il croyoit que, d'un moment à l'autre, et pour me servir de ses mêmes paroles, incessamment, Son Altesse Royale pourroit partir d'ici; que, quoiqu'il attendît la permission qu'il avoit demandée de se retirer de cette cour, il faisoit travailler diligemment à son équipage pour être en état de suivre le prince, au cas qu'il vînt à partir avant qu'il eût reçu son congé; qu'il me conseilloit de prendre mes mesures et mes arrangements pour me mettre en situation de l'accompagner, puisque j'avois l'ordre du Roy de rester auprès de lui. Cela joint avec le projet de Naples, dont on vous écrit d'Espagne, Monseigneur, ne laisse, ce me semble, aucun doute sur le projet de M. de Montemar. Cependant, quelque diligence que l'on puisse faire ici, il me semble que l'Infant ne pourroit partir d'un moment à l'autre, quand l'ordre en arriveroit qui seroit, sur ce que l'on peut juger, de s'en aller en Toscane et de là à Naples. J'ai vu des gens qui croient qu'il conviendroit mieux de porter les forces d'Espagne de ce côté-ci. J'ai communiqué votre dernière lettre à M. de Saint-Estevan, qui m'a répété la même chose que ce qu'il m'avoit dit deux jours auparavant. Il commença hier à exécuter l'ordre de la cour d'Espagne en laissant M. de Liria seul tête à tête avec l'Infant. Je vous réponds que cela a coûté à M. de Saint-Estevan.

Vous me faites l'honneur de me recommander, Monseigneur, de ne pas vous brouiller avec M. de Montemar; la façon précautionnée avec laquelle je lui écris me garantira, à ce que j'espère, d'une faute pareille. Mes lettres sont simples et sans y joindre aucune réflexion de ma part, mettant toujours dans tout ce que vous faites avec votre armée, et lui parlant souvent de votre zèle pour l'union et de votre attachement à Leurs Majestés. Pour ce qui me regarde, je n'oublie rien de ce qui peut lui marquer mes attentions. En tenant cette route, je me flatte d'être toujours en état plutôt de le rapprocher. M. le comte de Saint-Estevan me prie, Monseigneur, de vous faire mille tendres compliments.

(Minute. Arch. de la Côte-d'Or.)

132. *Villars au marquis de Bissy.*

A Milan, le 6 janvier 1734.

Je reçois dans ce moment, Monsieur, la lettre que vous me faites l'honneur de m'écrire du 5 de ce mois. Je vois que M. le duc de Liria devoit arriver le jour d'après à Parme; je ne vous répète point ce que je lui ai déjà mandé.

A l'égard de M. le comte de Montemar, vous m'annoncez que rien n'est si surprenant de ne savoir pas un mot par lui de ce qu'il fait; on ne sait ni si il suit ou ne suit point les mesures que nous avons prises ensemble à Sabionnette. On me mande d'Espagne qu'il va à Naples; il est bien certain que de compter l'armée d'Espagne arrivant sur le Pô, après avoir pris Piombino, ou que l'armée entière d'Espagne marche à Naples, fait prendre des mesures toutes différentes à l'armée de France. Je vous prie de conférer de tout cela avec M. le comte de Saint-Estevan et de me mander incessamment ce que vous pensez.

P.-S. — Mille compliments à M. le comte de Saint-Estevan. Ne me brouillez pas avec M. de Montemar, mais il faut un commerce plus vif, enfin des armées qui doivent s'entendre sur tout.

(Original. Arch. de la Côte-d'Or.)

133. *Du même au même.*

A Milan, le 10 janvier 1734.

Je ne puis mieux répondre, Monsieur, à la lettre que vous me faites l'honneur de m'écrire qu'en vous envoyant copie de celle que j'écris à M. de Montemar; comme il ne dit rien de son dessein à M. de Liria, ne lui en parlez pas aussi, mais comme je ne puis douter que Son Altesse Royale n'en soit informée, et par conséquent, M. de Saint-Estevan, conduisez-vous sagement sur tout cela.

Je désirerois seulement d'être informé si Son Altesse Royale partoit d'un moment à l'autre, comme vous m'avez mandé que plusieurs en murmuroient, quel temps je pourrois prendre pour avoir l'honneur de la voir comme je l'aurois désiré.

Pour moi, à en juger d'avance, je ne crois pas que ce prince désire aller se mettre à la tête de l'armée d'Espagne, qu'il ne soit assuré d'une intelligence dans le royaume de Naples ou que les armées d'Espagne aient eu quelques succès; si Son Altesse Royale ne part pas sitôt, il me conviendroit d'avoir au moins vingt jours avant que de chercher l'honneur de la voir. Si c'est sur-le-champ, cela me sera difficile par la quantité d'affaires que j'ai ici pour donner tous les ordres nécessaires dans une conquête dont la célérité a passé mes espérances.

Je vous répète que, si M. le comte de Saint-Estevan ne vous dit rien sur la conquête de Naples, vous devez sonder le pavé, parce que ce n'est pas à moi à publier ce que M. de Montemar me mande.

Je vous demande mille compliments pour M. de Saint-Estevan; vous pouvez lui parler seulement du désir que j'aurois, si Son Altesse Royale s'éloignoit, de lui souhaiter un bon voyage et des succès aussi prompts et aussi heureux que ceux que Dieu nous a donnés en ces pays-ci.

P.-S. — Je vous demande, Monsieur, souvent de vos nouvelles.

Je n'ai pas le temps de vous envoyer copie de ma lettre à M. de Montemar.

Je vous répète que, comme il ne convient pas à M. de Liria,

vous devrez voir s'il en est de même avec M. de Saint-Estevan et ne parler qu'à propos.

(Original. Arch. de la Côte-d'Or.)

134. Du même au même.

A Milan, le 13 janvier 1734.

Je reçois dans ce moment, Monsieur, la lettre que vous me faites l'honneur de m'écrire du 11, laquelle ne m'a été rendue qu'aujourd'hui à midi. Je vous demande grande attention et secret sur ce qui se passe entre vous et M. de Liria.

Dans le même temps qu'il vous dit que M. de Montemar arrive à Parme, il mande à M. d'Asfeld que l'on marche à Naples; M. d'Asfeld montre sa lettre au roi de Sardaigne, lequel m'apprend ce que mande M. de Liria, tandis que le même M. de Liria ne m'en dit rien.

Je prie M. le comte de Saint-Estevan de faire tenir par la voie la plus sûre, à M. de Rottembourg, mon paquet dans lequel il y a une très longue lettre au roi d'Espagne[1] sur le projet d'aller conquérir Naples; je ne le combats point, mais je dis qu'un peu plus de concert de ses généraux avec moi ne pourroit rien gâter.

J'ai des lettres de M. de Montemar, qui se dit à mes ordres, cela est écrit par lui; M. de Patigno m'a mandé la même chose, et quand il est question d'exécuter, de suivre même des projets, je n'en sais rien.

P.-S. — Je vous prie de m'écrire plus souvent et de ne pas épargner les courriers dans des occasions critiques. Mandez-moi tout ce que vous pensez et ce que pense M. de Saint-Estevan.

(Original. Arch. de la Côte-d'Or.)

135. Du même au même.

A Milan, ce 16 janvier 1734.

J'apprends, Monsieur, par les lettres de M. de Liria à M. d'Asfeld, que les troupes d'Espagne s'assemblent à Pise et à Sienne, par celle de M. de Montemar qu'il a ordre du roi d'Espagne de marcher sans délai à la conquête du royaume de Naples.

J'ai l'honneur de commander les armées de France en Italie;

---

1. Imprimée dans Pajol, Guerres sous Louis XV, t. I, p. 371.

j'ai des lettres de M. Patigno par lesquelles j'ai lieu de croire que toutes ces troupes ne peuvent se mouvoir que par ma participation ou du moins sans ma connoissance.

J'ai des lettres de M. de Montemar qui se dit à mes ordres.

Les mesures étoient prises à Sabionnette avec M. de Montemar pour d'autres vues que celles de la conquête de Naples.

Tout change sans que je sois consulté; j'ai eu l'honneur de le mander au roi d'Espagne et au Roi.

En attendant que j'en sache davantage, je raisonnerai ainsi.

Si, comme je le veux espérer, il a des intelligences dans le royaume de Naples, Son Altesse Royale devroit déjà être à la tête de l'armée d'Espagne, marcher droit à la capitale, et tout le temps que l'on a perdu depuis la conférence de Sabionnette doit être regardé comme un grand inconvénient.

Si l'on n'a nulle intelligence dans le royaume de Naples, je ne comprends pas que l'on préfère d'y marcher à la nécessité de bien fermer l'Italie aux Impériaux, et sur tout cela par le zèle que j'ai pour les intérêts de Leurs Majestés Catholiques, je voudrois une conférence avec Son Altesse Royale, M. de Saint-Estevan et M. de Montemar.

Je ne suis point du tout pressé de me mêler d'affaires où je ne suis point appelé, mais je dois craindre de voir prendre des mesures incertaines et peut-être dangereuses.

Je vous prie, Monsieur, de lire cette lettre à Son Altesse Royale. Encore une fois, je ne suis point pressé de me mêler d'affaires où l'on ne m'appelle point; mais avant que vous partiez, je crois très nécessaire que je me rende à Parme, bien que j'aie des affaires ailleurs.

Je vous répète, Monsieur, pour la troisième fois, que je ne suis pas pressé de me mêler d'affaires, mais il est d'une telle conséquence que tout aille bien en Italie, qu'il n'est pas possible que je ne souffre de l'indifférence que les généraux espagnols ont pour moi. M. de Liria a tort de mander à M. d'Asfeld des nouvelles dont il ne me parle point; s'il est à mes ordres, je lui prescrirai ce que je crois nécessaire pour l'intérêt de *ambas coronas;* s'il n'y est pas, je laisserai faire tout ce que l'on voudra.

Je pourrai me rendre le 25 de ce mois à Parme; après ce terme, j'ai d'autres affaires, mais des mesures sont indispensablement nécessaires; j'ai l'honneur d'en écrire très sérieusement à Sa Majesté Catholique.

La marche de l'armée d'Espagne à Naples va déterminer l'Empereur à envoyer toutes ses forces en Italie, premièrement parce qu'elle est perdue pour lui sans un grand effort, et, d'ailleurs, c'est que, l'armée d'Espagne en partie ne tenant pas le Pô, les Impériaux espéreront que je ne puis tenir depuis les Alpes jusqu'au Pô et depuis le Pô jusqu'à la mer, et cela est apparent ; et ensuite qui gardera le Parmesan ?

J'aurois fort approuvé la marche à Naples dans les premiers moments, et je l'approuve encore si l'on y a des intelligences, mais, au nom de Dieu, entendons-nous.

Je vous prie, Monsieur, et M. de Saint-Estevan, que tout ceci soit secret et même mon voyage, que je voudrois concerter avec l'arrivée de M. de Montemar ; mais, cependant, s'il est possible, de n'y aller que le 25 ou le 26 de ce mois.

P.-S. — Je vous répète, Monsieur, que le secret est nécessaire hors pour Son Altesse Royale et M. de Saint-Estevan.

(Original. Arch. de la Côte-d'Or.)

136. *Le marquis de Bissy à Villars.*

A Parme, le 18 janvier 1734.

Monseigneur,

J'ai reçu hier après midi, à trois heures, la lettre que vous m'avez fait l'honneur de m'écrire du 16 de ce mois. M. de Montemar arriva ici deux heures après. A peine fût-il descendu chez lui que j'allai le voir ; je n'y restai qu'un moment, parce qu'il alloit à la cour saluer Son Altesse Royale, et, pour cette raison, il ne fut question de rien entre lui et moi. J'ai été chez lui aujourd'hui, à huit heures du matin, dans le dessein d'attendre ce qu'il me diroit. Comme j'ai vu que la conversation s'allongeoit sans qu'il me parlât de ce que j'avois envie de savoir, je lui ai dit, Monseigneur, que j'allois vous informer de son arrivée ; que je l'en avertissois afin qu'il pût vous écrire s'il avoit quelque chose à vous mander. J'ai été avec lui longtemps ; il m'a parlé sur l'envie qu'il avoit eu de faire le siège de Tortonne et celui de Novare, sur le projet de l'expédition de Piombino et Orbitello ; que, tout cela n'ayant point été agréé, il avoit songé à l'expédition de Naples. Il m'a parlé aussi des prétentions du roi de Sardaigne sur Mantoue, quoiqu'il sût bien qu'il n'est point parlé de cet État pour ce prince dans le traité. Je l'ai trouvé peiné de n'avoir point occupé Guastalla comme il le comptoit lorsque les troupes espagnoles sont venues ici, et que nos troupes leur auroient cédé ce poste, duquel nous avions tiré beaucoup de grains qui manquoient à la Mirandole et dans le Modénois, où il n'y a rien du tout. Tout ce qu'il m'a dit sur cela a duré longtemps, plus sur le ton de conversation que sur celui d'aigreur; mais je crois qu'il est aisé de voir qu'il me parloit comme quelqu'un qui vouloit me faire douter qu'il pourroit avoir lieu de se plaindre. Il m'a dit qu'il avoit disposé son armée de manière que sa gauche s'étendoit du côté de Bologne et la droite à Sienne; que, s'il venoit de ce côté-ci, qu'il étoit également à portée par la gauche de s'approcher; que, s'il n'y venoit pas marchant par sa droite, c'étoit le chemin pour aller à Naples; en plus de deux heures de conversation, je n'ai pu tirer de lui positivement s'il étoit déterminé à la conquête de Naples ni dans quel temps; je lui ai dit comme de moi-même que, puisqu'il étoit arrivé ici, je croyois que rien ne seroit mieux que de se voir et de s'entendre et que quelques heures de conversation avec vous, Monseigneur, à mon avis, étoient d'une nécessité indispensable; mais je ne lui ai pas dit que vous comptiez de venir ici, ayant observé sur cela le secret que vous m'avez recommandé, à l'exception de Son Altesse Royale et de M. de Saint-Estevan, à qui j'ai communiqué votre lettre. Je crois effectivement, Monseigneur, que le voyage que vous méditez de faire ici le 25 ou le 26 est tout ce qu'il y a de mieux et que le plus tôt sera toujours le meilleur. Il sera bon que vous me fassiez l'honneur de m'informer par un courrier du temps précis de votre arrivée, que je ne rendrai publique que suivant vos ordres. J'ai cru devoir laisser dire M. de Montemar et l'écouter plutôt que de répondre et de combattre ce qu'il m'a dit, car il y avoit bien des choses à lui répliquer, quand ce n'auroit été que sur l'inexécution de tout ce dont on étoit convenu à Sabionnette. Je lui ai pourtant dit que l'armée d'Espagne, qu'il disoit ne devoir pas être une armée d'observation, ne pouvoit jamais être réputée pour telle lorsque, dans des circonstances aussi considérables que celles-ci, il étoit question de garder des rivières comme le Pô et l'Adige. La crainte d'éloigner les esprits m'empêche d'ajouter bien souvent beaucoup à ce que je réponds. M. de Montemar a avec lui M. de Las Minas, lieutenant général, et un maréchal de camp dont je ne puis me ressouvenir du nom. M. de Montemar s'est beaucoup étendu avec moi sur son attachement à la France, sur l'agrément et l'utilité d'une pareille union dont il étoit très zélé partisan. Rien n'est mieux lorsque les effets s'ensuivent. M. de Saint-Estevan n'assiste plus aux conversions particulières de l'Infant et de M. de Montemar, dont j'attends la lettre pour faire partir mon courrier.

APPENDICE.

M. de Saint-Estevan me prie, Monseigneur, de vous faire mille compliments. Il a lu, ainsi que moi, la lettre dont vous m'avez honoré hier avec toute l'admiration qu'elle mérite par tout ce qu'elle contient de sagesse et de raison. Je ne prends pas la liberté, Monseigneur, de vous offrir mon couvent, où je loge ici, persuadé que vous me ferez l'honneur d'y venir descendre.

(Minute. Arch. de la Côte-d'Or.)

137. *Du même au même.*

A Parme, le 20 janvier 1734.

Monseigneur,

Quoique M. de Montemar n'ait apparemment pas jugé à propos de me parler de rien depuis la lettre que j'ai eu l'honneur de vous écrire avant-hier, je sais cependant qu'il a fixé le jour du départ de l'Infant au 1er de février. Ce prince partira d'ici en poste avec M. de Saint-Estevan, le capitaine des gardes, qui est D. Lelio Caraffa, le prince Cossini, un gentilhomme de la Chambre, un majordome, un exempt des gardes, un cadet et six gardes. Le reste de sa cour et de ses équipages viendront apparemment ensuite à leurs journées. M. de Montemar précédera le prince et partira avant lui, et je crois être sûr encore par un avis que j'ai de bon lieu que non seulement ce général partira d'ici avant Son Altesse Royale, mais qu'il compte de le faire dans très peu de jours, ce qui me fait prendre le parti, Monseigneur, de vous envoyer encore ce courrier, dont je ne parlerai à personne. Si, dans les suites, j'apprends quelque chose de plus, j'aurai l'honneur de vous en informer. Mais M. de Montemar est très fermé, et M. de Saint-Estevan n'a point été le premier instruit du jour fixé pour le départ.

(Minute. Arch. de la Côte-d'Or.)

138. *Villars au comte de Montemar.*

Milan, le 20 janvier 1734.

Monsieur,

J'apprends, par la lettre que Votre Excellence m'a fait honneur de m'écrire du 18 de ce mois, son arrivée dans ce moment à Parme. Elle veut bien me dire qu'elle se croit dans ce lieu-là en état d'obéir plus immédiatement à mes ordres; je rappelle ces termes pleins de politesse pour lui en marquer ma très vive reconnoissance et l'assurer que je ne puis compter que sur la politesse, n'osant me flatter de la réalité.

Il est certain que le concert est d'une nécessité indispensable pour les plus grands intérêts de nos maîtres.

Je n'ai su les changements dans les premières mesures prises à Sabionnette que parce qu'elle m'a fait l'honneur de me mander qu'elle avoit ordre de marcher sans délai à la conquête du royaume de Naples. Je lui avois laissé la liberté entière de tout ce qu'elle trouveroit convenable. Il me paroît quelques changements dans cette dernière résolution qui ont apparemment suspendu la marche des premiers bataillons, puisque j'apprends, non par sa lettre, mais par quelques bruits, qu'elle compte de mettre la droite de l'armée d'Espagne à Sienne et la gauche à Bologne.

Quoi qu'il en soit, le concert est indispensablement nécessaire, et je compte de me rendre à Parme pour cette raison et pour faire ma cour à Son Altesse Royale, qui n'a été différée que par le siège du château de Milan.

Pour mieux faire connoître à Votre Excellence de quelle nécessité il est que nos mouvements soient concertés, je dois, bien qu'avec peine, lui rappeler les malheurs de la campagne de 1706, dans laquelle, par les fautes des généraux, Sa Majesté Catholique perdit en trois mois le duché de Milan, les royaumes de Naples et de Sicile.

Le prince Eugène partit du pied des Alpes avec une armée de trente-deux mille hommes, passa l'Adige et le Pô, fit plus de soixante lieues de marche sans vivres préparés, passa le Pô encore une fois, la Doire et secourut Turin.

M. le prince Eugène, qui m'a parlé à Rastadt de ce très surprenant succès, me dit qu'il ne l'avoit entrepris, après en avoir représenté tous les obstacles, que sur un ordre précis de l'Empereur de faire périr son armée jusqu'au dernier homme plutôt que de ne pas tenter le secours de Turin.

J'espère bien que Dieu nous garantira de pareils malheurs et qu'il ne permettra pas que je fasse des fautes aussi capitales; mais, encore une fois, il faut que je traite cette matière avec Votre Excellence.

Leurs Majestés Catholiques connoissent mon zèle pour leur gloire et pour leur intérêt, et, qu'après ce que je dois à ceux de mon maître, aucuns ne peuvent m'être plus précieux par les grâces de deux Grandesses[1] dont elles m'ont honoré et l'ordre de

1. Philippe V avait accordé la Grandesse de première classe à Villars et exceptionnellement à son fils. Voir ci-dessous une note sur ce sujet.

la Toison d'or, mais je leur suis encore plus étroitement dévoué par les bontés infinies dont j'ose me flatter qu'elles m'honorent et par tout ce qui m'est revenu de leurs discours sur mon entrée en Italie.

Soyez donc persuadé, Monsieur, qu'il n'y a pas de véritable Castillan auquel je ne veuille disputer d'ardeur et de zèle pour la gloire de leur service et celui de Son Altesse Royale.

Le Roi m'a fait l'honneur de me donner le commandement d'une armée que j'estime invincible. Je respecte la valeur de vos Espagnols. Dieu nous bénira et continuera les bénédictions qu'il a versées sur l'armée, qui n'a pas laissé languir la conquête entière du Milanois.

Mais qu'elle me permette une simple représentation. Vous me faites l'honneur de me dire seulement par politesse que vous êtes à portée d'obéir plus immédiatement à mes ordres; à Dieu ne plaise que j'aie jamais imaginé de vous en donner; mais Votre Excellence se défie d'un général fort dévoué à Leurs Majestés Catholiques, et, grâce à Dieu, assez heureux jusqu'à présent dans ses entreprises, ou elle ne fait pas grand cas de mes conseils, puisqu'elle ne me communique rien.

Pour moi, je compte de me rendre au plus tôt le 27 à Parme, pour prendre des mesures solides avec Votre Excellence, si elle le veut. J'aurai toujours rempli mes premiers devoirs envers Leurs Majestés Catholiques.

(Copie. Arch. de la Côte-d'Or.)

139. *Villars au marquis de Bissy.*

A Milan, le 21 janvier 1734.

J'ai reçu avant-hier, Monsieur, la lettre que vous me faites l'honneur de m'écrire du 18, et dans le moment celle du 20.

Je vous envoie le premier courrier que vous m'avez dépêché et je garde le second pour ce soir; je ne balance point à vous envoyer copie de la lettre que j'écris à M. de Montemar; vous pouvez la montrer à M. de Saint-Estevan, mais je le prie, et vous aussi, de garder le secret, seulement à M. de Saint-Estevan pour faire comprendre à l'Infant de quelle extrême conséquence il est que je concerte les opérations générales avec son général. A Dieu ne plaise que je veuille m'opposer à la conquête de Naples! Je voudrois seulement qu'elle fût bien concertée.

La cour de Turin craint un trop grand concert de la nôtre avec celle d'Espagne, et celle d'Espagne, à laquelle nous sommes et devons être si étroitement liés, n'en a pas une entière avec le général, que le roi et la reine d'Espagne savent bien leur être le plus dévoué.

Encore une fois, Monsieur, beaucoup de secret et de discrétion de la part de M. de Saint-Estevan avec Son Altesse Royale! car, puisque M. de Montemar se cache de M. de Saint-Estevan, il ne faut pas que Son Altesse Royale pense autre chose de mes intentions que la nécessité indispensable du concert, sans lequel on fera peut-être quelque faute capitale.

Je compte de me rendre au plus tard le 26 à Plaisance, où je compte de dîner sur les quatre ou cinq heures du soir, suivant mon ordinaire, et de me rendre le 27 à Parme à la même heure.

(Original. Arch. de la Côte-d'Or.)

140. *Du même au même.*

A Milan, ce 24 janvier 1734.

J'avois espéré, Monsieur, que M. le comte de Montemar trouveroit la lettre, que je vous ai prié de lui faire remettre, digne de quelque attention, au moins d'une réponse.

Je n'en ai pas vu; telle qu'elle eût été, elle n'auroit pas rompu ni retardé mon voyage de Parme.

Je compte d'aller demain à Lodi, mardi 26 à Plaisance. Je vous prie de me faire trouver quelqu'un qui me dise où j'irai descendre; si c'est dans un bon cabaret, je vous prie que l'on avertisse que j'y arriverai à trois heures après-midi au plus tard; mon régime, comme vous savez, est de ne jamais souper; ainsi, je serois bien aise que le cabaret me tienne à dîner prêt à cette heure-là.

Le mercredi 27, j'arriverai chez vous à la même heure, et vous nous donnerez à dîner s'il vous plaît.

Plusieurs des principaux lieutenants généraux et plusieurs jeunes ducs et pairs qui me servent d'aides de camp veulent aller faire leur cour à Son Altesse Royale.

Pour moi, j'en ai la plus vive impatience, et de faire connoître à ce charmant prince un des plus zélés serviteurs de Leurs Majestés Catholiques et de Son Altesse Royale.

(Original. Arch. de la Côte-d'Or.)

141. *Du même au même.*

A Lodi, le 5 février 1734.

Je reçois dans ce moment, Monsieur, le paquet que vous

m'avez adressé pour M. le Garde des sceaux, et j'envoye un de mes gens le porter diligemment à la poste à Milan, pour qu'il puisse partir à une heure après-midi.

Vous ne m'apprenez rien de nouveau de leurs projets.

Ce qui me revient par les nouvelles de Vienne et du Tirol, c'est que Mercy[1] arrive incessamment et que les premiers projets des ennemis sont de passer le Pô près de son embouchure.

M. de Saint-Estevan, ou, pour mieux dire, M. de Montalègre, aura vu, par la lettre à cachet volant que vous lui avez mandée, que j'ai fait voir au général espagnol les périls des états de Parme et de Plaisance; est-il possible que le roi d'Espagne veuille les laisser exposés aux Impériaux?

Je ferai ce que je pourrai pour les mettre un peu à couvert; mais cela m'est impossible si les Impériaux amènent en Italie toutes les forces qu'ils publient.

(Original. Arch. de la Côte-d'Or.)

142. *Du même au même.*

A Milan, ce 8 février 1734, à dix heures du matin.

Votre courrier arriva hier, Monsieur, à minuit, et vous me pardonnerez, aussi bien qu'à lui, l'ordre que je lui ai donné d'aller bien dormir et de me laisser faire la même chose.

Je ne vous écris donc que ce matin. Le Roi auroit fort voulu qu'il y eût plus de concert entre M. de Montemar et moi, mais il faut toujours faire croire qu'il est entier. Je vous prie de me donner des nouvelles de l'Infant, de son voyage, de ce que vous apprendrez de leurs mouvements; pour moi, dès qu'ils sont partis, je ne puis que bien recommander la diligence pour avoir des ponts sur le Pô incessamment.

Tranquillisez bien nos bons amis les Parmesans et les assurez que je ne les abandonne pas.

(Original. Arch. de la Côte-d'Or.)

143. *Du même au même.*

A Milan, le 11 février 1734, à quatre heures du soir.

Les nouvelles, Monsieur, que j'apprends de M. de Broglio sont si surprenantes que je dépêche dans ce moment ce courrier pour

---

1. Le comte de Mercy, maréchal autrichien.

vous prier de retenir les lettres que je vous ai écrites ce matin et d'attendre celles que vous portera un courrier qui partira dans deux heures et qui ira droit à vous. Les ordres d'abandonner Revere, la Mirandole et les états de Parme et Plaisance sont tous surprenants. Vous ne m'avez pas mandé que l'on avoit démeublé Parme et fait porter à Gênes tout ce qu'il y avoit de plus précieux. L'avez-vous ignoré? Mes avis sont-ils faux? Je vous demande, Monsieur, courrier sur courrier; rien n'est si important que les avis prompts dans la conjoncture présente. Surtout retenez les lettres que je vous adressois pour l'Infant et pour ses ministres, attendu que ce que j'apprends par M. de Broglio ne pouvoit jamais se prévoir.

(Original. Arch. de la Côte-d'Or.)

144. *Du même au même.*

A Milan, ce 11 février 1734.

Je vois, Monsieur, par votre lettre du 9e au soir, que l'on ôte le peu de troupes qui étoient restées dans votre voisinage, conduite la plus surprenante que l'on puisse jamais imaginer. Je vous prie de faire passer diligemment à S. A. R. la lettre que j'ai l'honneur de lui écrire par laquelle il verra que, bien loin de retirer des troupes, toutes les raisons doivent porter à en envoyer.

Il est bizarre que, lorsque je mande à M. de Montemar que je ne puis garder le Pô depuis la mer jusqu'à Guastalla et tenir le pays qui est entre les Alpes et le Pô, il retire encore le peu de troupes qu'il y avoit laissées. Et que disent vos Parmesans d'une pareille conduite? Elle est si surprenante qu'elle produit divers raisonnements très mauvais pour les intérêts de l'Infant, auquel j'envoie l'état que je reçois dans ce moment des troupes qui marchent en Italie, qui sont l'élite de tout ce qu'il y a de meilleur.

Croyez-vous que le prince Eugène envoie en Italie l'élite des troupes et qu'il veuille aller sur le Rhin? Pour moi, Monsieur, je n'ai rien à me reprocher. Il n'y a qu'à prendre patience.

(Original. Arch. de la Côte-d'Or.)

145. *Du même au même.*

A Milan, ce 12 février 1734.

Je vous dépêchai hier un courrier, Monsieur, avec ordre de

faire la plus grande diligence pour vous prier de me renvoyer les lettres que j'avois l'honneur d'écrire à S. A. R., à MM. de Saint-Estevan, de Montalègre et de Rottembourg; en voici une nouvelle et très différente de celle que j'écrivois.

Le comte de Broglio ne vouloit pas ajouter foi à l'abandon de Revere et de la Mirandole, parce que vous ne lui en mandiez rien; comme vous ne m'en aviez rien mandé aussi, je vois bien que vous l'avez ignoré.

Je crois que vous devez différer votre départ au moins d'un jour, pour voir un peu quelles sont les mesures que l'on prend à Parme et à Plaisance et offrir mes secours à M. le général espagnol qui est demeuré pour y commander, car, bien que la conduite de M. de Montemar soit des plus surprenantes, nous ne devons pas l'imiter et manquer jusqu'à l'extrémité à l'attention que nous devons au service de l'Infant, auquel je vous prie d'envoyer ma lettre par un courrier. Nous verrons ce qu'il veut que je fasse pour la conservation de ses états; mandez-moi ce que vous pensez de tout ce que vous voyez. Je crois que M. le Garde des sceaux en sera très étonné et bien affligé; je ne vous en cache point mes peines et qui me font passer de très mauvaises nuits.

L'on me confirme encore dans ce moment que les médailles et ce qu'il y a de plus précieux à Parme dans les meubles de l'Infant ont été envoyées à Gênes. Je crois bien que l'on s'est caché de vous, puisque vous ne m'en avez rien mandé.

Quand je vous priois hier de m'envoyer courrier sur courrier, c'est que les nouvelles sont très importantes et qu'il est bien nécessaire que vous m'informiez très exactement de tout ce qui se passe pour la sûreté des états de Parme et de Plaisance. Et, comme j'ai l'honneur de vous le dire, deux jours de séjour de plus à Parme me paroissent bien nécessaires pour vous mettre bien au fait de tant de choses très nécessaires de démêler.

(Original. Arch. de la Côte-d'Or.)

146. *Le marquis de Bissy au maréchal de Villars.*

A Parme, le 13 février 1734.

Monseigneur,

J'ai reçu cette nuit, par le courrier que vous m'avez envoyé, la deuxième lettre que vous me faites l'honneur de m'écrire du 1? avec les trois qui y étoient jointes. J'ai été ce matin chez

M. D. Barthélemy de Ladron, qui est l'officier général commandant dans Parme et Plaisance, que je croyois même parti dès mercredi pour une tournée qu'il devoit faire. Il m'a dit qu'il avoit, en effet, ouï dire que les troupes espagnoles qui étoient à la Mirandole, Revère et autres postes devoient marcher en Toscane, mais qu'il ne savoit rien, ni par M. de Montemar ni par M. de Liria; qu'actuellement même, lesdites troupes n'étoient point encore parties et occupoient les mêmes postes. Il m'a ajouté que M. de Montemar lui mandoit qu'il alloit lui envoyer des instructions, mais qu'il ne les avoit point encore reçues. Vous croyez bien, Monseigneur, que j'ai été fort surpris lorsqu'il m'a répété plusieurs fois que les troupes espagnoles n'étoient point parties. Je n'ai pas manqué de lui offrir votre secours pour la sûreté des états de S. A. R., et je crois n'avoir rien oublié pour lui faire sentir que votre zèle et vos procédés vont toujours au fait et au bien, sans vous arrêter ni mesurer vos démarches à ce que l'on pratique à votre égard. M. de Ladron, qui est honnête homme, avec la réputation d'un homme de guerre, m'a paru sensible et touché de vos attentions. Je suis convenu avec lui qu'aussitôt qu'il apprendroit par M. le duc de Liria, qui est encore à Bologne, ou par quelqu'autre voie, le départ des troupes espagnoles, il vous en avertiroit sur-le-champ, Monseigneur, afin que vous ayez la bonté de donner vos ordres pour occuper ces postes, lesquels ne l'étant point, tout ce pays est découvert et, qui plus est, généralement tout le Pô. Il s'entendra avec M. le comte de Broglie aussi, suivant les ordres qu'il recevra de vous. Vous m'ordonnez, Monseigneur, de vous mander ce que je pense de ce que je vois; vous aurez pu voir, par ma lettre d'hier, mon étonnement et une sorte de crainte qu'il faut éloigner de son esprit de peur d'aller trop loin. Trop heureux si je peux me conformer à votre sagesse! Et vous savez, Monseigneur, de quelle importance il est que le Pô ne soit point abandonné, si faire se peut.

Sur ce que M. de Ladron m'a dit, j'ai différé d'envoyer un courrier à Florence porter vos trois dernières lettres, soupçonnant qu'elles s'expliquent peut-être dans l'idée que la Mirandole et les autres postes sont abandonnés par les Espagnols, et que, ne l'étant point encore actuellement, et M. de Ladron ne sachant point s'ils le seront ou s'ils ne le seront pas, j'ai cru devoir vous renvoyer toutes vos lettres au cas que vous vouliez y changer quelque chose; vous pourrez me les renvoyer demain dans la journée, et, sur-le-champ, j'en ferai l'usage que vous me marquerez. Le pis aller, c'est que, par le parti que je prends de vous renvoyer lesdites lettres, cela ne peut les retarder que de quinze ou dix-huit heures. Dans le moment, je viens d'envoyer une personne sûre comme moi-même qui a vu tous les meubles du palais, tous les tableaux et toutes les médailles en place tels que vous les avez vus vous-même. M. de Saint-Estevan, ainsi que j'ai eu l'honneur de vous le mander, m'a dit qu'on n'emportoit que les diamants.

Au lieu de partir demain, je ne partirai que lundi, 15 de ce mois, et pourrai encore recevoir ici demain votre réponse. Je crois, Monseigneur, qu'il est même bon que je m'approche du lieu où je serai plus à portée qu'ici de vous informer de ce que je pourrai découvrir. Je crois bien que vous passez de mauvaises nuits et crains beaucoup que cela n'altère votre santé si précieuse.

(Minute. Arch. de la Côte-d'Or.)

147. *Villars à M. de Montemar.*

A Turin, le 25 février 1734.

Monsieur,

Je reçois dans le moment la lettre que Votre Excellence m'a fait l'honneur de m'écrire, du 21 de ce mois.

Je suis très sensible à toutes ses politesses, mais, comme je fais profession de vérité, je ne lui cacherai rien de tout ce qui s'est passé sur la retraite des troupes d'Espagne.

M. le comte de Broglio, lieutenant général, me mande qu'il apprend, par une très petite lettre de M. de Sayre, brigadier des troupes d'Espagne et commandant sur le Pô et à la Mirandole, écrite à M. de Valence, commandant à Guastalla, qu'il a reçu ordre de M. le duc de Liria de se retirer le jour d'après ; qu'ainsi il lui en donne avis, sans qu'il paroisse la moindre lettre de M. de Liria pour aveu des généraux de France, sans rien concerter des mesures que l'on peut prendre pour occuper les mêmes postes, enfin pour le concert le plus ordinaire entre alliés qui sont dans le voisinage des ennemis ; et cela arrive peu de jours après l'entrée du maréchal de Mercy dans Mantoue.

Je laisse à Votre Excellence à juger si une pareille conduite ne suffit pas pour répandre dans le public que l'Espagne est réconciliée avec l'Empereur.

Cela fut publié dans Milan le jour d'après.

M. le comte de Broglio, très habile lieutenant général, voyant le Pô abandonné par vos troupes et n'ayant point de pont sur cette rivière, retire toutes ses troupes, puisque M. de Mercy, avec une quantité prodigieuse de bateaux qu'il a à Mantoue, peut faire passer trois ou quatre mille hommes et enlever celles qui sont à Saint-Benedetto et à Revere, surtout la Mirandole étant abandonnée, car cette dernière place est occupée par vos troupes; celles qui sont sur le Pô peuvent toujours s'y retirer.

Je demande encore une fois à Votre Excellence si une pareille conduite, sans m'en donner aucun avis, ne me donne pas de très justes sujets de surprise et même de plaintes, et je ne cacherai pas à Votre Excellence que je les ai portées au Roi mon maître.

Cependant, pour n'avoir rien à me reprocher jusqu'à ce que je fusse informé, non des intentions de Leurs Majestés Catholiques, puisque je n'ai jamais balancé sur la ferme opinion où j'étois de leur liaison bien véritable et solide avec le Roi, je n'ai pas balancé, dis-je, de donner ordre au comte de Broglio d'occuper Revere, la Mirandole et Saint-Benedetto et rassurer Messieurs de Parme et de Plaisance que je n'oublierai rien pour les garantir des Impériaux; quand je leur mande que je n'oublierai rien, c'est autant qu'il sera en mon pouvoir, parce que, M. de Mercy ayant une armée au moins de soixante-cinq mille hommes avec ce qui est dans Mantoue, Votre Excellence croit bien que je ne me chargerai pas de tenir le Pô depuis la mer Adriatique jusqu'à Guastalla et tout le pays qui est depuis Guastalla jusqu'aux montagnes des Alpes. Je l'ai mandé à Votre Excellence; mais, lorsque je l'ai vue marcher à la conquête de Naples, je n'ai pas douté que ce ne fût à la faveur de quelque intelligence dans le royaume, puisque cette conquête paroît plus possible en fermant l'Italie aux Impériaux qu'en laissant aux peuples que vous allez conquérir la crainte de voir l'armée de l'Empereur passer le Pô.

Les amis que vous y trouverez pourront n'être pas bien fidèles. C'est à Votre Excellence à en juger par ses connoissances sur la guerre. Les miennes ne me porteront pas à ne douter jamais de rien. J'ose me flatter que Leurs Majestés Catholiques m'honorent de quelque confiance; mais, en vérité, quitter ce que je suis convenu avec Votre Excellence qu'elle feroit occuper, sans que j'aie le moindre avis, ne me paroît pas entièrement conforme à l'intelligence qui doit être entre les couronnes; je n'ai jamais espéré qu'aucunes de vos troupes fussent à mes ordres, mais je n'ai jamais appréhendé qu'elles se séparassent de nous sans m'en donner la moindre connoissance.

(Original. Arch. de la Côte-d'Or.)

148. *Villars au marquis de Bissy.*

A Turin, le 25 février 1734.

Je reçois, Monsieur, une lettre de Son Altesse Royale et une de M. de Montemar, qui me paroît bien étonné que l'on ait pu répandre quelques bruits à Milan et ailleurs d'une réconciliation de l'Espagne avec l'Empereur. Comment peut-il imaginer que les bruits ne fassent pas impression, quand les troupes d'Espagne abandonnent la Mirandole, Revere, le Pô et tous les postes qu'elles occupoient sur cette rivière, laissant Parme et Plaisance sans troupes? L'on peut dire sans troupes, puisque trois ou quatre cents hommes dans les citadelles de Parme et de Plaisance ne s'appellent pas des troupes, et tout cela sans concerter avec le général de l'armée de France et les officiers généraux qui commandent dans leur voisinage.

M. le comte de Broglio, lieutenant général, homme de beaucoup de mérite, ne croit pas avoir d'autre parti à prendre que d'abandonner Saint-Benedetto.

Je vous envoie, Monsieur, copie de la lettre que j'écris à M. de Montemar; je vous prie de la communiquer à M. de Saint-Estevan.

C'est par zèle pour Leurs Majestés Catholiques et pour Son Altesse Royale que j'ai renvoyé des troupes dans tous les lieux abandonnés, au hasard de tout ce qui en peut arriver et pour tranquilliser les états de Parme et de Plaisance.

Je vous prie, Monsieur, que j'aie souvent de vos nouvelles, car je ne puis plus compter sur la correspondance avec les généraux d'Espagne après une conduite aussi surprenante que celle qu'ils ont eue avec moi.

Je vous prie même de m'envoyer des courriers quand vous le trouverez nécessaire, et si Son Altesse Royale ne veut plus renvoyer de troupes du côté du Pô.

P.-S. — Vous comprenez bien, Monsieur, qu'il est d'une extrême conséquence de presser S. A. R. d'envoyer incessamment des troupes pour garder ses états de Parme et de Plaisance et de mander à qui Leurs Majestés Catholiques ont confié la conservation d'un pays aussi considérable; vous m'avouerez du moins que, si je n'avois pas renvoyé des troupes sur le Pô, M. de Mercy pourroit en avoir dans Parme et dans Plaisance. Veulent-ils exposer ces pays-là pour se plaindre de moi, si je ne les garde pas? Tout cela est fort extraordinaire.

(Original. Arch. de la Côte-d'Or.)

149. *Du même au même.*

A Milan, ce 2 mars 1734.

En vérité, Monsieur, j'ai répondu à M. de Montemar, qui ne m'avoit point écrit, et manqué de répondre à M. de Montalègre. Je vous prie de raccommoder tout cela avec M. de Montalègre, que j'honore infiniment. Vous aurez bien examiné la copie de ma lettre, que je ne vous ai envoyée que pour cela; faites-y encore vos réflexions avec M. le comte de Saint-Estevan et M. de Montalègre. Il est encore temps; avez-vous des intelligences dans le royaume de Naples? le prendrez-vous avec dix-sept mille hommes? encore une fois, vous avez ma lettre, faites-y le plus de réflexion que vous pourrez, car je ne puis vous en dire davantage.

Les Impériaux auront avant la fin de ce mois bien près de soixante-cinq mille hommes.

Conservez-moi toujours l'honneur de vos bonnes grâces; mille et mille compliments à M. de Saint-Estevan; faites toujours bien ma cour à S. A. R., et donnez-moi de vos nouvelles le plus souvent que vous pourrez.

J'ajouterai, Monsieur, qu'il est bien important que vous lisiez ma lettre à S. A. R. en présence de MM. de Saint-Estevan et de Montalègre, et de dire à ce prince que, s'il y avoit eu quelques généraux à Mantoue, même les moins expérimentés, dans le temps que les troupes espagnoles ont abandonné le Pô, certainement les généraux auroient pu faire occuper les mêmes postes et de là s'emparer des villes de Parme et de Plaisance et de tout ce riche pays, que l'on n'auroit pu en rien imputer au comte de Broglio, très excellent officier général, d'avoir retiré aussi ses troupes dès qu'il voit les Espagnols s'en aller, par la raison que, n'ayant point de pont sur le Pô, il ne lui étoit pas possible de secourir tous ces postes, au cas que les ennemis vinssent les attaquer; qu'encore une fois, s'il y avoit eu à Mantoue quelque général un peu capable ou informé, certainement il auroit eu le temps de les occuper, puisque la Mirandole a été abandonnée le 11 février et que le pont sur le Pô n'a été fini que le 2 mars.

J'ai eu l'honneur de dire à S. A. R. que, si l'on avoit des intelligences dans le royaume de Naples, on n'auroit pas dû perdre deux mois; si on n'en a aucunes, il est encore temps de revenir garder le Pô. Il n'y a que ce seul moyen de rendre la conquête de Naples bien certaine, puisque nous empêcherons les ennemis de passer le Pô, et que, par ce moyen aussi, les états de Parme et de Plaisance ne seront exposés à aucun péril.

Faites faire de sérieuses réflexions à S. A. R. sur des choses aussi importantes; je vous répète que les Impériaux arrivent en force, et incessamment ils auront soixante-cinq mille hommes en Italie.

Je ne doute pas que S. A. R. se ressouvienne du très beau mémoire de M. le Garde des sceaux, que j'ai eu l'honneur de lui lire, qui contient à peu près les mêmes choses que je vous dis.

(Original. Arch. de la Côte-d'Or.)

150. *M. de Campredon à M. le maréchal de Villars.*

Le 13e mars 1734.

Monseigneur,

J'ai déjà eu l'honneur de vous rendre compte de la réponse que l'envoyé d'Espagne avoit faite à ce que je lui dis par votre ordre, touchant la convention de Sabionnette et les fourberies du colonel Rieza, qui continue d'enrôler nos déserteurs et de les débaucher au moyen des émissaires qu'il a sur toutes les avenues de l'état de Gênes. Comme je suis extrêmement sensible au préjudice que cette indigne manœuvre porte au service du Roi, j'avois écrit en même temps à M. de Bissy pour le prier d'en parler à M. le comte de Montemar, afin qu'il donnât des ordres convenables audit Rieza. M. de Bissy me marque qu'il a passé cet office et que les ordres ont été expédiés d'une manière à faire cesser ce désordre, me priant néanmoins de l'informer de ce qui en est pour faire des remercîments ou de nouvelles plaintes. Je n'ai pas manqué de le dire aussitôt à l'envoyé d'Espagne et de lui faire entendre que j'espérois qu'enfin le Sr Rieza ne prendroit plus nos déserteurs. Cet envoyé a répondu qu'il n'avoit aucune connoissance du prétendu ordre que je lui annonçois, et hier encore on embarqua cinq déserteurs Piémontois sur le pinque d'Espagne, et la semaine passée vingt-huit à vingt-neuf des nôtres. Il y a plus que tout cela, Monseigneur : ce misérable vendeur de chair humaine se vante tout publiquement qu'au passage de M. de Montemar ici, lui ayant demandé s'il continueroit d'enrôler des François et de les envoyer en Espagne, le général lui avoit répondu affirmativement, et que, Rieza ayant insisté sur un ordre par écrit, il avoit ajouté qu'il pouvoit le faire sur sa parole et n'avoir dans la suite aucun égard aux ordres contraires qu'il pourroit lui envoyer par écrit, parce qu'ils ne seroient que pour la forme. J'explique tout ceci à M. le marquis de Bissy, afin qu'il éclaircisse ce fait, qui me paroît fort extraordinaire, étant certain d'ailleurs que, quelques promesses que fasse la République de Gênes, et quelques mesures qu'elle puisse prendre, la désertion continuera aussi longtemps que ce misérable continuera son inique métier. Je renouvellerai demain mes instances pour la conclusion d'un cartel, mais je n'ai pas voulu perdre un moment de temps à me donner l'honneur, Monseigneur, de vous rendre compte de tout ce que dessus.

J'ajouterai qu'étant hier chez Mme la princesse de Modène, et la conversation étant tombée sur l'approche des Allemands et sur la manière de penser du duc de Modène, son beau-père, elle me fit l'honneur de me dire qu'il seroit à souhaiter que vous mettiez au plus tôt des troupes dans son état, et le prince qui étoit présent en convint aussi. Cette princesse me charge même de vous en informer de sa part, ajoutant qu'aussitôt qu'elle sauroit vos intentions là-dessus, elle vous expliqueroit les siennes.

(Copie. Arch. de la Côte-d'Or.)

151. *Villars au marquis de Bissy.*

A Milan, le 13 mars 1734.

Je reçois, Monsieur, la lettre que vous me faites l'honneur de m'écrire du 7e mars à dix heures du soir, par laquelle j'apprends que S. A. R. a divers avis que le général de Mercy a mandé au vice-roi de Naples qu'il lui offroit sept mille hommes de ses meilleures troupes; je crois qu'on les peut offrir, et je ne doute pas qu'elles ne soient acceptées.

Mais vous voyez bien que, passant le Pô à son embouchure, ce que personne ne peut empêcher, et suivant le bord de la mer Adriatique, elles ne peuvent arriver dans le royaume de Naples que fort exposées à l'armée de S. A. R.; vous n'avez qu'à jeter les yeux sur la position de cette armée marchant à Naples pour être convaincu de cette vérité.

Si l'on me disoit que M. de Mercy, quand il aura toute son armée, laquelle sera de soixante-cinq mille hommes au moins, ne puisse pas faire marcher vers Naples un corps très considérable, je n'en disconviens pas; alors nous verrons ce qui se pourra faire pour le service de S. A. R., auquel je suis assurément bien dévoué.

Je vous avoue que, lorsqu'il a dépendu de nous, en suivant les projets du 7 décembre, de fermer non seulement le Pô, mais d'empêcher la sortie des Alpes à tous les Impériaux, je suis affligé, et j'ose dire que Leurs Majestés Catholiques devroient m'honorer d'un peu plus de confiance et se souvenir de ce qui s'est passé en 1706.

La perte du Milanois a entraîné en trois mois celle de Naples et de la Sicile. La conquête du Milanois, en cinquante jours, ne pouvoit-elle faire espérer celle de ces deux royaumes? Je l'ai pu, et me voilà présentement à une guerre défensive que je hais fort et que je n'ai jamais faite; peut-être ne m'y réduirois-je pas sans avoir tenté quelque offensive.

Je reçois dans ce moment, par un courrier du Père Ascanio, des lettres de M. de Patigno et du comte de Rottembourg, du 23 février, et il y en a une de ce dernier pour vous, que je vous envoie avec une autre pour M. de Saint-Aignan.

Leurs Majestés Catholiques avoient reçu le mémoire que j'ai eu l'honneur de donner à S. A. R. Elles paroissent l'avoir lu avec bonté, mais rien ne peut réparer la faute de n'avoir pas marché au Pô avec les troupes d'Espagne, puisque nous fermions l'Italie entière aux Impériaux, car les succès inopinés depuis la conférence de Sabionnette me mettoient à portée d'aller aux pieds des Alpes occuper Roveredo et même marcher à Trieste; il est vrai que je ne pouvois pas m'attendre que les châteaux de Milan, puisqu'il y en a trois l'un dans l'autre qui pouvoient se défendre deux mois comme deux jours, seroient pris en neuf jours de tranchée ouverte, Novarre et Arona en trois, les villes et châteaux de Tortone en six, et les forts de Ceravalle et de Fuentes en deux fois vingt-quatre heures, et les généraux qui y commandoient et les garnisons prisonniers de guerre.

Tout cela est arrivé, et S. A. R. auroit passé le Pô à Revere à la tête de l'armée d'Espagne et seroit allée à Trieste; j'aurois eu l'honneur de l'y suivre, et le roi de Sardaigne seroit allé à Roveredo.

Tous ces projets-là, je ne pouvois pas les former à Sabionnette, parce qu'on ne s'attend point à des miracles, mais alors le royaume de Naples seroit tombé de lui-même; il faut éviter les regrets, M. le Marquis, cependant ceux-là me font une très vive impression.

Je vous demande mille compliments pour M. de Saint-Estevan et M. le marquis de Montalègre; ayez la bonté de leur lire ma lettre, ne voulant rien avoir de caché pour eux.

(Original. Arch. de la Côte-d'Or.)

152. *Villars au marquis de Bissy.*

A Milan, le 17 mars 1734.

Par ma foi, Monsieur, je ne sais pas le moindre petit mot de tout ce que fait l'armée d'Espagne, et assurément vous laissez votre serviteur dans une très grande ignorance.

L'on dit à Milan que votre armée marche très lentement tantôt à droite, tantôt à gauche; pour moi, j'ai cru que vous alliez rapidement trouver quelques amis qui vous attendoient avec impatience; personne ne vous tend-t'il les bras? Je ne puis que m'affliger de n'avoir pas été cru : je vous assure qu'il ne seroit pas sorti un Allemand des Alpes.

Je vous envoie la copie de la lettre de M. de Campredon, laquelle est affreuse, sur ce malheureux Rieza.

(Original. Arch. de la Côte-d'Or.)

153. *Du même au même.*

Au camp de Colonna, ce 20 mars.

J'ai si peu de temps à vous écrire, Monsieur, par les courriers que je suis obligé de dépêcher à la Cour et à Milan, et parce que l'on me dit que l'ordinaire de Rome part dans ce moment, que vous serez obligé de lire mon écriture. Je n'ai reçu que le 20 vos lettres du 13; mon courrier a été arrêté à Rome, celui de M. de Saint-Aignan n'a pas fait diligence et s'est moqué des raisons de guerre. Je m'attache à tenir le Pô entier; le service de S. A. R. est toujours mon premier objet. On ne me donne pas le temps de vous en dire davantage.

Vous connoissez, Monsieur, les sentiments avec lesquels je vous suis dévoué.

P. S. — Envoyez-moi, s'il vous plaît, des courriers et directement à moi. Vous savez bien que la guerre que je fais est liée à la vôtre.

Que vos courriers ne s'amusent pas en chemin. J'envoierois vos dépêches à la Cour sur-le-champ par les miens, rien n'est si nécessaire que cette diligence. Je trouve votre armée séparée en trois ou quatre corps, et même cinq; selon mes faibles lumières *vis unita fortior*. Encore une fois, Monsieur, des courriers, puisque je règle mes dispositions sur vos opérations et qu'une journée à la guerre est importante.

(Original autographe. Arch. de la Côte-d'Or.)

154. *Du même au même.*

Au camp de Colorno, le 6 avril 1734.

J'apprends, Monsieur, par votre lettre du 25, votre marche jusqu'à Frosinone[1] et que les sindics et députés de Saint-Germain[2] et du Mont-Cassin étoient venus à l'obédience de Son Altesse Royale, à laquelle je dépêche le courrier pour avoir l'honneur de lui apprendre la marche de l'armée du Roy, sur les avis contenus dans la dépêche de M. le comte de Broglio que je lui envoye avec ma réponse, du dessein des Impériaux d'envoyer vingt-cinq mille hommes au secours du royaume de Naples; de telles nouvelles ne m'ont pas permis de leur en laisser les moyens, et, quoique ma santé ne soit pas bonne, je suis venu établir mon quartier général à Colorno, ayant, sur les premiers avis du comte de Broglio, fait marcher trois mille chevaux le long du Pô, jusqu'à hauteur de Ferrare. Le mouvement a commencé par ralentir ceux des Impériaux, et Son Altesse Royale sera bien persuadée de ma plus vive attention pour l'honneur de son service.

Mille compliments à Mrs de Saint-Estevan et de Montalègre; je les prie de faire un peu ma cour à leurs Majestés Catholiques et de leur faire connoître que, si la conquête du Milanais a été si prompte, au moins n'a-t-elle pas été inutile aux intérêts de Son Altesse Royale.

(Original. Arch. de la Côte-d'Or.)

155. *Le marquis de Bissy à Villars.*

A Averse, le 13 avril 1734.

Monseigneur,

J'ai reçu la lettre que vous me faites l'honneur de m'écrire du 6 de ce mois, de Colorno, et j'ai remis aussitôt à S. A. R. celle que vous m'adressez pour lui. Ce prince est très persuadé de l'attention que vous aurez, Monseigneur, à empêcher, autant qu'il vous sera possible, que les ennemis ne portent un secours dans ce pays-ci. S. A. R. et M. de Montemar sentent bien que c'est le point décisif, puisqu'en quelque manière, comme je leur ai dit à l'un et à l'autre, c'est par la Lombardie que se fera la conquête de ce royaume, car je suis persuadé que les ennemis tenteront

---

1. Bissy devait suivre l'Infant dans sa marche sur Naples.
2. San-Germano, ville au pied du mont Cassin.

tout, jusqu'à l'impossible, pour y pénétrer; M. de Montemar m'en paroît très convaincu, et, en effet, les Impériaux n'ont rien de plus essentiel. Cet après-diner, MM. les marquis de la Mina et duc de Castropignano sont partis avec 2,300 chevaux, parmi lesquels sont les carabiniers et 2,000 grenadiers pour poursuivre le Vice-roi, qui a près de 5,000 hommes avec lui; je leur ai conseillé, Monseigneur, de vous donner de leurs nouvelles directement et en diligence, suivant les cas qui pourront leur arriver, parce que vous les aurez bien plus tôt que de vous les mander d'ici quand elles y seront venues. Ils m'ont paru trouver ma raison bonne et m'ont promis de suivre mon avis. Le comte Charny, avec cinq bataillons, est devant les châteaux de Naples; les peuples de cette ville ont été transportés de joie de voir les troupes espagnoles. M. le comte de Marsillac est aussi devant Baja depuis aujourd'huy, et M. de Châteaufort, avec 1,500 chevaux, est répandu aux environs de Gaëte et de Capoue. Par cette disposition, vous jugerez, Monseigneur, que c'est tout ce que M. de Montemar peut faire quant à présent. Je regarde comme un grand avantage pour tous d'avoir la noblesse et les peuples déclarés en notre faveur à un point qu'on ne peut exprimer. Voilà tout ce que je puis avoir l'honneur de vous mander présentement; l'éloignement, joint à ce qu'il n'y a pas de route de poste d'ici à Rome, est cause que les lettres ne peuvent jamais arriver de fraîche date; j'aurai l'honneur de vous informer de ce qui se passera. J'attends la réponse de S. A. R. pour renvoyer ce courrier à M. le duc de Saint-Aignan.

Je suis bien fâché d'apprendre, par la lettre dont vous m'honorez, que votre santé ne soit pas bonne et je vous supplie, Monseigneur, de me faire l'honneur de m'en donner des nouvelles; je me flatte que vous ne doutez pas de tout l'intérêt que j'y prends, indépendamment de la conjoncture présente où vous êtes si nécessaire. M. de Saint-Estevan et M. de Montalègre, qui vous font leurs très humbles compliments, n'oublient certainement rien de toute la justice qu'on doit vous rendre en Espagne comme partout ailleurs, et je puis vous assurer que S. A. R. est aussi persuadée que je le suis de votre attachement et de votre zèle pour ses intérêts : il m'en parle souvent, et, même hier au soir, je l'en ai vu bien persuadé, et je vous assure qu'il y est très sensible.

(Minute. Arch. de la Côte-d'Or.)

156. *Villars au marquis de Bissy.*

Au camp de Colorno, le 23 avril 1734.

Nous voici, Monsieur, au 23ᵉ avril, et nous n'avons aucune nouvelle de tout ce que vous faites à Naples ; je vous ai prié, par mes dernières lettres, de ne pas épargner les courriers, parce que, de la tranquilité où nous serons pour vos conquêtes, peut dépendre des mouvements importants pour les armées que j'ai l'honneur de commander. Je vous prie donc encore une fois de ne pas épargner les courriers ; défendez-leur de s'arrêter à Rome.

Je ferai passer vos lettres à la Cour par mes courriers ; ainsi la diligence sera telle que l'exige l'état des affaires.

Les ennemis ont présentement plus de 60,000 hommes, et toutes les nouvelles, depuis hier, assurent qu'ils veulent tenter un passage sur le Pô.

Je n'oublie rien pour l'empêcher. Je vous prie de faire bien ma cour à S. A. R.

Mille compliments à M. de Saint-Estevan et à M. de Montalègre ; les lettres dont Leurs Majestés Catholiques m'honorent me chargent de la conduite des guerres d'Italie ; du moins, il y a qu'elles veulent bien mettre S. A. R. et son armée sous ma direction. Ces termes-là me font trop d'honneur. Ainsi, Monsieur, je vous prie de les garder pour vous. Cependant, comme je compte fort sur l'amitié de M. de Saint-Estevan et de M. de Montalègre, vous pourrez leur en faire part.

Je vous prie de vouloir bien m'informer si ce que l'on publie de l'extrême foiblesse de votre armée est fondé : toutes les lettres qui en arrivent ne la font pas forte de plus de 13 à 14,000 hommes.

(Original. Arch. de la Côte-d'Or.)

157. *Du même au même.*

Au camp de Colorno, le 30 avril 1734.

Il est, Monsieur, le 30ᵉ avril, sans avoir jusqu'ici la moindre petite nouvelle du royaume de Naples depuis celles du 13. Comme elles m'intéressent très vivement, par la liaison qu'elles ont avec les mouvements de l'armée du Roi, je vous supplie de croire que je les attends avec la plus vive impatience ; je vous ai prié de ne pas épargner les courriers, ne les épargnez donc pas.

L'intérêt de S. A. R. m'a obligé à des situations très dangereuses et desquelles je n'ai été garanti que par la maladie de M. de Mercy, les divisions entre les généraux qui sont après lui ou leur ignorance dans la guerre. Tout cela, Monsieur, est très ennuyeux. Les nouvelles, dans l'état où vous êtes, ne laisseroient pas de me tranquilliser; je me placerois peut-être différemment. Ainsi, Monsieur, n'épargnez pas les courriers : ils sont plus importants que vous ne pouvez croire.

Mille compliments à M. le comte de Saint-Estevan et à M. le marquis de Montalègre. Je vous assure que vous me donnez bien des soucis depuis Parme; croyez-vous donc qu'il soit très aisé de tenir tout le pays, depuis la tête de l'Oglio jusque vers le bas Pô? Pour celui-là je n'y puis plus atteindre; je tâcherai de les combattre à la première occasion. Je puis bien dire que le service et l'intérêt de S. A. R. me donne beaucoup de tribulations.

(Original. Arch. de la Côte-d'Or.)

158. *Le marquis de Bissy à Villars.*

A Averse, le 5 mai 1734.

Monseigneur,

Le fort de Castel-Novo, pour cette fois, est aux abois, et personne ne croit ici qu'il ne se rende pas demain, la difficulté de placer des batteries, de manière qu'elles n'endommageassent point les maisons de la ville de Naples, a été infinie; les ennemis ont dans ce fort un réduit, mais l'on ne croit pas qu'ils s'y retirent pour faire leur capitulation. Le fort de l'Œuf se rendit hier matin, ayant été hors d'état de se défendre plus longtems que pendant dix ou douze heures, qu'on l'a ruiné à coups de canon; 140 hommes, qui étoient dans ce fort, ont été faits prisonniers de guerre.

M. de Marsillac est destiné pour commander les troupes qui vont être occupées à masquer Capoue; celles que l'on envoie, ainsi que j'ai eu l'honneur de vous le mander, Monseigneur, pour renforcer le détachement du marquis de La Mina et chasser du royaume les ennemis qui sont du côté de Tarente, commencent à se mettre en marche, et cinq bataillons ont commencé à marcher hier pour cela avec un régiment de cavalerie; le reste de ce qui est destiné pour ce détachement, dont je vous ai mandé le nombre, suivra de jour en jour; quelques lieutenants généraux seront nommés aussi pour cela, et M. de Montemar se rendra à ce détachement; il sera fort supérieur en nombre aux ennemis, et il y a tout à espérer qu'ils seront battus ou qu'ils seront chassés ; il est très important pour ce pays-ci de ne laisser aucunes troupes impériales dans la campagne. J'ai eu l'honneur de vous en mander les raisons par ma précédente. Je vous prie, Monseigneur, de remarquer que je ne pourrai vous donner des nouvelles fraîches de ce que fera ce détachement parce qu'il va à près de cent cinquante milles d'ici, qui font environ cinquante lieues de France, mais lorsqu'il en viendra des nouvelles à S. A. R., je ne manquerai pas de vous en informer.

Je suis très sensible, Monseigneur, à la grâce que vous me faites de me mander ce que LL. MM. CC. vous écrivent ; vous aurez pu voir, par ma lettre du premier de ce mois, que j'en étois déjà instruit, fort aise et point du tout surpris ; les personnes principales qui sont ici sont bien dans les mêmes sentiments, et c'est une justice que je leur dois rendre.

Je ne puis assez vous répéter, Monseigneur, que, toute cette année, toute la cour et tout le royaume de Naples regardent que c'est par vous et vos opérations que cette conquête peut subsister ; ce qui occupe le moins ce pays-ci, c'est ce qui s'y passe, c'est la Lombardie de laquelle on doit s'informer, et c'est par cette raison, Monseigneur, que je crois vous devoir représenter que c'est à moi à qui il faut de vos nouvelles par des courriers exprès suivant les cas qui pourront arriver dans votre armée et que vous jugerez à propos, parce que vous sentez mieux que moi, Monseigneur, combien il importe ici d'être instruit des événements.

... Pour répondre à ce que vous me faites l'honneur de me demander sur la force de cette armée, je vous ai informé dans les commencements de notre marche qu'elle n'étoit pas forte et que les maladies et les désertions l'avoient beaucoup diminuée ; s'il y avoit ici un corps un peu considérable de troupes impériales et qu'il fallût faire des sièges, bien des gens doutent que notre armée fût suffisante pour cela ; je crois, cependant, qu'on la diminue trop en ne la mettant que de treize mille hommes ; je la crois environ de quinze à seize ; ce sont des troupes qui ont supporté patiemment une grande fatigue. Je vous ai mandé, du 20 au 21 de mars, de Valmontone que, n'ayant point de chiffre avec vous, il y avoit bien des choses que je ne pouvois mander ; il seroit pourtant nécessaire d'en avoir pour bien des cas qui peuvent arriver, et que l'on ne peut pas prévoir ; car il n'y a pas de sûreté pour les lettres d'ici à Rome. Faites-moi la grâce de ne jamais douter de l'attachement inviolable et du respect infini avec lequel j'ai l'honneur d'être...

(Minute. Arch. de la Côte-d'Or.)

159. *Du même au même.*

A Naples, le 15 may 1734.

Monseigneur,

Cette lettre est pour avoir l'honneur de vous informer que ce matin, à dix heures, il est arrivé ici un courrier extraordinaire d'Espagne qui a apporté à l'Infant une lettre du Roi son père par laquelle S. M. C. le déclare et le reconnoît roi de Naples. J'ai eu, sur-le-champ, l'honneur de faire mon compliment au nouveau roi, que j'ai reconnu en cette qualité de la part du Roi notre maître. Sa Majesté Napolitaine, très sensible au titre de roi, m'a chargé, Mgr, de vous faire ses compliments; mais je ne puis vous dire tout ce que M. le comte de Saint-Estevan m'a prié de vous mander de sa part. Il vous fait mille très humbles compliments et vous avertit que, présentement, vous pouvez traiter l'Infant de Majesté dans vos lettres. Il vous en croit aussi content que lui et dit tout publiquement que c'est vous, Monseigneur, qui soutenez toute cette entreprise; ses éloges et sa confiance sont au point qu'il n'est pas besoin de vous nommer, en parlant comme il fait, parce que cela ne peut être dû qu'à vous. Je dois vous assurer, avec la même vérité, que le jeune Roi parle de même, car, avant-hier, il disoit qu'il étoit ici par vous; cela est d'autant plus sincère que cela n'étoit pas dit pour m'être rapporté. Il va ce soir au *Te Deum* à Saint-Janvier. Toute la noblesse lui a baisé la main avant son dîner. M. de Montalègre, qui vous assure de mille regrets, vous a envoyé, Monseigneur, par un de ses courriers, la réponse du roi de Naples et la mienne à votre lettre du 7. M. de Saint-Estevan me conseilla de garder votre courrier et je suivis son conseil. Nous avons appris hier que M. de Montemar marchoit en avant avec diligence, ayant eu avis que les ennemis vouloient s'approcher de M. le marquis de La Mina, ce qui me fait croire que, dans peu de jours, j'aurai peut-être occasion de vous apprendre quelque nouvelle de ce détachement.

(Minute. Arch. de la Côte-d'Or.)

160. *Villars au marquis de Bissy.*

Au camp de Bozzolo, le 26 may 1734.

Je reçois, Monsieur, la lettre que vous me faites l'honneur de m'écrire du 10.

Il ne se passe rien ici. Les ennemis font différents mouvements sans s'avancer, et je ne crois point du tout qu'ils osent aller à Parme. En tout cas, il y a bien de quoi les recevoir et je ne serois pas longtemps à les rejoindre.

P.-S. — J'ajouterai, Monsieur, que, sans vouloir rendre de méchants offices à personne, je ne puis me dispenser de vous prier de faire connoître à Sa Majesté le roi de Naples qu'il n'y avoit aucunes provisions à Parme, et que j'ai été obligé d'y envoyer M. de Cadrieux, lieutenant général, pour y commander en attendant que celui que j'ai demandé à Sa Majesté y arrive. Il étoit important qu'une place comme Parme ne fût point abandonnée comme elle l'étoit.

Dans le moment, j'apprends par M. de Maillebois que M. de Ligneville, maréchal de camp des ennemis, est venu avec deux mille quatre ou cinq cents hommes, infanterie et cavalerie, à Colorno.

Le matin, Daniel, capitaine des hussards, étant emparti avec trente dragons et trente hussards, a trouvé, à la pointe du jour, cent hussards des ennemis qu'il a battus et poussés jusqu'à la tête de leur camp; mais, y ayant trouvé les troupes de M. de Ligneville, il a été ramené de même et a perdu huit ou dix dragons et autant d'hussards.

Cet heureux commencement de journée a tenté M. de Ligneville. Et comme les chemins sont parfaitement beaux, il a passé le long des murailles, avec une grande partie de sa cavalerie, sans faire réflexion que sa curiosité étoit indiscrète.

M. de Fimarcon étoit, avec cinq cents hommes de pied, derrière le pont de Colorno, et M. de Maillebois avoit fait avancer quatre compagnies de grenadiers sur les terrasses du jardin, lesquels, s'étant cachés derrière les murailles de ces terrasses, ont tiré à bout portant sur cette cavalerie, et l'on m'assure qu'ils en ont tué plus de cinquante. Un de nos hussards du matin, qui étoit demeuré caché dans un fossé, a entendu des officiers qui disoient, en se retirant, que M. de Ligneville leur avoit bien promis de leur faire voir de beaux jardins, mais qu'il leur en avoit coûté un peu cher[1].

---

1. Le lendemain du jour où il écrivait cette lettre, pleine de sa verve habituelle, Villars quittait définitivement l'armée.

III.

Origines de la famille de Villars.

« La maison de Villars est très ancienne, affirme Villars au début de ses *Mémoires* (t. I, p. 2), et l'on voit que dès 1320 elle étoit plus puissante qu'elle ne l'a été depuis...; on a même des conjectures qu'avant ce temps elle a eu des alliances illustres, mais on n'avance que ce qui peut être prouvé. » Le maréchal était-il sincère en écrivant cette phrase, dont les affirmations sont en désaccord si complet avec les documents authentiques? Il n'est pas défendu de le penser. Sa vanité a dû accepter sans contrôle les assertions intéressées des généalogistes complaisants qui lui fournissaient des titres. Une industrie fort prospère alors (et qui n'a pas disparu depuis) consistait à rattacher un homme nouveau, en quête d'ancêtres, à une famille éteinte portant un nom analogue. L'opération était d'autant moins difficile que le nom était plus répandu. C'était le cas pour *Villars*, nom aussi commun que *Villers* ou *Villiers*, dérivés comme lui du bas latin *Villarium*, « village. » Parmi les nombreuses familles qui ont porté ce nom, il s'en trouvait précisément une très illustre et qui avait, pendant le moyen âge, tenu un rang élevé dans la région même où le hasard avait fait naître notre héros : elle avait pour lieu d'origine la petite ville de Villars en Bresse. Une première maison de Villars se fondit vers 1180 dans la maison de Thoire, par le mariage d'Agnès de Villars avec Étienne de Thoire[1]. Les seigneurs de Villars, de la maison de Thoire, possesseurs de nombreux fiefs dans le Bugey, la Bresse, le Lyonnais et le Forez, s'allièrent aux dauphins de Viennois et à la maison de Savoie, donnèrent trois archevêques à l'église de Lyon; le dernier de cette maison, Humbert VII, mourut, le 7 mai 1423, sans enfants d'Ysabeau d'Harcourt, à laquelle il laissa tous ses biens, sauf la seigneurie de Villars, qu'il avait vendue à Amédée VII, duc de Savoie[2]. Le duc de Savoie Phi-

---

1. Guichenon, *Hist. de Bresse*, t. II, p. 397.
2. Guichenon, *Hist. de Bresse*, t. I, p. 127. — Notes manuscrites du

lippe II (1497) la donna à un de ses bâtards, souche d'une nouvelle et illustre maison de Villars, celle des comtes de Tende en Piémont et de Villars en Bresse, laquelle s'éteignit en la personne d'Honorat, marquis de Villars, maréchal de France, mort en 1580 [1].

C'est dans cette maison de Villars-Thoire que les généalogistes complaisants cherchèrent et placèrent les origines du maréchal, et c'est aux titres authentiques de cette maison, fournis par eux, que le maréchal fait allusion dans la phrase citée ci-dessus. Il pouvait se croire autorisé à s'approprier cette descendance par la facilité avec laquelle elle avait été acceptée dans certaines régions officielles. Les rédacteurs des lettres patentes d'érection du duché de Villars, ceux des lettres patentes de la grandesse d'Espagne l'avaient admise sans hésitation; ils avaient même été plus loin: ils avaient modifié le nom de deux grands maîtres de l'ordre de Saint-Jean-de-Jérusalem, Guillaume et Foulques de Villaret [2], pour les faire entrer dans la généalogie imaginaire du nouveau duc. Pouvait-il se montrer plus scrupuleux qu'eux? Il ne réussit, d'ailleurs, à éblouir ni les hommes compétents ni le public. D'Hozier, chargé d'une enquête par le Roi, lui remit en 1706 un mémoire qui était formel: il établissait sans réplique l'origine lyonnaise de la famille et traitait avec une certaine sévérité les commissaires qui avaient admis les preuves très suspectes fournies par Pierre de Villars lorsqu'il reçut le cordon bleu [3]. Saint-Simon se fit, en termes violents, l'interprète des protestations aristocratiques contre les prétentions du maréchal, et les chansonniers traduisirent en

comte Charpin de Feugerolles. — Boislisle, *Saint-Simon*, t. XII, p. 370.

1. Voy. marquis de Panisse-Passis, *Villeneuve-Loubet et ses seigneurs*, Paris, 1892, p. 61.

2. Les documents contemporains écrivent ce nom *de Villareto* et l'autre *de Villariis*.

3. Ce mémoire a été reproduit par M. de Boislisle dans son édition de *Saint-Simon* (XII, 587). Le savant éditeur a, en outre, donné un résumé très complet des documents qui établissent la véritable origine de Villars (I, 77; II, 145; XII, 364-375), ainsi que l'opinion des contemporains (X, 307-321), et des notices très substantielles sur chacun des personnages qui ont illustré à des titres divers la famille du maréchal (X, 22; XII, 368-371; XIV, 282), avec l'indication minutieuse de toutes les sources.

couplets satiriques les protestations populaires. Une légende s'établit, qui donnait pour fondateur à la race du vainqueur de Denain un modeste greffier de la petite ville de Condrieu en Lyonnais. Les uns et les autres, inspirés par les sentiments et les préjugés de leur époque, raillaient non sans raison les prétentions mal fondées, mais méconnaissaient contre toute justice le caractère véritable de l'évolution légitime qui avait conduit au premier rang une famille de bons serviteurs du pays par les étapes successives du commerce, de l'échevinage, de l'Église, de la magistrature et de l'armée. Pour nous, observateurs plus équitables des faits, nous saluons l'ascension sociale, basée sur le travail, la probité et le mérite, et nous admirons la prévoyance patriotique de la royauté, assurant par elle à la noblesse, c'est-à-dire au personnel gouvernemental du pays, un recrutement normal et distingué. Envisagée de ce point de vue, l'histoire véritable de la famille de Villars, au lieu de prêter au sourire, offre un intérêt tout particulier. Cette histoire a été écrite dans le plus grand détail et avec une méthode vraiment scientifique par un des membres les plus actifs de la Société de l'Histoire de France, M. Humbert de Terrebasse, membre distingué de l'Académie de Lyon. Pendant vingt années d'un travail persévérant, il a établi, par pièces authentiques, la filiation certaine et la profession véritable de tous les membres de la famille de Villars. Nous avons emprunté à ce travail manuscrit, gracieusement communiqué par l'auteur, l'énumération, que nous avons donnée ci-dessus (t. I, p. xi), des diverses professions commerciales exercées par les ancêtres de notre héros pendant les xive, xve et xvie siècles. M. de Terrebasse a également établi, dans des notices très substantielles[1], la valeur des services rendus par les principaux de ces personnages dans la magistrature et dans l'Église. Pierre V, archevêque de Vienne (1545-1613), et son frère Balthazard, premier président du parlement des Dombes et prévôt des marchands de Lyon (1557-1627), furent des hommes de réelle valeur et de grande situation locale : le premier, ami de saint François de Sales, d'une

---

1. H. de Terrebasse, *Balthazard de Villars*, Lyon, 1881 ; — *Pierre V de Villars*, Lyon, 1897.

vertu exemplaire et d'une rare modestie, orateur, écrivain, refusa deux fois le chapeau de cardinal et mérita le surnom de « Pierre le Bon ; » le second, magistrat intègre et éloquent, royaliste fidèle, joua un rôle considérable à Lyon pendant les temps troublés de la fin du xvie siècle, résista à la Ligue et contribua au rétablissement de l'autorité royale. Il ne laissa que des filles et fut le dernier de la branche commerçante et parlementaire, dont le siège était à Lyon, et qui était alliée aux premières familles de la bourgeoisie de cette ville, les Chaponay, les Grollier et autres. Son oncle, Claude III, fut l'auteur de la branche cadette, de la branche militaire; ayant amassé quelque bien dans le commerce du sel et la ferme des gabelles, il acheta des maisons et des terres à Condrieu, où vivait son père, et y résida vers la fin du xvie siècle non comme greffier, mais comme capitaine et châtelain du petit château de cette ville. Ce fut lui qui, en considération des services militaires de son fils Claude IV et par la protection de son oncle l'évêque Pierre IV, reçut des lettres d'anoblissement, ainsi qu'il appert de la pièce suivante, sentence rendue par la Chambre des comptes, que nous croyons devoir reproduire intégralement[1].

Veu par la Chambre, les lettres patentes du Roy en forme de charte, données à Paris au mois de janvier dernier passé, signées de sa main et sur le reply [de par le Roy, de Neufville[2]], par lesquelles, et pour les causes et considérations y contenues, ledict

---

1. L'original, sur parchemin, est en notre possession ; il provient des papiers du maréchal. Certains passages ont été l'objet d'un grattage postérieur ; néanmoins, le texte est resté très lisible, sauf les deux signatures, qui ont été radicalement effacées. Nous possédons également une expédition sur parchemin d'une sentence rendue, le 11 mars 1599, par les commissaires députés pour le règlement des tailles, reconnaissant le droit de François de Villars, fils de Claude III, au privilège de noblesse, en vertu des lettres patentes de 1586, qu'elle vise, ainsi que l'arrêt ci-dessus de la Chambre des comptes et deux arrêts de la Cour des aides, l'un du 5 mars 1586 et l'autre du 25 juin 1599, déboutant les consuls de Condrieu, qui avaient voulu soumettre Claude de Villars à la taille.

2. Mots grattés, mais que nous avons rétablis d'après la sentence du 11 mars 1599.

ORIGINES DE LA FAMILLE DE VILLARS.

Seigneur, de sa pleine puissance et auctorité royale, a relevé Claude de Villars, cappitaine et chastelain de Condrieu en Lyonnais, de ce que luy et ses prédecesseurs ont peu et peuvent avoir dérogé au tiltre et degré de noblesse, et n'ont joy du privillege d'icelle[1], mesmes qu'ils se soient entremis de prendre des fermes et faire autre traffic et negotiation contrerement audict tiltre de noblesse, nonobstant lesquelles entremises, traffics et négotiations Sa Majesté, en tant que besoin est, pour éviter et assopir tous procès et différends qui pourroient survenir et estre intentés à cause de ladicte non jouissance et desrogeances des prédecesseurs dudict Claude de Villars et de luy, anoblist iceluy Claude de Villars, pour doresnavant jouir par luy, ses enfants et postérité en ligne directe, soient masles et femelles, nez et à naistre en loyal mariage, et ung chacun d'eulx, du titre, honneur et qualité de noble, sans pour ce paier aulcune finance, de laquelle iceluy Seigneur a faict don audict Claude de Villars, ainsy qu'il est plus au long contenu ès dictes lettres;

Cinq atestations des Seigneurs de Mandelot, gouverneur de Lyon, pays de Lionnois, Forestz et Beaujolois, de Maugiron, lieutenant général du gouvernement de Daulphiné, de Lévis, sénéschal de Carcassonne et Béziers, de Chalabre et d'Honous, des services faicts à Sa Majesté au faict de ses guerres par Claude de Villars, filz dudict impétrant, en plusieurs charges qu'il a eues durant icelles;

La requeste présentée à ladicte Chambre par ledict impétrant tendant à obtenir vériffication desdictes lettres;

Le décret de ladicte Chambre, estant au haut d'icelles, du douzième du présent mois, par lequel elle auroit commis Monseigneur Denis Barthelemy, l'un des conseillers maistres en icelle, pour informer sur le contenu ès dictes lettres;

L'information sur ce faicte par ledict Monseigneur Denis Barthelemy, conseiller maistre, le treizième jour dudict présent mois;

Conclusions du Procureur général dudict Seigneur auquel le tout a été communiqué;

Tout considéré : la Chambre a ordonné et ordonne lesdictes lettres estre expédiées et registrées, en paiant à la recepte géné-

---

1. Noblesse acquise par l'échevinage, mais dont les privilèges n'étaient maintenus qu'à la condition de « vivre noblement, » ce que les Villars n'avaient pas fait, ayant continué à commercer.

rale de Paris la somme de vingt escus d'or soleil pour estre employée en aumosnes.

Faict le 17ᵉ jour de febvrier l'an 1586.

Extraict des régistres de la Chambre des Comptes.

(Signé : *nom gratté*.)

J'ay fait copie sans aprobation, ce 6 apvril 1592.

Bergier.

(En marge :) Veu, Dugué[1].

Une copie des lettres patentes visées dans la pièce ci-dessus se trouve au Cabinet des titres de la Bibliothèque nationale. Ce sont de véritables lettres d'anoblissement, mal dissimulées sous les formules vagues d'un préambule ainsi conçu :

Claude de Villars, cappitaine et chastelain de Condrieu, nous a faict dire et remonstrer qu'ayant trouvé en aucuns papiers, titres et documents de ses predecesseurs, plusieurs beaux enseignements desquels il appert que beaucoup de ses predecesseurs avoient fait profession de noblesse et porté les armes ès guerres, et que feu son père avoit servi le feu Roy Charles VIII en son voyage de Naples, où il demeura toujours tant qu'il eut des forces, et depuis, durant le règne du Roi Louis XII fait service aux guerres d'Italie l'espace de 17 ans, mais, pour les grandes dépenses et pertes à eux faites, aulcuns de ses prédecesseurs, se voyant chargés d'enfants, auroient été contraints de faire le commerce et mesme s'entremettre en quelques fermes de nostre domaine, comme aussi iceluy de Villars par la mesme grande charge d'enfants...

Avons, de notre pleine puissance et autorité royale, relevé, etc.

On a peine à s'expliquer comment des assertions aussi contraires à la vérité ont pu trouver place dans les lettres patentes d'un roi de France. Pierre de Villars, père de Claude, était maître ferratier à Lyon ; ayant épousé en 1515 Suzanne Jobert, veuve de Jean Chapoton, bourgeois de Condrieu, il s'établit dans cette ville. De très nombreux actes recueillis par M. de Terrebasse permettent de le suivre depuis 1498 jusqu'en 1549 et démontrent qu'il n'a jamais quitté le pays ni exercé d'autre profession que celle de marchand ou procureur de la ville de Con-

---

1. Intendant de Lyon, chargé des recherches de noblesse en 1668.

drieu. Son fils, Claude III, comme nous l'avons dit, résida également à Condrieu, y acheta quelques terres. Il avait épousé Charlotte Gayand, fille d'un notaire du lieu. Qualifié dans ses premiers actes « bourgeois de Condrieu », il est dit « capitaine et châtelain » à partir de 1552, « honorable homme », puis « noble homme », à partir des lettres patentes de 1586.

Claude IV de Villars, son fils, épousa en premières noces Anne de Fay et en deuxièmes noces (1604) Claude de Fay, veuve de J. de Chapteuil. Le premier contrat, du 30 juillet 1581, dont copie authentique est en ma possession, est ainsi libellé :

> Entre noble Claude de Villars, gentilhomme ordinaire de la maison du Roi, et D^{lle} Anne de Faÿ, fille de haut et puissant seigneur Messire Jean du Faÿ, chevalier de l'ordre du Roy, gentilhomme ordinaire de sa Chambre, seigneur de Virieu et de Chavanay, baron de Malleval, et noble dame Louise de Varey, son épouse[1].

De ces mariages naquirent huit enfants, dont Claude V, qui épousa, par contrat du 16 décembre 1620, dont je possède copie authentique, « Charlotte de Calvisson, fille de haut et puissant seigneur Aymar de Calvisson, vivant seigneur de Saint-Alban, Arson, Laroche et autres places, chevalier de l'ordre du Roy, et de dame Louise de Montravel, son épouse. » Ce Claude est qualifié gentilhomme ordinaire de la Chambre du Roi et seigneur de la Chapelle[2]; il est dit habiter dans sa maison forte de la ville de Condrieu. Par acte du 30 août 1631[3], les deux époux fondèrent à Condrieu, dans une maison leur appartenant, un couvent de Visitandines. Ils eurent dix enfants. L'aîné fut Pierre de Villars, le père du maréchal; le second fut archevêque de Vienne; le troisième chevalier de Malte; deux filles se marièrent modestement; les cinq autres entrèrent au couvent.

Pierre, dit *Orondate,* appelé le marquis de Villars, eut neuf enfants, dont l'aîné fut le maréchal.

Pour faciliter l'intelligence de tout ce qui précède, nous don-

---

1. Sur ces personnages, voy. Boislisle, *Saint-Simon,* t. XII, p. 366.
2. Petite terre dans les environs de Condrieu achetée par Claude III.
3. Dans cet acte, le nom de la dame est écrit *Cauvisson.* Sur cette famille, voy. Boislisle, *Saint-Simon,* t. XII, p. 366.

nons ci-contre un tableau généalogique de la famille de Villars. Les éléments principaux de ce tableau, en ce qui touche la période antérieure au maréchal, ont été extraits de la généalogie, bien plus complète, dressée par M. de Terrebasse sur documents authentiques et dont il a bien voulu nous communiquer gracieusement le manuscrit, en attendant qu'il le publie en son entier. Tout ce qui accompagne et suit le maréchal a été également établi sur documents authentiques. Nous avons fait ressortir, par des caractères plus apparents, le nom de ceux des membres de la famille qui ont été distingués par de hautes fonctions consulaires, ecclésiastiques ou militaires.

TABLEAU GÉNÉALOGIQUE DE LA FAMILLE DE VILLARS.

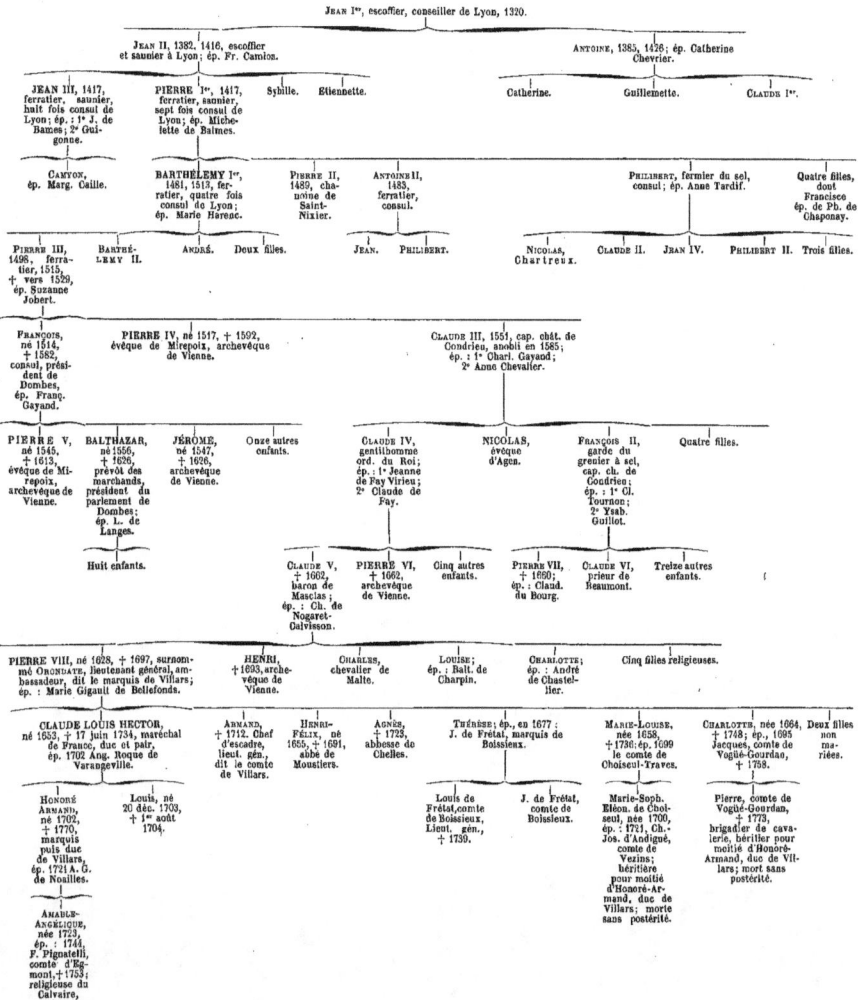

IV.

Brevets et pouvoirs donnés a Villars par Louis XIV et Louis XV.

1. Brevet de brigadier de cavallerie légère pour M. le Marquis de Villars.

Aujourdhuy, vingt quatrieme du mois d'aoust 1688, le Roy, estant à Versailles, mettant en considération les bons et fidèles services que le Sr Marquis de Villars, mestre de camp de cavallerie, luy a rendus tant dans les fonctions de ladite charge, qu'en plusieurs autres employs de guerre qui luy ont esté confiez, dans lesquels il a donné des preuves de sa valleur, courage, experience en la guerre, diligence et bonne conduitte, ainsy que de sa fidellité et affection à son service, Sa Majesté l'a retenu, ordonné et estably en la charge de brigadier en sa cavallerie légère, pour doresnavant en faire les fonctions, en jouir et user aux honneurs, prérogatives et préeminences qui y appartiennent tels et semblables dont jouissent ceux qui sont pourveus de pareilles charges, et aux appointements qui luy seront ordonnez par les estats de Sa Majesté, laquelle pour témoignage de sa vollonté m'a commandé de luy en expédier le présent brevet, qu'elle a signé de sa main et fait contresigner par moy, son conseiller, secrétaire d'Estat et de ses commandements et finances.

(Signé) Louis.
(Et plus bas) Le Tellier.
(Original sur parchemin. Arch. Vogüé.)

2. Brevet de maréchal de camp pour M. le Marquis de Villars.

Aujourdhuy, dixième jour du mois de mars 1690, le Roy, estant à Versailles, mettant en considération les bons et fidelles services que le Sr Marquis de Villars, brigadier en sa cavallerie legère et commissaire général d'icelle, luy a rendus tant dans les fonctions desdites charges qu'en plusieurs autres employs qui luy ont esté confiez, dans lesquelz il a donné des preuves de sa valleur, courage, expérience en la guerre, diligence et bonne conduite, ainsy que de sa fidélité et affection à son service, Sa Majesté l'a retenu, ordonné et establi en la charge de maréchal de camp en ses armées, pour doresnavant en faire les fonctions, en jouir et user aux honneurs, authoritez, prérogatives et prééminences qui y appartiennent tels et semblables dont jouissent ceux qui sont pourveus de pareilles charges, et aux appointemens qui luy seront ordonnez par les estats de Sa Majesté, laquelle, pour tesmoignage de sa vollonté, m'a commandé de luy en expédier le present brevet, qu'elle a signé de sa main et fait contresigner par moy son conseiller, secretaire d'Estat et de ses commandements et finances.

(Signé) Louis.

(Et plus bas) Le Tellier.

(Original sur parchemin. Arch. Vogüé.)

3. *Brevet pour justaucorps bleu brodé pour le Sr Marquis de Villars*[1].

Aujourdhuy, seizieme aoust mil six cent quatre vingt douze, le Roy, estant à Versailles, ayant, par son ordonnance du 16e janvier 1665, ordonné que personne ne pourroit faire appliquer sur les justaucorps des passemens, dentelles et broderies d'or et d'argent sans avoir la permission expresse de Sa Majesté par brevet particulier, et désirant traiter favorablement le Sr Marquis de Villars, maréchal de ses camps et armées, commissaire général de sa cavalerie, Sa Majesté luy a permis et permet de porter un justaucorps de couleur bleue, garny de galons, passemens, dentelles et broderies d'or et d'argent en la forme et manière qui luy sera prescritte par Sa Majesté, sans que, pour raison de ce, il puisse luy estre imputé d'avoir contrevenu à ladite ordonnance, de la rigueur de laquelle Sa Majesté l'a relevé et dispensé par le présent brevet, qu'elle a signé de sa main et fait contresigner par moy, conseiller, secretaire d'Estat et de ses commandemens et finances.

(Signé) Louis.

(Et plus bas) Phelypeaux.

(Original sur parchemin. Arch. Vogüé.)

1. On sait que cette faveur était recherchée par les courtisans de Louis XIV presque à l'égal du cordon bleu. Voy. Boislisle, *Saint-Simon*, t. XII, p. 351.

4. *Provisions de maréchal de France pour M. le Marquis de Villars.*

20 octobre 1702.

LOUIS, par la grace de Dieu Roy de France et de Navarre, a tous ceux qui ces présentes Lettres verront, Salut. Comme les services militaires sont les plus importans que des sujets puissent rendre à leur patrie, veu que c'est principalement par les armes qu'un Estat maintient sa puissance et sa splendeur, et qu'il se fait craindre et respecter des nations estrangères, c'est avec justice que l'on y a de tout temps attaché la plus grande gloire que les hommes pussent acquérir, et que les Roys nos prédecesseurs et nous mesmes, à leur exemple, pour récompenser plus dignement ceux qui au péril de leur vie avoient rendu dans la guerre des services essentiels et recommandables, avons, dans les diverses occasions, créé des mareschaux de France dont la fonction est d'avoir les premiers commandemens de nos trouppes et dont le titre, en mettant ceux qui en sont revestus au rang des principaux officiers de notre Couronne, les élève au plus haut point où la valeur puisse aspirer. Et considérant que le Sr Marquis de Villars, issu d'une ancienne et illustre maison, marchant sur les traces glorieuses de ses ancestres, a, dès sa plus grande jeunesse, embrassé la profession des armes et donné d'abord des preuves d'une valeur singulière aux sièges d'Orsoy, de Duitsbourg, de Zutphen, de Crevecœur et au passage du Rhin en 1672, qui fut sa premiere campagne, et fait connoistre dès lors qu'il avoit toute l'aplication et les dispositions necessaires pour acquérir de bonne heure les talens propres au commandement des trouppes; qu'en 1673, il se trouva, quoyqu'officier de gendarmerie, à toutes les ataques du siège de Mastrich, et mérita les témoignages qu'il y receut de notre estime; que, depuis et pendant les campagnes de la guerre finie en 1678, il s'est trouvé aux sièges de Condé, d'Aire, de St Omer, au siège et à l'assaut de Fribourg, à l'assault du fort de Kell, au secours d'Oudenarde et de Mastrich, attaquéz en divers temps par les ennemis, et dont ils furent contraints de lever le siège, aux batailles de Senef et de Cassel, aux combats de Kell, de Cokesberg, de Valkich, de Gegemback, de Veret[1], dans toutes lesquelles occazions, aussy bien qu'à un très grand nombre d'autres particulières, il a toujours remply avec

---

1. Werth, en Alsace.

distinction tous les devoirs d'un brave guerrier et s'est acquité des divers commandemens dont il a esté personnellement chargé, avec toute la capacité d'un officier experimenté et intelligent, comme entr'autres au combat de Kell, où, avec deux cens chevaux, il en battit et mit en fuite trois mil des ennemis; et peu après dans l'abbaye de Kinderstal, près Fribourg, où, ayant esté attaqué par un détachement considérable des ennemis, il les obligea par sa vigoureuse resistance d'abandonner cette entreprise après leur avoir tué beaucoup de monde, sans parler d'une infinité de partis qu'il a menez à la guerre, d'où il est toujours revenu avec avantage. La France s'estant trouvée par les traittéz de Nimègue dans une pleine paix, le Marquis de Villars fut des premiers à nous demander la permission d'aller faire la guerre en Hongrie, et y rendit des services si considérables contre les Turcs, notament à la bataille d'Ersan, que l'Empereur, sur les témoignages de ses généraux, fit assurer par la bouche de ses ministres qu'il en avoit une satisfaction toute particulière. Au retour de Hongrie, nous l'employames dans les négociations, mais ayant eu depuis des avis certains que plusieurs puissances avoient formé une ligue contre nous et ayant esté obligez, pour prévenir leurs mauvais desseins, de leur déclarer la guerre, le Marquis de Villars revint aussytost dans nos armées; il y servit en qualité de brigadier de cavallerie les campagnes de 1688 et 1689, et se trouva, entr'autres occasions, au combat de Valcourt. Nous le pourveûmes dans ce temps là de la charge de Commissaire général de notre cavallerie légère, qui luy procura de nouveaux moyens de signaler son courage et sa capacité; et après avoir passé par le grade de marechal de camp, Nous le fismes enfin, en 1693, lieutenant général. Durant le cours de cette seconde guerre, il s'est trouvé au siège de Mons et au combat de Leuze, en Flandres; et, ayant depuis esté employé sur le Rhin, il ne contribua pas peu aux succèz que nos armées y remportèrent, et entr'autres à la défaite du comte de Lippe près Worms, à celle du duc de Virtemberg, à l'attaque du pont de Visloch, où il défit huit cens hommes des trouppes que commandoit le prince Louis de Bade, présent a cette action, et fit le général Mercy prisonnier. A Zuengemberg, n'ayant que deux mille chevaux, il fit une des plus honorables retraittes devant toute l'armée imperialle commandée par le mesme prince Louis de Bade, et ne perdit aucun monde, quoy'que poursuivy pendant deux lieues et qu'il eust eu a soutenir par deux fois l'attaque des ennemis au passage de deux défiléz, de manière qu'il n'acquit pas une moindre gloire en cette occasion qu'en plusieurs autres où il avoit battu les ennemis; comme il fit encore depuis, près de Mayence, lorsqu'il renversa et défit entièrement un gros de Houssards, où Palfy, leur général, fut blessé; et recemment, lorsqu'ayant à peine joint nostre armée d'Italie, il défit avec sept ou huit cens hommes le général Mercy, de beaucoup supérieur en nombre. A mesure qu'il s'est trouvé dans des emplois plus elevez, il nous a rendu des services de plus en plus considérables, et non seulement dans les actions qui ont roulé entièrement sur luy, mais aussy dans les générales où il a toujours eu beaucoup de part, il a fait voir, par toute sa conduitte et mesme par le compte que nous luy avions permis de nous rendre de ses veües sur les projets des campagnes, qu'il a toute la pénétration et les connoissances d'un grand capitaine, et a achevé enfin de nous confirmer dans le sentiment où nous estions depuis longtemps que ce seroit un des meilleurs sujets que nous pussions un jour mettre à la teste de nos principales armées. C'est dans cette confiance que nous l'avons choisy, en dernier lieu, pour l'entreprise de la plus grande importance, mais en mesme temps de la plus difficile exécution, persuadez que ses lumières, sa capacité et sur tout cette vive passion qu'il a toujours eu de pouvoir se rendre utile à la gloire de nos armes et au bien général de l'Estat luy fourniroient les expédients neccessaires pour vaincre des obstacles que d'autres auroient jugé insurmontables. Nous avons eu la satisfaction de voir qu'il ait mesme en cela surpassé nostre attente. En effet, bien que les ennemis eussent eu le loisir de se poster avantageusement et de se retrancher vis-à-vis d'Huninghe, de l'autre costé du Rhin, pour en empescher le passage, le Marquis de Villars a trouvé le moyen d'establir un pont au mesme endroit, d'en fortifier la teste par des retranchemens et de s'assurer en moins de vingt quatre heures le passage de cette rivière malgré le feu continuel des ennemis et leurs diverses attaques, où ils ont toujours esté repoussez. Presqu'au mesme temps, un détachement de ses trouppes, qu'il avoit fait descendre la nuit dans des bateaux, s'estant emparé par ses ordres de la ville et du chateau de Neufbourg, le prince Louis de Bade, surpris de cet événement, qui luy fit craindre que le reste de nos trouppes commandées par le Marquis de Villars n'achevassent de passer le Rhin à Neufbourg, ou du moins qu'on ne luy coupast les vivres, se trouva dans la nécessité de sortir de ses retranchemens et de marcher de ce costé là; mais, ayant esté promptement suivy par le Marquis de Villars, les deux partis en vinrent aux mains : la cavallerie des ennemis fut d'abord renversée sans pouvoir se rallier, et leur infanterie ayant esté forcée dans un bois qu'elle occupoit, elle fut poursuivie jusqu'à une lieüe du champ de bataille, après y avoir laissé plus de trois mille des leurs sur la place, outre les blessez et cinq cens prisonniers, abandonné leur canon, leurs munitions et leurs vivres et perdu plus de trente cinq drapeaux ou estendarts avec trois paires de timbales, sans que la perte ait monté à plus de quatre cens hommes du costé de nos trouppes, qui d'ailleurs n'ont pas perdu en cette occasion un seul estendart ou drapeau. Et d'autant qu'un si glorieux succez, qui fut encore suivy le lendemain de la prise du fort de Fridelinghe, est deu à la valeur et à la sage conduitte du Marquis de Villars, lequel, plus foible d'un tiers que les ennemis, d'ailleurs commandez par un chef d'une grande réputation, les oblige par une diversion de quitter leurs retranchemens, passe le Rhin à leur veüe, leur livre bataille, les met en déroute, remporte enfin sur eux une victoire complette, et d'autant plus importante dans la présente conjoncture qu'elle fait repasser le Rhin au reste des trouppes impériales, qui avoient prétendu prendre des quartiers d'hiver en Alsace, nous donne deux places de l'autre costé du Rhin, assure deux passages sur cette rivière et la jonction de nos trouppes avec celles de nostre très cher et très amé frère l'Electeur duc de Bavière et nous met en estat de leur faire prendre des quartiers d'hiver dans le païs ennemy; Nous avons estimé ne pouvoir donner au Marquis de Villars des marques trop éclatantes de la satisfaction particulière que nous avons d'un service si signalé, qui nous rappelle en mesme temps tous ceux qu'il nous a précédemment rendus tant à la guerre qu'en temps de paix, dans les diverses négociations dont nous l'avons chargé, de manière que nous avons résolu de l'elever au plus haut rang où la vertu militaire puisse faire parvenir, et que nous reconnaissons luy estre acquis a si juste titre. Sçavoir faisons que, pour ces causes et autres bonnes considérations à ce nous mouvans, Nous avons ledit S\u1d63 Marquis de Villars fait, constitué, ordonné et estably, faisons, constituons, ordonnons et establissons, par ces présentes, signées de notre main, mareschal de France, et led. estat et office, que nous avons de nouveau créé et créons, et dont nous avons augmenté et augmentons le nombre des offices de maréchaux de France qui existent à présent, avons donné et octroyé, donnons et octroyons audit Sr Marquis de Villars, pour l'avoir, tenir et doresnavant exercer, en jouir et user aux honneurs, autoritez, prérogatives, prééminences, franchises, libertez, gages, pensions, droits, pouvoirs, puissances, facultéz, revenus et emolumens qui y appartiennent, telles et semblables dont jouissent les autres mareschaux de France ; encore que le tout ne soit cy particulièrement specifié, et tant qu'il nous plaira. SI DONNONS EN MANDEMENT à nos amez et féaux les gens tenans nos cours de Parlement, à tous nos lieutenants généraux en nos armées, gouverneurs, capitaines, chefs et conducteurs de nos gens de guerre et à tous nos justiciers, officiers et sujets que ledit Sr Marquis de Villars, duquel nous nous reservons de prendre le serment en tel cas requis, ils ayent à reconnoistre et faire reconnoistre en ladite qualité de mareschal de France et dudit office, ensemble de tout le contenu cy dessus, ils le fassent et laissent jouir pleinement et paisiblement, et ayent à luy faire obéir et entendre par tous ceux et ainsy qu'il appartiendra, en tout ce qui dépend du pouvoir et autorité dudit état et office. MANDONS en outre à nos amez et feaux les gardes de nostre Trésor Royal et trésoriers généraux de l'ordinaire et extraordinaire de nos guerres presens et à venir et à chacun d'eux qu'il appartiendra que les gages, pensions et droits attribuez audit état et office de mareschal de France, ils payent et délivrent audit Sr Marquis de Villars, par chacun an, aux termes et en la manière accoutumée, et rapportant par eux ces presentes ou copie d'icelles deüement collationnée pour une fois seulement, avec quittances dud. Sr Marquis de Villars sur ce suffisantes, Nous voulons que tout ce qui luy aura esté payé et delivré à l'occasion susdite soit passé et alloué en la dépense de leurs comptes par nos amez et féaux les gens de nos Comptes, ausquels nous mandons ainsy le faire sans difficulté. CAR TEL est notre plaisir. En témoing de quoy nous avons fait mettre nostre sceel à cesdites présentes. DONNÉ à Fontainebleau, le vingtieme jour d'octobre, l'an de grace mil sept cens deux et de notre règne le soixantieme.

(Signé) LOUIS.

(Et sur le repli) Par le Roy, CHAMILLART.

(Original sur parchemin. Arch. Vogüé.)

5. *Pouvoir à M. le maréchal de Villars pour commander l'armée d'Allemagne.*

28 octobre 1702.

LOUIS, PAR LA GRACE DE DIEU ROY DE FRANCE ET DE NAVARRE, à tous ceux qui ces présentes lettres verront, SALUT. Nostre très cher et très amé frère l'Eslecteur duc de Bavière ayant pris les armes pour le maintien de la paix de Ryswick et pour la deffense de la liberté des princes d'Allemagne contre les entreprises de l'Empereur, qui employe toutes sortes de moyens pour détruire les constitutions de l'Empire et pour establir une authorité despotique à leur préjudice, il a jugé devoir en même temps s'appuyer de nostre secours et se déclarer pour la cause que nous soutenons; et comme nous sommes convenus avec luy d'agir de concert contre l'ennemy commun, que desja même un corps considérable de nos troupes a passé le Rhin et battu les troupes de l'Empereur commandées par le prince Louis de Bade, qui avoit eu le loisir de se poster advantageusement pour s'opposer à leur passage, et que Nous avons résolu de joindre nosdites troupes comme auxiliaires à celles de nostredit frère, Nous avons estimé ne pouvoir mieux choisir pour les commander sous ses ordres que nostre très cher et bien amé cousin le Marquis de Villars, que nous venons d'eslever à la dignité de marechal de France. Outre que ses services passez et la manière dont il s'est acquitté des divers commandemens que Nous luy avons cy devant confiez Nous avoit desja fait connoître qu'il avoit toutes les qualitez d'un bon général, le passage de nos troupes au delà du Rhin et la victoire qu'elles viennent de remporter sous sa conduite, la prise de Neubourg, qui a précédé cette victoire, et celle du fort de Fridelingue, qui l'a suivie, sont des preuves esclatantes qu'il a autant de capacité pour former des grands et utiles projets que de valeur, d'intrépidité et de prudence pour les mettre à exécution. De sorte que non seulement nous avons veu avec plaisir qu'il ait parfaitement repondu à l'estime que nous avions conceüe de luy, mais nous avons encore lieu de nous promettre que de si heureux commencements auront des suittes encore plus avantageuses. Sçavoir faisons que, pour ces causes et autres bonnes considérations à ce nous mouvans, Nous avons nostredit très cher et bien amé cousin le maréchal de Villars fait, constitué, ordonné et estably, faisons, constituons, ordonnons et establissons, par ces présentes signées de nostre main, nostre lieutenant général en nostre armée d'Allemagne, pour, en ladite qualité et sous l'authorité de nostre très cher et très amé frère l'Eslecteur duc de Bavière, commander à toutes les troupes tant de cheval que de pied, françoises et étrangères dont nostredite armée sera composée, ordonner à nosdites troupes ce qu'elles auront à faire pour nostre service, les faire agir partout en la manière qu'il verra estre à propos pour le plus grand bien de nos affaires et l'effet de nos intentions; entrer dans le pays de nos ennemis, y assiéger et faire battre les villes, citadelles et châteaux qui refuseront de nous obéir, y donner assault, les emporter de force, s'il est possible, ou les prendre par composition, combattre nos ennemis, leur livrer batailles, rencontres, escarmouches, et faire tous les autres actes et exploits de guerre que besoin sera pour le bon succez de nos desseins; faire faire les montres et reveües de nosdits gens de guerre par les commissaires et controlleurs ordinaires par nous départys; commander à tous nos officiers d'artillerie, des vivres, et autres estans en nostredite armée tout ce qu'il jugera à propos pour le bien de notre service; faire vivre lesdits gens de guerre en bon ordre et discipline suivant nos règlemens et ordonnances militaires, les faire garder inviolablement, faire punir et chastier sévèrement ceux qui oseront y contrevenir, ordonner des payements à faire à nosdits gens de guerre suivant nos estats, comme aussy de toutes autres dépenses ordinaires et extraordinaires de nos guerres; lesquelles Nous avons, dez à présent comme pour lors, validées et authorisées, validons et authorisons par ces dites présentes. Voulons que les payements qui auront esté faits en conséquence par lesdits trésoriers ou leurs commis soient passés et alloués en la dépense de leurs comptes par nos amez et féaus les gens de nos Comptes, ausquels Nous mandons ainsy le faire sans difficulté. Donnons pouvoir à nostredit cousin de commander, faire et ordonner, en l'absence et sous l'authorité de nostredit frère l'Électeur duc de Bavière, tout ce que nous même ferions ou pourrions faire, si nous y estions présens en personne, encore bien que le cas requist mandement plus spécial qu'il n'est porté par cesdites presentes. Si donnons en mandement à nos lieutenants généraux servans en nostredite armée, comme aussy à tous maréchaux de camp, brigadiers tant de cavalerie que d'infanterie et de Dragons, mestres de camp, lieutenans et autres officiers de notre artillerie et des vivres ou commis à l'exercice de leurs charges, capitaines, chefs et conducteurs de nos gens de guerre tant de cheval que de pied, françois et estrangers estant en nostredite armée et autres nos officiers et sujets qu'il appartiendra, de reconnoître nostredit cousin le maréchal de Villars en ladite qualité de nostre lieutenant général commandant nostre dite armée, et ce en l'absence et sous l'authorité, comme dit est, de nostredit frère le duc de Bavière et de luy obéir en tout ce qui concerne ledit pouvoir comme ils feroient à nostre propre personne sans difficulté. Car tel est notre plaisir. En tesmoing de quoy, nous avons fait mettre notre scel à ces présentes. Donné à Versailles, le vingt huitieme jour d'octobre, l'an de grace mille sept cens deux et de notre règne le soixantième.

(Signé) Louis.

(Et sur le repli) Par le Roy, Chamillart.

(Original sur parchemin. Arch. Vogüé.)

6. *Pouvoir à M. le Maréchal de Villars pour commander en chef l'armée d'Allemagne.*

3 février 1703.

LOUIS, par la Grace de Dieu, etc..., Les mouvemens extraordinaires que nous aprenons de toutes parts que font les ennemis vers le Rhin ne laissant aucun lieu de douter qu'ils n'eussent dessein de faire quelque entreprise considérable contre nous, si nous ne songions de bonne heure a nous y opposer, Nous faisons assembler de ce costé là un grand nombre tant de cavallerie que d'infanterie, affin d'en composer une puissante armée et estre en estat non seulement de leur résister et de repousser leurs attaques, mais mesme de remporter des avantages sur eux ; et estant nécessaire de mettre à la teste de nostredite armée un chef habile et expérimenté, Nous avons choisy nostre très cher et bien amé cousin le Marquis de Villars, mareschal de France, veu que nous reconnoissons en luy toutes les qualitez d'un bon général, et qu'on ne peut estre plus satisfait que nous le sommes de la manière dont il s'est acquitté des divers commandemens que nous luy avons confiez ; sa dernière campagne sur tout a esté si glorieuse, et la victoire de Fridelingue si utile pour le bien de cet Estat, que la réputation qu'il s'est acquise répond à l'estime que nous faisions de sa personne, et que nous avons lieu de nous promettre d'heureux succès d'une armée qui agira sous sa conduitte. Sçavoir faisons que, pour ces causes et autres bonnes considérations à ce nous mouvant, Nous avons nostre très cher et bien amé cousin le maréchal de Villars fait et constitué, ordonné et estably, faisons, constituons, ordonnons et establissons, par ces présentes signées de nostre main, nostre lieutenant général représentant nostre personne en nostre armée d'Allemagne, et lad. charge luy avons donnée et octroyée, donnons et octroyons par ces présentes avec plein pouvoir et authorité de commander en chef a touttes les trouppes tant de cheval que de pied, françoises et estrangères dont notredite armée sera composée, et leur ordonner ce qu'elles auront à faire pour nostre service, les faire agir par tout en la manière qu'il verra estre à propos pour le plus grand bien de nos affaires et l'effet de nos intentions, entrer dans le païs de nos ennemis, etc.[1]... Donné à Versailles le troisième jour du mois de fevrier, l'an de grace mil sept cens trois et de notre règne le soixantieme.

(Signé) Louis.
(Et sur le repli) Par le Roy, Chamillart.
(Original sur parchemin. Arch. Vogüé.)

7. *Pouvoir à M. le Maréchal de Villars pour commander l'armée de la Moselle.*

4 avril 1705.

LOUIS, par la Grace de Dieu, etc... Comme nous avons esté bien informés que les ennemis se préparoient à attaquer nostre frontière de la Mozelle et qu'ils doivent, pour cet effet, tourner leurs plus grands efforts de ce costé là, Nous y faisons assembler une puissante armée, affin d'estre non seulement en estat de leur résister, mais mesme de faire des progrès sur eux ; et sçachant que le bon succès que Nous Nous en promettons, avec l'assistance divine, ne dépend pas moins du choix d'un chef habile pour commander cette armée que du nombre de troupes dont elle sera composée, cette raison nous oblige a en choisir un d'autant plus expérimenté, actif, vigilant, attentif à estre exactement instruit des mouvements des ennemis, qui sçache en pénétrer les motifs, en prévenir les suites, et tirer advantage de toutes les conjonctures que la guerre fait naistre. C'est ce que Nous attendons de nostre cher et bien amé cousin le mareschal duc de Villars, avec d'autant plus de confiance qu'outre la réputation qu'il s'est acquise d'avoir toutes les qualités d'un grand général, nos troupes sont accoutumées à vaincre sous sa conduitte ; Sçavoir faisons que Nous, pour ces causes et autres à ce Nous mouvant, Nous avons nostredit cousin le duc de Villars, maréchal de France, fait, constitué, ordonné, estably, faisons, constituons, ordonnons et establissons, par ces présentes signées de nostre main, nostre lieutenant général représentant nostre personne dans nostre armée de la

---

1. Formules identiques à celles du brevet précédent, sauf que l'autorité donnée à Villars est entière et nullement subordonnée à celle de l'Électeur de Bavière.

Mozelle, etc.[1]... Donné à Versailles le quatrième jour d'avril de l'an de grâce mil sept cens cinq et de nostre regne le soixante deuxième.

(Signé) Louis.
(Et sur le repli) Par le Roy, Chamillart.
(Original sur parchemin. Arch. Vogüé.)

8. *Pouvoir à M. le Maréchal de Villars pour commander l'armée qui doit agir sur la frontière du Piémont.*

7 mai 1708.

LOUIS, par la grace de Dieu, etc... Comme le commandement de l'armée que nous destinons pour agir sur la frontière du Piedmont est des plus importans et que la guerre y est plus difficile qu'ailleurs, Nous avons estimé devoir choisir pour commander nostredicte armée un chef d'autant plus habile, expérimenté, actif, vigilant, qui sçache tout oser quand il le faut, mais ne rien abandonner au hazard de ce qui doit estre conduit et ménagé par la prudence, et qui, véritablement zélé pour nos interests et le bien général de l'Estat, en préfère les avantages solides à toute autre considération : c'est ce que nous attendons avec pleine confiance de nostre trés cher et bien amé cousin le duc de Villars, maréchal de France, lequel, accoutumé depuis longtemps a commander nos armées, a fait assez voir qu'il possède toutes les grandes qualitez d'un bon général, et qui, par les victoires et autres glorieux avantages qu'il a remportez sur les ennemis, Nous a rendu et à l'Estat des services recommandables, nos armées n'ayant jamais receu d'échec et ayant, au contraire, toujours prospéré sous sa conduite ; de sorte que nous nous promettons qu'à la fin de la campagne nous ne serons pas moins satisfaits de luy que nous l'avons esté des précédentes, notamment de la dernière, qu'ayant fait passer le Rhin à nostre armée qu'il commandoit, il a porté la guerre jusques dans le cœur de l'Allemagne ; Sçavoir faisons que, pour ces causes et autres à ce nous mouvant, nous avons nostredit cousin le duc de Villars, maréchal de France, fait, constitué, ordonné et estably, faisons, constituons, ordonnons et establissons, par ces présentes, signées de nostre main, nostre lieutenant général représentant nostre personne en notre

1. Les formules qui suivent sont identiques à celles des brevets précédents, sauf en ce qui concerne les noms de lieux.

armée destinée pour agir sur la frontière de Piedmont, et ladite charge luy avons donnée et octroyée, donnons et octroyons, avec plein pouvoir de commander en chef à touttes nos troupes, tant d'infanterie que de cavalerie, françoises et étrangères, dont nostredite armée sera composée, ou qui seront dans les provinces de Dauphiné, Provence, Savoye et comté de Nice et dans les places en dépendantes, assembler nosdites troupes[1]... Donné à Marly, le septieme jour du mois de may, l'an de grace mil sept cent huit et de notre règne le soixante cinquième.

(Signé) Louis.
(Et sur le repli) Par le Roy, CHAMILLART.
(Original sur parchemin. Arch. Vogüé.)

9. *Pouvoir à M. le Maréchal Duc de Villars pour commander l'armée des Flandres.*

6 juin 1709.

LOUIS, PAR LA GRACE DE DIEU, etc... L'éloignement que les puissances liguées contre nous font de plus en plus paroistre pour le restablissement de la tranquilité de l'Europe nous obligeant à faire assembler sur nos frontières de puissantes armées, pour estre en estat de s'opposer à leurs entreprises, Nous avons destiné la plus considérable de toutes pour les Pays Bas, où nous sçavons que les ennemis se préparent à faire leurs plus grands efforts, et nous avons résolu d'en donner le commandement en chef à nostre trés cher et bien amé cousin le duc de Villars, maréchal de France, persuadez que nous ne sçaurions confier un employ si important et si difficile en de meilleures mains qu'en celles de nostredit cousin, qui, dans les divers commandemens de nos armées qu'il a exercez et les glorieux avantages qu'il a toujours remportés sur les ennemis, a fait assez voir qu'il a toutes les grandes qualitez d'un bon général; de sorte que, prenant d'ailleurs une entière confiance en l'ardeur de son zèle et en l'affection toute particulière que nous sçavons qu'il a pour nostre personne et pour nostre Estat, SÇAVOIR FAISONS que, pour ces causes et autres bonnes considérations à ce Nous mouvant, Nous avons nostredit trés cher et bien amé cousin le duc de Villars, maréchal de France, fait, constitué, ordonné, estably, faisons, constituons,

---

1. Les formules qui suivent sont identiques aux précédentes, sauf en ce qui concerne le nom des provinces.

ordonnons et establissons par ces présentes, signées de nostre main, nostre lieutenant général représentant nostre personne en nostre armée et sur nos troupes destinées pour la deffense des Pays Bas Espagnols, pour, en ladite qualité, etc.[1]... Donné à Versailles, le sixieme jour de juin, l'an de grace mille sept cent neuf et de notre règne le soixante septième.

(Signé) Louis.

(Et sur le repli) Par le Roy, Chamillart.

(Original sur parchemin. Arch. Vogüé.)

10. *Pouvoir pour traiter et signer la paix avec l'Empire.*

24 août 1713.

LOUIS, par la grace de Dieu Roy de France et de Navarre, à tous ceux qui ces lettres verront, Salut. Comme nous désirons sincèrement de contribuer de tout notre pouvoir à consommer l'ouvrage de la paix générale et de convenir au plustost des intérests de la maison d'Austriche et de ceux de l'Empire, de chercher les moyens d'arrester l'effusion du sang chrestien et de faire cesser la désolation de tant de provinces, Nous confiant entièrement en la capacité, expérience, zèle et fidélité pour nostre service de nostre trés cher et bien amé cousin le duc de Villars, pair et mareschal de France, général de nos armées en Allemagne, chevalier de nos ordres, gouverneur et nostre lieutenant général en nostre pays et comté de Provence, Pour ces causes et autres bonnes considérations à ce nous mouvant, Nous avons commis, ordonné et député, et par ces présentes, signées de nostre main, commettons, ordonnons et députons nostredit cousin le duc de Villars, et luy avons donné et donnons plein pouvoir, commission et mandement spécial, en qualité de nostre plénipotentiaire, de conférer, négotier et traiter avec tous ministres plénipotentiaires munis de pouvoirs en bonne forme de la part de la maison d'Autriche et des princes et Estats de l'Empire; arrester, conclure et signer tels traittez, articles et conventions que nostredit cousin le duc de Villars avisera bon estre, en sorte qu'il agisse, en tout ce qui regardera la négotiation de la paix, avec la même autorité que nous ferions et pourrions faire, si nous estions présens en personne, encore qu'il y eût quelque chose qui requist un mandement plus spécial non contenu en cesdites présentes; Promettant,

---

1. La fin, comme dans les pouvoirs précédents.

en foy et parole de Roy, d'avoir agréable, tenir ferme et stable à toujours, accomplir et exécuter ponctuellement tout ce que nostredit cousin le duc de Villars aura stipulé, promis et signé en nostre nom, en vertu du présent pouvoir, sans y contrevenir ny permettre qu'il y soit contrevenu pour quelque cause ou sous quelque prétexte que ce puisse estre, comme aussy d'en fournir nostre ratification en bonne forme, pour estre échangée dans le tems dont il sera convenu. En témoin de quoy nous avons fait mettre nostre scel à ces présentes. Donné à Marly, le vingt quatrième jour d'aoust, l'an de grace mille sept cent et treize et de nostre règne le soixante et unzième.

(Signé) Louis.

(Et sur le repli) Par le Roy, Colbert.

(Original sur parchemin. Arch. Vogüé.)

11. *Brevet d'affaires pour M. le Maréchal Duc de Villars.*

Aujourd'huy quinziesme mars mil sept cent quatorze, le Roy, estant à Versailles, considérant que les services qu'il a receus du Sr Duc de Villars, pair et mareschal de France, sont les plus grands et les plus importans qu'un sujet puisse rendre à son souverain, non seulement dans le commandement que Sa Majesté luy a confié de ses armées, où il a donné des preuves si éclatantes de sa valeur et de son expérience par tant de victoires remportées et de places conquises, mais aussy dans l'heureuse négociation de la paix qu'il vient de conclure à Rastat, où il a fait voir que sa profonde capacité ne se borne pas aux talens d'un grand capitaine, et Sa Majesté, voulant luy témoigner de plus en plus l'estime très singulière qu'Elle fait de son mérite et la pleine et entière confiance qu'Elle a en luy, Elle luy a permis et permet d'entrer librement, et à toutes les heures qu'il voudra, en tous les lieux de sa maison où Sa Majesté pourra estre, mesme pendant ses plus secrètes affaires, de la mesme manière et aux mesmes heures qu'y entrent les premiers gentilshommes de sa Chambre; Déclare, veut et entend que les portes luy en soient ouvertes sans difficulté; ordonne aux huissiers de son antichambre, de sa chambre et de son cabinet, et à tous autres officiers qu'il appartiendra, de luy en laisser la liberté entière, et, pour assurance de sa volonté, Sa Majesté m'a commandé d'en expédier audit Sr Mareschal Duc de Villars le présent Brevet, qu'Elle a signé de sa main et fait contresigner par moy, conseiller secrétaire d'Estat et de ses commandemens et finances.

(Signé) Louis.
(Et plus bas) Phelypeaux.
(Original sur parchemin. Arch. Vogüé.)

12. Pouvoir de lieutenant général commandant l'armée d'Italie pour le Maréchal de Villars.

6 octobre 1733.

LOUIS, PAR LA GRACE DE DIEU ROY DE FRANCE, etc... Après avoir informé les puissances de l'Europe des justes motifs qui Nous obligent, malgré le désir constant que Nous avons toujours eu de conserver la paix, d'employer les forces que Dieu nous a confié à traverser les vastes projets de la maison d'Autriche, à soustenir les droits du roy de Pologne, nostre beau père, et à marquer nostre juste ressentiment des procédés de l'Empereur à nostre égard, Nous avons fait assembler une armée sur le Rhin et Nous faisons passer en même temps une autre armée en Italie; et connoissant de quelle importance il est de confier le commandement de cette armée à un sujet qui, par son habileté et expérience, puisse conduire les opérations à l'avantage de nostre Estat et à celuy de nos alliez, sous les ordres de nostre très cher et très amé frère et oncle le roy de Sardaigne, Nous avons cru ne pouvoir faire pour cet effet un meilleur choix que de nostre trés cher et bien amé cousin le duc de Villars, pair et mareschal de France. Les glorieux succès qu'ont eu tant de fois sous son commandement les armées de Louis Quatorze, nostre bisayeul, sont autant de garants de ceux que Nous avons lieu d'espérer en Italie, où il a desjà fait connoistre par des actions signalées ce qu'on doit attendre de sa valeur, de son courage, de son expérience, de son activité et de tous les talens qui concourent à former un général; de sorte que, prenant d'ailleurs une entière confiance en sa fidélité et affection à nostre service, Sçavoir faisons que, pour ces causes et autres grandes considérations à ce Nous mouvant, Nous avons nostredit cousin fait, constitué, ordonné et establi, faisons, constituons, ordonnons et establissons par ces présentes, signées de nostre main, nostre lieutenant général commandant nostre armée d'Italie sous l'autorité de nostre très cher et très amé frère et oncle le roy de Sardaigne, et ladite charge luy avons donnée et octroyée, donnons et octroyons, avec plain pouvoir de commander à touttes les troupes, tant d'infanterie que de cavalerie, françoises et estrangères, dont nostredite armée sera composée, leur ordonner ce qu'elles auront à faire et les employer par tout où besoin sera pour l'effet de nos intentions, etc.[1]... CAR TEL EST NOSTRE PLAISIR. En temoin de quoy nous avons fait mettre nostre scel à cesdites présentes. Donné à Fontainebleau, le sixième jour du mois d'octobre, l'an de grace mil sept cent trente trois et de nostre règne le XIXe.

(Signé) Louis.

(Et sur le repli) Par le Roy, BAÜYN.

(Original sur parchemin. Arch. Vogüé.)

13. *Pouvoir de maréchal général des camps et armées pour M. le Maréchal Duc de Villars.*

18 octobre 1733.

LOUIS, PAR LA GRACE DE DIEU ROY DE FRANCE ET DE NAVARRE, A TOUS CEUX QUI CES PRÉSENTES LETTRES VERRONT, SALUT. L'attention que les Roys nos prédécesseurs ont eu dans tous les temps de proportionner les récompenses aux services rendus à l'Estat a toujours esté regardée comme une maxime inséparable de la sagesse et de la justice, qui doivent former le principal attribut des souverains ; l'estat militaire est celuy des différens ordres du royaume qui contribue le plus à maintenir la puissance et la splendeur de nostre Couronne et à la faire craindre et respecter des nations estrangères ; aussy des recompenses éclatantes et glorieuses ont toujours esté affectées à ceux qui, par leurs talents et leurs services dans le commandement des armées, ont le plus mérité de l'Estat. Ce fut par ces considérations que le feu Roy nostre bisayeul, de glorieuse mémoire, éleva, dès le vingt deux octobre 1702, au grade de mareschal de France nostre trés cher et bien amé cousin le duc de Villars ; le grand nombre d'actions et entr'autres la victoire remportée à Fridelingue luy avoient mérité cette haute distinction ; la prise du fort de Keel, dont elle fut suivie, le passage de nostre armée en Bavière, la victoire remportée a Hoestett, le camp de Circq, où nostredit cousin fit avorter les projets d'un ennemy supérieur qui ne se proposoit rien moins que d'envahir nos frontières des Evescréz et de Champagne, le com-

---

1. Les formules qui suivent ne diffèrent pas de celles qui sont employées dans les pouvoirs signés de Louis XIV.

bat de Denain, qui fit perdre en un seul jour aux alliés le fruit de trois campagnes, et dont les suittes furent la levée du siège de Landrecy, et la prise de quatre places des plus considérables de la Flandre, la conqueste de Landaw et de Fribourg, la derniere année de la guerre, qui finit par le traité de paix que nostredit cousin signa à Rastatt, en nostre nom, avec l'Empereur et l'Empire, et enfin le zèle avec lequel il vient de s'offrir, dans un aage avancé et dans une saison aussy facheuse, au commandement de l'armée que nous envoyons au delà des Alpes, pour venger sur les Estats que l'Empereur occupe en Italie, l'injure que ce prince vient de nous faire en la personne du roy de Pologne, nostre beau père, sont pour Nous autant de justes motifs de luy donner encore une nouvelle distinction qui, n'estant commune à nostredit cousin avec aucun autre de nos sujets, puisse faire connoistre à la postérité la grandeur de ses services par l'éclat de la récompense. Sçavoir faisons que, pour ces causes et autres considérations à ce Nous mouvant, Nous avons nostredit cousin le mareschal duc de Villars fait, constitué, ordonné et estably, faisons, constituons, ordonnons et establissons, par ces présentes, signées de nostre main, mareschal général de nos camps et armées, pour, en ladite qualité, avoir dans nos camps et armées le commandement et la prééminence sur nos cousins les mareschaux de France, y exercer les fonctions attachées audit titre et y jouir et user doresnavant des honneurs, autoritez, prérogatives, prééminences tels et semblables qu'en ont jouy ceux qui ont esté cy devant pourveus du même titre, et aux appointements qui luy seront ordonnez par nos Estats; Mandons et ordonnons à tous ceux qu'il appartiendra que nostredit cousin le mareschal duc de Villars ils ayent à reconnoistre en ladite qualité et à luy obeir et entendre ez choses touchant et concernant les pouvoirs et fonctions de mareschal général de nos camps et armées. Car tel est nostre plaisir. En témoin de quoy nous avons fait mettre nostre scel à cesdites présentes. Donné à Fontainebleau, le dix huitieme jour du mois d'octobre, l'an de grace mil sept cens trente trois et de nostre règne le xixe.

(Signé) Louis.

(Et sur le repli) Par le Roy, Baüyn.

(Original sur parchemin. Arch. Vogüé.)

V.

Grandesse d'Espagne de Villars.

Ce fut le 10 juillet 1723 que Villars fut informé par l'ambassadeur d'Espagne de la distinction que Philippe V lui destinait en souvenir des services rendus à sa couronne. Le décret qui lui concédait la qualité de Grand d'Espagne de première classe ne fut signé que le 15 octobre 1723. Les lettres patentes ne furent prêtes que l'année suivante; Philippe V avait abdiqué en faveur de son fils : c'est donc au nom de Louis Ier qu'elles furent dressées, et c'est de sa main qu'elles furent signées le 6 avril 1724. Elles furent expédiées en un gros cahier de vélin, relié en velours rouge, d'une calligraphie parfaite, et dont chaque page est encadrée d'une riche bordure d'ornements en miniature; en tête du volume sont quatre feuillets portant chacun une superbe vignette peinte; la première représente l'écusson de Villars entouré de trophées militaires; la seconde, saint Louis de France, patron du roi d'Espagne, à genoux devant la couronne d'épines; la troisième contient les portraits du roi Louis, de la reine Louise Élisabeth d'Orléans et du prince des Asturies Ferdinand, alors âgé de onze ans; la quatrième porte le sceau royal d'Espagne, qui, au lieu d'être plaqué sur cire, est figuré en peinture.

Nous croyons devoir reproduire les passages essentiels de ce document :

Don Luis, por la Gracia de Dios Rey de Castilla, etc. Por quanto en consideracion à la ilustre calidad de Vos el Mariscal Duque de Villars, y à vuestros relevantes meritos en servicio de esta Corona y la de Francia, el Señor Rey Don Phelipe, mi Padre y Señor, por Decreto señalado de Su Real mano de quinze de Octubre de el año proximo pasado, vino en hazeros merced de la Grandeza de España de primera Clase, para vuestra persona y Casa, con calidad de que en el caso de que no compreis Territorio en España, en que fixar la perpetuidad de esta Grandeza, se os despachaze el Titulo de ella en la misma forma que el que ultimamente se expidió al Duque de San Simon para la Grandeza que Su Magestad vino en concederle; y en su conformitad y porque me haveis hecho relacion de que los predecessores[1]...

En inteligencia de todo lo referido por honrraros mas y sublimar vuestra Persona y casa, y descendientes de ella, de mi propio motu cierta ciencia y poderio Real absoluto de que en esta parte quiero usar, y uso, como Rey y Señor natural, no reconoziente superior en lo temporal, quiero y es mi voluntad que aora y de aqui adelante vos, el dicho Duque de Villars y los subcesores en vuestra casa, cada uno en su tiempo perpetuamente para siempre jamas, seais y sean Grandes de España de Primera Clase, y que esta honrra, y grandeza, se conserve en vuestra Persona, y los subcesores que fueren de Ella, y que los unos y los otros gozen, y les sean guardadas todas las gracias, honrras, antelaciones, preheminencias y prerrogativas que han, y gozan, y pueden y deven haver y gozar, assi por derecho y leyes de estos mis Reynos, como por costumbres antiguas y modernas de ellos, los otros Grandes de 1ª Clase y puedan traer, y traigan todas las insignias y usar y exerzer todas las ceremonias que por esta razon se pueden traer, usar y exerzer; y vos, y los dichos vuestros subcesores en vuestra casa, perpetuamente para siempre jamas seais, y sean llamados, tenidos, y reputados por tales Grandes de primera Clase de estos mis reynos, sinque para ello sea necesario otro mandamiento, licencia, ni despacho mio, ni delos Reyes mis subcesores, y para que se verifique la referida Grandeza de 1ª Clase, en los propios terminos que se le concedió al referido Duque de San Simon, os permito que durante vuestra vida, ô al tiempo de vuestro fallezimiento, por vuestro testamento, ô otro qualquier instrumento, ô disposicion que hizieredes, podais colocar y coloqueis la referida Grandeza de primera Clase, que por esta mi carta os conçedo en uno de vuestros fuedos en Francia[2], con la dignidad que sobre el quisiere concederos el Rey Christianissimo mi Primo, de Duque, Conde, ô Marquès, à que haya de ir unida la referida Grandeza de primera Clase; y en haviendo hecho la referida élecion, y titula-

1. Ici vient une longue énumération des titres, vrais ou faux, de Villars et de ses réels services de guerre.

2. En vertu de cette disposition, la grandesse fut assise sur la terre et marquisat de la Nocle, achetés par Villars en 1719; après la vente de Vaux au duc de Praslin, en 1764, le fils de Villars transféra le duché de Villars sur cette même terre de la Nocle, sise en Nivernais.

doos Duque, Conde, ō Marquès, recayga, y se verifique en el mencionado titulo la expresada Grandeza de primera Clase.

Y os doy licencia y facultad para que podais fundar y fundeis vinculo, y mayorazgo de la dicha merced, y Grandeza de estos mis reynos en vuestra vida, o al tiempo de vuestro fallezimiento, por vuestro testamento, o, postrimera voluntad, ō por via de donacion entre vivos, ō por causa de muerte, o otra manda, institution, ō vuestra disposicion que quisieredes en los hijos, o hijas legitimos, que al presente teneis, o en adelante tuvieredes, ō en los hermanos, ó hermanas, ó descendientes de los tales que os pareciere, y á falta de ellos en otras qualesquier personas, deudos vuestros, ō estraños que quisieredes, y por bien tuvieredes, segun y como por la disposicion de vuestro testamento, mandas, o otras qualesquier escripturas lo ordenaredes, y dispusieredes, a vuestra libre disposicion y voluntad, con los llamamientos, pactos, condiciones, exclusiones, prohibiciones, vinculos, gravamenes, modos, substituciones, estatutos, vehedamientos, sumissiones, penas, y otras cosas que quisieredes poner en la fundacion de la dicha dignidad, y mayorazgo, que por vos fuere hecho, ordenado y establezido de qualquier manera, vigor, efecto y ministerio que sea ō ser pueda [1]...

Dada en Buen Retiro, a seis de Abril de 1724.

Yo El Rey.

Le trait caractéristique de la grandesse ainsi constituée est de pouvoir être transmise par testament, donation entre vifs, ou toute autre disposition, non seulement aux héritiers en ligne directe ou en ligne collatérale, mais à quelque personne que ce soit, même étrangère, sans qu'il soit besoin d'aucune autorisation ou patente nouvelle émanée de l'autorité royale[2]. L'inten-

---

[1]. La fin comprend l'approbation anticipée de toutes les modifications que le duc de Villars voudrait apporter aux clauses et conditions du majorat qu'il aurait institué et l'énumération des crimes et fautes qui entraîneraient la perte de la grandesse.

[2]. C'est en vertu de ces dispositions que la grandesse du maréchal de Villars passa de son fils, Honoré-Armand, duc de Villars, mort sans enfants, au cousin germain et héritier de ce dernier, Pierre comte de Vogüé-Gourdan, avec la terre de la Nocle, sur laquelle elle était assise. Celui-ci, également mort sans postérité, transmit la grandesse ainsi que la terre à son cousin et héritier Charles-François Elzéar, marquis de Vogüé, lieutenant général, Cordon bleu, qui la transmit à sa descendance

tion évidente du donateur était que cette grandesse ne s'éteignît pas et perpétuât à jamais le souvenir des grands services rendus par Villars à la couronne d'Espagne.

Ces privilèges, ainsi que le disent les lettres patentes, sont identiques à ceux octroyés au duc de Saint-Simon et concédés dans la même forme; on peut constater cette identité en comparant notre texte à celui des lettres patentes de Saint-Simon[1], on peut en même temps constater une différence. Philippe V avait accordé à Saint-Simon, à l'occasion de son ambassade en Espagne et du double mariage qui l'avait motivée, une faveur tout à fait exceptionnelle, celle de pouvoir céder et transférer de son vivant la grandesse à son second fils Ruffec. Saint-Simon croyait ne partager cette distinction qu'avec le duc de Berwick; elle ne figure pas en effet dans les lettres patentes de Villars; il se trompait pourtant. Villars, si l'on en croit le duc de Luynes (*Mémoires*, II, 145), sollicitant avec instance cette faculté, Philippe V préféra lui accorder une distinction encore plus grande, en conférant une seconde grandesse à son fils, du vivant de son père[2]; nous avons trouvé la preuve indirecte de ce fait aux archives de Toulon, dans deux lettres écrites par le père et le fils à la municipalité de cette ville pour la remercier de ses félicitations. M. de Boislisle en a trouvé récemment la preuve directe, aux Archives nationales (O^1 76, p. 104), sous la forme d'un brevet de permission octroyé au marquis de Villars par Louis XV, le 13 mars 1732, l'autorisant à accepter la grandesse de première classe accordée par le roi d'Espagne. Voici le texte des deux lettres :

161. *Le maréchal de Villars à MM. les consuls de Toulon.*

A Versailles, le 21 avril 1732.

Je suis persuadé, Messieurs, de la part que vous prenez à tout

directe. La légitimité de ces transmissions à été reconnue par un arrêt de la cour de Castille, rendu le 26 février 1825, à la requête de Louis-Léonce Melchior, marquis de Vogüé, et en sa faveur.
1. Imprimé dans le t. XXI, p. 353, de l'édition de 1873 des *Mémoires*.
2. Voy. tous les détails relatifs à cette affaire savamment exposés par M. de Boislisle dans son édition de Saint-Simon (t. IX, p. 178).

ce qui me regarde; je ne doute pas que vous n'ayez appris avec plaisir la dernière grâce dont Sa Majesté Catholique m'a accordée, d'autant plus flatteuse et honorable qu'elle est sans exemple, le roy d'Espagne m'ayant fait l'honneur de me le mander ainsi.

(Original. Arch. de Toulon. AA 91.)

162. *Le marquis de Villars à MM. les consuls de Toulon.*

A Paris, le 24 avril 1732.

On ne peut être plus sensible, Messieurs, que je suis de la part que vous voulez bien prendre à la bonté qu'a eue pour moy le roy d'Espagne en m'honorant de sa Grandesse. Les marques de votre amitié me sont toujours entièrement agréables et je rechercherai avec empressement les occasions de vous donner des preuves de la mienne et vous assurer, Messieurs, de la parfaite estime avec laquelle je vous suis entièrement dévoué.

(Original. Arch. de Toulon. AA 91.)

VI.

Pièces de vers sur Villars.

ODE[1].

Composée en 1707.

Villars pour la seconde fois
S'ouvre un passage en Allemagne.
La victoire qui l'accompagne
Fait voler devant lui le bruit de ses exploits.
Tout va se ranger sous ses loix.
Et l'on verra, cette campagne,
L'aigle encor réduit aux abois.

Sa valeur à la fin sera-t-elle applaudie ?
Deux fois les Allemands par son bras terrassés
Et les fameux remparts de Stoloffen forcés
Méritent bien qu'on les publie.
Si des esprits chagrins ne l'ont pas avoué,
Quel injuste siècle est le nôtre !
Il faut que, pour être loué,
Villars en fasse plus qu'un autre.
Pour mériter d'être encensé,
Est-ce peu qu'il ait entassé
Toujours victoire sur victoire ?
Jamais au temple de Mémoire
Fut-il héros si souvent énoncé
Et dans la route de la gloire
En moins de temps plus avancé ?
Admirez cependant le caprice ou la haine
De ses ennemis envieux.
L'humeur fière, l'âme hautaine
De ce guerrier victorieux

---

1. Bibl. nat., coll. Clairambault, ms. fr. 12694, fol. 69; l'auteur n'est pas nommé.

PIÈCES DE VERS SUR VILLARS.   193

   Les impatientent et les gênent.
Et qu'importe qu'il soit moins sage que Turenne,
Pourvu que sa valeur nous rende glorieux ?
   Faut il qu'on lui fasse une affaire
    De cette liberté guerrière
   Qu'on remarque dans ses façons ?
    Les héros du Tasse et d'Homère
    Cesseroient peut être de plaire
    S'ils étoient moins fanfarons.

   Le feu de celui que j'admire
   Et pour qui j'ai repris ma lyre
 Est vif et prompt sans être immodéré.
Son effort est brillant, mais toujours mesuré ;
    Toujours la sagesse le guide,
   Et, quoi qu'en disent ses rivaux,
   Villars dans ses nobles travaux
Imite les vertus et d'Achille et d'Alcide
    Sans en imiter les défauts.

ACROSTICHE[1].

Viens jouir du repos que la valeur procure,
Inébranlable appui d'un royaume éperdu.
La paix que ta sagesse à jamais nous assure
Le rend plus glorieux qu'il n'était abattu.
Arrêter l'ennemi, relever le vaincu,
Remporter en tous lieux une gloire immortelle
Sont les faits de Villars, des héros le modèle.

1. Signalé par M. Léon Le Grand dans la collection de M. Desnoyers.

LE CYGNE.

Fable allégorique lue a la réception de Monsieur le Maréchal de Villars, a l'Académie française, par Monsieur Houdard de la Motte, le 23 juin 1714.

La gent cygne et la gent héronne
Pour un canal à sable d'or
Contestoient : la pêche étoit bonne ;
Chacun vouloit avoir et poissons et trésor.
La guerre se déclare, et tambours et trompettes
Des combats donnent le signal ;
Troupes bien lestes, bien complètes
Déjà des deux côtés suivent leur général.
Mais le roi Cygne, habile entre tous les monarques
A connoître les gens, à les bien employer,
Se servoit d'un Hector, vrai substitut des Parques
Né tout exprès pour guerroyer.
L'Hector Cygne aux Hérons livre mainte bataille,
Joint ensemble ruse et valeur,
Les surprend, en pièces les taille
Est blessé cependant : Vulcain de sa tenaille
N'avoit pas travaillé le harnois du Seigneur :
Mais au combat rentré, de victoire en victoire,
Il réduit les Hérons à souhaiter la paix.
Le Roi Cygne consent à combler leurs souhaits ;
C'est son Hector qui traite : et, pour comble de gloire,
Il est tout à la fois et le Triomphateur
Et l'heureux Pacificateur.
Ainsi par cette paix insigne,
Où le Héron se vit soumis,
Le Canal reste au peuple Cygne ;
D'ailleurs quittes et bons amis.
Quant au Cygne guerrier, ses faits, sa grandeur d'âme
Eurent leur prix : Apollon le réclame,
D'olive et de laurier le couronne à plaisir,
De plus lui fait un doux loisir.
Le voilà transporté sur les bords du Permesse,
Où tout est charmé de ses sons.
La troupe des neuf Sœurs autour de lui s'empresse,
Il rend caresse pour caresse,
Leur plaisir est sa gloire, et le sien, leurs chansons.

Épigramme par M. de la Monnoye[1].

AU ROI.

Grand Roi, que l'Europe révère,
Villars a fait pour vous, d'une bouche sincère,
Un discours éloquent, fin, juste, bien suivi;
Plus on le lit, plus on l'admire.
En un mot, Grand Roi, c'est tout dire :
Villars vous a loué, comme il vous a servi.

ODES

Qui ont été présentées a l'Académie royale des belles-lettres de Marseille pour le prix de l'année 1729[2].

1.

Le maréchal duc de Villars.

ODE

Qui a remporté le prix au jugement de l'Académie des belles-lettres de Marseille, par M. Roborel de Climens, avocat au Parlement de Bordeaux.

Viens, ô Minerve, viens conduire
Les transports dont je suis épris.
Je veux célébrer sur ma lyre
Le premier de tes Favoris.
Je te vois, à la fois docte, vaillante et sage.

---

1. Imprimée, comme la pièce précédente, à la suite des discours prononcés lors de la réception du maréchal de Villars à l'Académie française.
2. Petite plaquette imprimée à Marseille chez J.-B. Roy, *Imprimeur du Roi, de la ville et de l'Académie des belles-lettres.* Voy. ci-dessus, p. 16. Elle contient les quatre odes qui suivent.

Des plus nobles vertus cet heureux assemblage,
Forme les traits de mon Héros.
Si je sais bien le peindre, au beau jour qui s'apprête,
Les plus brillants lauriers couronneront ma tête
Aux yeux de mes jaloux rivaux.

VILLARS, que ta brillante Histoire
Présente de faits éclatants!
Que vois-je? Le Ciel, pour ta gloire,
Dispose les événemens.
LOUIS, que le devoir, que la justice anime,
S'arme, pour maintenir un sceptre légitime
Dans la main de son petit Fils.
A de vains préjugés, à l'intérêt livrées,
Je vois les Nations contre lui déclarées ;
Tous les Rois sont ses ennemis.

Inégal, étrange partage!
Peuples conjurés contre nous,
Vous n'en doutez pas, l'avantage
Ne sauroit être que pour vous.
Ainsi l'a décidé votre orgueil téméraire,
Mais des divins decrets l'ordre vous est contraire :
Ils vous préparent un écueil;
Et de leur profondeur secret inaccessible!
Avant que de frapper, leur justice terrible
Veut laisser croître votre orgueil.

France, tes malheureuses armes
Vont-elles céder au destin?
De Landrecy, quelles alarmes
Pénètrent jusque dans ton sein!
Aux plus mauvais succès sans cesse abandonnée,
Tu vois de tes guerriers la valeur enchaînée,
Toute ta fortune aux abois :
Tes nombreux ennemis, que l'audace domine,
N'offrent de te laisser prévenir ta ruine
Qu'au prix des plus honteuses loix.

Dans ces accablantes disgrâces
LOUIS seul n'est point abattu.

Du sort il brave les menaces :
Sa ressource, c'est sa vertu.
« C'est donc là cette paix, dit-il, qu'on me présente.
Quelle paix ! les horreurs d'une guerre sanglante
Ont-elles plus de cruauté ?
Ciel, tu n'approuves point un traité si sévère.
La paix ne fut jamais un don de ta colère,
Mais un présent de ta bonté. »

Qu'à son tour l'ennemi frémisse;
Le moment fatal est venu.
Par tes loix, suprême justice,
Tout cœur superbe est confondu.
Quels effroyables coups, quels débris, quels ravages!
Que de torrents de sang inondent ces rivages !
Triomphez, étendards François[1].
Victoire, à nos drapeaux si longtemps étrangère,
VILLARS t'y fixe enfin, VILLARS, Dieu tutélaire
De deux Empires à la fois.

De ton Héros, heureuse France,
Admire les talents guerriers.
C'est son courage, et sa prudence
Qui te ménagent ces lauriers.
A ce fatal écueil va se briser ta gloire,
Ligue orgüeilleuse; après tant de jours de victoire,
Vois tes succès anéantis.
De rapides progrès suivent par tout nos armes.
Que VILLARS a bien su renvoyer les alarmes
Chez nos superbes ennemis !

Rappelle, Germain indomptable,
Tes Lignes, chef-d'œuvre de l'art[2];
Reconnois le bras formidable,
Qui fis céder ce fier rempart.
Si son sang à Blaugis n'eût pas rougi la plaine[3],
Ligue, on voyoit dès lors ta ruine certaine;
Tu tombois sous ses coups puissans.
Mais le destin vouloit l'illustrer davantage;

1. Journée de Denain.
2. Les Lignes de Stolofen.
3. Bataille de Blaugis ou Malplaquet.

Ces exploits immortels n'étoient que le présage
D'autres encor plus éclatans.

Mais une ardeur nouvelle presse
Notre Héros victorieux.
Ses lumières et sa sagesse
Couronnent ses soins glorieux.
Il contraint à la paix, par l'effort de ses armes,
Des cœurs pour qui la guerre avoit encor des charmes,
Fruit précieux de la valeur.
Des droits litigieux nous le voyons l'arbitre,
Au nom de Conquérant il joint un autre titre,
Celui de Pacificateur[1].

Héros, que nous vante l'histoire,
César, Scipion, Lelius,
L'amour des Filles de Mémoire
Se complaît parmi vos vertus.
Tel s'offre à nos regards le Héros de la France :
Sage et guerrier comme eux, il eut dès sa naissance
Le goût éclairé des beaux arts :
Et ces esprits fameux, l'honneur de la Patrie[2],
S'applaudissent de voir dans leur liste choisie
Le nom glorieux de VILLARS.

Vous, savants, qui sous ses auspices
Sur leurs traces guidez vos pas,
Soyez désormais les délices
Et l'ornement de ces climats.
De l'aveu des neuf Sœurs, votre bon goût dispense
Ces lauriers, digne fruit de sa magnificence[3],
Des talens précieux honneur.
Vous, peuples, dont Louis lui confia l'Empire[4],
Vivez sous un Héros dont l'univers admire
Et la sagesse et la valeur.

Semper honor, nomenque tuum, laudesque manebunt. (Virgile.)

1. M. de Villars, plénipotentiaire à Rastadt, conclut et signe le traité de paix.
2. L'Académie française.
3. L'Académie de Marseille, érigée sous la protection de M. de Villars et adoptée par l'Académie française.
4. M. de Villars est gouverneur de Provence.

II.

ODE

A LA LOUANGE DE MONSIEUR LE MARÉCHAL DUC DE VILLARS,
Protecteur de l'Académie de Marseille.

Quelle est cette divine ivresse
Qui s'empare de mes esprits?
Est-ce vous Nymphes du Permesse
Qui frappez mes regards surpris?
Soutenez le feu qui m'anime :
Je chante un guerrier magnanime,
De ces temples le noble appui[1].
Accourez, filles de Mémoire!
Héros, il ne manque à sa gloire
Qu'un éloge digne de lui.

Turenne meurt; sa perte entraîne
L'espoir, la gloire de nos Lys;
On voit la Victoire incertaine
S'envoler chez nos ennemis.
Pour rappeler cette infidèle
VILLARS commande; un nouveau zèle
Soutient le François confondu;
Par sa sagesse et sa vaillance
Bientôt il va rendre à la France
Tout l'éclat qu'elle avoit perdu.

Habile dans l'art militaire,
Il court, il vole au Champ de Mars;
On y voit son âme guerrière
Affronter, chercher les hazards.
Sur le Rhin, il s'ouvre un passage;
Le fier Neubourg lui rend hommage,
Son nom seul sème la terreur;
Partout sa valeur le distingue :
Malgré l'Aigle orgueilleux, Fridlingue
Le reconnoît pour son vainqueur.

---

1. M. de Villars est le protecteur de l'Académie de Marseille.

Si par un barbare tumulte
On voit de sacrilèges mains
Oser cimenter un faux culte
Du sang répandu des humains [1],
Hector de cette race impie
Combat, arrête la furie;
L'erreur fuit loin de nos regards.
Ciel! quel zèle divin l'entraîne!
Ce laurier manquoit à Turenne,
Il couronne le Grand VILLARS.

Héros, quelles rudes alarmes
A la Ligue fais-tu prévoir?
Mais un coup funeste à nos armes [2]
A Mons relève son espoir;
Ton sang coule, quelle épouvante!
On t'emporte, l'effroi s'augmente,
Le camp perd son plus ferme appui.
La Victoire étoit à la France,
Et l'ennemi par ton absence
En voit passer l'ombre chez lui.

Mais sous ce coup qui le renverse
Son grand cœur n'est pas abattu.
Toujours Héros! le sang qu'il verse
Ranime encor plus sa vertu;
Il poursuit ses exploits insignes;
Landau pris, il force des lignes [3].
La gloire suit partout ses pas.
Sur les Lys par lui la Tamise,
La Sambre et la Drave soumise
Coulent et n'en murmurent pas.

En vain sur l'Escaut et la Selle [4]

---

1. Il fut envoyé dans les Cévennes. Il s'appelle Louis-Hector.
2. A la bataille de Malplaquet, il fut blessé au genou. Les Français enlevèrent aux ennemis trente-quatre drapeaux ou étendards et plusieurs pièces de canon. Il y eut 20,000 tués des ennemis et 6 à 7,000 Français; le champ de bataille resta aux ennemis.
3. De Stolhoffen et de Fribourg.
4. Il gagna la bataille de Denain.

L'Aigle redouble ses efforts,
Du sang ennemi qui ruisselle
Ton épée inonde leurs bords.
Conquérant, poursuis! non, tout cède
Au noble feu qui te possède;
Arrête tes faits inouis.
Qu'attends-tu de plus de Bellone,
Quand ta main soutient la couronne
Qui ceint le front du Grand Louis?

Peuples, contre une longue guerre
Cessez de pousser des soupirs :
Villars, déposant son tonnerre,
Va combler nos justes desirs.
Son âme, toujours attentive
A joindre la palme à l'olive,
Borne à Rastadt ses faits guerriers;
La Paix met fin à vos alarmes[1].
En gouteriez vous les doux charmes
S'il eut cueilli moins de lauriers?

Ton bras en grands exploits fertile
Peut-il se prescrire des loix?
Verra-t-on le Germain tranquille
Vivre à l'ombre de tes exploits?
Que deviendra ta noble audace,
Héros, si le Dieu de la Thrace
Cesse de régner pour jamais?
Que dis-je? Mars et la Victoire
Ajouteroient-ils à ta gloire
Lorsque tu nous donnes la Paix?

Mais à peine la Renommée,
A la honte de tes rivaux,
Apprend à l'Europe charmée
Le noble fruit de tes travaux :
On voit d'une course soudaine
Le Tage se joindre à la Seine
Et t'offrir leurs superbes dons.

---

1. Il conclut la paix à Rastadt avec le prince Eugène.

La Victoire te les prépare,
Et par la faveur la plus rare
Tu les prends des mains des Bourbons[1].

Finissons ces chants de Victoire :
Mes présages sont accomplis.
VILLARS, le front couvert de gloire,
A rendu l'éclat à nos Lys.
Ainsi que ces héros de Rome[2],
Après ses hauts faits, ce grand homme
Se délasse auprès d'Apollon[3],
Et des lauriers que Mars lui donne
Sa main bienfaisante couronne[4]
Les vainqueurs du sacré Vallon.

Arma virumque cano. (Virgile.)

III.

ODE

A LA LOUANGE DE MONSIEUR LE MARÉCHAL DE VILLARS.

O toi qui sous le nom d'Horace
Chantes les Héros et les Dieux,
Muse, de ma lyrique audace
Conduis l'effort impétueux.
En proie au plus charmant délire,
Je vais célébrer sur ma lyre
Des combats, des exploits divers,
Des vertus toujours triomphantes
Et de ces couleurs éclatantes
Peindre VILLARS à l'univers.

1. Louis XIV lui écrivit, de sa propre main, qu'il lui donnait le bâton de maréchal de France, et il reçut des mains de Mgr le duc d'Orléans le collier de la Toison d'or, dont le roi d'Espagne l'avait honoré.
2. Les Césars et les Scipions se délassaient de leurs fameux exploits dans les temples des muses.
3. M. de Villars est un des académiciens de l'Académie française.
4. Il fournit tous les ans un prix à l'Académie de Marseille.

Jeune encor, ce nouvel Alcide,
Dédaigneux d'un honteux repos,
Va montrer un cœur intrépide
Dans la carrière des Héros :
Hector françois, foudre de guerre,
Il étonne toute la terre
Au bruit de ses fameux exploits ;
Aussi surprise que charmée,
Pour lui l'active Renommée
N'a pas assez de ses cent voix.

Déjà, conduits par la Victoire,
L'Aigle voit flotter ses drapeaux ;
Une riche moisson de gloire
Suit les efforts de ce héros.
Là, d'un ennemi domestique
Domptant la fureur fanatique[1],
Il lui porte le coup fatal :
L'Anglois ailleurs perd son audace.
Ce nouveau Marcellus efface
Les premiers succès d'Annibal.

Il marche armé de son tonnerre,
La terreur annonce ses coups :
Auteurs d'une sanglante guerre,
Redoutez son juste courroux.
Il vient, tout fuit : déjà la Flandre
N'offre que des villes en cendre,
Un pays de sang inondé :
A la noble ardeur qui l'entraîne
Le Germain reconnoît Turenne,
Le Flamand croit revoir Condé.

Ici s'offre un jour mémorable.
Muse, ranime mes accords :
Nouveau Géryon de la Fable,
Il semble animer plusieurs corps.
D'un seul coup il sauve la France,
Landrecy voit sa délivrance,

---

1. Il réduisit les Fanatiques aux Cévennes.

Marchiennes ses murs foudroyés ;
C'en est fait, Denain nous étale
Dans une peinture fatale
Cent peuples en leur sang noyés.

Nos malheurs touchent à leur terme.
Villars, par ces coups signalés,
Tu deviens l'appui le plus ferme
De deux grands trônes ébranlés :
L'Espagne te doit son monarque,
Et le Grand Louis, dont la Parque
Hâtoit les pas vers le tombeau,
Retrouve enfin dans ta vaillance
Ces lauriers qui, dès son enfance[1],
Avoient couronné son berceau.

Peuples, oubliez vos alarmes ;
Du repos goutez les attraits,
Villars, maître du sort des armes,
Devient l'arbitre de la paix.
Son bras, qui lançoit le tonnerre,
Éteint le flambeau de la guerre
Dans les flots orgueilleux du Rhin.
Oui, la Discorde se retire
Et les trois Sœurs du sombre empire
Nous filent un heureux destin.

C'est peu que cette ardeur guerrière,
Qu'eût révéré l'antiquité,
Son nom par une autre carrière
Parvient à l'immortalité.
Je vois les mains des doctes Fées
Lui dresser d'immortels trophées
Dans le champ des paisibles arts[2] ;
Tel que le vainqueur de Carthage,
Il joint par un noble assemblage
L'Olive aux Lauriers du Dieu Mars.

---

1. Bataille de Rocroy.
2. Il est un des quarante de l'Académie française.

Triomphez, Filles de Mémoire!
Votre célèbre nourrisson,
Toujours soigneux de votre gloire,
Est devenu votre Apollon.
Au sein de l'émule d'Athènes,
Pour former des lyres Thébaines,
Il vous fait naître un Mont Sacré[1];
Epuisez vos sons pindariques,
Et que dans vos concerts lyriques
VILLARS soit à jamais chanté!

Quis potis est dignum pollenti pectore carmen condere pro rerum majestate. (Lucrèce.)

IV.

ODE

A Monseigneur le Maréchal duc de Villars.

Au milieu des savantes fées
Quel est ce héros que je vois?
L'éclat des plus brillants trophées
Orne ses glorieux exploits.
L'Aigle superbe confondue,
L'erreur Fanatique abattue
Frappent à l'envi mes regards;
Devant lui marche la Victoire,
La Paix fuit... Ciel! à tant de gloire
Peut-on méconnaître VILLARS?

Sers l'ardeur qui pour lui m'anime,
Soutiens mes transports, Dieu des vers!
Jamais un sujet plus sublime
Ne fut digne de tes concerts.
Après avoir par sa vaillance
Soutenu l'honneur de la France
Et la gloire du GRAND LOUIS,
Combien de fois, sur le Parnasse,

---

1. Académie de Marseille, dont il était protecteur.

L'as-tu vu venir prendre place
Parmi tes plus chers favoris?

Ah! si tu secondois mon zèle,
Les chants mêmes des Amphions...
Mais que vois-je? la France est-elle
La maîtresse des nations?
C'est en vain que toute la terre
S'arme pour lui livrer la guerre,
Tout cède aux exploits de Louis.
Mais quel orage affreux s'élève?
Un funeste revers enlève
Leur plus vif éclat à nos Lys.

Partout la fortune ennemie
S'obstine à trahir nos souhaits :
Oudenarde, Hocstedt, Ramillie
Ont vu nos bataillons défaits.
Turin... que dis-je? dans la France
L'ennemi furieux s'élance;
Tout cède à ce coup imprévu,
Et, surpris des maux qu'il éprouve,
Louis même, Louis ne trouve
De ressource qu'en sa vertu.

Que vois-je encor! quel culte impie
Vient s'établir dans nos états?
Quels Monstres! Déjà leur furie
De morts a couvert nos climats;
Leurs mains souillent nos mystères;
Sur le sein même de leurs mères
Les fils expirent sous leurs coups,
Leurs jours sont comptés par leurs crimes,
Et nos prêtres sont les victimes
Qu'ils immolent à leur courroux.

Quel Dieu, dans ce désordre extrême,
S'armera pour venger nos maux?
VILLARS paraît : Minerve même
A Louis offre ce héros.
Il part : aux premiers coups qu'il lance

Neubourg tombe en notre puissance,
Friedlingue en lui voit son vainqueur :
Le Fanatisme éteint sa rage,
Radstat, Kell, tout lui rend hommage,
Sa gloire égale sa valeur.

Suivons la glorieuse route
Que tracent ses heureux succès :
Combien d'ennemis en déroute
Sont les témoins de ses hauts faits !
Il n'est point d'effort qui l'arrête ;
Contre la prochaine tempête
Stoloffen a beau se munir,
Villars marche : ô progrès insignes !
Il ne met à forcer les lignes
Que le temps de les parcourir.

Mais ! ô Dieux ! quel spectacle horrible
Vient s'offrir à mes yeux surpris ?
Ce que Mars a de plus terrible
Se présente aux champs de Blaugis [1]
L'air mugit, la foudre s'allume,
Le sang coule, la terre fume,
L'Enfer semble épuiser ses coups ;
Et d'une victoire incertaine
La Ligue a l'apparence vaine
Quand tous les fruits en sont pour nous.

Que peut la prudence d'Eugène
Contre tant d'exploits éclatants ?
Bientôt, malgré lui, Marchienne
Reçoit nos drapeaux triomphants.
Est-ce assez ? Prêt à voir sa chûte
Landrecy cesse d'être en butte
A toutes les fureurs de Mars.
On diroit que devant ses portes
L'ennemi n'a mis ses cohortes
Que pour y voir entrer Villars.

1. La bataille de Blaugis ou de Malplaquet fut si sanglante, particulièrement du côté des ennemis, qu'elle a été appelée la *bataille du sang*. Les deux partis s'attribuèrent l'honneur de cette journée.

Peuples ligués contre la France,
Fuyez ! tous vos efforts sont vains.
A quoi sert votre résistance
Qu'a rendre ses coups plus certains?
Voyez ; au seul bruit de sa foudre
Landau pris, Douay mis en poudre,
Bouchain et Le Quesnoy soumis ;
Fribourg même a changé de maître :
Partout Villars n'a qu'à paraître
Pour dissiper nos ennemis.

Arrête, héros intrépide,
C'est assez cueillir de lauriers :
Il est temps qu'un repos solide
Couronne tes travaux guerriers.
Mais quoi? Sous tes pieds gémissante,
Je vois la discorde impuissante
Dans l'Enfer rentrer à jamais ;
Ta valeur a fini la guerre,
Ta sagesse fait à la terre
Goûter tous les fruits de la paix.

Quibus cœlo te laudibus æquem. (Æneid.)

Je possède une seconde plaquette, imprimée en 1731, et qui contient les *Odes et Discours présentés à l'Académie des belles-lettres de Marseille pour le prix de l'année 1731.* Je n'y relève à l'adresse de Villars que les deux strophes suivantes ; l'une termine une *Ode sur le Commerce* par le P. Raymond, de l'Oratoire, professeur de rhétorique au collège de Marseille ; l'autre termine une ode sur le même sujet, mais dont l'auteur ne s'est pas fait connaître[1] :

. . . .
Et toi, des nations la superbe Patrie
    Dont chaque instant orne les bords,

1. Dans la préface de cette plaquette, il est rappelé que le prix pour 1732 consistera dans une médaille d'or de la valeur de 300 livres, « marquée d'un costé aux armes du protecteur de l'Académie et au revers de la devise de l'Académie. » Voir ci-dessus, p. 16, note.

Ame de tous les arts, centre de l'Industrie,
  Phocée, étale tes trésors.
Le commerce, à tes soins prodiguant ses largesses,
Par ses heureux progrès, sources de tes richesses,
  Fait germer l'or dans tes remparts;
C'est ainsi que Mercure et les Savantes Fées
  Te tressent d'immortels Trophées
  D'intelligence avec Villars.

. . . .
  Poursuis, Marseille, que ta gloire
  Étonne nos derniers neveux :
Relève les autels des Filles de Mémoire
Et, telle qu'autrefois, adresse leur des vœux.
  Mais comment au Pinde tranquille
Dans le sein du commerce ériger un asile?
  Implore l'appui de Villars,
Le vainqueur de Denain ne connaît pas d'obstacles,
  Il a bien fait d'autres miracles :
  Il est lui seul Phébus et Mars.

Des chansons furent aussi composées sur Villars, les unes élogieuses, les autres satiriques. On a surtout recueilli les dernières [1] : elles sont généralement d'une versification médiocre, elles visent la naissance du maréchal, ses habitudes fanfaronnes, son avidité, ses infortunes conjugales vraies ou supposées. La plupart ont été publiées dans le *Nouveau siècle de Louis XIV*[2] ou dans les notes de M. de Boislisle[3]. On jugera de leur ton par quelques extraits :

Sur le portrait de Villars par Rigault (1705)[4] :

  On voit un nouveau héros
    Chez Rigault.
  Oh la folle contenance!
  On dirait qu'il va parler

---

1. Bibl. nat., mss. fr. 12692, 12693, 12694 et 12695.
2. T. III, p. 105, 136, 348-356, 422-432.
3. *Saint-Simon*, X, 609, 610.
4. Ms. fr. 12694, p. 255. L'original du portrait nous appartient.

Et crier :
« Je vais seul sauver la France. »

Sur ce qu'il en dit au Roi,
 Qui le croit,
Il le fait duc par avance;
Mais je m'en étonne moi,
 Par ma foi!
Quand je songe à sa naissance.

Les greffiers de Coindrieux,
 Ses ayeux,
Auroient-ils jamais pu croire
Qu'on vit duc et cordon bleu
 Leur neveu?
Le beau trait pour notre histoire!

D'une longue complainte composée en 1709[1] :

. . . .
Les vertus de ce grand héros
Se peuvent dire en peu de mots,
 Landerirette,
Car il n'a de soin que pour lui,
 Landeriri.

Il est voleur, il est menteur,
Il n'aime pas les gens d'honneur,
 Landerirette,
Et tant qu'il peut il les détruit,
 Landeriri.

. . . .
Ce héros étoit enragé
De n'avoir pas la liberté,
 Landerirette,
De mener sa femme avec lui,
 Landeriri.

A Strasbourg il l'avoit laissé

---

1. Bibl. nat., ms. fr. 12694, p. 537. Imprimée en partie dans le *Nouveau siècle*, III, p. 531. Voy. un autre extrait, relatif à la bataille de Friedlingue, que nous donnons ci-dessous aux *Additions* au tome II.

Sous la conduite de Vogüé,
    Landerirette,
Qui l'a très bien fait divertir,
    Landeriri.

. . . .

Connétable nous le verrons,
Car on croit à ces fanfarons,
    Landerirette,
Dans ce maudit pays ici,
    Landeriri.

D'une chanson (1710)[1] :

Vous lisez avec un grand soin
Tous les jours le Grand Artamène ;
Imitez dans votre besoin
La conduite du prince Eugène,
Vous apprendrez en l'imitant
A être sage et conquérant.

. . . .

Votre femme fait beaucoup mieux,
Elle fait bien plus de conquêtes ;
Elle triomphe dans cent lieux
Et veut couronner votre tête,
Couronne très digne, entre nous,
D'un général fait comme vous.

Ces morceaux, et d'autres analogues, restés manuscrits jusqu'à la fin du xviiie siècle, circulaient surtout dans les milieux mondains et répondaient à leurs préoccupations. Les chansons élogieuses, au contraire, celles qui célébraient la victoire de Denain, répandues dans les milieux populaires, étaient imprimées et distribuées ou vendues en grand nombre. La collection Clairambault (Bibl. Nat., ms. fr. 12695, p. 135 et suiv.) en a conservé une certaine quantité, dont nous donnerons ci-dessous des extraits (*Additions* au tome III).

1. Ms. fr. 12694, p. 554.

VII.

Voltaire et Villars.

On sait que Voltaire était très assidu au château de Vaux ; l'histoire de sa passion discrète pour la maréchale de Villars, de son commerce littéraire avec le maréchal, des fêtes qu'il organisait pour les hôtes du château a fourni à M. Ch. Giraud la matière de plus d'un chapitre piquant[1]. Il a publié une ode que le poète adressa à sa dame en 1719 et qui témoigne autant de la passion de l'un que de la vertu de l'autre; elle commence par ces vers :

> Divinité que le ciel fit pour plaire,
> Vous qu'il orna des charmes les plus doux...

Il a également reproduit une épître en vers de Voltaire à Villars, imprimée dans toutes les éditions des œuvres de Voltaire et qui débute ainsi :

> Je me flattois de l'espérance
> D'aller goûter quelque repos
> Dans votre maison de plaisance,
> Mais Vinache a ma confiance...

la réponse en prose que fit Villars est moins connue; elle est du 28 mai 1722 et a été publiée par Sainte-Beuve, sauf quelques lignes trop libres, dans les *Causeries du lundi* (XIII, p. 127). Ch. Giraud l'a également reproduite. Elle commence par ces mots : « Personne ne connoît mieux que vous les Champs-Élysées et personne assurément ne peut s'attendre à y être reçu..., » elle est d'un tour enjoué, d'une bonhomie familière qui ne manque ni de gaieté ni d'esprit.

Nous avons trouvé des pièces de vers de Voltaire, que nous croyons inédites, dans un charmant volume manuscrit, ayant appartenu à la duchesse de Boufflers[2], et appartenant aujour-

---

1. *La Maréchale de Villars et son temps.* Paris, 1881.
2. Madeleine-Angélique de Neufville de Villeroy, duchesse de Bouf-

d'hui au prince Auguste d'Arenberg; nous pensons qu'on les lira avec intérêt.

Lettre écrite de Villars a Madame de Saint-Germain[1].

> Nous vous avons promis qu'avant votre retour
> Vous auriez un récit fidèle
> De ce qu'on fait dans ce séjour
> Bâti par un ministre adoré de la Cour,
> Et qui sera la demeure éternelle
> Et de la gloire et de l'amour.
> Monsieur le Maréchal est allé dans la ville,
> Dont sûrement il reviendra
> Tout aussitôt qu'il le pourra;
> Car hélas! des vertus elle n'est plus l'asile.
> Pour la dame du château,
> A qui les Dieux devroient porter envie
> S'ils pouvoient envier ce qu'ils font de plus beau,
> Elle a très peu de compagnie;
> Vous savez que ses agréments
> Lui tiennent lieu de tout le monde;
> Elle sait égayer par cent amusements
> Cette solitude profonde.
> Nous, qui voyons tous les jours ses beaux yeux,
> Nous la trouvons toujours nouvelle,
> Et si nous désirons quelque chose en ces lieux,
> Nos désirs ne sont que pour elle.
> Pour le jeune Marquis[2], j'avouerai franchement
> Que le long du jour il s'ennuie,
> Et qu'il baille très fréquemment.
> Vous pourriez bien causer cette mélancolie;
> Votre absence est toujours la source de l'ennui,
> Et son bonheur seroit extrême

flers, de 1721 à 1750, puis épouse du maréchal de Montmorency-Luxembourg et morte en 1787 à quatre-vingts ans.

1. N. Doublet de Persan, fille d'un conseiller au Parlement, belle-fille du marquis de Saint-Germain-Beaupré, maréchal de France. Elle était fort riche, dit Saint-Simon, aimait le jeu et le monde et s'était fort poussée à la cour.

2. Honoré-Armand de Villars, fils du maréchal.

S'il se pouvoit que loin de lui
Vous vous ennuyassiez de même.
Madame de Vogüé[1] vient tout en ce moment
De faire une parodie
Que l'on trouve très jolie,
Et qui mérite assurément
Que dans le *Mercure galant*
Au mois prochain on la publie.
Boissieu[2], doux, poli, complaisant,
Qu'on gagne beaucoup à connaître,
Est ici d'autant plus plaisant
Qu'il semble moins songer à l'être ;
Il est d'un aimable entretien,
Badinant parfois sur un rien,
Avec un air simple et sincère.
A l'égard du pauvre Voltaire,
Il est, comme à son ordinaire,
Passant un peu pour un vaurien
Et ne s'en embarrassant guère,
Se sentant très homme de bien,
Et fort empressé de vous plaire ;
Seulement tout ce qui l'étonne,
C'est qu'il passe toujours, parmi les médisants,
Pour avoir chansonné les gens,
Et que c'est lui que l'on chansonne.
Adieu ; la Dame de céans
Souhaiteroit qu'il se pût faire
Qu'abandonnassiez Persant
Pour son beau château solitaire ;
Car vous êtes bien son affaire,
Et surtout celle de l'enfant
Dont cette Vénus est la mère.

1. Charlotte de Villars, sœur du maréchal.
2. Neveu du maréchal; l'un des deux fils de sa sœur Thérèse et de J. de Frétat, marquis de Boissieux; l'aîné devint lieutenant général en 1738, le second fut, en 1727, envoyé auprès de l'électeur de Cologne.

DIVERTISSEMENT
POUR UNE FÊTE QU'ANDRÉ[2] DONNA A Mme LA MARÉCHALE DE VILLARS.

(Une voix seule.)

Quel éclat vient frapper mes yeux?
Est-ce Mars et Vénus qui viennent en ces lieux?
Les Grâces et Bellone y marchent sur leur trace;
C'est ce héros, semblable au Dieu de Thrace;
C'est lui dont l'heureuse audace
Arracha le tonnerre à l'aigle des Césars,
Brisa les plus fermes remparts,
Rassura nos États et fit trembler la terre;
C'est lui qui, répandant la crainte et les bienfaits,
A mêlé sur son front l'olive de la paix
Aux lauriers sanglants de la guerre.

(Une voix seule.)

Voici cet objet charmant
Qui terniroit l'éclat de la fille de l'onde;
D'elle et de son époux le destin tout puissant
Semble avoir partagé la conquête du monde;
L'un a dompté les plus fameux vainqueurs,
Et l'autre a soumis tous les cœurs.

(A deux voix.)

Que les fleurs parent nos têtes,
Que les plus aimables fêtes
Soient l'ornement de leur cour;
Fuyez, nuit obscure,

---

1. Sans doute le riche financier que Saint-Simon appelle « fameux mississipien » en racontant le scandaleux contrat de mariage qu'il signa pour sa fille, âgée de trois ans, avec le frère cadet du duc de Villars-Brancas (éd. de 1874, XVII, 68). Sa femme était femme de chambre de la duchesse d'Orléans et lui-même était beau-frère de Leclair, huissier de cette princesse, qui écrivait en 1720 : « Personne ne connoît mieux M. André que moi » (*Briefe der Herz. E. C. d'Orléans*, éd. Holland, n° 1157).

Que les feux de l'amour
Allument dans ce jour
Une clarté plus pure
Que le flambeau du jour!

(Une voix seule.)

Régnez, nymphe charmante,
Régnez parmi les ris;
Ne voyez point avec mépris
L'hommage que l'on vous présente;
Vos attraits en font le prix.
De vos yeux l'aimable pouvoir
De la paix de nos cœurs a troublé l'innocence;
Nous vous aimons sans espérance;
Nous jouissons du moins du bonheur de vous voir;
C'est notre unique récompense.

Pour un des amis de M. de Voltaire qui était a l'armée d'Italie

(1733).

Ami, le bal et la tranchée,
Les boulets, le vin et l'amour
Occupent ainsi tour à tour
Votre vie aux devoirs, aux plaisirs attachée.
Vous suivez de Villars les glorieux travaux,
A des pénibles jours joignant des nuits passables;
Eh bien, vous serez donc le second des héros
Et le premier des gens aimables.

A M. le comte de Sade,

*Sur son mariage avec Mlle de Carman.
Il devait partir le lendemain de ses noces, pour aller en Italie
aide de camp de M. le maréchal de Villars.*

(Novembre 1733.)

Vous suivez donc les étendards
De Bellone et de l'hyménée;

Vous vous enrôlez cette année
Avec Carman, avec Villars ;
Le doyen des héros, une beauté novice
Vont vous occuper tour à tour
Et vous nous apprendrez un jour
Quel est le plus rude service,
Ou de Bellone ou de l'Amour.

Réponse de M. de Sade.

Ami, je suis les étendards
De Bellone et de l'hyménée ;
Si je quitte une épouse aimée,
C'est pour voir triompher Villars ;
Mars et l'amour me trouveront novice
Et je m'instruirai tour à tour
Avec Villars, des rigueurs du service,
Avec Carman, des douceurs de l'amour.

ADDITIONS

AUX TOMES I, II, III ET IV.

Tome I.

Page 47, note 1. — C'est à tort que nous avons attribué à Martin père le tableau que fit faire Villars du combat de Kockersberg. Depuis que cette note a été écrite, nous avons retrouvé l'original, qui existe encore au château de Vaux; la peinture en est fort médiocre et indigne du meilleur élève de Vandermeulen; une longue légende se lit sur le fond de la toile; elle décrit la manœuvre de Villars dans des termes presque identiques à ceux des *Mémoires*. Il en est de même de quatre autres tableaux, également conservés au château de Vaux; ils sont de qualité inférieure et ne sauraient être attribués à Martin père; ils représentent la bataille du Mont Harsan (ou Mohacz), en Hongrie (1687), le combat sous Kehl peu après Kockersberg (1677), le bombardement de Maestricht (1673) et l'armée en position sur la Moselle (1705). Les deux premiers sont accompagnés d'une légende inspirée par le texte des *Mémoires* (I, p. 48 et 73). Le second mentionne même, au combat sous Kehl, la présence des dragons de Listenois et de Tessé, dont les *Mémoires* ne parlent pas. Cette série comprenait en outre, suivant l'inventaire dressé après le décès de Villars, trois tableaux qui ont disparu et qui représentaient la bataille de Senef (1674), le combat de Leuze (1691) et la prise de Douai (1712).

Quant aux tableaux commandés par Villars à Martin père, ils étaient au nombre de dix, huit batailles et deux scènes pacifiques, la tenue des États de Languedoc (1704) et la conférence de Rastadt (1714). Les batailles étaient le passage des montagnes Noires, Malplaquet, Denain, la prise de Landau, la prise de Fribourg et trois journées que l'inventaire ne nomme pas, mais où, dit-il, « M. le Maréchal commandait en chef »; ce ne pouvait être qu'Hochstædt (1703) et deux des sièges heureux de la campagne de 1712, sans doute ceux de Bouchain et du Quesnoy. Lorsque le duc de Villars, le fils du maréchal, vendit Vaux au duc de Praslin en 1764, il laissa à Vaux les médiocres tableaux de la première série et la prise de Fribourg; quant aux autres tableaux de Martin père, il les transporta dans son hôtel de Paris; ils y étaient encore à sa mort en 1770, ainsi qu'en témoigne l'inventaire dressé à son décès; mais l'hôtel ayant été vendu par les héritiers, les tableaux furent dispersés. La bataille de Denain appartient aujourd'hui au marquis de Biron, la tenue des États de Languedoc se trouve en ma possession; le sort des autres toiles est inconnu.

L'électeur de Bavière, Max. Emmanuel, fit également peindre un tableau de la bataille de Mohacz et le plaça dans une des salles de son château de Schleissheim, où il se voit encore. C'est une œuvre très intéressante; le paysage et la disposition des combattants concordent d'une manière très frappante avec le croquis de Villars inséré à la page 373 du premier volume.

Page 91. — A l'occasion des négociations relatives au mariage de la princesse de Bavière avec le fils du grand-duc de Toscane, négociations auxquelles il prit une part très active, Villars parle d'une confidente de la princesse, « très belle personne » avec laquelle il était « fort lié d'inclination » et qui lui servait d'intermédiaire discret. Nous avons trouvé dans les archives de Vaux un billet qui nous paraît devoir être de la princesse de Bavière et se rapporter à cette personne, à laquelle la princesse voulait sans doute, à l'occasion de son mariage, faire obtenir certains avantages, peut-être l'autorisation de la suivre à Florence, autorisation que refusait le P. Benfati, le négociateur toscan. Nous le reproduisons avec son orthographe :

Vous serez bien étonné que je vous écris, mais c'est à cause que vous vous sçaurois bien imaginé.

Monsieur, Je vous prie de faire souvenir Monseigneur Lelecteur des interests de Mariane, parceque la Réponse est venu du Perre Bienfati, lequel m'a fait enrager. Jé grondé un heure suite avec luy parceque il disoit que ça ne pouvoit estre : mais il faut que ça soit. Je le veux. Oui je mengeray toute Florence, ce gros magot la se doit imaginer qu'il me doit tousjours comander : ouy qu'il comande à ses vielles Perre et à ses Pantouffles, mais pas à moy. Mais à présent, sans moquery, je vous prie de vous laisser bien reccommandé ma chere et la Vostre Mariane, j'aurois toute la reconnoissance toute ma vie. Adieu.

La P. dë B.[1].

P.-S. — Mais je vous prie de ne dire à Personne que je vous ay ecrit et dechiré toute à l'heure cette lettre.

Sur la parolle de M... de Neuheus que Mon; Lelecteur ne veu pas en colère... (*mots effacés*).

Page 148. — Nous avons retrouvé aux archives de Vaux une petite liasse de lettres portant l'adresse : *A M. le marquis de Villars, maréchal de camp à l'armée de M. le maréchal de Lorge, en Allemagne*, et envoyées à Villars par sa famille pour le féliciter du petit succès relaté tome I, page 148. Elles ne sont pas signées, mais le contexte et les cachets prouvent qu'elles ont été écrites par Charlotte de Villars, qui était à Paris avec sa mère, par Agnès et Marie-Louise de Villars, qui étaient au couvent de Saint-André-le-Haut, à Vienne, et enfin par Villars le père (Orondate). Elles ne sont pas datées, mais les faits auxquels elles se rapportent coïncident avec le *Journal* de Dangeau, de juillet 1692. Nous en extrayons les deux lettres suivantes :

163. *Charlotte de Villars*[2] *à Villars.*

Paris, ce 16 juillet [1692].

Nous reçumes avant-hier la lettre de Hauteval : nous n'en avons pas eu de vous, mon cher frère, depuis votre combat qui vous a fait beaucoup d'honneur à Paris, et nous en avons reçu des compliments de partout, hors de chez Mes de Louvois, et j'en suis étonnée, car il y a quatre jours que M. de Barbezieux est

1. Sans doute *la princesse de Bavière*.
2. Née en 1664, morte à Paris le 14 septembre 1748, accompagna ses parents à Madrid et fut nommée *dama* par la reine d'Espagne en 1679; mariée en 1695 à Jacques de Vogüé-Gourdan (1660-1750); c'est son fils Pierre, comte de Vogüé, colonel de cavalerie, qui fut institué légataire universel pour moitié, par le duc de Villars, fils du maréchal.

arrivé, qui auroit pu leur dire de vos nouvelles. Mon père arrive dans ce moment en parfaite santé. Il vous écrira peut être aujourd'hui, mais je vous dirai toujours comme quoi il apprit cette affaire, car comme il est prié à dîner chez Langlé, avec qui il arrive et où M^r Le Prince dine aussi, il pourroit bien n'avoir pas le temps d'écrire.

Étant à Soissons[1], il alla au lever du Roy qui lui dit : « Villars, votre fils a parfaitement bien fait en Allemagne et on est bien assuré que, quand il est à la tête d'une affaire, qu'elle ira toujours bien, » — et ensuite il conta comment la chose s'étoit passée. Mr de Beauvillier qui étoit là, fit beaucoup de compliments à mon père et dit que, devant qu'il fut arrivé, le Roy avoit déjà conté cette action et dit le même bien de vous. Il nous confera d'autres petits détails que je lui laisse à vous mander. Mon Père nous a avoué qu'il avoit été ravi; je vous assure qu'il en pleuroit de joie et de tendresse. Mais, mon cher frère, ce qui me fait le plus peine, c'est que l'on dit que vous êtes toujours bien près des ennemis, qui sont beaucoup plus forts que vous, mais l'imbécilité des généraux ennemis et l'habileté du votre me rassure fort. Le Roy arrive ce soir. Monsieur vient ici et y sera trois ou quatre jours. Nous irons dimanche nous établir pour quelques temps à Versailles, c'est a dire jusqu'à Marly, car on ira bientot. Adieu, mon tres cher frère, conservez vous pourtant un peu, car, quoiqu'il soit bien agréable de faire de jolies actions, elles ne sont bien jolies que quand on en revient en bonne santé, et il est très rare que cela arrive toujours, et ce qui est encore plus rare c'est de faire sa fortune par ces voies là; je sais bien que c'est plus pour se satisfaire soi même que pour autre chose, mais il n'y a pourtant rien de si satisfaisant que de vivre; ainsi, autant qu'il vous sera possible, modérez, mon cher frère, votre vivacité. J'ai mille compliments à vous faire des Mesdames de Sevigné, de Vins, de Grignan, de Bagnole et de beaucoup d'autres à qui j'en ferai de votre part. Je trouvai l'autre jour le marquis de Coislin, car il ne nous vient plus voir, il me fit un petit compliment sur votre sujet, avec bien de la peine.

(Original autogr. Arch. de Vaux. Cachet aux armes de la marquise de Villars, née Bellefonds, mère de Charlotte de Villars.)

1. Louis XIV, revenant du siège de Namur, s'arrêta le 11 juillet 1692 à Laon et y reçut le courrier du maréchal de Lorges, apportant le récit du combat de Worms. Le 12, il était à Soissons, et, le 16, il arriva à Versailles avec toute sa suite. (*Journal* de Dangeau, t. IV, 127 et suiv.)

164. *Le marquis de Villars à Villars.*

Ce 29 juillet [1692] à Paris.

Je réponds à trois de vos lettres. Nous apprîmes à Laon ce combat, le Roy le raconta le matin à son lever à sa première entrée et il me fit l'honneur de le répeter, lorsque j'entrai dans sa chambre et ajouta qu'il n'avoit pas d'inquiétude d'une affaire lorsque vous seriez à la tête, et M. de Beauvilliers me dit que le Roy en avoit encore dit davantage dans le premier récit qu'il en avoit fait. Nous partîmes de Laon dans ce moment. Le Roy envoya à M. de Duras la lettre du maréchal de Lorges, qui fut lue dans le carrosse, en présence de ceux qui y étoient. Je ne vis Chamlay que le soir et je sus que l'on avoit lu deux ou trois lettres de particuliers au Roy et je fus fort aise d'apprendre par Chamlay que vous n'en aviez point écrit. M. de Barbezieux étoit parti deux jours auparavant pour venir à Paris : ainsy tout ce que vous lui avez écrit sur vos intérets sera inutile. Je voudrois pouvoir vous donner une idée de ce pays-ci; lorsque je trouverai une occasion sure, je m'en expliquerai de tout ce qui vous regarde. Il ne faut pas compter de faire un pas que dans une promotion générale et cela n'est pas prêt à faire qu'à la fin de la campagne. J'espère que vous reviendrez cet hiver. Il me paroît que les postes d'hiver en Allemagne sont de peu de mouvement; l'on auroit fort souhaité que M^r le maréchal de Lorges eût trouvé un temps de donner la bataille et l'on est bien persuadé qu'il en avoit autant d'envie que personne; l'on a même cru, avec raison, qu'il avoit trouvé des obstacles plus effectifs que celui de ces caissons qu'on a allégués icy et qu'on a trouvés frivoles.

Chamlay a plus que personne les affaires de la guerre avec le Roy. Il me paroit que M. de Tallard est fort en commerce de lettres avec lui. Je vous écrirai régulièrement de Versailles, où je vais demeurer pour faire mon service ordinaire. Monsieur a la fièvre tierce et voici son cinquième accès qu'il a aujourd'hui, après lequel il prendra du quinquina[1].

Il n'y a rien de nouveau des armées; faites mille compliments de ma part à Messieurs de Joyeuse, d'Huxelles, et de Talard;

---

1. Suivant Dangeau (*Journal*, t. IV, p. 130), la fièvre quitta Monsieur, ce même 19 juillet, « sans qu'il ait pris de quinquina ni fait aucun remède. » Louis XIV, qui était allé de Versailles au Palais-Royal voir son frère, le trouva guéri.

Dieu vous conserve et vous fasse philosophe chrétien et homme de bien. Bien des amitiés à Mr d'Hauteval.

(Original autogr. Arch. de Vaux.)

Page 151. — Le combat où Villars se distingua eut lieu près du village d'Eidelsheim vers le 25 septembre 1692. Le duc Frédéric-Charles de Wurtemberg, qui y fut fait prisonnier, était *administrateur* du duché. M. de Blanzac, qui en porta la nouvelle au Roi, arriva le 1er octobre à Fontainebleau, où se trouvait la Cour. (Voy. *Journal* de Dangeau, t. IV, p. 176.)

Page 162. — Les archives de Vaux renferment plusieurs minutes de lettres adressées par Villars au Roi et à Barbezieux du 2 au 17 novembre 1693 et relatives à l'incident raconté t. I, p. 162-165. Villars se défend en termes très vifs d'avoir tenu les propos qui lui ont été attribués et d'avoir refusé de servir en hiver : « Il est bien plus court de me croire fou... Je me trouverois plus heureux l'hiver entier dans un poste de capitaine de grenadiers, avec la satisfaction de croire V. M. contente, qu'au milieu des plaisirs de la Cour, accablé de tout le chagrin qui me dévore présentement. » Rentré en grâce, nommé à l'armée de Piémont et pourvu du gouvernement de Fribourg, il remercie le Roi avec une chaleur tout aussi expressive.

Page 170. — COMBAT DE WIESLOCH. — La Valette, qui commandait comme capitaine un escadron du régiment de Mérinville-dragons, était de la même famille que le propriétaire du régiment. François des Monstiers, seigneur d'Auby, dit le baron de la Valette, était fils de Gabriel des Monstiers, baron d'Auby, seigneur de la Valette, l'un des cent gentilshommes de la Chambre du Roi, lieutenant-colonel au régiment de Gaspard des Monstiers, comte de Mérinville. La Valette commanda à son tour le régiment et servit pendant vingt-deux ans avec distinction.

Tome II.

Page 38. — Bataille de Friedlingue. — Nous avons fait sommairement justice du récit donné par Saint-Simon de la bataille de Friedlingue. Depuis cette époque, nous avons étudié de plus près les détails de ce fait de guerre, et, après avoir pris connaissance des documents existant tant en France qu'à l'étranger, nous avons composé un récit (*Villars*, t. I, p. 162 et suiv.) dont nous n'avons pas besoin d'affirmer l'entière sincérité et qui, nous l'espérons du moins, reproduit exactement les diverses phases du combat. Le document qui nous a le plus servi peut-être à établir la vérité est le rapport officiel du prince de Bade, adressé par lui au Roi des Romains et publié par Rœder (*Kriegs und Staatsschriften des Markgrafen L. W. von Baden.* Karlsruhe, 1850, t. I, p. 104). Il est décisif; aussi, en raison de sa grande importance, croyons-nous devoir l'analyser ici et en traduire les passages essentiels[1] :

165. *Le Markgrave de Baden au Roi Joseph.*

Staufen, 24 octobre 1702.

Informé le 13 octobre de l'occupation de Neubourg par les Français, et de l'éventualité de l'approche d'un corps bavarois, le prince s'est décidé à évacuer les positions qu'il occupait autour de Friedlingue et à se concentrer vers le nord, en appelant à lui Styrum avec une partie des troupes cantonnées autour d'Haguenau. Le 14, au matin, il apprend par Mercy, commandant une arrière-garde de 400 chevaux, que toute l'armée française a passé le Rhin et débouche en force en face d'Huningue; il se hâte de donner à son armée l'ordre de revenir sur ses pas.

« L'ennemi conduisit toute son infanterie sur une montagne située à ma gauche, et où se trouve un petit bois de chênes; toute sa cavalerie au contraire *occupa* seule la plaine. De mon côté je m'employai activement à faire de même avec toute mon infanterie, sauf quelques bataillons, et il arriva ceci de *remar-*

---

1. Le rapport est en allemand, entremêlé de mots français, latins et italiens; les mots que nous mettons en italiques se trouvent textuellement dans l'original.

quable que les deux armées se *formèrent,* à 1,500 pas environ l'une de l'autre, avec la plus grande diligence, et passèrent ainsi près d'une heure, sans tirer un coup de canon, chacun se *préparant* de son côté au combat; enfin me trouvant *en bataille,* je commençai à *canonner* avec quelques pièces. Je me suis donc *avancé* le premier, au nom de Dieu, pour attaquer l'ennemi. L'infanterie, placée dans le bois, sous le *commando* du F. M. L. comte Charles de Fürstenberg Moesskirch et du F. M. L. comte Prosper de Fürstenberg Shellingen puis des généraux Prince, héritier marquis de Baden Durlach, et marquis d'Anspach, se trouva très vivement engagée; presqu'au début du combat, le comte Charles de Fürstenberg fut tué, le marquis d'Anspach blessé; néanmoins, sous le *commando* des deux autres généraux, les choses ne furent pas *altérées;* l'infanterie fit bonne *résistance* en présence de forces très supérieures, sans *pousser* l'ennemi, elle *avança* puis fut obligée à céder un peu. Craignant qu'à la longue cela ne fît rien de bon, je hâtai la cavalerie et la fis *avancer* sur celle de l'ennemi. Pendant cette *marche,* je réunis les quelques bataillons d'infanterie restés dans la plaine à quelques *escadrons* et aux dragons de Barreuth à pied, et je chargeai cette troupe, sous le *commando* du F. M. L. Erffa, de suivre à travers les vignes dans le *flanque* de l'infanterie ennemie.

« Entretemps la cavalerie, sous le *commando* du général de Zollern avoit *attaqué* l'ennemi avec une grande *vigueur.* Déjà sur notre gauche où commandoit le général Aufsaas, des pièces ennemies avaient été enlevées, quelques escadrons avaient traversé la première ligne ennemie; le général de Zollern avait été pris; le colonel Mercy, son cheval tué sous lui, avait dû se *retirer* à pied à travers les vignes sur la montagne; à la seconde ligne le F. M. L. comte de Zollern-Simmeringen étoit tombé mort, le F. M. L. de Stauffenberg avoit reçu un coup d'épée au travers du corps, mais, sans qu'il y ait de reproche à faire à aucun général ni à aucun officier supérieur, le sort, qui *régit* la guerre comme toutes choses, voulut qu'en un *moment,* au milieu d'un feu soutenu, une confusion se produisît dans la cavalerie; cette confusion commença à la seconde ligne, qui par ardeur, s'étoit trop approchée de la première et bientôt toute la cavalerie fut entraînée dans une retraite si précipitée que le corps d'officiers, dont la plus grande partie étoit tuée, blessée ou prisonnière, ne put arrêter un seul escadron, ni empêcher que tout ne passât le défilé, abandonnant le *champ de bataille.* »

« L'infanterie, au même moment, étoit obligée de céder à des forces supérieures; le détachement envoyé *en flanque* s'étant égaré dans le bois, elle étoit obligée de reculer jusqu'à un plateau et à une hauteur situés derrière; les choses prenoient une très mauvaise tournure. Je ne doutois guère de devoir être *totaliter* battu; il ne me restoit plus qu'à faire retirer militairement (*soldatisch*) ce qui demeuroit d'infanterie en ordre, dans l'impossibilité où j'étois de triompher de l'ennemi sans le secours de la cavalerie. »

« A ce moment, les généraux et les officiers survivants réussirent par leur fermeté et leur bel *exemple* à *animer* une infanterie qui avoit épuisé ses munitions; elle se jeta l'épée à la main, presque sans tirer un coup, sur l'ennemi, *id est* sur son infanterie, la battit *totaliter*, traversa tout le bois pêle mêle avec elle et la poussa sans *ordre* jusqu'à Tulingen[1]. L'épaisseur du bois dans lequel je me trouvois m'a empêché de voir comment le *désordre* s'étoit produit chez l'ennemi. Mais j'ai lieu de penser que la cause en est que, se croyant sûrs d'une *victoire* complète, beaucoup de soldats se seront mis à piller sans prendre aucune précaution et se seront *confondus*. A ce moment, le F. M. L. von Erffa, que j'avois envoyé dans les vignes au commencement de la bataille, se sera *avancé* à droite avec quelques bataillons frais sur le *flanque* de cette infanterie, tandis qu'à gauche le F. M. L. comte Prosper de Fürstenberg, qui, dès le début étoit resté auprès de l'infanterie avec 200 dragons environ, se présentoit fort *à propos;* notre infanterie aura repris haleine, et l'infanterie ennemie, attaquée de tous côtés, n'aura pas eu le temps de reprendre ses rangs. »

Le prince dit ensuite que la cavalerie française a assisté, sans faire de mouvement, à ce qu'il appelle la *destruction* de l'infanterie, mais qu'il lui a été impossible de l'attaquer, sa propre cavalerie ayant absolument refusé de revenir sur ses pas. Dans ces conditions, il a cru devoir reprendre la marche en arrière commencée le matin, emmenant tout son canon et quelques pièces enlevées à l'ennemi, laissant sur le terrain 1,500 morts ou blessés. Il termine ainsi :

« Bien qu'on ne puisse contester la défaite totale de la cavalerie,

---

1. Le texte imprimé par Roder porte *Huningen*, ce qui est une faute de transcription ou d'impression évidente, car Huningue est de l'autre côté du Rhin, et, pour l'atteindre, l'armée impériale eût dû traverser la plaine occupée par la cavalerie française; il s'agit du petit village de Tulingen, bâti sur la croupe méridionale de la petite montagne sur laquelle se donnait le combat. (Voy. la gravure insérée dans notre *Villars*, t. I, p. 162.)

je me demande si, considérant que l'infanterie a totalement battu celle de l'ennemi, qu'elle a pris quelques-unes de ses pièces, qu'elle a maintenu cinq heures le champ de bataille..... et a repris sa marche sans être inquiétée, les armes de Votre Majesté Impériale ne pourroient pas émettre quelque *prétention à la Victoire.* »

Malgré quelques exagérations dans un sens et quelques atténuations dans l'autre, dont aucun chef d'armée n'est exempt, ce récit est sincère et suffit à lui seul pour établir la vérité. Elle est conforme, dans ses grandes lignes, au récit de Villars. La bataille de Friedlingue offre cette particularité, peut-être unique dans l'histoire militaire, qu'elle se compose de deux combats distincts et parallèles, l'un de cavalerie dans la plaine, l'autre d'infanterie sur les hauteurs qui bordaient cette plaine. Le premier rapide et décisif. La cavalerie allemande, rompue et mise en fuite, disparaît du champ de bataille et, de l'aveu même du prince de Bade, refusant d'y revenir, se disperse dans les villages pour les piller. Le second combat, au contraire, est long et disputé; vaincue au premier choc et rejetée hors du bois, l'infanterie allemande fait un retour offensif qui, d'abord victorieux, se termine par un échec final, puisque cette infanterie a suivi le mouvement de retraite de la cavalerie et abandonné à Villars, avec le champ de bataille, les résultats de la victoire. Durant cette dernière période de la journée, la cavalerie française est restée immobile dans la plaine qu'elle avait conquise, non, comme semble l'insinuer le prince de Bade, par faiblesse ou indifférence, mais parce qu'il lui était matériellement impossible d'intervenir sur des pentes escarpées, plantées de vignes et couronnées par des bois. Ce n'est donc pas la cavalerie qui a rétabli le combat de l'infanterie, c'est Villars, par son action personnelle et celle des officiers sous ses ordres. Saint-Simon, il est vrai, attribue ce rôle à Magnac, qui aurait rallié l'infanterie débandée, entraîné Villars lui-même, et serait le véritable auteur de la victoire. Mais rien n'établit la véracité de cette allégation. Outre qu'il n'est pas naturel de penser que Magnac, abandonnant le commandement de la cavalerie, ait été prendre celui de l'infanterie, aucun des documents contemporains ne confirme le récit de Saint-Simon. M. de Boislisle les a tous cités ou analysés dans une de ces notes substantielles et précises, qui donnent tant de valeur à son édition de Saint-Simon (X, 579). Ils sont unanimes à exalter le mérite de Magnac, à lui attribuer une grande part dans l'heureux succès de la journée, à trouver que justice suffisante ne lui a pas été rendue, mais tous, Saint-Hilaire, Feuquières, les correspondants de Sourches, ne parlent que de ses brillantes charges de cavalerie ; Magnac lui-même, dans la lettre très digne qu'il écrivit à Louis XIV, n'invoqua, pour justifier sa réclamation, que les manœuvres « de la cavalerie qui a gagné la bataille le 14 de ce mois. » Reste un dernier témoin, dont l'opinion n'a pas été publiée jusqu'ici et dont M. de Boislisle parle en ces termes : « On a pu remarquer que, dans le rapport de Villars, un nom est prononcé à côté de celui de Magnac, celui de Saint-Mauris, qui commandait la seconde ligne de la cavalerie. Cet officier, lui aussi, se plaignit que le général en chef ne lui eût pas rendu justice (*Dangeau*, IX, 68). On me dit que sa correspondance existe encore et témoigne de son ressentiment. Comment donc se fait-il que Magnac n'ait pas dit un mot de lui ? »

Grâce à l'obligeance de Mme la marquise de Laubespin, née Saint-Mauris, j'ai eu communication des pièces relatives à Friedlingue et qui se trouvent dans les superbes archives de Saint-Mauris ; elles sont au nombre de trois : trois lettres adressées à Saint-Mauris, l'une par le duc de la Feuillade, datée de Versailles, 19 décembre 1702, l'autre par le duc d'Elbeuf, datée de Paris, du même jour, la dernière datée de Strasbourg, du 22 octobre, et signée d'un nom de baptême, *Louis*, mais dont le ton et les formules de politesse ne permettent pas de penser qu'elle émane d'un personnage princier. Toutes trois sont des réponses. La première répond à des remerciements que Saint-Mauris avait adressés au duc de la Feuillade à l'occasion de paroles aimables qu'il avait dites sur son compte à Chamillart ; le seul passage relatif à notre sujet est le suivant :

« La réputation que vous vous etes acquise à la bataille de M. de Villars est si unanime, que c'est l'honorer que de le publier. »

La seconde lettre, au contraire, répond à des plaintes certai-

ADDITIONS AUX TOMES I, II, III ET IV.   229

nement très vives que Saint-Mauris avait écrites au sujet de propos malveillants qui auraient été tenus sur son compte. Le duc d'Elbeuf se défend avec chaleur d'avoir voulu faire aucun tort à Saint-Mauris; il lui offre ses services auprès de Chamillart et ajoute :

« Tout le monde vous a rendu la justice que vous méritez au sujet de l'affaire de Friedlingue; on sait la part que vous y avez eue, dont personne n'a été surpris; je suis faché que M. de Villars, qui est de mes amis, n'ait point fait son devoir; il est ici : je lui en ferai des reproches, sans qu'il puisse croire que vous y ayez part. »

Quant à la troisième lettre, elle répond à un récit du combat que Saint-Mauris avait adressé au marquis de Thianges; elle demande des détails complémentaires; le seul passage qui se rapporte à la conduite du général est celui-ci :

« J'ai eu une véritable joie de vous savoir heureusement sorti de la vive affaire qu'il y a eu entre votre cavalerie et celle des ennemis, dont toutes les lettres vous attribuent le succès. »

Ces documents confirment entièrement nos conclusions; ils prouvent jusqu'à l'évidence que l'action de Saint-Mauris, comme celle de Magnac, a été limitée au combat de cavalerie; aucune allusion au combat d'infanterie et à ses péripéties. Saint-Mauris s'attribue le rôle principal dans la victoire incontestée de la *cavalerie* et se plaint de n'avoir pas été jugé ou récompensé selon les services rendus par lui en cette seule circonstance. C'est donc de la gloire de Magnac, et non de celle de Villars, qu'il réclame une part; cela suffit à expliquer le silence de Magnac, dont s'étonne M. de Boislisle; cela ne suffit pas à amoindrir les mérites de Villars. En résumé, le seul reproche adressé à Villars est de n'avoir pas suffisamment fait valoir les services rendus par Magnac et Saint-Mauris dans les charges exécutées le matin par ses ordres. Tous deux pourtant sont nommés avec éloges dans son rapport[1] et tous deux reçurent le brevet de lieutenant général; que pouvaient-ils espérer de plus[2] ?

---

1. Il écrivit en outre à Chamillart. (Voy. ci-dessus, II, p. 257.)
2. Magnac fut nommé lieutenant général le 23 décembre 1702, deux

APPENDICE.

Parmi les nombreuses lettres de félicitations reçues par Villars après la victoire de Friedlingue, il en est une de la princesse de Conti dont il a inséré le texte dans ses *Mémoires* (ci-dessus, t. II, p. 44). Nous avons retrouvé, dans les archives

mois après la bataille; il reçut en outre du roi, en 1706, le gouvernement de Montdauphin; la lettre par laquelle il remercia Louis XIV mérite d'être citée; elle fait grand honneur à son caractère et montre dans quel esprit de dévouement et de désintéressement était élevée la noblesse militaire :

Camp de Candel, 8 mai 1706.

« ... Votre Majesté m'avoit déja payé par avance des cinquante années
« de services que je lui ai rendus en qualité d'officier, par tout ce qu'elle
« me fit l'honneur de me dire lorsque je pris congé d'elle : j'en étois si
« pénétré, en sortant de son cabinet, que M{^{rs}} de Rassan, de Sailly, lieu-
« tenants généraux, et Dubois, huissier de sa chambre, voulant me par-
« ler, il me fut impossible de pouvoir leur répondre. S'il m'est possible,
« Sire, de pouvoir mieux servir Votre Majesté à l'avenir, je le ferai... J'ai
« effectué jusqu'à présent ce que feu mon père recommandoit tous les
« jours à sa famille, qui étoit de prier Dieu pour la santé de Votre
« Majesté, à laquelle je dirai encore que ce bonhomme, qui aimoit ten-
« drement Votre Majesté, a élevé ses enfants dans l'esprit de sacrifier
« leur vie pour son service; il y en a eu trois qui y ont été tués, et mon
« aîné qui y a usé sa vie. J'assurerai Votre Majesté que le bien qu'elle
« me fait sera employé à vivre noblement à son service, comme j'ai fait
« jusqu'à présent, me reposant entièrement sur la charité de Votre Ma-
« jesté pour ma femme et mes enfants... »

(Original. Dépôt de la guerre, vol. 1948, n° 72.)

Magnac était entré, en 1656, comme cornette dans le régiment de la Reine mère. Il rappelait ce fait à Chamillart, en 1707, de Béthune, où il commandait, ajoutant que l'armée du roi était alors victorieuse et que, pourtant, il avait vu, avant d'être officier, « les Espagnols traverser Paris, l'épée à la main, et le canon de la Bastille tirer sur les troupes du roi. » Il s'appuyait sur ce souvenir pour relever les esprits ébranlés par les défaites de Ramillies et de Turin : « Il faut prendre patience et ne pas s'étourdir des malheurs qui sont arrivés. »

(Dépôt de la guerre, vol. 2017, n° 46.)

Les chansonniers de la Cour recueillirent les propos malveillants colportés par les ennemis de Villars et donnèrent une forme plaisante au récit de Saint-Simon. Voici les couplets consacrés à la bataille de Fried-

de Vaux, une minute autographe de Villars, qui ne peut être que la réponse à cette lettre; nous la reproduisons ici :

166. *Villars à la princesse de Conti.*

Si Britomare avoit peu lire avant la bataille ce que pense une princesse milles fois plus charmante qu'Élise, il ne seroit pas resté un seul des ennemis. Ainsy, Madame, si vous aymés l'estat d'aimer former des Britomares, pour cela il ne faut que les moindres apparences d'une estime aussi enviable que la vostre. Je me suis jetté sur une partie du corps que vostre Altesse Sérénissime me fait l'honneur de me nommer, peut estre produirat-elle une seconde action par l'extrême ardeur que j'ay de mériter la bonne opinion qu'elle veut avoir de moy. Avec cela je diray : *Paroissez Navarrois.* Il me semble, Madame, qu'il s'en monstre peu; pour des Allemans, vous n'en manquerés pas; mais puisque vous voullés bien, Madame, me faire l'honneur de prendre un peu de part à ce qui m'arrive, je dirai *mas Moros mas gloria.* Je sçay un peu les guerres de Grenade, les comédies et les romans, Dieu mercy; en vérité, Madame, c'est la meilleure estude qu'on puisse faire, surtout des comédies, puisqu'il est permis de citer des vers lorsqu'on n'oseroit jamais dire en prose :

..... Et quel cœur assez bas
Pourroit donc la connoitre et ne l'adorer pas ?

J'en sçay bien encore quelques uns mais il ne faut pas fatiguer

lingue dans la longue complainte de 1709, dont nous avons déjà donné des extraits (ci-dessus, p. 210) :

   Il crut que tout étoit perdu
   Et déjà il tournoit le c...,
    Landerirette,
   Quand Mongaillard vint l'avertir,
    Landeriri,
   Que l'ennemi se retiroit
   Et que la bande s'en alloit,
    Landerirette.
   Magnac lui rassura l'esprit,
    Landeriri;
   Maréchal de France il fut fait
   Pour ce tant glorieux exploit,
    Landerirette,
   Qui n'étoit dû qu'à Saint-Mauris,
    Landeriri.

V. A. S. d'une plus longue lettre; j'ose me flatter qu'elle aura bien voulu voir avec quelque joye la grâce infinie que je reçois de Sa Majesté. Elle n'honorera jamais de son attention personne qui ait l'honneur d'estre avec un respect plus profond, Madame, [son très humble et très obéissant serviteur].

Et, de son informe écriture, Villars s'essaya deux fois à tracer à la fin de cette minute la signature qu'il allait sans doute apposer, pour la première fois, au bas d'une lettre : *le maréchal de Villars.*

Britomare et Élise sont des personnages du roman de *Cléopâtre*, par La Calprenède, qui, suivant M. Brunetière (à l'érudition et à l'obligeance duquel je dois ce renseignement), partageait avec le *grand Cyrus* de Mlle de Scudery la faveur de la mode et l'honneur de fournir aux beaux esprits du xviie siècle leurs principales citations. Britomare était un guerrier fameux, mais de naissance modeste, qui avait osé lever les yeux sur la belle princesse Arsinoé et qui, exilé de la cour d'Arménie, accomplit les plus extravagantes prouesses; Élise est une princesse parthe, d'une rare beauté et d'une languissante tristesse, qui paraît avoir moins inspiré les hauts faits de Britomare qu'Arsinoé. En se comparant à Britomare, Villars semble avoir voulu faire une allusion discrète à ses sentiments pour la princesse de Conti et à la distance qui la séparait d'elle.

Les archives de Vaux contiennent une autre lettre de félicitations adressée à Villars par l'Électeur de Cologne, Joseph-Clément de Bavière, frère de l'électeur Max-Emmanuel. Cette lettre fut suivie de plusieurs autres, également conservées à Vaux, dans lesquelles l'Électeur s'étonne du retard de son frère et communique à Villars ses craintes au sujet de sa ville de Bonn, qu'il redoute de voir assiégée et bombardée par l'ennemi. « J'espère que vous ne trouverez pas toujours des lutins pour vous empêcher de faire la jonction. » Allusion plaisante à la mission suspecte du comte de Luttens, aide de camp général de Max-Emmanuel auprès de Villars[1]. « Je sais bien, écrit-il un autre jour, s'il est permis de badiner sur une affaire aussi sérieuse, que, si j'avais été à la place de Monsieur mon très

---

1. Voy. *Villars d'après sa correspondance*, I, 163.

cher frère, il n'y a ni lutin, ni spectre, ni farfadet qui eût été capable de m'empêcher de vous joindre. » M. des Alleurs, envoyé de France auprès de l'Électeur, voyait plus clair que lui dans le jeu de l'Électeur de Bavière ; il écrivait à Villars : « Je ne serois pas étonné qu'il tournât casaque sur le prétexte de ce diable de vicariat[1]. »

Page 107. — Campagne de 1703. — Nous avons retrouvé aux archives de Vaux les minutes de quatre lettres adressées par Villars au duc de Bourgogne pendant la période la plus critique de la campagne de 1703. Écrites par son secrétaire ordinaire et corrigées de sa propre main, elles ont tous les caractères de l'authenticité. Nous n'hésitons pas à les reproduire, malgré leur longueur, à cause de leur importance exceptionnelle. Dans aucun de ses écrits, Villars n'a exposé avec plus de netteté le vaste plan qu'il avait conçu, et qui aurait conduit jusqu'à Vienne les troupes victorieuses de Louis XIV, sans les coupables hésitations de Vendôme et l'incroyable aveuglement de Tallard et du duc de Bourgogne (voy. ci-dessus, II, p. 90 et suiv. — *Villars d'après sa correspondance*, I, p. 216, 233 et *passim*. — *Le Duc de Bourgogne et le duc de Beauvillier*, p. 36 et suiv.).

167. *Villars au duc de Bourgogne.*

6 août 1703[2].

Monseigneur,

Vous aurez peut-être déjà reçu les premiers avis d'un très grand combat que M. de Legal a donné avec vingt-quatre escadrons, dont plusieurs même étoient assez faibles, portant 800 hommes de pied en croupe, contre près de 4,000 chevaux des meilleures troupes de l'Empereur qui avoient passé le Danube et étoient campés à Munderking[2], petite ville à huit lieues au-des-

---

[1]. Il s'agit de la patente de vicaire-général du roi d'Espagne dans les Pays-Bas, que Louis XIV avait fait donner par Philippe V au duc de Bourgogne et dont Max-Emmanuel feignait de s'offenser. (Voy. *Villars d'après sa correspondance*, I, p. 140 et suiv.)

[2]. Villars était alors à Dillingen, immobilisé depuis le 23 juin par l'inaction des armées du Rhin et d'Italie.

sus d'Ulm. Je prends la liberté de joindre à la présente dépêche celle que j'ai eu l'honneur d'écrire à Sa Majesté sur cela, par laquelle, Monseigneur, vous verrez une partie du détail de cette action qui a été assez rude, mais très glorieuse pour les troupes de Sa Majesté, et la cavalerie y a fait des actions surprenantes.

Trois raisons m'ont obligé à ne pas balancer à faire attaquer ce corps, premièrement le dessein qu'il avoit de s'avancer vers Augsbourg, une des plus grosses et des plus puissantes villes de l'Empire et très favorablement disposée pour l'Empereur; en second lieu la nécessité d'imposer à une armée très supérieure en nombre, et faire voir à tout l'Empire que les forces prodigieuses, que toutes les nouvelles publient avoir enfermé l'armée du Roi, osent à peine passer le Danube, à dix-huit lieues de moi, que l'on les attaque, les bat et les renverse dans cette même rivière qu'ils se vantent de me faire repasser. D'ailleurs le peu d'opinion que j'avois du comte de la Tour, qui les commandoit, lequel je sais, pour l'avoir connu autrefois dans les guerres de Hongrie, et par toutes les troupes de M. l'Électeur de Bavière, être un homme très médiocre. Outre cela, Monseigneur, il falloit par un coup hardi mettre quelques jours devant moi, pour ne point presser le retour de M. l'Électeur, lequel attend toujours des nouvelles des troupes de M. de Vendôme, et je commence à croire que c'est avec peu d'espérance.

Il est pourtant certain que, depuis le 23 juin jusques au jour que les paysans revenus de leur première terreur, telle dans les commencements, qu'ils ont forcé des gouverneurs à rendre des places imprenables sans être attaquées; il est donc très assuré que, depuis le 23 juin jusqu'au 10 juillet, il étoit aussi aisé de faire passer un corps d'armée au travers du Tyrol que d'envoyer des recrues de Paris à Orléans. J'ai averti dans le temps, les lettres ont été reçues, mais peut-être que M. de Vendôme a eu des difficultés de son côté qui nous sont entièrement inconnues; il faut suspendre son jugement, connoissant le mérite le plus établi et les grandes qualités de M. le duc de Vendôme.

Ce qui est constant, et à quoi l'on ne peut penser sans de sensibles regrets, c'est que, ce corps d'armée passant par le Tyrol, joignant les troupes de M. l'Électeur, on les embarquoit sur l'Inn, à trois lieues d'Inspruck. En trois jours, par la commodité de cette rivière, toute l'infanterie pouvoit arriver sur Passau, forcer cette grande ville à donner passage ou la prendre, ensuite celle de Lintz, et mettre une armée considérable aux portes de Vienne, dans le centre de l'Autriche, dénuée de toutes sortes de secours, animer les commencements de révolte en Hongrie, et forcer peut-être l'Empereur à sortir de sa capitale. C'est là, Monseigneur, ce que nous pouvions attendre de cette jonction, et nous aurions moins ardemment désiré les secours que nous attendons de vous, Monseigneur. Comme Sa Majesté m'a fait l'honneur de me mander, il y a longtemps, que votre armée étoit composée de soixante bataillons et plus de quatre-vingts escadrons, nous en attendons d'un moment à l'autre de grandes nouvelles, et je crois, Monseigneur, que vous êtes parfaitement informé du peu de troupes qui restent au général Thingen[1].

Je sais, Monseigneur, que ceux qui ont l'honneur de commander sous vos ordres doivent, plus qu'en toute autre occasion, de ne pas former de vains projets. Je connois l'ardeur de M. le maréchal de Tallard, brûlant d'envie de répondre à la vôtre, et je ne doute pas qu'il ne compte pour beaucoup tout l'avantage que donne la présence d'un si grand prince capable et d'animer son armée et d'étonner les forces de ses ennemis. Peut-être aussi, Monseigneur, que l'ont veut voir la conquête trop infaillible avant que de l'entreprendre. Pour moi, persuadé que ce qui est le plus difficile est le plus de votre goût, puisque les obstacles augmentent la gloire, je crois, Monseigneur, que le siège de Fribourg pourroit se commencer un peu plus tôt, et je ne balancerai pas à vous dire qu'il est d'une nécessité presque indispensable. Ce n'est pas que ce soit la seule et unique voie d'établir une communication avec cette armée, mais celle-là est solide, et les autres, bien que, selon moi, assurées, sont cependant sujettes à quelques inconvénients. Ce qui est constant, Monseigneur, c'est qu'il en faut une et que les forces de l'Empire toutes rassemblées contre moi pourroient bien me resserer, et par là rendre difficile des subsistances qui ne le seroient guère quand je pourrois m'étendre. Il y a bien longtemps, Monseigneur, que j'ai passé les montagnes, et j'avoue que, dans ce temps là, j'avois espéré que le mois d'août nous trouveroit plus puissants dans l'Empire par les forces que l'on pouvoit espérer d'Italie et la diversion du Rhin, car ceux qui ont voulu imaginer que, sur la première entrée de l'armée du Roi en Allemagne, les cercles se soumettroient, ignorent parfaitement par qui ces cercles sont gouvernés, et cette pensée vient apparemment des mêmes gens qui se flattoient que leurs troupes ne feroient pas le siège de Landau. Il est bizarre que quelques lettres d'Alsace aient voulu dire que je n'avois qu'à ordonner aux états

1. Combat du Munderkingen du 30 juillet.

de Souabe de désarmer, aux princes de m'envoyer leurs troupes, lesquelles on pouvoit disperser dans celles du Roi ou de M. l'Électeur. De telles ignorances ne sont pas permises, si près surtout des états qui composent ces cercles, dont les directeurs et les princes les plus considérables sont plus assurés à l'Empereur que ses propres troupes, et les autres petits états pillés par ces premiers n'ont ni pouvoir ni volonté.

J'espère, Monseigneur, que les premières nouvelles d'Alsace nous apprendront le siège de Fribourg formé, après quoi je serai plus en état d'être honoré de vos ordres, trop heureux d'en recevoir qui puissent me donner lieu de servir à votre gloire et de sacrifier ma vie pour celle d'un prince qui a trop d'envie d'en acquérir pour n'en être pas bientôt comblé.

168. *Villars au duc de Bourgogne.*

[Dillingen], 19 août 1703.

Monseigneur,

J'ai eu l'honneur de vous informer que huit bataillons hollandois du camp de Bihel[1] en étoient partis le 3. Ces bataillons ont joint hier l'armée de M. le prince de Bade, laquelle depuis longtemps est beaucoup plus forte que celle du Roi. Grâce à Dieu, Monseigneur, on a déjà rompu ses divers projets, mais il est bien difficile qu'avec une si grande supériorité en nombre nous puissions nous flatter encore longtemps du même bonheur. Hier, je fis attaquer un fourrage que leur gauche avoit hasardé assez près de ma droite, et on leur a pris un assez grand nombre de chevaux. Tous nos partis réussissent et nous ne perdons, Dieu merci, personne par désertion et très peu par maladie. L'armée du Roi vit dans une discipline d'autant plus nécessaire qu'étant au milieu d'un pays ennemi, tout soldat qui s'écarte seroit perdu; d'ailleurs le paysan, apprivoisé par la sagesse des troupes, apporte de tous les villages et met l'abondance dans le camp. Tout cela, Monseigneur, est très heureux, mais cela ne peut durer et sans une communication solide et une augmentation considérable de troupes, cette armée qui pouvoit espérer de forcer l'Empire à la paix se trouvera bientôt réduite à d'assez grandes extrémités; c'est ce que

1. Le prince Louis de Bade, en quittant les lignes de Bühl pour se porter contre Villars, avait laissé le général Thüngen avec un très petit corps pour surveiller le duc de Bourgogne.

je crois devoir prendre la liberté de vous représenter par la fidélité que je dois au service de Sa Majesté.

Nous n'avons aucune nouvelle des troupes qui devoient venir par le Tyrol, et pour moi, Monseigneur, dès que j'ai vu les premiers jours perdus pendant lesquels ce passage étoit aussi facile que d'envoyer de Paris à Orléans, je m'en suis peu flatté ; je n'en désespère pas encore, mais, depuis quelques jours, il est arrivé des malheurs à M. l'Électeur de Bavière que l'on n'auroit jamais dû craindre. Le dernier est une place imprenable défendue par 300 hommes de bonnes et vieilles troupes, dans laquelle il y avoit quarante pièces de canon de fonte, 20,000 sacs de farine et 20,000 sacs de grain ; cette place s'est rendue à 2,000 paysans qui l'attaquoient avec deux arquebuses à croc : l'artillerie est médiocre pour un tel siège. Je tiens le commandant pendu présentement et la garnison décimée au moins. M. l'Électeur m'a fait assurer que la punition égaleroit le crime ; une autre place excellente a été prise de même[1]. Ce prince est dans de grandes inquiétudes pour le Danube, que je défends depuis deux mois heureusement. Je n'ai pas voulu lui demander des troupes qui lui feroient quitter le Tyrol ni qu'on puisse me reprocher d'avoir fait manquer une jonction si importante dans la conjoncture présente.

Le combat de M. de Legal a reculé les projets des ennemis, mais comme les troupes qu'ils attendoient du camp de Bihel les joignirent hier, il est difficile que le prince de Bade, avec soixante-deux bataillons et près de cent-dix escadrons, ne tâche enfin de faire réussir ses projets, qui sont l'unique ressource de la cour de Vienne, puisque je ne puis lui opposer que quarante bataillons, les dix autres étant ou avec M. l'Électeur ou dans les mauvaises places qu'il faut soutenir, et soixante escadrons des troupes du Roi et quatorze de M. de Bavière, duquel nombre j'en ai seulement quarante-deux avec moi.

Voilà, Monseigneur, ma situation ; j'ai eu l'honneur de vous en rendre compte déjà plus d'une fois. Sa Majesté m'a fait l'honneur de me mander et a fait assurer M. l'Électeur que votre armée étoit de plus de soixante bataillons et de plus de quatre-vingts escadrons ; si elle ne fait pas le siège de Fribourg, que l'on doit croire indispensablement nécessaire, j'ose vous supplier de me mettre en état de prendre Villinghen, en m'envoyant un corps qui peut prendre la même route que j'ai tenue. Il est, Monseigneur, le 18 août, la saison s'avance ; vous connoissez mieux que

---

1. Rattenberg et Ehrenberg en Tyrol.

moi la situation actuelle de toutes les affaires. Je crois pouvoir dire avec vérité que si, depuis mon passage, j'avois été soutenu, l'Empereur seroit présentement bien pressé; mais, quand on a toutes les forces de l'Empire sur les bras, au milieu d'un pays ennemi, sans subsistance assurée, une armée à laquelle toutes les recrues manquent, contre une au moins du tiers plus forte et dont toutes les compagnies se recrutent journellement par des impositions d'hommes dans tous les villages de Souabe et de Franconie; à laquelle encore il arrive tous les jours des troupes nouvellement levées : par exemple, avant hier un bataillon de Hambourg, commencé à lever depuis deux mois et dont je n'avois pas encore ouy parler. Vous croyez bien, Mgr, que l'Empire fait des efforts dans les périls où il se trouve. Enfin, Mgr, la situation de l'armée du Roy est telle que, si celui qui a l'honneur de la commander presse pour des communications et des secours, on doit le lui pardonner.

Les troubles de Hongrie s'augmentent; enfin, Monseigneur, voici des temps précieux; on en a déjà un peu perdu; que l'on me donne des moyens et j'en ferai, avec l'aide de Dieu, un bon usage. J'ose me flatter, Monseigneur, que vous pardonnez à mon zèle des libertés qui ont souvent besoin de l'indulgence de Sa Majesté; la vôtre ne m'est pas moins nécessaire, je tâcherai de la mériter par mon ardeur au service de Sa Majesté, aussi bien que par le profond respect avec lequel, etc.

169. *Villars au duc de Bourgogne.*

[Dillingen], 25 août 1703.

Monseigneur,

Je ne sais si cette lettre pourra arriver jusques à vous; j'ai eu l'honneur de vous informer de la prise d'Ernberg, place excellente qui a été rendue aux ennemis; ce malheur, qui avoit été précédé par la prise de Ratenberg, a été suivi d'autres encore. M. l'Électeur n'avoit cependant pas voulu renoncer à l'espérance de la jonction par l'Italie et étoit toujours demeuré dans le Tyrol pour retourner au Breyner dès que M. de Vendôme approcheroit de Brixen; mais ayant été informé que ces troupes n'avoient pas encore marché jusques à Trente, et pendant ce temps-là les ennemis ayant forcé le retranchement de Passau avec le corps que commandoit précédemment le comte de Schlick, dont le prince Eugène a fait donner le commandement au jeune comte de Reventlau, M. l'Électeur, désespérant d'une jonction qu'il attendoit depuis le 1ᵉʳ juillet, a quitté le Tyrol pour sauver la Bavière. D'un autre côté le général Herbeville, avec quelques troupes réglées et beaucoup de milices de Bohême, marche vers Ratisbonne. Ainsi, Monseigneur, le peu d'espérance du secours d'Italie et l'ennemi entrant dans le cœur des états de M. l'Électeur, il a pris le parti de revenir avec toutes ses troupes et m'a prié en même temps d'envoyer vers Ratisbonne ce que je pourrois. J'y ai fait marcher six escadrons, quoique M. le prince de Bade n'ait pas encore fait le moindre détachement ni de sa grande armée, ni des deux autres corps de troupes qui sont à une ou deux lieues de lui, le premier des troupes de M. de Bareith joint à celles de Brandebourg, et le second des troupes hollandoises arrivées du camp de Bihel. Il est constant que nous comptons à M. le prince de Bade plus de soixante bataillons et cent dix escadrons. Vous savez, Monseigneur, ce que j'ai de troupes pour m'opposer à lui. Il a fait commander depuis deux jours tous les charrois et pionniers des derrières de son armée et toutes les apparences sont qu'il attendoit, pour agir, l'attaque faite du côté de Passau et vers le Haut-Palatinat.

Vous comprendrez facilement, Monseigneur, l'extrême conséquence d'envoyer incessamment un gros corps d'armée vers Villingen; M. l'Électeur vous le demande instamment. Il eût été à désirer que le siège de Fribourg, supposé qu'on le fasse, eût commencé plus tôt, ou que du moins les troupes de M. de Vendôme se fussent mises en marche dès qu'il a été averti que le Tyrol étoit attaqué et soumis. Dans ces temps là je trouvois l'Empereur dans un extrême péril; les affaires changeront de face si on n'y met ordre promptement de notre côté.

Pour moi, Monseigneur, je ne manquerai pas les premières occasions de combattre; mais, comme la raison de guerre vouloit, il y a deux mois, que je ne donnasse rien au hasard, présentement, M. le prince de Bade, voyant les affaires changées et ayant une très puissante armée sous ses ordres, ne la commettra qu'à bonnes enseignes. J'ose vous dire, Monseigneur, que la guerre que je fais depuis deux mois n'est pas bien facile; celle que je vais commencer est plus difficile encore. Les troupes sont en très bon état, fort peu de malades, beaucoup de bonne volonté, mais elles sont faibles : vous savez, Monseigneur, qu'elles sont entrées en campagne sans recrues.

M. le prince de Bade a marché avec la plus grande partie des troupes de M. de Bareith et quelques régiments de son armée qui ont été remplacés sur-le-champ, de manière que le camp qui est devant nous, qui a un tiers plus d'étendue que le nôtre, paroît même plus serré qu'il n'étoit auparavant; M. le prince de Bade remonte le Danube. M. l'Électeur me paroit hors d'état de m'envoyer des troupes.

Jugez, Monseigneur, de ma situation : les affaires du Roi étoient dans la plus heureuse que l'on pouvoit souhaiter, mais il y a cent quinze jours que je suis entré dans l'Empire dont les forces depuis le premier jour ont toujours continué à se rassembler contre moi, à tel point qu'il y a dans l'armée des ennemis plusieurs bataillons dont la levée n'a été commencée que depuis que je suis dans ce camp. J'ai averti de bonne heure et n'ai, grâce à Dieu, rien à me reprocher.

170. *Villars au duc de Bourgogne.*

[Dillingen], 30 août 1703.

Monseigneur,

Quand aucune de mes lettres ne seroit parvenue jusques à vous, les nouvelles publiques vous auront appris que, depuis quatre mois entiers que j'ai traversé les montagnes, toutes les puissances ennemies de Sa Majesté ont regardé comme leur principale affaire d'éteindre une guerre allumée au milieu de l'Empire, qui pouvoit embraser toutes les provinces et l'Autriche même, au milieu de laquelle nous serions depuis trois mois si les projets concertés et réglés avec M. l'Électeur de Bavière à la première entrevue avoient été suivis. J'ose dire, Monseigneur, que ceux-là, aussi avantageux qu'assurés, rendoient le Roi maître de tout. Les traîtres qui ont détourné M. l'Électeur du seul bon parti qu'il avoit à prendre ne sont pas rares dans les cours d'Allemagne, celle de Vienne faisant son capital de gagner bien moins les princes de l'Empire que leurs ministres, qui presque tous dépendent du conseil de l'Empereur. Enfin, Monseigneur, il est inutile de rappeler des regrets; M. l'Électeur les sent vivement et m'a fait l'honneur de m'en écrire, mais ce dont il désire que j'aie l'honneur de vous informer, et à quelque prix que ce soit, c'est de l'état actuel où nous sommes.

M. le prince de Bade ayant eu quatre mois entiers à rassembler toutes les forces de l'Empire, en ayant tiré de Hollande, de Danemarck, de Brandebourg, outre celles de Saxe et de Luxembourg qui n'étoient pas l'année dernière sur le Rhin, en a enfin assez mis ensemble pour composer deux armées dont la moins nombreuse l'est autant que celle que j'ai l'honneur de commander; il a séparé ses forces. Je n'ai rien oublié pour l'engager à une bataille, ayant marché deux fois avec l'armée du Roi jusques à leurs retranchements. Il suit son projet et le camp qui est devant moi est très bon et retranché comme le mien. Pendant qu'une armée m'observe, l'autre gagne le haut du Danube. Le combat que les troupes du Roi commandées par M. de Legall ont gagné a différé l'exécution de leurs desseins, et M. de Bade, pour pouvoir agir plus sûrement, a voulu attendre les troupes de Brandebourg arrivées depuis deux jours.

Actuellement il marche avec son armée vers Ehingen. Le comte de Stirum commande celle qui est devant moi. J'ai une tête sur l'Iler et toutes mes dispositions sont faites pour laisser ici un camp retranché; c'est à dire je coupe le mien par la moitié et je marche avec la plus grande partie de l'armée pour tâcher de combattre le prince de Bade en cas qu'il passe le Danube et veuille marcher à l'Iler. J'ai obtenu que M. l'Électeur viendroit se mettre à la tête de nos troupes. Il étoit important de le tirer de Munich et des pleurs de sa famille et de ses peuples, car pendant que M. le prince de Bade a deux armées sur le Danube, deux autres corps attaquent la Bavière; l'un est au milieu, ayant forcé les lignes de Passau, et l'autre marche vers Ratisbonne. Je n'ai jamais pu gagner auprès de M. l'Électeur qu'il s'assurât dans les temps favorables de la ville d'Augsbourg laquelle, sans être ennemie déclarée, nous traite pourtant très mal, refusant toutes les lettres de change, ouvrant la porte aux troupes ennemies et la fermant aux nôtres, même à nos officiers qui veulent entrer plus de trois ou quatre.

M. l'Électeur me prie, Monseigneur, à quelque prix que ce soit, d'avoir l'honneur de vous informer d'un état que vous trouverez violent. Je lui crois les meilleures dispositions du monde, mais je n'en aurois jamais répondu s'il étoit resté à Munich. Il est absolument nécessaire que, Brisac pris, la plus grande partie de votre armée passe l'Holgraben et assure une tête vers le haut Danube, enfin que M. l'Électeur voie une espérance d'être soutenu, car celle du secours d'Italie perdu, vos profondes lumières vous feront aisément juger, Monseigneur, qu'il faut en avoir du côté du Rhin indispensablement.

Je suis persuadé, Monseigneur, que le temps vous a paru long depuis que vous êtes à la tête de votre armée jusqu'au 15 d'août que l'on a commencé à agir. Vous pardonnerez bien à M. l'Électeur de s'être un peu ennuyé aussi. Pour moi, Monseigneur, je n'ai en vérité rien à me reprocher. Tout peut aller encore par merveille. Voici la plus grande affaire que le Roi aie : les ennemis ont eu quatre mois entiers à rassembler leurs forces; j'ai eu même l'honneur de vous mander que je sais divers bataillons dans l'armée ennemie commencés à lever depuis que je suis dans le camp de Dillingen. L'Allemagne est grande, peuplée, armée ; les troupes de Hollande en fortifient les armées ; celle que j'ai amenée est partie sans avoir eu de recrues. Du reste grâce à Dieu elle est parfaitement conservée; peu de malades; on ne nous prend rien; toutes les petites affaires nous sont heureuses, le soldat désire ardemment une bataille, et l'ennemi ne se commettra à une action qu'en cas qu'il craigne les secours que nous vous demandons; sans quoi, Monseigneur, ayant le double de nos forces et pouvant nous resserrer, il attendra du temps un avantage qui seroit bien douteux si je puis l'obliger à combattre.

Le duc de Bourgogne et Tallard restèrent sourds à ces démonstrations; Chamillart n'eut pas la force de les faire écouter; pourtant, après l'appel désespéré adressé par Villars les 8 et 10 septembre, le ministre se décida à agir. Tallard reçut l'ordre formel de marcher à Villars ; mais la victoire de Hochstædt ayant rassuré la Cour, cet ordre fut retiré et Tallard fut autorisé à faire le siège de Landau. La confirmation de ces faits se trouve dans la lettre suivante :

171. *Le maréchal de Tallard à Villars.*

Au camp devant Landau,
12 octobre 1703.

J'ai reçu la lettre que vous m'avez fait l'honneur de m'écrire par M. de la Blandinière[1]. La date de celle-ci vous fera voir qu'il m'a trouvé devant Landau et je ne doute point que vous n'en ayez été informé par le Roi, peu après son départ.

J'étois en marche et avois déjà passé le Rhin pour l'exécution de l'entreprise que je fais présentement quand je reçus des ordres de la Cour relatifs à ceux qui vous ont été envoyés le 25 de septembre et je devois agir en conformité sur les avis que vous me donneriez de vos mouvements; mais j'en reçus un nouveau de continuer mon projet et de me rendre devant cette place où je

---

1. L'aide de camp dont Villars annonce l'envoi ci-dessus, II, p. 139.

suis et où je ne fais que d'arriver. Je crois qu'il est inutile de vous en dire davantage, M. de la Blandinière vous parlera plus ouvertement que je ne puis faire dans une lettre.

Au surplus j'ai eu l'honneur de vous écrire plusieurs fois : j'ai adressé mes lettres à M. Foulon et à M. de Puysieux. J'en ai donné une en dernier lieu à Allain, et je puis vous assurer que je n'ai reçu qu'une seule des vôtres...

(Original. Arch. de Vaux.)

Les archives de Vaux contiennent, en outre, une liasse de lettres écrites à Villars du 10 septembre au 10 octobre 1703 par M. de Blainville, envoyé à Ulm avec un corps détaché pour maintenir la communication et recevoir les troupes attendues du duc de Bourgogne : elles témoignent des difficultés croissantes qui entravaient l'approvisionnement de l'armée et ses relations avec la France. M. de Fontbeausard commandait la place d'Ulm. Il était spécialement chargé d'assurer le passage des courriers. Villars lui écrivait le 10 septembre de prendre 400 chevaux pour mener à Schaffouse le comte de Bissy porteur de ses importantes dépêches; il ajoutait : « Peut-être votre escorte apprendra que la tête des troupes de M. le duc de Bourgogne perce les montagnes, plût à Dieu ! Puissiez-vous nous apporter ces bonnes nouvelles qui nous seroient assez nécessaires ! » Fontbeausard répondit que l'expédition était impossible et que la petite troupe serait perdue, mais il se chargeait de faire passer le paquet par un homme sûr moyennant 800 l. C'est sans doute par le même moyen qu'il assura l'inutile voyage de M. de la Blandinière.

Vendôme n'avait pas mieux compris que Tallard l'importance du plan de Villars. Il en avait pourtant été informé dès la seconde quinzaine de mai; nous en trouvons la preuve dans la lettre suivante, conservée aux archives de Chantilly :

172. *M. de Ricous au maréchal de Vendôme.*

[Munich], 17 mai 1703.

... Nous voici au cœur de l'Empire avec la plus belle armée qu'on puisse voir. M. l'Électeur de Bavière l'est allé voir et en est de retour aujourd'hui; la cavalerie demande quelque temps pour se remettre un peu. Son Altesse Électorale va employer ce temps-là avec ses troupes et une brigade d'infanterie françoise à prendre Lintz et Passau, et si Votre Altesse se trouve en état d'envoyer un détachement dans le Tirol et que M. l'Électeur de Bavière en soit informé, il y entrera et fera tout pour favoriser la communication et se rendre maître de cette province…

Cette lettre prouve, en outre, que la marche sur Vienne avait été formellement décidée dès les premières conférences de Villars et de Max.-Emmanuel, le 10 mai à Riedlingen et le 15 à Tühlingen.

Ce n'est qu'après de longues hésitations et de multiples correspondances que Vendôme se décida à remonter la vallée de l'Adige; il s'ébranla vers le 10 juillet, mais il mit deux mois à franchir les vingt-cinq dernières lieues qui le séparaient de Trente. Pendant ces longs délais, les circonstances avaient changé : le Tyrol soulevé avait chassé les Bavarois, Villars, pressé par le duc de Bade, était immobilisé sur le Danube, le duc de Savoie avait abandonné l'alliance française, Vendôme n'avait plus qu'à battre en retraite; il hésitait encore; il fallut une lettre des plus sévères de Louis XIV, et dont l'original est à Chantilly, pour le tirer de son inaction. Dans une lettre particulière autographe que Chamillart lui écrivait à la même époque, et qui est conservée dans les mêmes archives, on lit la phrase suivante : « Votre marche en Tyrol au commencement de juillet pouvoit déterminer non seulement la conquête de cette province, mais porter la guerre avantageusement au milieu de ces pays héréditaires. » On voit par ce passage que, si Chamillart n'avait pas su faire prévaloir les plans de Villars, il en avait au moins saisi la portée.

Enfin, les archives de Vaux contiennent un certain nombre de lettres anonymes, qu'un groupe, s'intitulant *Les Bourgeois de Paris,* écrivait à Villars pour l'encourager et le conseiller ; j'y relève, à la date du 14 mars 1703, après la prise de Kehl, le passage suivant :

Courage, mon cher général, courage, vous irez loin… Nos Tuilleries, Luxembourg, Grands et Petits-Augustins sont bien prévenus en votre faveur. Il n'y a qu'une chose, c'est qu'ils prétendent que vous n'êtes pas encore assez aimé des troupes; songez-y, car c'est une chose de la dernière importance... Vous connoissez l'esprit du François, qui n'aime pas à rester sur la défensive...

Page 313. — Année 1704. — Nous avons retrouvé le véritable destinataire de la lettre de Roland, du 4 juin 1704, imprimée sous le numéro 55 dans le tome II, p. 313. Ce n'est pas J. Cavalier, mais le baron d'Aigalliers, l'actif négociateur qui servait d'intermédiaire entre Villars et les Camisards. D'Aigalliers transmit la lettre de Roland au maréchal avec la lettre suivante :

A Durfort, le 3 juin 1704,
à minuit.

Si j'avois reçu plus tôt la lettre de Roland que je me donne l'honneur de vous envoyer, je serois parti d'ici pour avoir l'honneur d'aller recevoir vos ordres, voyant bien que je suis ici très inutile. Je suis persuadé que le Roi auroit peine à faire consentir Roland à la paix s'il lui accordoit l'édit de Nantes rétabli, à moins que Sa Majesté ne joignît à cette grâce celle de la principauté des Cévennes; je puis vous assurer, Monseigneur, que cette ambition qu'il fait paroître par sa conduite ne m'empêche pas d'être persuadé que je serois fort deshonoré de la qualité de *son frère* dont il m'honore dans cette lettre; si je n'avois peur d'imiter Ravanel, j'irois dès ce moment cueillir tout le monde ici, en criant : j'adore Dieu, allons-nous-en vite à Anduse; mais demain, s'il plaît à Dieu, je serai éveillé de bon matin.

J'espère, Monseigneur, qu'une prophétie que j'ai faite ici sera plus véritable que celle de Roland et ses prophètes, et que, sans répandre le sang innocent, on en viendra à bout en peu de temps... Dieu vous fera la grâce, sous un général de votre vertu, que les gens de bien ne seront point enveloppés dans la punition des méchants; je lui demande de pouvoir vous marquer avec combien de zèle je suis, etc.

D'Aigaliers.
(Original. Arch. de Vaux.)

Rossel d'Aigalliers a laissé des mémoires, qui sont conservés à la bibliothèque de Genève, et dont M. Louis Baragnon prépare une édition. En attendant, il a publié à Nîmes, en 1891, une notice très intéressante, qui résume la vie et définit très exactement le rôle de ce personnage sympathique, qui, devenu suspect aux deux partis qu'il avait loyalement voulu réconcilier, fut exilé à Genève le 19 août 1704, y vécut misérablement, rentra clandestinement en France, fut arrêté et conduit au château de Loches, où une sentinelle le tua au moment où il cherchait à s'évader. La date de cette mort n'a pu être exactement établie par M. L. Baragnon.

On trouvera aussi des notes très complètes sur Roland, Jean Cavalier et les autres chefs Camisards dans le *Saint-Simon* de M. de Boislisle (t. XII, p. 116-120, 267), ainsi que sur la tenue, sous la présidence de Villars, de la session des États de Languedoc qui mit fin à l'insurrection des Cévennes (t. XII, p. 350).

Page 185. — Année 1705. — De l'aveu de tout le monde, de l'aveu même de Saint-Simon[1], les manœuvres de Villars sur la Moselle furent très remarquablement conduites, et le fait d'avoir obligé Marlborough à battre en retraite, sans avoir tiré un coup de canon, est des plus honorables pour le général français. Des rapports courtois s'étaient établis entre Marlborough et Villars; les deux lettres publiées ci-dessus (t. II, p. 344) en sont la preuve.

On lit dans une lettre de la duchesse d'Orléans du 7 juin : « On raconte que M. de Marlborough a envoyé dire au maréchal de Villars qu'il marchoit à lui avec 100,000 hommes, Villars aurait répondu qu'il l'attendoit avec 30,000 hommes. L'autre reprend qu'il a triomphé l'année précédente de cette même armée à Hochstædt et qu'il espère faire de même cette fois. Villars réplique que l'année précédente il n'était pas là, mais que, deux ans auparavant, il avoit gagné une bataille à Hochstædt avec la même armée qu'il commandoit présentement, qu'il croyoit donc n'avoir rien à craindre. »

Elle écrivait encore le 21 juin : « M. Marlborough a pris poliment congé, il a fait dire au maréchal de Villars qu'il regrettoit de ne pouvoir tenir l'engagement qu'il avoit pris d'aller lui rendre visite; l'arrivée tardive du prince Louis de Bade l'en avoit empêché[2]... »

---

1. Il fit cette année une campagne digne des plus grands généraux. (Éd. Boislisle, XIII, p. 76.)
2. Traduit de l'allemand sur l'édition de Menzel.

Il existe au dépôt de la Guerre deux plans manuscrits des positions de Villars autour de Sierk. M. Florange (*la Seigneurie de Meinsberg*, p. 48) en a signalé deux autres, l'un chez le docteur Regnier, à Vaudreching, l'autre chez M. le baron de Schonen, à Versailles. Il y a dans le même ouvrage un bon exposé des manœuvres de Villars et de Marlborough.

L'expédition que Villars fit ensuite contre les lignes de Weissembourg et sur la rive droite du Rhin fut très brillante, mais n'amena d'autre résultat que de fortes contributions levées sur le Palatinat. C'est au cours de cette campagne que Villars acheta à la veuve de Fouquet le magnifique domaine de Vaux-le-Vicomte. Il s'empressa de faire part de cette acquisition à son protecteur et correspondant le prince de Conti, par la lettre suivante, qui renferme aussi quelques détails stratégiques intéressants :

173. *Villars au prince de Conti.*

[Bischweiller], 25 août 1705.

Je reçois, Mgr, avec les lettres de M. de Chamillart, la lettre dont V. A. S. m'honore, du 15. Quand Elle me fait l'honneur de me dire que j'ai toujours plus de troupes qu'il ne m'en faut, c'est que je ne sais pas importuner et me contente de ce que l'on me donne ; de savoir si j'en ai plus qu'il ne m'en faut présentement, en conscience je n'en répondrai pas, car le prince de Bade est campé à Langschleitall avec une très nombreuse armée ; les déserteurs prisonniers et tous nos espions lui donnent plus de 60,000 hommes ; peut-être y a-t-il quelque chose de moins. Pour moi, en tout et partout, je n'en ai tout au plus que 37,000. Le prince de Bade a fait une marche forcée pour passer le Rhin et tâcher de se placer autour du fort Louis ; il avoit en même temps placé un assez gros corps d'infanterie dans l'isle de Talhunde et espéroit, marchant en force par Beneim et Fortfeld et jetant un pont sur un très petit bras du Rhin qui sépare cette île de Talhunde, investir son cher fort Louis ; ma foi, j'ai marché toute la nuit et fait avancer le comte du Bourg sur Beneim si diligemment que le prince de Bade s'est trouvé camus, et, depuis trois jours, il médite un nouveau projet dans son camp, où la cavalerie fait mauvaise chère. Voilà, Mgr, à quoi nous en sommes ; il peut encore me donner quelque souci, se plaçant à Susbourg, la gauche à Hatten et la droite vers les montagnes, par la raison que je ne pourrai dégarnir la plaine du fort Louis et que l'ennemi peut marcher diligemment à nos lignes très mauvaises vers Ingveïller et Paffoven; ma foi, qu'il y marche et qu'il entre s'il veut, je m'en bats l'œil et ne songerai qu'à marcher bien ensemble et arriver de bonne heure. Si je le trouve à moitié passé, je ne le manquerai pas; s'il est déjà placé, je me placerai aussi, et puis nous ferons tout de notre mieux. L'armée ennemie est certainement plus nombreuse, mais celle du Roi est très bonne, et j'aurois grande espérance, pourvu que je sois secondé, de les bien battre. Après quoi, si le bon Dieu me faisoit cette grâce, je me flatterois bien, Mgr, de mener la campagne loin; ce que je crains, c'est qu'il ne se mette devant moi et n'envoie me reprendre Hombourg par les derrières, de quoi je serois très marri. Je n'y verrai pas grand remède, car de me trop séparer devant qui est plus fort, il pourroit m'en mésarriver. Mais, en conscience, de 45 bataillons et 64 escadrons que j'ai envoyés en Flandre, outre tout ce qu'il y avoit, car il ne m'en est jamais venu que 13 escadrons, n'en pourroit-il rien revenir vers la Moselle? Je l'espère. Au reste, Mgr, voilà bien la lettre la plus raisonnée que j'aie encore eu l'honneur de vous écrire, et contre toutes mes résolutions de raisonner, mais vous me séduisez, et qui ne séduiriez-vous pas? Mais, Mgr, parlons un peu des plaisirs de la paix, car la guerre ennuie à la longue. J'espère que nous aurons la charmante paix cet hiver, et je le souhaite bien fort pour le Roi, pour l'État et pour M. de Chamillart, de qui je dois être et suis bien véritablement le serviteur. J'aurai donc l'honneur de vous dire que, dès que cette paix me le permettra, je supplierai V. A. S. de rendre une petite visite à une maison et terre que je viens d'acheter. J'espère que V. A. S. trouvera cette acquisition de son goût; la mariée est trop belle et elle me coûte cher; trop de cascades et fontaines! Mais il y a un certain temps où l'on s'occupe plus d'une maison de campagne que des plaisirs des villes. Il me falloit cette acquisition pour me consoler un peu d'avoir laissé à M. le Prince celle de Verneuil, car je l'avois à très bon marché, la maison magnifique et d'un bien moindre entretien que celle de Vaux.

Voilà trop vous parler, Mgr, de guerre et de mes affaires, vous êtes occupé de la première par votre zèle pour le Roy, mais je présume trop en prenant la liberté de vous parler de mes terres.

(Minute. Arch. de Vaux.)

ADDITIONS AUX TOMES I, II, III ET IV.   249

Page 356. — L'extrême rareté des lettres de la maréchale de Villars donne un certain intérêt à la lettre suivante, retrouvée dans les archives de Vaux. Elle n'est pas signée, mais elle porte le cachet aux armes de la maréchale.

174. *La maréchale de Villars à Villars.*

Le 16 décembre [1705][1].

L'on ne m'a jamais voulu permettre de vous écrire, j'en ay esté au désespoir, car je suis persuadée qu'il ne peut m'arriver aucun mal quand j'ay le plaisir de vous assurer de la tendresse infinie[2] que j'ay pour vous. Je ne sçay sy cette lettre vous trouvera, mais, comme par la vôtre du 8, vous ne me parlez point de votre départ et que ce que je sçay de votre retour est par le bruit du monde, je vous adresse encor cette lettre à Saverne. M. de Guiscard arriva hier et me vint voir deux heures après; cela m'a paru fort honeste; je ne manqué pas de luy dire combien vous vous loués de luy. J'attens votre retour avec bien d'empressement; je me flatte que vous en estes persuadé.

(Original autographe.)

Pages 205-212. — Année 1706. — La patience avec laquelle Louis XIV supporta le refus de Villars de se rendre à l'armée d'Italie sous le duc d'Orléans stupéfia toute la Cour et scandalisa profondément Saint-Simon[3], on y vit un effet de l'influence de M*me* de Maintenon. Ce refus fut attribué par les ennemis de Villars au désir qu'il avait eu de ne pas perdre les grands profits de la campagne d'Allemagne. M. de Boislisle a

1. En consultant les itinéraires donnés dans l'atlas de Pelet *(Mémoires militaires,* etc.), on voit que l'année 1705 est la seule pendant laquelle Villars se soit trouvé en Alsace au commencement de décembre. Il était à Metz le 10, en route pour rentrer à la Cour. Quant à la maréchale, elle était elle-même rentrée depuis peu; installée à Strasbourg depuis le mois d'août, elle y avait encore donné un grand repas le 22 novembre. Elle fut présentée à la Cour comme duchesse le 31 décembre. Voy. Boislisle, *Saint-Simon,* XIII, p. 603.
2. Rapprocher ces expressions du passage de la lettre de la duchesse d'Orléans, que nous donnons en note à la page suivante.
3. « Un autre que l'heureux Villars eût été perdu ; de lui ou des conjonctures tout fut trouvé bon. »

250   APPENDICE.

cité les passages de Vendôme, de la Feuillade, de Mme des Ursins elle-même, qui donnent du refus de Villars cette explication malveillante; nous ajouterons à ces témoignages celui de la duchesse d'Orléans, qui renferme en outre une curieuse et cynique allusion aux griefs, d'ordre tout intime, que le maréchal aurait eu envers son fils; elle écrivait le 1er juillet 1706 :

Villars hat dene König in gnaden abgeschlagen, mit meinem Sohn zu dienen, den er bestiehlt das Elsaas und die Pfalz so unerhört, dass er 500 Pistolen des Tags gewinnt. Er mag meinen Sohn hassen wie er will, so hat er doch nicht wehren können dass mein Sohn ihm vor etlich Jahren ein gross und schön Hirschgeweih aufgesetzt hat, so wohl als viel anderen mehr[1].

(Éd. Bodeman, n° 608.)

Sans nier l'attraction exercée sur Villars par les fructueuses excursions en Allemagne, on peut croire qu'après l'expérience de 1703 il était bien résolu à ne plus partager le commandement des armées avec un prince, surtout un prince de la valeur du duc d'Orléans.

Page 232. — Campagne de 1707. — Contributions et Sauvegardes. — La campagne de 1707 fut surtout, selon le mot de Sainte-Beuve, une campagne financière, qui rapporta de grosses sommes au Roi et à Villars. Les sources légales de ces profits, pour ne pas parler des autres, étaient les *contributions* et les *sauvegardes*. Les premières étaient des taxes publiques, régulièrement imposées au pays ennemi pour subvenir aux frais de la guerre et pour racheter les villes et habitations du pillage; les secondes, après avoir eu un caractère public, étaient devenues des taxes privées, que le général en chef était autorisé à percevoir, de certains particuliers, en échange d'une protection spéciale qui les exemptait du logement des troupes et les garantissait de toute insulte.

[1]. La princesse devait écrire en 1707 : « Villars hat kein gross Unrecht *jaloux* von sein Frau zu sein : sie ist hübsch wohl geschaffen hat gute Minen und ist sehr *coquette :* hier stellt sie sich doch an als wenn sie ihren Mann lieb hätte, aber niemandt glaubts. » (Id., n° 640.)

Les contributions étaient réglées par de véritables traités, conclus entre l'intendant de l'armée et les autorités locales. Un de ces instruments a été publié par M. l'abbé Esnault dans le *Bulletin du Comité des travaux historiques* (1884) et commenté par M. de Boislisle. Il concerne précisément la campagne de 1707; c'est le traité conclu entre Le Pelletier de la Houssaye, intendant d'Alsace et de l'armée du Rhin, et les fondés de pouvoir de la Régence du duché de Wurtemberg, le 5 juin 1707, traité en vertu duquel la Régence s'obligeait à verser la somme de 2,000,000 de livres, plus deux sols pour livre, soit 2,200,000 livres, en trois termes, dont le dernier échéait le 31 octobre; de ce dernier terme devaient être déduites les fournitures de farines faites en nature à l'armée et les indemnités dues pour les incendies ou vols commis par les maraudeurs, sur procès-verbaux dûment justifiés. Ce traité est celui-là même dont Villars annonce au Roi la conclusion dans la dépêche que nous avons imprimée ci-dessus (t. II, p. 364), au sujet duquel il écrit : « Je me fais honneur de ces contributions comme d'une bataille gagnée. » Par des arrangements analogues, il tira des sommes considérables du duché de Bade, des électorats de Mayence et Palatin, de la ville d'Ulm et de tous les points que ses partis purent atteindre.

Ces sommes étaient reçues à Versailles avec une vive satisfaction, le Roi et le ministre en encourageaient la perception : « Vous ne devez pas différer à faire des établissements de la contribution et la faire payer comptant le plus que vous pourrez. — Vous devez établir les contributions de manière à pouvoir les exiger, » écrivait le Roi à Villars le 13 et le 19 juin 1707. Chamillart écrivait de son côté aux mêmes dates : « Il s'agit d'établir solidement les contributions et d'en tirer le plus que vous pourrez. » — « Ne craignez point d'avoir trop d'argent à la fois..., je recevrois avec reconnoissance quelques millions si vous étiez en mesure de les envoyer d'Allemagne, comme le prince Eugène a fait du Milanais avec l'Empereur » (Dépôt de la Guerre, vol. 2027, n° 135).

Villars répondait sur le même ton : « Je n'ai besoin d'être excité d'aucun exemple, mais quand vous voudrez savoir au vrai les sommes qu'apporta M. de Feuquières en espèces, il me semble qu'elles n'alloient qu'à 5 ou 600,000 livres[1], j'espère que nous ferons bien et que vous serez content » (Villars à Chamillart, 5 juin 1707).

Villars *fit si bien* que les réclamations s'élevèrent de toutes parts : le marquis de Brandebourg-Bareith, se faisant l'interprète des doléances universelles, écrivit à Villars, le 10 août 1707, une lettre très vive, se plaignant de la rigueur des contributions « imposées sans fin et impossibles à payer sans menace de fer et de feu, » et déclarant, au nom de l'Empereur, que si ces procédés continuaient, le « prince Eugène serait obligé de faire de même et encore plus pire » dans la Provence, où il était entré. Villars répondit que la Provence saurait se défendre, et que, d'ailleurs, il se conformait aux lois de la guerre, qui ne comportaient pas de contributions sans menace d'exécution militaire : « Vos mandements et les nôtres sont les mêmes, ces exécutions militaires sont de prendre des otages et de brûler quelques maisons si l'on y est forcé, et les exécutions sur les terres d'Ulm n'ont été qu'après les avoir avertis plusieurs fois; les termes *fer et feu* n'ont jamais été employés dans les mandements » (*Archives de Riom*).

D'après une légende qui a fait fortune, Villars aurait écrit au Roi qu'il faisait trois parts du produit de ces contributions, la première employée au payement des billets de subsistance dont les officiers étaient surchargés, la seconde affectée à l'entretien de l'armée, la troisième pour *engraisser son veau;* le Roi aurait approuvé. Je n'ai trouvé nulle part trace de cette correspondance, ni au dépôt de la Guerre, ni dans les papiers de Villars, ni dans le recueil de copies conservé à la mairie de

---

[1]. Villars faisait tort à son prédécesseur; la célèbre course de Feuquières, en 1688, dura trente-cinq jours et rapporta à l'État trois à quatre millions et à Feuquières lui-même 100,000 livres. Rendant compte à Louvois des résultats de ce *raid*, Feuquières lui énonça ce chiffre : *Je voudrois qu'il y en eût davantage*, dit le ministre. — *Quand ces bonnes gens*, continua Feuquières, *avoient compté sur la table les sommes auxquelles ils avoient été imposés, ils mettoient une somme à part. Je leur demandois ce que c'étoit :* « *C'est pour monsieur,* » *me disoient-ils. Je l'ai mis dans ma poche*. — Le ministre répondit : *Vous avez bien fait*. — Le Roi ajouta une gratification de 12,000 livres. (*Mémoires de M. le marquis de Feuquières*. Londres, 1737, I, p. LXXIV.)

Riom. Elle n'apparait qu'une fois dans les Mémoires apocryphes de Villars (éd. 1739, t. III, p. 48) ; elle n'est pas plus authentique que la plupart des anecdotes ridicules qui remplissent les deux derniers volumes de cette œuvre sans valeur. Elle aurait été oubliée comme elles si le grave Anquetil n'avait pas cru devoir l'introduire dans sa sérieuse publication. Anquetil, nous l'avons déjà dit, n'avait eu à sa disposition que les mémoires manuscrits de Villars et les quatorze volumes de copies de ses correspondances. Son travail consista à arranger les Mémoires en y intercalant des extraits des correspondances. Or, l'année 1707 manque complètement dans le recueil. Anquetil n'a donc pu emprunter la lettre en question qu'aux Mémoires apocryphes imprimés. Sur son autorité, les éditeurs subséquents l'ont adoptée, ainsi que les historiens les plus sérieux, jusqu'à M. de Boislisle. Nous espérons qu'elle disparaîtra à l'avenir des récits de la campagne de 1707. Irons-nous jusqu'à contester que Villars se fût réservé une part dans les contributions levées au nom du Roi ? Nous ne l'oserions, bien que l'instrument des *sauvegardes*, bien manié, dût suffire à son avidité bien connue. « L'usage des généraux d'Allemagne, écrivait-il plus ou moins sincèrement à Chamillart, le 16 mai 1703, est que, quand on impose pour l'armée, la sixième partie est pour le général ; vous saurez, Monsieur, que je suis bien loin d'admettre de pareils usages, je m'en tiens aux *sauvegardes*, qui vont fort mal dans ce pays-ci, les peuples n'y ressemblant point à ceux de Flandres [1]. »

Mais, si Villars s'abstenait de prélever lui-même sur les contributions légales la commission qu'il accusait les généraux d'Allemagne de percevoir, il ne refusait pas les « présents » que les contribuables offraient spontanément, selon le témoignage ci-dessus rapporté de Feuquières, et dont le Roi dispo-

---

1. Villars écrivait à Torcy le 19 avril 1701 : « Je vous supplie de demander pour moi à S. M., pour l'hiver prochain, qu'Elle me mette dans le voisinage de MM. les Hollandois ; j'ai déjà passé des glaces pour son service, et la dernière fois il lui en est revenu trois millions, lorsque M. de Boufflers me fit entrer dans le pays de Waes. » (Minute. Arch. de Vaux.)

sait en faveur du général en chef et de l'intendant; cela résulte de la correspondance suivante (Dépôt de la Guerre, vol. 1846, n°ˢ 282 et 336) :

175. *Chamillart à Villars.*

Marly, 16 septembre 1705.

... M. de Sᵗ-Contest m'ayant mandé que M. de Veyder lui avoit apporté, de la part de M. l'Électeur Palatin, un billet de 15,000 livres à cause du traité qui a été fait pour les contributions de son pays, et que l'usage étoit que le pays contribuable fît de pareils présents, j'en ai rendu compte au Roi, qui a bien voulu vous gratifier de 10,000 francs sur cette somme pour la part que vous avés eue à ce traité et accorder à M. de Sᵗ-Contest les 5,000 livres restant...

176. *Villars à Chamillart.*

Au camp d'Enheim, 27 septembre 1705.

Je dois vous rendre mes très humbles grâces de la gratification dont il a plu à S. M. de m'honorer sur les contributions du Palatinat, à laquelle je vous assure que je ne m'attendois pas et que je n'ai guère méritée, du moins pour la fin de cette campagne, qui me met au désespoir. Ce n'est pas que j'aie fait, Dieu merci, aucune faute, mais la supériorité des ennemis m'a empêché de m'exécuter de bonne heure sur le fort Louis.

Villars, s'il faut l'en croire, bornait ses perceptions personnelles à l'exploitation des *sauvegardes*. Cette exploitation était légale : voyons en quoi elle consistait.

Dans le principe, la *sauvegarde* était une patente, émanant du Roi et signée par lui, en vertu de laquelle une ville, une communauté, un village, une maison particulière, une terre étaient exemptés du logement des gens de guerre ainsi que des contributions levées par les armées en campagne. La ville ou la maison qui avait été l'objet de cette faveur était autorisée à arborer ou placer en évidence, sur les routes ou sur les bâtiments, des *panneaux* ou *bâtons* aux armes du Roi; des pénalités très sévères étaient appliquées à ceux qui violaient ces emblèmes de la protection royale. Des édits, promulgués en 1556, 1573, 1586, 1594, réglementèrent la procédure et la sanction des *sauvegardes*[1]. Il semble qu'au début ces faveurs aient été surtout accordées par le Roi à certains de ses sujets et qu'elles fussent octroyées gratuitement. La plus ancienne pièce de ce genre que nous ayons rencontrée pouvait appartenir à cette catégorie. A cause de la rareté de ces documents, nous croyons devoir la donner *in extenso*, elle est de l'année 1610, émane du roi Henri IV et concerne Jean des Monstiers, vicomte de Mérinville et de Saint-Père en Beauce[2].

De par le Roy.

A tous nos lieutenants généraux, gouverneurs de nos provinces, maréchaux et maréchaux de camp, colonels, capitaines, chefs et conducteurs de nos gens de guerre, tant de cheval que de pied, de quelque langue ou nation qu'ils soient, maréchaux de nos logis, fourriers, iceulx commissaires commis et à commetre à faire establir les logis et garnisons de nos gens de guerre et tous autres qu'il appartiendra, et auxquels ces présentes seront montrées, salut.

Désirant gratifier, favorablement traicter notre cher et bien aimé le seigneur vicomte de Mérinville, nous vous deffendons très expressément de loger ni souffrir loger aucun de nos gens de guerre en et au dedans du bourg et paroisse de St-Père et Mérinville à lui appartenant, et d'y prendre ou fourrager aucun bled, vin, foin, pailles, avoines, bestail, vollailles ni aucune chose quelqu'onques appartenant audit seigneur vicomte de Mérinville, sans son gré ou consentement, ou de ses receveurs, fermiers, métayers, serviteurs et habitants desdits bourgs et paroisses. Les ayant tous avec leurs familles et biens pris et mis, prenons et mettons par ces présentes, signées de notre main, en notre protection et sauvegarde spéciale. Pour marque de quoi nous avons permis et permettons au seigneur vicomte de Mérinville de faire mettre et apposer en tels lieux et endroits et chemins dudit bourg et paroisse nos armoyries, panneaux et bastons royaux, à ce que nul ne prétende cause d'ignorance. Si aulcuns se voyaient si osés

1. Briquet, *Code militaire*, éd. de 1741, t. II, p. 10, 89.
2. L'original est conservé dans les archives du château du Fraisse, appartenant au marquis des Monstiers-Mérinville, descendant direct du bénéficiaire.

et téméraires de les enfraindre, nous voullons que par le prévost de nos très chers féaulx cousins les maréchaux de France soit amené au juge royal sur ce requis, il en soit fait si bonne punition qu'elle serve d'exemple à tout autre. Et parceque de ces présentes l'on pourra voir en divers lieux, nous voullons qu'au vidimus d'icelles dûment collationnées par l'un de nos aimés féaulx conseillers, notaires et secrétaires, foi soit ajoutée comme au présent original, car tel est notre plaisir. Donné à Paris, le 6e jour de may, l'an mil six cent dix.

HENRY.
Par le Roy, FISES.

Une patente, conçue en termes presque identiques, fut accordée aux Chartreux par le roi Louis XIV, en 1656, pour toutes leurs maisons sises dans le royaume et hors de France [1]. Les formules varièrent à peine pendant près d'un siècle, aussi longtemps que la délivrance des *sauvegardes* fut un acte gracieux de l'autorité royale [2].

La guerre ayant été portée sur le territoire étranger, la *sauvegarde* changea de caractère : elle devint fiscale; la ville, la communauté ou le particulier ennemi qui désiraient se soustraire aux exactions ou aux violences des gens de guerre sollicitaient une *sauvegarde* et la payaient à beaux deniers comptants; des commissaires attachés aux armées en faisaient la recette au profit du Roi [3]. En même temps s'introduisit l'usage de placer un cavalier dans la maison protégée et de le faire nourrir par le propriétaire; celui-ci donnait, en outre, une somme fixe par chaque jour de présence du cavalier. Le nom de *sauvegarde* fut donné au cavalier lui-même; on disait : « Envoyer une *sauvegarde*, retirer une *sauvegarde*. » Louvois

---

1. Une copie de cet acte se trouve aux Archives nationales, registre O^1 12, fol. 538, n° 1072.

2. Le registre ci-dessus cité des Archives nationales en fournit la preuve; c'est un formulaire à l'usage de la maison du Roi, des secrétaires d'État, copié vers 1669, et qui contient des modèles pour tous les brevets et actes quelconques émanant de l'autorité royale. On y relève huit modèles de *sauvegardes* pour villes, communautés, villages, maisons particulières, gentilshommes, toutes au nom du Roi; elles paraissent toutes se rapporter à la guerre contre les Espagnols et Condé (1652-1658).

3. *Mémoires de Luynes*, VIII, p. 388.

ADDITIONS AUX TOMES I, II, III ET IV. 257

réglementa cette pratique; il organisa, à la suite de chaque armée, une compagnie de cavaliers chargés de ce service spécial[1]; on l'appelait « la compagnie des *sauvegardes* de Sa Majesté. »

Les sommes tirées de l'ennemi par ce moyen étaient considérables. Louis XIV prit l'habitude d'abandonner au général en chef, sous forme de gratification, une part de ces profits; Luxembourg, si l'on en croit le duc de Luynes[2], fut le premier qui profita de cette grâce après la campagne de Flandre, sans doute en 1673. Bientôt, le roi abandonna le tout. Dès lors, l'exploitation des *sauvegardes* prit un caractère privé.

Les généraux en chef continuèrent à donner des patentes et à envoyer des *sauvegardes* au nom du Roi; mais tout le profit fut pour eux. Les uns usèrent de ce droit avec une grande modération, comme Villeroy[3] et Belle-Isle[4]; les autres en abusèrent, comme Villars. La perception était d'ailleurs parfaitement légale; toute la correspondance officielle du temps le prouve; il suffit de citer ce passage d'une lettre de Chamillart à Marsin du 4 novembre 1703 : « Le Roi, qui connoît votre désintéressement et votre pauvreté, m'ordonne de vous mander que vous fassiez en sorte de tirer des *sauvegardes* ce qui vous sera nécessaire pour soutenir la dépense que vous serez obligé de faire avec ce que S. M. vous donne. »

Le particulier ou la collectivité qui désirait une *sauvegarde* la demandait au général en chef; celui-ci était libre de l'accorder ou de la refuser; il en fixait le prix; il ne pouvait, sans

---

1. Briquet, *Code militaire*, III, p. 501. — *Villeroy à Chamillart*, D. G. 1658, n° 101. Voy. ci-dessous.
2. *Mémoires*, VIII, p. 388.
3. Villeroy, rendant compte à Chamillart de l'emploi qu'il avait fait des sommes peu considérables qu'il avait tirées de la Flandre en 1703, lui écrivait : « C'est la dernière fois de ma vie. Vous établirez, s'il vous plaît, la compagnie des *sauvegardes* du Roi, l'année prochaine si je sers, à la suite de l'armée, comme M. de Louvois avait fait autrefois..... Je ne veux point qu'on me rende garant des plaintes qu'on peut faire contre mes gens. Le Roi me fait trop de bien pour m'exposer à un reproche et je suis assez sensé pour retrancher de ma dépense..... Le sort en est jeté; vous ordonnerez des *sauvegardes* de ce pays-ci tant que j'y serai. » (Dépôt de la Guerre, vol. 1658, n°ˢ 101, 153.)
4. *Mémoires de Luynes*, XVI, p. 360.

concussion, la donner à qui ne la demandait pas ; la patente qu'il délivrait était signée de lui et contresignée par son secrétaire. Le général en chef n'était pas seul à exercer ce droit : les généraux commandant temporairement des détachements ou des places se l'arrogeaient aussi. Quand, malgré la *sauvegarde*, une ville, une communauté ou un particulier avaient souffert d'une exaction ou d'une contribution dont ils se croyaient exemptés, ils faisaient dresser un état officiel des dommages qu'ils avaient subis et en réclamaient la restitution par une requête à laquelle était annexée la patente ou une copie authentique de la patente. Nous n'avons pas retrouvé de *sauvegardes* de Villars, mais nous en avons retrouvé du duc de Villeroy (1689), du Dauphin (1693) de Tallard (1693)[1], de Vendôme alors qu'il commandait en chef l'armée de Flandre (1707), et du comte de Salians d'Estaing, lieutenant général, qui, sous les ordres de Vendôme, commandait les troupes du roi dans la ville et comté de Namur. Les quatre premières sont en original. La cinquième est une copie notariée annexée à une réclamation émanant des habitants d'un village nommé Noville-les-Bois et d'un château nommé Frénémont, qui appartenait au baron d'Harscamp. Elle est accompagnée d'un état des dommages dont le remboursement est demandé, état dressé en vertu d'une ordonnance des députés des États provinciaux. Toutes ces patentes sont à peu près conçues dans les mêmes termes ; aussi suffira-t-il d'en reproduire une pour faire connaître la forme de l'instrument dont Villars a su si habilement jouer à son profit ; nous prendrons celle de Vendôme, qui est précisément de cette année 1707, émise en Flandre en faveur d'un riche propriétaire du comté de Namur nommé le comte de Groesbeck[2], et qui ne doit pas différer sensiblement de celles que Villars distribuait au même moment en si grande abondance dans les plaines du Wurtemberg.

1. Ces trois pièces sont annexées à une réclamation insérée dans le volume 2130, n° 186, du dépôt de la Guerre.
2. Cette pièce originale, ainsi que le dossier du comte de Salians, se trouvent encore dans les archives du château de Francwaret, appartenant aujourd'hui à Mme la comtesse d'Andigné et à Mme la marquise de Caulaincourt, nées de Croix, par héritage et descendance du comte de Groesbeck et du baron d'Harscamp.

Cette patente, imprimée sur un placard de papier de 0ᵐ37 sur 0ᵐ25, porte en tête les armoiries de Vendôme ; nous la reproduisons textuellement, en mettant en *italiques* les mots écrits à la main dans les espaces laissés libres à cet effet :

Louis, duc de Vendosme, de Mercœur et d'Estampes, prince d'Anet et des Martigues.

Pair et général des galères de France, lieutenant général des mers du Levant, commandeur des trois ordres du Roy, gouverneur pour Sa Majesté en Provence, cy-devant vice-roy et capitaine général en Catalogne, général des armées de Sa Majesté en Flandres, conseiller au Conseil suprême d'Estat et de Guerre de Sa Majesté catholique et chevalier de l'ordre de la Toison d'Or.

Nous avons mis sous la Protection du Roy et la Nôtre
Le château de Francwaret, appartenant à Monsʳ le comte de Groesbeck, gentilhomme de la Chambre de S. A. S. E. de Cologne, avec ses meubles, bestiaux, jardins, prairies, bois et tous ses grains à la campagne, tant marsages qu'autres, et nous ordonnons aux officiers commandants l'escorte de donner main-forte en cas de besoin.
Nous défendons à tous ceux qui sont sous nos Ordres d'y rien prendre ny enlever, à peine aux Officiers d'en répondre en leur propre et privé nom, et aux Cavaliers, Dragons et Soldats de punition militaire.

Donné à *Mons*, le *19 may 1707*.

(*Signé* :) Louis de Vendosme.

Par monseigneur (*Signé* :) Campistron[1].

Le général en chef, comme autrefois le Roi, pouvait apposer des panonceaux sur les maisons protégées, « à ce que nul ne prétende cause d'ignorance. » Seulement, ses armoiries remplaçaient l'écusson royal. Nous donnons à la page suivante la figure de deux de ces panonceaux, peints à la détrempe sur bois, provenant du maréchal de Noailles (1678-1766) et conservés au château de Maintenon[2].

Enfin, le général en chef envoyait aussi des cavaliers pour occuper et protéger les maisons qui en avaient fait la demande ;

---

1. Signature autographe de Campistron, ce secrétaire de rencontre, rimeur de bas étage recueilli par Vendôme, et dont Saint-Simon a fait un portrait si violemment injurieux.
2. Nous devons communication de ces curieux panneaux à l'obligeance de M. le duc de Noailles.

ils étaient généralement pris dans la compagnie de ses gardes particuliers ; on les nommait aussi *sauvegardes*, comme les cavaliers de la compagnie du Roi : « Il est revenu de mes *sauvegardes*, » écrivait Villars à Dusson le 9 septembre 1703, « blessés à coups de baïonnette par les officiers et soldats que vous avez envoyés pour exécuter certains lieux ; je voudrois qu'on pût reconnoître ces officiers et ces soldats pour en faire un châtiment exemplaire. »

Ces cavaliers étaient sous le commandement d'un capitaine, qui organisait le service et veillait aux perceptions moyennant une commission. Le *Dictionnaire militaire* de Lachesnaye-des-Bois (1758) dit que la redevance quotidienne payée par le propriétaire protégé ne devait pas dépasser cinq livres par garde sous peine de concussion ; il ajoute que le garde devait, sous peine de mort, quitter la maison protégée et rejoindre son corps quand l'armée s'était éloignée de six heures de marche. Il est certain que ces conditions, relativement modérées, n'étaient pas toujours observées, surtout par Villars.

Les documents originaux concernant le fonctionnement des *sauvegardes* et le taux réel des perceptions sont excessivement rares. Pour l'armée française, nous n'en connaissons qu'un seul : c'est le dernier compte rendu envoyé par Villeroy à Chamillart dans la lettre que nous avons citée ci-dessus ; il est très sommaire et se réduit au tableau autographe suivant [1] :

Produit des sauvegardes pendant la campagne 1703 :
39,732 livres.

Bonne aman [2] à mon capitaine des gardes. . . .	10,000 l.
Au lieutenant	3,000
Aux segretaires.	3,000
	16,000 l.
Il m'en reste.	23,732
	39,732 l.

Cette somme, que Villeroy traitait de « misère, » représente à peine 3,000 livres par mois ; elle ne peut servir à évaluer les profits de la plupart des chefs de l'armée française.

Nous sommes mieux renseignés sur les armées étrangères. Elles aussi pratiquaient le double système de la *sauvegarde* accordée par le chef de l'État et de celle délivrée par le chef de l'armée.

En 1638, la ville d'Aix-la-Chapelle paya au roi de Hongrie 18,000 reichstalers, soit près de 70,000 livres, une *sauvegarde*, l'exemptant du logement des troupes impériales, ce qui, d'ailleurs, n'empêcha pas Piccolomini d'exiger le logement pour son corps d'armée le 10 février [3].

En 1645, les Espagnols firent payer aux habitants du Hainaut, pour les protéger contre les Français, des *sauvegardes* dont le taux était calculé à raison de quarante sols par cheval, vingt sols par vache et autant par chaque cheminée [4].

---

1. Dépôt de la Guerre, vol. 1658, n° 102.
2. Sans doute l'expression italienne *buona mano* (gratification).
3. *Gazette de France*, 1638, p. 185.
4. *Ibid.*, 1645, p. 70.

Au début de la campagne de 1707, les Hollandais inondèrent la Flandre française et l'Artois de placards imprimés, en français [1], invitant les habitants à se munir de *sauvegardes* afin de mettre leurs biens et leurs personnes à l'abri en cas d'invasion. Le *tarif* était le suivant pour six mois :

Une maison et famille ou censier faisant l'agriculture payera chaque charrue six écus par mois.

Une personne du commun n'ayant point de terres à labeur, mais faisant quelque autre trafic, comme aussi un pasteur de village, payera quatre écus par mois.

Un gentilhomme ou baillif ou semblable... ayant son fixe domicile au plat pays payera pour la *sauvegarde* douze écus par mois.

La manœuvre était dangereuse ; elle pouvait paralyser la résistance du pays et en faire sortir des sommes considérables ; elle avorta devant la vigilance de Magnac.

Le document le plus complet que nous possédions sur cette matière est de source anglaise. Nous avons acquis à Londres, à la vente de la collection Woodhull (1886), un volumineux dossier contenant tous les comptes des *sauvegardes* de Marlborough pendant plusieurs de ses campagnes ; on sait que le général anglais avait des habitudes analogues à celles de Villars [2]. La comptabilité est très régulière ; elle était tenue par le capitaine des gardes du général, qui touchait en plus une commission de 10 % environ. La lettre de *sauvegarde* se payait à Marlborough six livres sterling ; la *sauvegarde* vivante, une livre par jour ; le nombre de celles-ci variait suivant l'importance du domaine ou de la personne à protéger ; la recette elle-même variait suivant les circonstances. La moyenne par mois fut de 650 livres

1. Un exemplaire de ces placards est annexé à une dépêche de Magnac à Chamillart du 14 janvier 1703. (D. G. 2017, n° 47.)

2. Les lettres de la duchesse d'Orléans (Palatine) contiennent de sévères allusions à cette similitude ; la princesse traite Marlborough d'*Harpagon* et écrit qu'on devrait jouer l'*Avare* devant lui pour lui faire sentir ses *ridicules* : « La Flandre est plus riche que le Palatinat. Villars doit avoir tiré deux millions du Palatinat, que ne tirera pas Marlborough de la Flandre? » — « Personne en France n'est plus riche que Villars ; c'est une grande faute pour un héros d'être intéressé ; j'ai dans l'idée que cela finira mal..... Aussi je ne crois pas que milord Marlborough fasse une bonne fin. » (Traduit de l'édition allemande de Bodeman, n°° 672, 721, 723.)

ADDITIONS AUX TOMES I, II, III ET IV. 263

en 1704, de 954 en 1705, de 1,215 en 1706 ; la meilleure année fut celle de 1703, en Flandre : 11,500 livres en moyenne ; la seule période du 10 juin au 15 août rapporta 8,273 livres ; mais il fallut les partager avec le général hollandais Overkerke, ce qui fit encore pour Marlborough plus de 2,000 livres par mois, soit au moins 30,000 livres de France.

Villars ne se contentait pas de ces chiffres, car, dans sa lettre du 14 février 1705 (ci-dessus, II, 335), il accuse 210,000 livres perçues pendant les six mois de la campagne de 1703, et il n'a pas tout dit. Ricous, dont le témoignage, il est vrai, est suspect, écrivait au Roi, le 15 novembre 1703, qu'on supposait que le maréchal emportait 200,000 écus ; sans aller aussi loin, on peut grossir le chiffre avoué par Villars, en se rappelant que, peu après la campagne, il acheta la terre de Vaux pour 506,000 livres.

Dans la même dépêche, Ricous disait : « Dans ce moment, on apporte 17,000 livres pour les contributions et 35,000 au Maréchal pour les *sauvegardes* ; c'est une proportion qui n'a que trop régné depuis six mois. » Sans prendre ce passage au pied de la lettre, on peut en déduire que Villars n'avait pas besoin, comme il le disait lui-même, de rien prélever sur les contributions pour se faire une très grosse part. Ses opérations personnelles étaient dirigées par le capitaine de ses gardes, un Irlandais nommé Squiddy ou Desquiddy[1], que le chevalier de Quincy (*Mémoires*, III, 252) dit avoir été « l'homme du monde le plus entendu pour les *sauvegardes*. »

Mais revenons à la campagne de 1707. Sans rien dissimuler ni rien approuver des fructueuses opérations de Villars, nous avons fait justice du propos cynique emprunté trop facilement par Anquetil aux Mémoires apocryphes. Saint-Simon s'est fait l'écho d'un propos analogue en disant (Boislisle, XV, 181) que Villars, après s'être vanté auprès du Roi d'avoir fait en sorte que son armée ne lui coûtât rien pendant toute la campagne, avait ajouté qu'il espérait que le Roi ne trouverait pas mauvais que la campagne l'aidât à se défaire d'une petite montagne qui

---

1. Son vrai nom doit avoir été *Squiddy*, nom de forme irlandaise : on aura dit *M. de Squiddy* par courtoisie, d'où *Desquiddy* et *d'Esquiddy*. Sourches (XIII, 466) l'écrit *Skildy*.

lui déplaisait à Vaux. Ce propos est rien moins que probable ; Villars n'était pas artiste ; il n'était pas homme à dépenser son argent en terrassements jugés inutiles par Lenôtre ; les seules modifications qu'il ait apportées à l'œuvre de Lenôtre, de Levau et de Lebrun fut de mettre, partout où il le put, ses armes, son portrait et les tableaux de ses batailles[1], et, si l'on en croit une tradition qui paraît justifiée, de vendre les figures de plomb qui ornaient les bassins et les conduits de même métal qui en alimentaient les cascades. Il augmenta la terre en 1707 en lui ajoutant le domaine de Blandy, acheté le 3 juillet à la veuve d'un bâtard de Bourbon-Condé, dit le prince de Neufchâtel ; mais cette acquisition ne lui coûta que 40,000 livres et ne saurait servir à évaluer les profits de la campagne. Les placements qu'il fit dans les années suivantes sont plus instructifs. De 1707 à 1714, ils s'élèvent à la somme totale de 993,000 livres[2] ; mais il ne faut pas oublier que cette somme représente, outre les bénéfices de 1707, ceux des deux campagnes suivantes, y compris l'heureuse campagne de 1713 sur le Rhin, plus la moitié du prix de la vente d'une terre à la Maréchale faite par elle en commun avec sa sœur, Mme de Maisons, soit environ 200,000 livres, et enfin les économies très sérieuses qu'en administrateur très vigilant des affaires de la communauté, Villars savait faire sur les revenus considérables de sa femme et sur ceux que lui procuraient les gros gouvernements, les pensions et les charges dont il était pourvu ; en déduisant toutes ces sommes de celle de 993,000 livres, on arrive à évaluer le profit de la campagne de 1707 à un chiffre compris entre 300 et 400,000 livres. C'est un chiffre certainement excessif, mais qui n'a rien de commun avec les nombres fantastiques transmis par une tradition légendaire[3].

1. Voy. ci-dessus, p. 218.
2. Tous ces chiffres sont extraits de l'inventaire après décès dressé le 12 juillet 1734 par Hachette, notaire à Paris.
3. Ajoutons encore cet extrait d'une lettre de la duchesse d'Orléans : « Der marechal de Marsin hat ihm einmahl ins Gesicht gesagt dass sein Reichtum nur gestohlen Gut wäre. Villars sagte es wäre kein gestohlen Gut, weil es ihm der König gebe. Marsin antwortete : « Le Roi ne sau- « roit vous donner ce qui n'est pas à lui et je ne voudrois pas avoir « autant à me reprocher. » (Éd. Bodeman, n° 672.)

Les contemporains, quoique faits aux usages de la guerre d'alors, jugèrent sévèrement l'abus que Villars en fit ; les Correspondances, les Mémoires, les Chansonniers renferment des allusions désobligeantes ; on en trouvera la mention très complète dans les Commentaires de M. de Boislisle sur Saint-Simon (*Mémoires*, XI, 153, 572 ; XII, 46 ; XIV, 1, 3, 453 ; XV, 154).

Tome III.

Page 73. — BATAILLE DE MALPLAQUET. — Nous avons essayé de donner un récit plus complet et plus clair de la bataille de Malplaquet (*Villars, etc.*, I, 354 et suiv.) en nous servant de tous les documents originaux que nous avons pu recueillir ; nous ne pouvons qu'y renvoyer le lecteur. Depuis la publication de ce travail, deux nouveaux documents contemporains ont été mis au jour. Le premier est le récit du chevalier de Quincy[1], qui a assisté à la bataille comme capitaine dans Dauphin-infanterie et faisait partie de la droite française ; la narration est remarquablement bien faite pour un officier qui ne pouvait voir qu'un côté du champ de bataille. Après l'avoir lue, nous ne voyons rien à changer aux grandes lignes de notre exposé : peut-être la dernière attaque du prince d'Orange sur la droite française fut-elle moins générale et moins décisive que nous ne l'avons dit, puisque Quincy raconte que son régiment est resté les bras croisés pendant le combat de cavalerie du centre et n'a quitté la place que sur les ordres réitérés du brigadier Vieuxpont, informé de la retraite générale. Quincy croit, comme Schulenbourg et Feuquières, que Villars fit une faute en n'attaquant pas le 9 l'armée alliée avant qu'elle eût pris ses positions ; il paraît penser comme Villars que, si Boufflers avait pris l'offensive avec sa droite victorieuse, la journée eût été rétablie ; la gauche ennemie, après ses furieuses et infructueuses attaques contre les retranchements de la droite, était si malmenée et suspendit si longtemps le combat que Quincy et ses camarades eurent le temps de déjeuner et de manger à leur aise « un gigot de mouton. » Détail intéressant : avant la

1. *Mémoires du chevalier de Quincy*. Paris, 1899, II, p. 351-372.

bataille, le régiment Dauphin assista à la messe dite par son aumônier, « qui fit une petite exhortation et donna l'absolution générale. »

Le second document est une relation de la bataille écrite par le lieutenant général marquis de la Frézelière, adressée par lui au duc du Maine, retrouvée et publiée par M. Maurice Sautai (Lille, Lefebvre-Ducrocq, 1901). Elle est accompagnée d'une lettre et d'un mémoire sur la droite de l'infanterie, que commandait le marquis de la Frézelière ; cette relation est aussi intéressante que la précédente et en confirme les traits principaux ; elle ajoute peu de chose à ce que nous savions déjà ; aussi ne croyons-nous pas nécessaire d'en reproduire des extraits ; nous n'en retenons que les derniers mots : « Les François viennent de faire voir qu'ils ont toujours la même valeur quand ils sont bien commandés. »

Un certain nombre de documents inédits sur la journée de Malplaquet existent encore au ministère de la Guerre. Bien qu'ils ne modifient pas les lignes générales de la bataille telles que nous les avons établies, ils fournissent sur les incidents du combat et sur les personnes qui y ont pris part des détails qui ne manquent pas d'intérêt. Nous espérons pouvoir les utiliser dans une seconde édition de notre travail.

Page 154. — BATAILLE DE DENAIN. — J'ai donné (*Villars*, t. II, p. 25 et suiv.) un exposé aussi complet que j'ai pu des opérations qui ont abouti à la grande victoire de Denain, d'après tous les documents alors connus, français et étrangers ; je me suis efforcé de fixer la part de chacun et je crois avoir démontré que le premier rôle doit être maintenu à Villars et non attribué à Montesquiou, comme a voulu l'insinuer Saint-Simon.

Depuis la publication de ce travail, un livre a paru : *la Manœuvre de Denain*, par M. Maurice Sautai (Lille, 1902), renfermant, non seulement une dissertation très étudiée sur la journée du 24 juillet 1712 et les opérations qui l'ont précédée, mais reproduisant tous les documents relatifs à l'affaire, y compris un grand nombre de pièces inédites retrouvées par l'auteur au Dépôt de la Guerre. Ce sont : la correspondance de Lefèvre d'Orval, conseiller au parlement de Flandre, avec le ministère de la Guerre et divers généraux; celle de Villars, de Montesquiou et de plusieurs officiers généraux de l'armée avec le duc du Maine et diverses autres lettres du même ordre. De l'étude de tous ces textes, M. Sautai a cru pouvoir conclure que le mérite devait se distribuer ainsi qu'il suit : « A Lefèvre d'Orval, l'idée de la manœuvre sur les lignes de Marchiennes et le camp de Denain dans le but de couper l'ennemi de sa base d'opérations; au maréchal de Villars, la conception stratégique de la manœuvre du 23 juillet; au maréchal de Montesquiou, l'exécution tactique et en particulier la direction de l'assaut final. » Suivant M. Sautai, s'appuyant sur une lettre du marquis de Goësbriant, Villars aurait désespéré du succès au moment d'attaquer, et aurait voulu faire replier les troupes en arrière; l'insistance de Montesquiou aurait seule empêché cette retraite et décidé la victoire. J'ai combattu cette thèse dans un article du *Correspondant* (25 juin 1903) en commentant, autrement que M. Sautai, les nouveaux documents produits par lui.

A mon sens, Lefèvre d'Orval fut un informateur précieux, actif, dévoué, ayant l'intelligence des choses militaires et des vues souvent très justes; il est certain que le projet sur Denain apparaît pour la première fois dans une lettre de lui à Voysin du 27 mai 1712; mais ce projet, au moment où il le conseillait et de la manière qu'il le concevait, n'était pas exécutable, et Villars eut le mérite de l'écarter comme il eut le mérite de l'appliquer au jour opportun et avec les moyens appropriés. A mon sens aussi, une fois la manœuvre engagée, Villars ne songea jamais à abandonner l'attaque du camp et à revenir en arrière; mais, s'exagérant la force de résistance des alliés, il voulut suspendre l'assaut, préparé par Montesquiou, jusqu'à l'arrivée de toutes ses forces. Montesquiou insista avec raison pour qu'on brusquât l'assaut, et Villars, facilement convaincu, l'ordonna et le dirigea d'accord avec son collègue. J'espère avoir démontré que telle doit être la distribution des rôles. Le mérite supérieur doit être maintenu à Villars, qui, ayant seul la responsabilité du commandement et ayant su l'exercer, avec ou sans la participation de ses collaborateurs, doit être tenu pour le véritable vainqueur de Denain; vaincu, il aurait seul porté la peine de la défaite; vainqueur, il a droit à la meilleure part de gloire.

268   APPENDICE.

Relevons aussi le témoignage du chevalier de Quincy, dont les *Mémoires* ont récemment paru. Le récit qu'il donne de la bataille de Denain (t. III, p. 140 et suiv.) est d'une remarquable exactitude; bien que peu indulgent pour les défauts de Villars, il rend pleine justice à sa conduite en cette affaire.

Par cette seule campagne, écrit-il, il auroit mérité d'être compris parmi les plus célèbres capitaines... Jamais projet n'a été si bien conçu ni mieux exécuté... Jamais général françois n'a si bien profité des avantages remportés sur l'ennemi et changé une guerre défensive en guerre offensive..., et cela en présence du prince Eugène, estimé le plus grand capitaine de l'Europe.

M. de Boislisle a aussi cité (*Saint-Simon*, t. X, p. 309) un grand nombre de témoignages contemporains prouvant le grand retentissement de la victoire de Denain et le grand honneur qui en revint à Villars, malgré les critiques que lui attiraient ses défauts personnels.

Il est certain que sa popularité fut extrême et que nul alors ne songeait à lui contester le mérite de la victoire; on l'appelait *le Turenne de nos jours* (Mme Dunoyer, *Lettres historiques et galantes*, IV, 226). Les Chansonniers, d'ordinaire si mordants pour lui, le célébrèrent à l'envi. Il circula de nombreuses chansons, imprimées sur feuilles volantes (la Bibliothèque nationale en conserve plusieurs exemplaires, Ms. fr. 12695, p. 141 et suiv.), et qui sont toutes, sans exception, à son éloge; à une époque où la presse quotidienne n'existait pas, les chansons étaient une des seules manifestations spontanées de l'opinion publique, et l'unanimité de leurs éloges a une véritable valeur.

Nous donnons ici quelques extraits de cette poésie, qui ne brille ni par l'inspiration ni par la rime, mais qui fournit un intéressant témoignage de l'état d'esprit populaire après la grande détente et la grande joie causées par la victoire de Denain. On remarquera qu'elle donne très exactement le caractère de l'opération et du rôle de chacun.

> Or, écoutez, peuple françois,
> Le récit des braves exploits
> De Villars, ce grand capitaine,
> Qui a battu le prince Eugène.

Ce fut dans le camp de Denain
Qu'il entra l'épée à la main,
Faisant de très larges blessures,
Ainsi que tout le monde l'assure.

. . . .
Après ce vigoureux combat,
Villars toujours en bon état
A St-Amand et Marchienne
A marché sans perdre l'haleine;
Il en est demeuré vainqueur.
Les ennemis ont mal au cœur
D'avoir perdu en deux journées
Ce qu'ils ont pris en quatre années.

Le prince Eugène s'étoit promis
   De saccager la France;
Pour cet effet il avoit mis
   Des vivres en abondance
Dans Marchiennes le dit-on,
   Lafaridondaine, Lafaridondon,
Le tout pour prendre Landrecy,
     Beliby,
A la façon de Barbari mon ami.

Villars, ayant appris ceci,
   Marcha en diligence,
Et, pour tromper son ennemi
   Et lui ficher la gance,
Fit défiler ses bataillons,
   Lafaridondaine, Lafaridondon,
Albermale y a été pris,
     Beliby,
A la façon de Barbari mon ami.

Ce fut Broglio des premiers
   Qui commença la danse,
Et, renversant les cuirassiers,
   Les mit en décadence.
Les Hollandois ont tenu bon,
   Lafaridondaine, Lafaridondon,

Les troupes des alliés aussi,
    Beliby,
A la façon de Barbari mon ami.

Le prince Eugène, de son côté,
    Parut tout en colère
Sur sa grande jument monté
    A la fin de l'affaire;
Il voulut reprendre le pont,
    Lafaridondaine, Lafaridondon,
Voyez comme il a réussi,
    Beliby,
A la façon de Barbari mon ami.

Un jour le prince Eugène,
    En s'éveillant,
Vit un second Turenne,
    Tambour battant,
Qui tâtoit ses retranchements
    Et qui fit semblant
De l'attaquer là,
    Oh gué!

Lorsque Coigny s'avance
    Pour le forcer,
Villars plein de prudence,
    Sans balancer,
Par la gauche fait défiler
    Pour mieux l'attraper
Ce grand prince-là,
    Oh gué!

Montesquiou, plein de zèle
    Et plein d'ardeur,
L'amusoit sur la Selle
    Et lui fit peur;
Mais Villars sur l'Escaut bourbeux
    Se moquoit bien d'eux,
Car il l'a passé là,
    Oh gué!

Le Milord d'Albermale
    D'abord surpris,

Battit la générale
Et fit grand bruit.
Le bon Milord ne savoit pas
Que l'armée passât
Dans cet endroit-là,
Oh gué !

Dès qu'il fut en défense
Dedans son camp,
Villars en diligence
S'en va disant :
Qu'on attaque gaillardement
Le retranchement
De ce milord-là,
Oh gué !

Sans canon, sans fascine
On le força.
Eugène à la grand' mine,
Se présenta.
Par ma foi, c'est un fanfaron
Qui vint jusqu'au pont,
Mais il est resté là,
Oh gué !

. . . .
Venons à la morale
De tout cela :
Le milord Albermale
Vous avouera
Que les grands États Généraux
Seront de grands sots
En apprenant cela,
Oh gué !

Page 344. — Il convient d'ajouter aux correspondances afférentes à l'année 1712 les deux lettres suivantes :

177. *Desquiddy au président Cholier.*

A Paris, ce 18 febvrier 1712.

Vous avez raison, Monsieur, de dire que votre cousin M. le

Maréchal est l'homme du monde le plus heureux. M. et Mme la Dauphine luy firent l'honneur de luy demander à souper le 7 de ce mois, qui estoit le dimanche gras. En sortant de la messe, cette aimable princesse se trouva incommodée et luy envoya dire que cela seroit pour une autre fois. Elle tomba malade le lundy et est morte le vendredy suivant, à huit heures et demy du soir, regrétée générallement de tout le monde. C'est une triste scituation, et surtout de voir tous ses officiers et autres gens qui ont mis presque tout leur bien dans les charges, de voir une princesse aymable et bienfaisante qu'il faille la perdre à la fleur de son âge. On doit porter son cœur aujourd'huy au Val-de-Grâce : le deuil sera d'un an et la grande cérémonie, c'est-à-dire neuf jours, à Versailles, et l'enterrement à Saint-Denis. Sa table sera servie à l'ordinaire pendant ce temps-là.

Le Roy, qui est à Marly, en est fort touché, si bien qu'il en a esté incommodé pendant deux ou trois jours, qu'on a esté obligé de le saigner.

M. le Dauphin a la roujolle : il n'a pas esté bien hier matin, à ce qu'on m'a mandé de Marly ; mais ce matin on m'a mandé qu'il a passé la nuit fort tranquile et qu'il se porte beaucoup mieux.

P.-S. — J'ay décacheté ma lettre exprès pour vous mander que je viens d'apprendre dans ce moment la fâcheuse nouvelle de la mort de M. le Dauphin. C'est le bruit de Paris depuis un quart d'heure.

(Original autographe. Arch. de M. le vicomte de Cibeins.)

178. *Mme de Maintenon à Villars.*

A Marly, ce 25 avril 1712.

Mme d'Havrincourt[1] veut que je vous fasse souvenir, Monsieur, de l'intérest que je prends à ce qui la touche ; je suis persuadée

---

1. Anne-Gabrielle d'Osmond, demoiselle de Saint-Cyr, secrétaire de Mme de Maintenon avant Mlle d'Aumale, mariée le 10 mars 1705 à Fr. Dom. de Cardevacque, marquis d'Havrincourt, gouverneur d'Hesdin, qui avait de grands biens en Artois. (*Saint-Simon*, éd. Boislisle, XII, p. 422.) Sur cette aimable personne, voy. un article de M. Asselin dans les *Mémoires de l'Académie d'Arras*, 2e série, t. VII. — Villars répondit à Mme de Maintenon, le 28 avril, par une lettre dont nous avons retrouvé la minute dans les archives de Vaux et que nous avons publiée (*Villars*, t. II, p. 9.) « Je n'avois pas besoin, écrit-il, d'être honoré de vos ordres pour avoir une attention particulière aux intérêts de Mme d'Havrincourt ; il n'en fau-

que vous ne l'oubliez pas et que vous conserverés ses bois autant qu'il vous sera possible, quoique vous ayez bien autre chose à penser; mais, outre la bonté que vous avez pour moi, je vous crois humain et que vous ne faites de mal que celuy où vous estes forcé.

Vous croyés bien, Monsieur, que je ne suis pas bien tranquille présentement, le cœur me bat dès que je vois M. Voisin; Dieu veuille vous conserver, et qu'il ne vous arrive rien qui empesche la paix, tout le monde la croit, et, quoiqu'il n'en sache pas plus que moy là-dessus, cette idée me flatte; le Roy se porte parfaitement, je crois ne pouvoir mieux finir ma lettre.

(Copie, d'après l'autographe, communiquée par M. le comte de Grouchy.)

Tome IV.

Page 283. — M. Léon Le Grand, archiviste aux Archives nationales, a trouvé dans les papiers de la maison d'Orléans (Arch. nat., R[4] 825) une petite liasse de douze feuillets provenant de la première rédaction des *Mémoires* (voy. ci-dessus, t. I, p. vii). Ces douze feuillets, numérotés de 123 à 127 et de 129 à 130, sont écrits de la main d'un secrétaire et corrigés de la main de Villars; ils correspondent aux pages 271-305 de notre tome IV; le dernier se termine par une page blanche, qui correspond à la lacune de la page 305. Le texte est identiquement celui de la copie que nous avons reproduite; mais une des additions de la main de Villars a été omise : à la ligne 3 de la page 283, après les mots : « La promotion fut de cinquante-huit, » il faut ajouter :

Le sentiment du maréchal de Villars étoit de n'en faire que

droit pas davantage pour me mettre en *sauvegarde* moi-même dans ses terres. » Malgré ces assurances, s'il faut en croire le chevalier de Quincy (*Mémoires*, III, p. 124), Villars, fatigué des importunités du marquis d'Havrincourt et des recommandations de Mme de Maintenon, s'amusa à faire saccager des blés lui appartenant, en sa présence, sous prétexte de spectacle militaire, et menaça ses bois; le « rusé artésien » courut à Versailles et en rapporta une nouvelle lettre de Mme de Maintenon si pressante que Villars se soumit en disant : « L'armée en souffrira, mais il faut obéir. » On ne toucha pas au bois de M. d'Havrincourt.

trente-cinq, disant que, choisissant les plus méritants, il y auroit parmi ceux qui ne seroient pas nommés des gens dignes de l'être et très propres à consoler plusieurs qui ne le méritoient point : persuadé, d'ailleurs, que l'on tient plus les hommes par l'espérance que par la reconnoissance. Le cardinal Dubois, qui avoit consulté le maréchal de Villars, n'étoit point de son sentiment; mais l'on empêcha M. le Duc de consulter le maréchal de Villars.

Page 385. — La dépêche de Villars au comte de Trélans, que nous avons imprimée sous le n° 28, n'est pas une lettre personnelle, mais la circulaire officielle que le Maréchal adressa à tous les gouverneurs des provinces, intendants et commandants de places pour leur annoncer sa prise de possession de la présidence du Conseil de la Guerre, charge qui équivalait à celle de ministre de la Guerre. Elle a été déjà publiée par M. le comte de Luçay, dans sa savante histoire des *Secrétaires d'État* (p. 187, note) ; il en a reconnu et établi le véritable caractère ; la minute se trouve au Dépôt de la Guerre (vol. 2499, p. 196).

ADDITIONS

A LA CORRESPONDANCE.

Nous avons déjà signalé les grandes lacunes qui se trouvent dans la correspondance particulière de Villars, entre les années 1713 et 1720, sauf en ce qui concerne les affaires de Provence ; c'est ce qui nous engage à donner ici les quelques lettres qui suivent et qui ne sont pas sans intérêt :

179. *Villars à l'Électeur de Cologne.*

22 mars 1714 [1].

J'aurois eu l'honneur d'informer V. A. É. de tout ce qui a été réglé pour ses intérêts dans le traité de Rastadt, si je n'avois pas compté qu'elle en auroit des avis bien plus prompts par la Cour, et j'ose me flatter qu'elle aura été bien aise d'apprendre que, nonobstant ce qui avoit été décidé dans le traité d'Utrecht, elle sera maîtresse de la ville de Bonn, fortifiée, puisque, la porte de la ville gardée par les bourgeois et les compagnies de ses gardes destinés pour sa personne gardant le palais, vous avez votre place à vous, et par conséquent soulagé de cette crainte, que V. A. É. m'a si souvent témoignée et même aussi raisonnable que fondée, de n'avoir aucune retraite pour sa personne. Enfin, Monseigneur, si V. A. É. fait réflexion à tout ce qui a été réglé, je suis persuadé qu'en suivant les ordres de Sa Majesté elle trouvera que l'on a obtenu au delà de tout ce qui pouvoit être espéré. Pour moi, j'avoue que je suis ravi d'avoir pu, dans cette occasion, faire connoître à V. A. É. tout l'attachement et le respect avec lequel je suis, etc.

(Minute. Arch. de Vaux.)

---

1. Lettre sans doute écrite de Versailles, où le maréchal de Villars était arrivé le 14 mars, après avoir signé le 7, à Rastadt, le traité définitif de paix.

180. *Le marquis de Mimeure*[1] *à Villars.*

13 mai 1714.

Monseigneur,

C'est jeudi que l'Académie s'assemble pour vous déclarer ses désirs, et vous m'avez flatté d'y répondre; mais la formalité demande que vous donniez pouvoir à quelqu'un de nous d'assurer en votre nom la Compagnie que vous accepterez son choix. Ayez donc la bonté, Monseigneur, de charger qui vous le jugerez à propos de ce cautionnement, et trouvez bon que je me réjouisse par avance de l'honneur et du plaisir que nous aurons de nous associer un confrère si comblé, d'ailleurs, de gloire et de titres. Votre nom ornera bien notre pancarte et j'y marque avec joie votre quartier général, puisque la paix que vous avez faite ne me met plus en occasion de le marquer en Souabe ou en Franconie.

(Original. Arch. de Vaux.)

181. *Villars au président de Rochefort*[2].

15 février 1718.

M. le maréchal de Montesquiou me mande, Monsieur, que dès qu'il a été arrivé en Bretagne, sachant la proche parenté qui est entre vous et Mme la maréchale de Villars, il vous a fait toutes sortes d'honnêtetés, auxquelles vous n'avez point répondu, que vous vous êtes même éloigné de lui et qu'il semble que vous soyez

---

1. Jacques-Louis de Valon, marquis de Mimeure, maréchal de camp depuis 1709, avait servi sous les ordres de Villars, entre autres au siège de Douai, en 1712; il avait fait quelques vers à l'imitation d'Horace et avait été reçu à l'Académie française en 1707. Sa lettre est intéressante au point de vue de la procédure alors suivie à l'Académie pour certaines élections.

2. J.-B. de Larlan, seigneur de Kercadio et de Rochefort, depuis 1692 président à mortier du Parlement de Rennes, s'était associé à la mauvaise humeur de la noblesse de Bretagne contre les procédés du maréchal de Montesquiou et aux revendications des États de Bretagne. Il n'écouta pas les conseils prudents de Villars et continua à réunir chez lui les mécontents. Appelé à Paris par lettre de cachet, il fut réprimandé et peu après exilé à Auch. Voy. Saint-Simon (XIV, 355; XVII, 49). Il avait épousé, en 1684, Marie Courtin, sœur de Mme de Varangeville et tante de la maréchale de Villars. (Boislisle, *Saint-Simon*, X, p. 23.)

déclaré contre tout ce qui peut intéresser le service du Roy. J'ai peine à croire que vous ayez donné lieu à de pareilles plaintes : j'avois espéré, au contraire, que l'alliance vous seroit un motif pour vous distinguer de ceux qui ne se conduisent pas bien et donner de bons exemples; mais il est bien possible que, votre maison étant fort ouverte et tenant une grande table dans une ville où l'on dit que le maréchal de Montesquiou a le malheur de ne pas avoir beaucoup d'amis, on a tenu des discours qui peuvent ne lui être pas agréables; il vaudroit donc mieux, dans des temps comme celui-ci, ne pas rassembler tant de gens et éviter par là que l'on ne vous rende de mauvais offices et vous attirer quelque réprimande de la cour. Je vous exhorte donc à une grande attention, non seulement pour vous, mais pour ce qui se dit chez vous. C'est un conseil que je vous donne par la part que je prends à ce qui vous regarde et par être très parfaitement, etc.

(Minute. Arch. de Vaux.)

182. *Villars à M. d'Hauteval*[1].

19 mai 1718.

Ayant trouvé de nouvelles difficultés, mon cher d'Hauteval, à ce que vous fussiez admis à l'ordre de St-Michel, à cause des lettres de noblesse que vous n'auriez peut-être pas obtenues, même avec beaucoup d'argent, et qui n'auroient point passé à vos enfants, j'ay trouvé occasion de demander une grâce pour vous à Son Altesse Royale beaucoup plus honorable que la croix de St-Michel, c'est celle de St-Louis, qu'elle a bien voulu vous accorder; j'adresserai incessamment la croix de l'ordre, afin que vous soyez reçu à Metz, ce qui vous épargnera encore un voyage onéreux ici, outre que la distinction est beaucoup plus grande d'être admis au deuxième ordre qu'au premier. Il est bon que vous n'en parliez pas pendant que le M. de Broglie est dans votre province par différentes raisons. Je suis bien aise de vous avoir donné cette

---

1. Le fidèle secrétaire de Villars, qui l'avait accompagné partout, même sur le champ de bataille, au point d'avoir été fait prisonnier à Friedlingue, était alors retiré à Metz, auprès de son fils, que Villars avait fait nommer commissaire des guerres. Dans une lettre que le maréchal écrivait à ce dernier, le 16 août 1719, il l'appelle « un homme dont le père était mon ami intime. » M. d'Hauteval avait un autre fils, lieutenant au régiment royal d'artillerie, auquel Villars constitua une rente viagère de 200 livres, par acte que M. de Boislisle a retrouvé aux Archives nationales. (Y 333, fol. 294.)

nouvelle marque de l'envie que j'ai de vous faire plaisir et de vous protéger. Vous devez être bien content de cette grâce. Je suis, mon cher d'Hauteval, bien à vous.

(Minute. Arch. de Vaux.)

183. *Villars à M. des Alleurs*[1].

2 décembre 1720.

Je ne suis pas fâché, Monsieur, d'être en commerce avec les Champs-Élysées; il est souvent assez interrompu, et si l'on fait tant que d'en recevoir des lettres, on s'attendroit à y trouver moins de flatteries, et j'y voudrois aussi un peu plus d'amitié.

J'ai connu autrefois un très galant homme qui s'y est retiré; je ne sais pas bien par quel chemin, et il est tout aussi bon que la route n'en soit pas connue. Il m'aimoit assez pendant qu'il étoit sur la terre et prit congé de moi par une lettre fort plaisante lorsqu'il alloit, disoit-il, voir les mécontents pour les empêcher d'être jamais contents. Depuis cela, il revient sur notre hémisphère, et à peine s'est-il souvenu qu'il étoit autrefois de mes amis, que nous jouions souvent au piquet ensemble, qu'assez près de sa dernière demeure j'en ai une où je l'ai prié de venir passer quelques jours. Si, par hazard, vous le rencontrez dans vos promenades, car MM. des Champs-Élysées sont de grands promeneurs, dites-lui qu'il vienne chez moi quelques jours ou de la semaine de la Passion ou de celle d'après Pâques. S'il a conservé quelque chose de l'humeur qu'il avoit dans le monde, vous le trouverez dans le quartier des Philosophes cyniques ou bien jouant au piquet et montrant, sans avoir l'intention de la compter, une tierce basse composée du dix et du huit de pique et du neuf de trèfle, ou bien jugeant d'un coup de trictrac, et tout cela avec cet esprit de cynisme, point médisant pourtant, mais qui nous le rendoit de très bonne compagnie. Je le ferai souvenir du résultat d'un conseil de guerre dont il approuva fort les expressions. Enfin, Monsieur, inspirez-lui quelque envie de me venir voir, et il me trouvera toujours les sentiments d'estime, d'amitié et de considération avec lesquels j'étois, autrefois, son très humble et obéissant serviteur.

(Minute. Arch. de Vaux.)

---

1. Pechot des Alleurs, ancien ambassadeur à Berlin, Cologne, Constantinople, lieutenant général, qui avait « de l'esprit, de la finesse, du tour, » dit Saint-Simon (éd. Boislisle, IV, p. 277), et avec lequel Villars entretenait une correspondance plaisante. Voy. ci-dessus, II, p. 345.

ADDITIONS

AU TOME VI.

Page 259. — Sauvegardes. — Depuis que cette note a été imprimée, nous avons encore retrouvé, dans le cabinet de M. le comte d'Andigné, une *sauvegarde* qui contient des détails intéressants et ne se trouvant pas dans les documents que nous avons cités, entre autres la paye des *cavaliers sauvegardes;* nous croyons donc devoir en reproduire ici les passages essentiels :

Victor François, duc de Broglie..., maréchal de France..., commandant en chef l'armée du Roy sur le Haut-Rhin.

Il est défendu à tous officiers, cavaliers, dragons et soldats de faire aucun tort ni dommage dans les *terre et château d'Heussenstain... appartenant au comte de Schomborn,* comme aussi à tous officiers, commissaires des guerres et autres de loger ni de faire loger *dans ladite terre ou château...* ni exiger aucune voiture ni chevaux sans ordre exprès de nous, sous peine de désobéissance et de punition, les ayant pris sous la sauvegarde du Roy et la nôtre. En conséquence, le cavalier ou soldat en sauvegarde recevra par jour, savoir : le cavalier trois livres et le soldat quarante sols.

Fait à *Cassel, le 20 décembre 1761.*

Le ma^{al} duc de Broglie.

En tête de la feuille sont imprimées les armes de France, l'écusson fleurdelysé accosté de drapeaux : au bas de la feuille, en guise de cachet, est imprimé un écusson aux armes de Broglie.

L'Hôtel de Villars.

Nous avons donné quelques détails (*Villars*, t. II, p. 149) sur l'hôtel habité par Villars à Paris, rue de Grenelle; de nouveaux renseignements nous permettent de les compléter et même de les rectifier sur certains points.

L'hôtel de Villars comprenait deux corps de bâtiments dits l'un le *grand hôtel*, aujourd'hui la mairie du VIIe arrondissement, l'autre le *petit hôtel*, portant aujourd'hui le n° 118 de la rue de Grenelle et appartenant à Mme Albert Cahen, d'Anvers.

Le grand hôtel avait été bâti sous Louis XIII par le président Le Coigneux, ce magistrat jovial que Tallemant des Réaux taxe d' « assez extraordinaire » et qui, « court d'haleine, » voulait une habitation où « il pût respirer l'air tout à son aise; » celle qu'il fit construire, entourée d'un grand jardin, était isolée au milieu de terrains vagues faisant suite au Pré-aux-Clercs; une gravure d'Isaac Sylvestre[1], exécutée vers 1650, nous en fait connaître la disposition : une sorte de pavillon à quatre façades; les deux plus longues, sur la cour et sur le jardin, étaient percées de neuf fenêtres; elles sont presque entièrement conservées dans la mairie actuelle, dont elles forment l'extrémité gauche; on n'a modifié que la petite aile de droite, pour y souder la construction nouvelle et loger un escalier central; les combles ont aussi été remaniés pour les besoins modernes.

Après la mort de Le Coigneux, l'hôtel appartint au maréchal de Navailles, puis à sa fille, la duchesse d'Elbeuf. Les affaires de celle-ci étaient embarrassées : l'hôtel fut saisi le 12 février 1709 à la requête du s^r Des Granges, bourgeois de Paris, créancier de la duchesse pour une somme de 3,600 livres. Mis en vente en vertu d'une sentence des Requêtes du Palais, il fut acheté par Villars le 26 février 1710, moyennant 150,000 liv. Villars l'habitait déjà comme locataire.

Le procès-verbal de saisie fait le 12 février 1709 par Fran-

---

1. Bibl. nat., Estampes. *Topographie de Paris*.

çois Clément, huissier à cheval au Châtelet de Paris[1], prouve que l'hôtel était alors tel que Le Coigneux l'avait construit : isolé au milieu d'un jardin, lequel « regnait en aisle jusques sur la rue de Grenelle, » et était séparé de la rue par une grille en fer; le seul changement consistait en une plaque de marbre insérée au sommet de la porte cochère et sur laquelle le nom d'*Hôtel de Navailles* était gravé en lettres d'or. La rue de Grenelle s'était d'ailleurs peuplée; elle devenait à la mode; les terrains qui bordaient le jardin de l'hôtel de Navailles appartenaient l'un à M. d'Artagnan[2], le futur maréchal de Montesquiou, l'autre à M. de Bonrepos[3]; en face s'élevait l'hôtel du marquis de Rothelin[4], puis venaient l'abbaye de Panthemont d'un côté, la maison des Carmélites de l'autre. Le plan de la censive de Saint-Germain-des-Prés, dressé en 1713, confirme toutes ces données; il montre clairement l'hôtel de Navailles, devenu l'hôtel de Villars, isolé, entouré d'un côté par la cour, des trois autres côtés par le jardin[5].

Le *petit hôtel* n'existait donc pas à cette date; il fut construit par Villars après 1713, sous la direction de Germain Boffrand, le charmant artiste qui fut un des créateurs du style dit « de la Régence. » Il est pour ainsi dire intact[6].

Ses deux façades, sur la cour et sur le jardin, sont parfaitement conservées; quoique d'une grande simplicité, elles ne manquent pas de caractère et se distinguent surtout par deux inscriptions monumentales, allusions lapidaires aux deux gloires que Villars aimait à rappeler, celle d'avoir vengé par les armes les défaites de la France et celle de lui avoir, par le traité de Rastadt, restitué ses frontières et assuré les bienfaits de la paix.

---

1. Arch. nat., X^{3a} 423, fol. 574. C'est à M. Léon Le Grand que je dois la découverte et la communication de cette pièce.
2. Aujourd'hui n° 120 de la rue de Grenelle.
3. Aujourd'hui n° 110 de la rue de Grenelle.
4. Aujourd'hui ministère des Postes et Télégraphes.
5. Arch. nat., N¹ Seine 33.
6. L'escalier en aile sur la cour paraît avoir été ajouté après coup; les constructions sur la rue de Grenelle sont tout à fait récentes.

D'un côté :

MARS RESTITVTOR VENDEX (*sic*) PACIFER

De l'autre :

ET PACEM ET PACIS PEPERIT VICTORIA FRVCTVS

Boffrand « accommoda » ensuite « les dedans à la mode du jour, » dit Germain Brice (*Nouv. description de la ville de Paris*, éd. 1725, III, 422). Il ne reste rien des décorations dont il orna le grand hôtel : tout a disparu sous les aménagements modernes ; ce qu'il fit au petit hôtel, au contraire, est intact et soigneusement conservé par le goût éclairé des possesseurs actuels. Les deux salons du rez-de-chaussée ont toujours leurs boiseries sculptées, à reliefs dorés, d'un charmant dessin et d'une exécution excellente : riches et sobres, d'une fantaisie ordonnée, dignes en tout point de l'artiste délicat qui conseillait de rechercher l'harmonie des lignes et la pondération des ornements, d'éviter la confusion des détails, de « distribuer l'or avec modération, par masses distinctes, de sorte que le dessin général soit suivi par la dorure et que le fond le fasse valoir[1]. » Ces sages principes sont appliqués dans la décoration du petit hôtel de Villars : le salon du fond, sorte de galerie de neuf mètres sur sept, avec hémicycle à une extrémité[2], offre une harmonieuse et symétrique composition de portes, de glaces, de trumeaux et de panneaux sculptés, où les attributs de la paix et de la guerre, heureusement associés, continuent les allusions des inscriptions et des statues extérieures ; dans chacun des quatre panneaux principaux, le registre supérieur offre une couronne de laurier et d'olivier entourant des bâtons de maréchal entrecroisés, le registre inférieur encadre d'élégantes chutes où des casques et des faisceaux d'armes antiques, suspendus à des écharpes brodées,

---

1. Boffrand, *Architecture*, p. 42.
2. Un mémoire des architectes Desbœuf et Mouchet (1771) décrit minutieusement cette salle et l'appelle « Grand Cabinet avec renfoncement en niche pour un sopha. » La pièce attenante est dite « chambre à coucher. »

sont flanqués de palmes héroïques et de pacifiques branches de rosiers fleuris. Les encadrements des glaces, les peintures mythologiques des trumeaux sont dans le même goût.

Le salon du centre est moins orné, mais orné dans le même esprit : des instruments de musique forment le motif des sculptures dorées des panneaux.

Toute cette décoration accuse la manière de Boffrand ; on peut s'en convaincre en la comparant à une œuvre authentique de cet artiste, le salon de l'hôtel de Seignelay, construit par lui, rue de Bourbon [1].

Boffrand compléta son œuvre en élevant, sur la rue de Grenelle, une porte monumentale qui a disparu, mais dont la gravure existe [2] ; elle était d'ordre dit toscan, avec les armes de Villars en très haut relief au sommet de l'arcade centrale et des trophées militaires couronnant et flanquant la composition ; plus tard, deux statues de Victoires, accompagnées l'une de trophées militaires, l'autre d'attributs du commerce maritime, furent adossées aux colonnes qui décoraient la porte ; elles symbolisaient la double gloire que revendiquaient déjà les inscriptions du petit hôtel. Après le sacre de Louis XV, où il avait fait le personnage de connétable [3], Villars exposa au Roi que ceux qui, avant lui, avaient eu « l'honneur de représenter le connétable de France au sacre des rois » avaient, par faveur spéciale, obtenu le privilège de faire établir des « barrières » devant la porte de leur demeure ; il réclamait de Louis XV la même « marque de distinction. » Elle lui fut accordée par brevet du 26 septembre 1730 [4].

---

1. Boffrand, *Architecture*. — Blondel, *Architecture française*, t. I. L'hôtel appartient aujourd'hui au comte de Nicolay ; il est situé rue de Lille, n° 80.
2. Boffrand, *Ibid*.
3. Voyez ci-dessus, t. IV, p. 239, 240.
4. Arch. nat., Z^{IF} 622, fol. 79. — Après la mort du maréchal, les barrières furent réduites à deux grilles de fer qui protégeaient les statues contre les passants. Les deux statues et les grilles se voyaient à la même place en 1849, comme il appert du cahier des charges dressé pour la vente de l'hôtel à cette époque (Titres de propriété, M° Persil, notaire). Lors de la construction de la mairie actuelle, les statues ont

284   APPENDICE.

La décoration du vaste jardin répondait à la magnificence de l'entrée : elle était dessinée à la française, avec parterres, statues, vases de marbre et de faïence ; au centre s'élevait un piédestal, revêtu de marbre, orné de bas-reliefs en marbre et couronné des armes de Villars en plomb bronzé, monument élevé sans doute à la gloire du vainqueur de Denain [1].

Ce bel ensemble ne satisfaisait pas Villars ; il y manquait, au rez-de-chaussée, une salle de fêtes en rapport avec les dimensions de la demeure et le rang de son heureux propriétaire ; le maréchal se décida, en 1734, à faire construire une galerie en prolongement du grand hôtel ; elle était à peine achevée lorsqu'il partit pour sa dernière campagne. Ce n'est plus à Boffrand qu'il s'était adressé, mais à Leroux. Les dessins de cet architecte ont été gravés par Jacques François Blondel [2]. Ils font juger de la magnificence et de l'élégance de cette construction, longue de vingt-quatre mètres, haute de huit, ornée de glaces, de boiseries, de trumeaux du meilleur goût. Le nom des ouvriers artistes qui exécutèrent cette décoration a été conservé : c'est Pineau, l'habile sculpteur des admirables boiseries de Rambouillet ; Le Raistre, ciseleur en bronze ; Turpin, doreur ; Garnier, miroitier ; Bernard, sculpteur. Le style est celui des boiseries de l'hôtel de Soubise (Archives nationales), de l'hôtel de Toulouse (Banque de France), des compositions les plus célèbres de Germain Boffrand et de Robert de Cotte.

Cette magnifique galerie existait encore en 1829, car elle figure sur le plan dressé à cette époque et qui est conservé au Cabinet des Estampes de la Bibliothèque nationale [3]. Elle fut détruite lors de la construction de la mairie [4]. La plaque de

été transportées sur le perron du jardin ; les grilles ont été enlevées. La porte monumentale a été remaniée et une seconde porte semblable a été construite symétriquement à la première dans la rue de Grenelle.

1. Détails empruntés, ainsi que plusieurs de ceux qui précèdent, à l'inventaire dressé après la mort de Villars par le notaire Hachette.

2. Bibl. nat., Estampes, *Topogr. de Paris*. J'ai reproduit deux des planches de Blondel dans *Villars*, etc., t. II, p. 149.

3. *Id., Ibid.*

4. La salle des mariages occupe exactement l'emplacement de la gale-

fondation, alors exhumée, fut acquise par le baron Pichon; nous l'avons vue dans sa collection[1]; elle portait l'écusson du maréchal et l'inscription suivante :

Très haut et très puissant S^{gr} Louis Hector duc de Villars, Pair et maréchal de France, a mis la première pierre de ce bâtiment servant de Gallerie, le sixième jour du mois d'avril 1731, la XVIe année du règne de Louis XV, Roy de France et de Navarre.
Suivant les desseins du Sieur Le Roux, parisien et architecte du Roy de l'Académie royale d'architecture.

A la mort de Villars, l'hôtel devint la propriété de son fils, Honoré-Armand, qui, après la vente de Vaux (1764), y transporta les tableaux et autres souvenirs de son père que contenait le château; lorsqu'il mourut, à son tour, en 1770, tout était intact. L'hôtel et son beau mobilier échurent aux deux légataires universels d'Honoré-Armand, le comte Pierre de Vogüé-Gourdan et la comtesse de Vezins, née Choiseul; ils le mirent en vente; le bel immeuble, d'une contenance de plus de 14,000 mètres, fut acheté, le 5 juin 1772, moyennant 360,000 livres[2], par Louis-Hercule-Timoléon de Cossé, duc de Brissac, gouverneur de Paris, qui ne paraît pas avoir touché à l'intérieur, sauf pour y accumuler un véritable musée d'objets d'art, mais qui transforma l'immense jardin en parc anglais, avec rochers, « sites agrestes et arbres exotiques[3]. »

Après la mort tragique du duc de Brissac à Versailles (septembre 1792), l'hôtel fut confisqué et affecté à divers services publics, notamment au ministère de l'Intérieur sous le premier

---

rie : on se demande alors par quelle aberration l'une a été substituée à l'autre.

1. Nous ignorons ce que cette plaque est devenue après la mort du baron Pichon et la dispersion de sa collection.

2. L'acte est conservé aux Arch. nat. (T 584^{16}); il spécifie nettement : *les grand et petit hôtels de Villars situés rue de Grenelle, etc.*

3. Thiery, *Guide des amateurs et des voyageurs à Paris*, 1786-1787. Il reste de ses plantations un cèdre magnifique qui ombrage le jardin de la mairie du VIIe arrondissement.

Empire. Restitué en 1815 à la fille unique du duc de Brissac, la duchesse de Mortemart, il devint, en 1818, propriété indivise de ses quatre enfants; il portait alors le nom d'« hôtel de Cossé-Brissac. » C'est sous ce nom qu'il fut adjugé en 1829 à l'une des filles de la duchesse de Mortemart, la marquise de Forbin-Janson, et à son mari. Ceux-ci aliénèrent successivement des portions du jardin et des cours de service, sur lesquelles furent construites les maisons de la rue Lascases et les n°s 114 et 112 de la rue de Grenelle. Enfin, en 1849, ils mirent en vente l'hôtel lui-même en deux lots : le petit hôtel, avec une partie du jardin, fut acheté par la marquise de Portes; il appartient aujourd'hui à Mme Albert Cahen; le grand hôtel, avec le reste du jardin, fut acheté par la ville de Paris; c'est aujourd'hui la mairie du VIIe arrondissement; l'appropriation de ses appartements au service public et la démolition de la galerie ont fait disparaître toute trace des décorations introduites par Villars dans cette partie de sa demeure; nous venons de voir, au contraire, que le souvenir du grand Maréchal est resté vivant dans le petit hôtel : c'est, avec le château de Vaux, le seul point de France où il ait été matériellement respecté.

ERRATA.

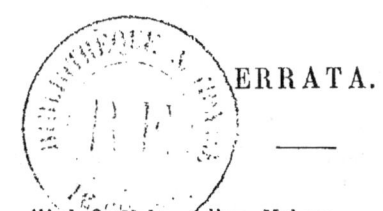

P. xviij, l. 2. *Mohurz*, lisez *Mohacz*.

T. I, p. 4, n. 1. *Orondate* n'est pas un personnage du *Cyrus* de M⁰ de Scudery, mais de la *Cassandre* de La Calprenède.
— p. 76, l. 12 et n. 1. Le mot *copié* est un mot vieux slave signifiant *pique*.
— p. 207, l. 6. La note relative au prince de Schwarzenberg a été par erreur reportée à la page 210.
— p. 208, l. 15. La note concernant D. de Thaun se trouve à la page 211.
— p. 210, dernière ligne. Le renvoi se rapporte à la note 2 de la page 211.
— p. 210, n. 1. La reporter à la page 207.
— p. 211, l. 5. Supprimer le renvoi.
— p. 211, n. 1. La reporter à la page 208.
— p. 424, l. 13 d'en bas. *Mermann*, lisez *Mayr*. Il est certain qu'en écrivant *Mer*, Villars a voulu transcrire le nom de Mayr et non abréger celui de Mermann.
— p. 453, l. 2. *Haslus*, sans doute *Harlus*, qui fut tué à Hochstædt.
— p. 467, l. 4. *Beryens*, lisez *Bregenz*.

T. II, p. 78, n. 4. Les états de service de Fr.-Laurent Wacquet, Sʳ du Tot, brigadier en 1703, se trouvent dans Pinart, *Chron. milit.*, t. VI, p. 557. Ce sont ceux de Fr.-Henri du Tot, maréchal de camp en 1649, qui manquent.
— p. 108, l. 7. Lisez *Ratemberg* pour *Rattenberg*.
— p. 162, l. 6 d'en bas. *La Boulie*, lisez *Labourlie*.
— p. 218, note. *1706*, lisez *1710*.
— p. 192, note. *Silly*, lisez *Cilly*.
— p. 241, l. 17. *18 juillet*, lisez *8 juillet*.
— p. 309, l. 18. *Amis*, lisez *avis*.

ERRATA.

T. II, p. 313, l. 5. *Cavalier (?)*, lisez *R. d'Aigalliers*.
— p. 323, l. 9. *Homberg*, lisez *Hornberg*.
— p. 325, l. 14. *St Ponanges*, lisez *St Pouanges*.

T. III, p. 2, n. 1. *1718*, lisez *1723*.
— p. 116, n. 3. *La Cane*, lisez *La Carre*.
— p. 118, l. 16. *Cadoyan*, lisez *Cadogan*.
— p. 338, n. 1. Le brigadier que Villars nomme d'Althermart est sans doute Urs. Altermatt, dont les états de service sont dans Pinart, t. VII, p. 6.
— p. 350, l. 21. *Saint Chamont*, lisez *Saint Chamans*.
— p. 362, l. 5 du bas. *Guaulzin*, lisez *Gueulzin*.
— p. 363, l. 3. *Étresse*, lisez *Étrun*.

T. IV, p. 186. *Alençon,* lisez *Lançon* (seigneurie dépendant de la principauté de Martigues).
— p. 211, l. 5. *Pairs,* lisez *Paris.*
— p. 336, l. 23. *Firmacon,* lisez *Fimarcon.*

T. V, p. 87, l. 8. *7,* lisez *17.*
— p. 91. *Clermont,* erreur de Villars pour *Nesmond.*
— p. 348, l. 2 d'en bas. Remplacer les points par *Schwarzenberg* et corriger ce nom dans la note de la page 429.
— p. 114, l. 16. *Kert,* lisez *Kent.*

T. VI, p. 213-217. Titres courants : au lieu de Pièces de vers sur Villars, lisez Voltaire et Villars.

TABLE ALPHABÉTIQUE

DES MATIÈRES.

N. B. — Les noms en italiques indiquent les variantes d'orthographe du manuscrit. Les astérisques indiquent les notes au bas des pages.

A

Aa (l'), rivière, I, 38*.
Abbeville (la ville d'), III, 47, 54, 103, 251, 257.
Abdallah (le pacha), *Abdala*, IV, 340.
Académie française (l'), IV, 50-52; VI, 275.
Achy (Fr.-Ph. de Carvoisin, marquis d'), *Dachy*, I, 125*.
Açores (les îles), V, 50.
Adam, premier commis de Torcy, VI, 36.
Adda (l'), rivière, II, 10.
Adige (l'), fleuve, I, 344, 346.
Adon (le pont), III, 51.
Afflegheim (le village d'), III, 249.
Affry (François d'), III, 134.
Agard de Morgues, II, 297.
Aguesseau (Henri-Fr. d'), *Daguesseau*, chancelier, IV, 73, 93, 95, 96, 138-143, 145-149, 152, 157, 178, 180, 190, 195, 196, 201, 208, 214, 215, 217-219; V, 84, 86, 96.
Aguilar (Rodrigue-Manuel Manrique de Lara, comte d'), I, 236, 237.
Aigalliers (Rossel, baron d'), II, 147, 316; VI, 245-246.

Aiguebelle (le bourg d'), *Aiguebelles*, III, 15.
Aiguille (Marc-Antoine, chevalier d'), *L'Eguille*, IV, 58.
Aire-sur-la-Lys (la ville d'), I, 32, 33, 37; III, 47, 54, 56, 93, 99*, 102*, 180, 256, 257, 360.
Aisne (l'), rivière, III, 169, 178.
Aix (l'archevêque d'). Voyez Vintimille (Charles-Gaspard-Guillaume de).
Aix (la ville d'), en Provence, IV, 80-83, 141, 186; VI, 99-101.
Aix-la-Chapelle (la ville d'), I, 4; III, 286; V, 46, 87, 93, 123.
Alais (l'évêque d'). Voyez Saulx (François Chevalier de).
Albani (le cardinal). Voyez Clément XI.
Albani (les), IV, 291.
Albe (Antoine-Martin-Alvarès de Tolède-Guzman, duc d'), III, 285.
Albemarle (Arnold-Just de Keppel, comte d'), *le duc d'Albermale*, III, 157, 161, 326-328, 330, 334, 336, 338, 340, 341.
Albergotti (François-Zénoble-

290   TABLE ALPHABÉTIQUE

Philippe, comte d'), *le marquis d'Albergotty*, II, 217; III, 65, 69, 71, 74, 89, 93, 102, 104, 114, 126, 127, 133, 152, 156, 161, 162, 164, 168, 174, 190, 193, 194, 209, 210, 270, 278-280, 317, 318, 323-325, 337-339.
Albergotti (Jacques, chevalier d'), *Albergotty*, III, 59.
Alberman (le baron), V, 73.
Alberoni (le cardinal), IV, 54, 97, 119, 130-132, 134, 281; V, 26, 138.
Albe-Royale (la ville d'). Voyez Stuhlweissenburg.
Albert (Louis-Joseph, comte d'), III, 35*.
Albert (le baron d'), III, 338.
Aldobrandini (le nonce), IV, 299, 318.
Alègre (Yves, marquis d'), maréchal de France, I, 138; II, 189, 338; III, 143, 174, 184, 189, 195, 196, 208-210, 312; IV, 226, 283; V, 115*; VI, 54.
Alençon (la ville d'), à corriger en *Lançon*, IV, 186.
Alençon (Charles de Berry, duc d'), IV, 44.
Alep (la ville d'), V, 270.
Alexandrie (la ville d'), I, 181-184.
Aligre (Etienne d'), président à mortier, IV, 159, 225.
Alincourt (François-Camille de Neufville, marquis d'), IV, 232.
Allemagne (l'empereur d').Voy. Charles VI, Ferdinand III, Joseph I er, Léopold.
Allemagne (l'impératrice d'). Voyez Autriche et Bavière-Neubourg.
Alleurs (Pechot des), diplomate, II, 345; VI, 233, 277.
Alloz (la vallée d'), VI, 81.
Alluye (Bénigne de Meaux du Fouilloux, marquise d'), I, 115.
Almanza (la plaine d'), II, 223.

Alphanty, échevin de Marseille, VI, 107, 108.
Alsace (l'), I, 4, 5, 13, 16, 23, 24, 43, 164, 171, 172, 454.
Altein (le comte d'), I, 347.
Altenberg (le château d'), I, 83*.
Altenheim (la ville d'), *Altenein*, I, 27*, 119; II, 58.
Altermatt (Urtse d'), *Althermart*, III, 338*, 339.
Alzey (la ville d'), *Alsey*, I, 146, 176.
Amboise (la maison d'), I, 135*.
Amelot (Charles-Michel), président à mortier, IV, 225.
Amelot (Michel), IV, 211.
Amiens (la ville d'), III, 103, 166, 251.
Ancenis (Paul-François de Béthune, marquis d'), IV, 121, 122.
Anchin (l'abbaye d'), IV, 122.
Andezy (le marquis d'), II, 231.
André, financier, VI, 215.
Anfossy, secrétaire du comte de Grignan, VI, 35.
Angennes (Charles, comte d'), III, 74.
Angers (la ville d'), I, 210*.
Augervilliers (Prosper Baüyn d'), IV, 128, 259, 286, 307, 319-321; V, 88, 132, 143, 167, 203, 218, 226-229, 231, 240, 241, 244, 247, 251, 252, 254, 255, 260, 263, 264, 266-268, 279, 285, 304, 310, 323, 330, 343, 359, 365, 387, 394, 411, 414-420, 422, 425, 428.
Angleterre (le roi d'). Voyez Charles II, Georges I er, Guillaume III, Jacques II, Prétendant (le).
Angleterre (la reine d'). Voyez Anne.
Angleterre (Frédéric d'), prince de Galles, V, 157, 214.
Angleterre (Henriette-Anne d'). Voyez Orléans.
Anhalt-Dessau (Léopold, prince d'), III, 334.
Anjou (le duc d'), petit-fils de

Louis XIV. Voyez Philippe V.
Anjou (le duc d'), fils de Louis XV, V, 395, 396.
Anjou (le régiment d'), I, 99.
Anne, reine d'Angleterre, III, 106, 302, 312, 313, 318-320, 341, 342; IV, 25, 34, 380.
Anne Ivanowna, princesse de Courlande, puis czarine, V, 214*, 217, 225.
Anquetil (Louis-Pierre), I, ij-viij; VI, 253.
Antin (Louis-Antoine de Gondrin de Pardaillan, marquis, puis duc d'), III, 137, 283; IV, 75, 118, 156, 160, 163, 207, 215, 229, 241, 318, 319, 321, 324; V, 107, 194; VI, 119.
Anvers (la ville d'), I, 318, 319.
Aoste (la vallée d'), *Aoust*, III, 22.
Apraxin (l'amiral), V, 73.
Apt (l'évêque d'). Voyez Foresta.
Aquaviva (le prince d'), I, 210.
Aramont (M. d'), VI, 8.
Aranjuez (la ville d'), V, 75.
Archiduc (l'). Voyez Charles VI, Joseph Ier.
Archiduchesse (l'). Voyez Brunschwick-Wolfenbuttel (Elisabeth-Christine de).
Arco (Jean-Baptiste, comte d'), maréchal bavarois, II, 22, 29*, 88, 120, 128, 266; III, 97, 255, 285.
Arco (la comtesse d'), III, 35*.
Arenberg (Léopold, duc d'), *Aremberg*, IV, 2, 21, 88.
Arenberg (Pierre d'), III, 91, 95, 116.
Argelos (Pierre d'Arros, baron d'), II, 233, 366.
Argenson (Marc-René de Voyer, marquis d'), IV, 95, 96, 110, 114, 123, 124, 137, 138, 230, 255, 257, 258, 282; V, 117.
Argenton (Mlle de Séry, comtesse d'), I, 136*.
Arington. Voyez Harrington.

Arles (la ville d'), I, 1; IV, 81, 86-88, 186.
Arles (domaines d'), VI, 108.
Arles (l'archevêque d'). Voyez Forbin-Janson.
Arlon (la ville d'), I, 124.
Armagnac (Louis de Lorraine, comte d'), IV, 77*, 253.
Armagnac (Françoise-Adélaïde de Noailles, comtesse d'), IV, 190.
Armagnac (Charles de Lorraine-). Voyez Charles (le prince).
Armenonville (Joseph-J.-B.-Fleuriau d'), IV, 163, 164, 176, 188, 219; V, 85, 86.
Armissan (le sieur d'), I, 65*.
Armstrong (Jean), *Amestron*, V, 67, 214, 218, 240, 318.
Arona (la ville d'), I, 187.
Arquien (Henri de La Grange, marquis d'), I, 211*.
Arsenal (la chambre de l'), IV, 287.
Artagnan (Joseph de Montesquiou, comte d'), III, 12, 15, 17, 18, 27, 30; IV, 233.
Artagnan (Louis de Montesquiou, dit le chevalier d'), V, 343.
Artagnan (Pierre de Montesquiou, comte d'). Voyez Montesquiou.
Artembourg. Voyez Ortenberg.
Ascanio (le P.), V, 207.
Aschaffembourg (la ville d'), V, 256.
Asfeld (Claude-François Bidal, chevalier d'), maréchal de France, III, 186, 207, 208, 214, 215; IV, 375; VI, 110, 134.
Asnières (le village d'), IV, 177.
Aspremont (le général autrichien), I, 441.
Assentar (le marquis d'), I, 23.
Asturies (le prince des). Voyez Louis Ier, Ferdinand VI.
Asturies (la princesse des). Voyez Marie-Anne-Victoire.

Ath (la ville d'), I, 24, 126, 133, 134.
Athlone (le comte d'), *Atlone*, III, 100, 106.
Aube (François Richer d'), IV, 250, 325.
Aubencheul-au-Bac (le village d'), *Bancheu, Bac-Abencheul*, III, 103, 114, 326.
Aubigné ou Aubigny (Louis-François, comte d'), *Aubigni*, III, 131, 169.
Aubijoux (le marquis d'), I, 135.
Audiffret (Jean-Baptiste d'), V, 176.
Augsbourg (la ville d'), I, 91, 402, 404, 406, 410, 418 ; II, 98, 102, 107, 109, 110-113, 123, 124, 127, 130, 134, 319 ; V, 91.
Auguste II (Frédéric-), duc de Saxe et roi de Pologne, I, 194, 212, 213, 222, 240, 273 ; IV, 7 ; V, 106, 120, 122, 125, 126, 128, 135, 156, 164, 175, 187, 196, 198, 205, 211, 215, 220, 221, 223, 225, 231, 243, 252, 329, 335, 343, 344, 347, 356, 364, 365, 375, 381, 382, 386, 389, 390.
Auguste III, électeur de Saxe et roi de Pologne, V, 401, 405, 408, 409, 427.
Aumont (Louis, duc d'), IV, 268 ; VI, 38.
Aumont (Louis-Marie, duc d'), IV, 268.
Aumont (Louis-Marie-Victor, duc d'), I, 165.
Aumont (Catherine de Guiscard, duchesse d'), IV, 268.
Aumont (Olympe de Brouilli, duchesse d'), IV, 268.
Aurillac (la ville d'), IV, 230.
Autkirck, I, 364.
Autré (M. d'), III, 18.
Autrec (Mlle d'), V, 76.
Autriche (archiduchesse d'). Voyez Marie-Thérèse.
Autriche (Marie-Anne d'), impératrice d'Allemagne, I, 61.
Autriche (Marie-Anne d'), reine d'Espagne, I, 187, 197*.
Autriche (Marie-Antoinette d'). Voyez Bavière (électrice de).
Autun (l'évêque d'). Voyez Roquette (Gabriel de).
Auvergne (François-Egon de La Tour, dit le prince d'), IV, 88*.
Auvergne (Frédéric-Constantin, prince d'), IV, 341.
Auvergne (Frédéric-Maurice de La Tour, comte d'), IV, 49.
Auvergne (Marie-Anne d'Arenberg, princesse d'), IV, 88*.
Avaray (Claude-Théophile de Béziade, marquis d'), V, 115.
Avaux (Jean-Antoine de Mesmes, comte d'), I, 100*.
Avejean (M. d'), I, 450, 451.
Avernes (le marquis d'), I, 170, 453.
Aversa (la ville d'), VI, 154, 157.
Avignon (la ville d'), I, 261 ; IV, 89 ; V, 91, 97.

B

Bac-Abencheul. Voyez Aubencheul-au-Bac.
Bachelier, premier valet de chambre de Louis XV, V, 85, 279.
Bachivilliers (Adolphe de Gaudechart, marquis de), *Bachevilliers*, I, 186.
Bade (la ville de), *Baden*, I, 1 ; IV, 33-36, 41, 44, 46, 63, 98, 99, 383 ; V, 141, 300.
Bade (Hermann, prince de), I, 62, 80, 89, 97, 381.
Bade (Louis, prince de), I, 54, 68, 73-75, 80-82, 89, 106, 107, 159, 160, 168-171, 174, 175, 189, 199, 295, 301, 307, 312-314, 316, 319, 320, 323, 324, 326, 327, 329, 330, 345, 355, 370, 372, 381, 384, 431, 436, 437, 452 ; II, 1, 23, 27, 32, 34, 42, 47, 53, 95, 98, 99,

DES MATIÈRES. 293

101, 103, 109-113, 123, 132, 137, 175-186, 211, 215, 219, 264, 276, 314, 323, 338, 344, 348, 353, 363 ; VI, 224-227, 236, 239-241, 246, 247.
Bade (Auguste-Marie-Jeanne, princesse de). Voyez Orléans (duchesse d').
Bade (Françoise-Sybille-Auguste de Saxe-Lauenbourg, princesse de), I, 199, 330.
Bade-Dourlach (Charles-Guillaume, margrave de), *Dourlac,* IV, 2.
Bagnols (Mlle de), I, 19*.
Baïa (la ville de), en Italie, V, 227.
Bâle (la ville et le canton de), *Basle,* I, 47, 56, 102, 112, 114, 172* ; V, 46.
Balivière (Fr. Cornu, marquis de), II, 171 ; III, 317.
Bamberg (l'évêque de). Voyez Wurzbourg (l'évêque de).
Bannières (le courrier), IV, 294 ; V, 59, 70, 75, 107, 109, 111, 119, 120, 126, 149, 180, 186.
Bansonval (M. de), I, 453.
Baqueville (le colonel), III, 339.
Bar (le duché de), I, 245*, 249.
Barail (Louis Prévost du), III, 323.
Baraniavar (la ville de), I, 71, 363-366, 368, 369, 371 ; IV, 16.
Barberey (le lieutenant-colonel), *Barberay, Barberie,* II, 212, 213 ; III, 195.
Barbezières (Charles-Louis de Chemerault, marquis de), *Barbesières,* I, 169, 451, 452.
Barbezieux (Louis-François-Marie Le Tellier, marquis de), I, 131*, 139*, 141, 145, 162-165, 167, 332, 333, 350, 442, 449, 450.
Barcelone (la ville de), I, 287 ; III, 296 ; IV, 11, 373.
Barcelonnette (la ville de), III, 12, 27, 180, 181.
Barcelonnette (la vallée de),

VI, 17-20, 50, 53, 56, 79, 80, 82.
Barèges (les eaux de), IV, 49, 56, 65.
Barillon. Voyez Branges.
Barner (le général), III, 321.
Barrans (M. de), I, 453.
Barraux (le fort de), *Barreaux, Barrou,* III, 14, 245, 246, 304.
Barrême (le sieur), V, 29.
Barrenechea (Joachim-Ignace de), V, 146, 151, 226.
Barrière (M. de), III, 24, 28.
Barville (André-Jules, comte de), IV, 336.
Bassat, *Barat,* IV, 337.
Bassée (la ville de la), III, 42, 46, 51*, 53, 65, 67, 255, 258.
Bassompierre (le régiment de), I, 76.
Basswick, ministre du duc de Holstein, V, 136.
Bastille (la), à Paris, I, 114 ; IV, 124, 133, 136, 154, 232, 254-257, 261, 285 ; V, 14, 15, 29, 343.
Basville (Nicolas de Lamoignon de), II, 147, 148, 316, 321, 332 ; III, 75* ; IV, 88, 234, 250, 301 ; VI, 65, 66.
Bavay (le village de), III, 160, 330, 331.
Bavière (la), I, 65, 102, 107, 181, 204, 387, 396, 397, 409, 410, 421, 424, 429, 433.
Bavière (Charles-Albert, électeur de), V, 15, 19, 34, 68, 73, 128, 200, 256, 329, 335, 339, 343, 353, 364, 375, 376, 393, 401, 419.
Bavière (Ferdinand-Marie, électeur de), I, 63, 107, 411.
Bavière (Maximilien-Emmanuel, électeur de), I, xxij, 33, 63, 65, 68, 70, 73, 80, 81, 83-97, 107-109, 154, 196, 198*, 267, 308, 329, 343, 354-363, 367-370, 372, 374-378, 381-384, 387, 389-396, 398-434, 436, 439 ; II, 1, 16, 21, 42, 43, 45, 46, 53, 65, 78, 85-140 *passim,* 166, 190, 206, 208, 261-276

passim, 290, 298, 304, 308, 309, 314, 315, 318, 326-331, 333, 338; III, 7, 9, 35, 36, 43, 111, 112, 180, 209, 235, 241-244, 285, 294, 297, 346; IV, 5, 7, 8, 12-14, 17, 23, 28, 354, 363, 364-367, 369, 370, 372, 380; V, 9, 10; VI, 48, 52, 177, 179, 241-244.

Bavière (Joseph-Ferdinand-Paul, prince électoral de), I, 197, 199, 216, 217, 220, 229, 244, 253.

Bavière (Cl.-Auguste de), électeur de Cologne, IV, 269, 335; V, 34, 68, 73, 94, 128, 200, 245, 256, 278, 339.

Bavière (Joseph-Clément de), électeur de Cologne, I, 85, 103, 343, 400, 422; III, 43, 59, 90, 112*, 160, 209, 294, 296, 298; IV, 5, 8, 13, 23, 28, 269, 380; VI, 61, 232, 274.

Bavière (Théodore de), évêque de Ratisbonne, V, 162.

Bavière (Marie-Antoinette d'Autriche, électrice de), I, 84, 196, 390, 399, 407.

Bavière (Anne de). Voyez Condé.

Bavière (Marie-Anne-Christine-Victoire de). Voyez Dauphine.

Bavière (Yolande-Beatrix, *Violante*, princesse de), I, 86, 91, 92, 389-391, 394, 395, 400, 414, 415, 421; VI, 219, 220.

Bavière-Neubourg (Eléonore de), impératrice d'Allemagne, I, 62*, 82, 197*, 202, 213-215, 224, 265, 306, 313, 315, 320, 348, 390, 402, 404.

Bavière-Neubourg (Marie-Anne de), reine d'Espagne, I, 178*, 197*, 208, 209, 239, 245, 249, 272, 277; IV, 210*.

Baya (la ville de), en Hongrie, *Baga, Baja, Baia*, I, 356, 373, 385.

Bayonne (la ville de), I, 284, 286; IV, 210, 312; V, 132, 362.

Bayreuth (Christian-Ernest de Brandebourg, margrave de), *Bareit, Bareilh*, I, 150, 152; II, 101, 227, 231, 240.

Beaucaire (MM. de), V, 154.

Beaufort (Fr. de Vendôme, duc de), I, 3; VI, 47.

Beaujeu (Eugène de), I, 452; II, 329; III, 153, 178, 203, 218, 272, 290, 350.

Beaujolais (Mlle de). Voyez Orléans.

Beaujourdan (le capitaine), I, 29.

Beaumont (M. de), député du commerce de Marseille, VI, 85, 87, 98.

Beauvau (Pierre-Magdeleine, marquis de), IV, 226, 252, 318.

Beauvau (René-François de), évêque de Tournay, puis archevêque de Narbonne, III, 258; VI, 98, 99.

Beauvau (le chevalier de), *Beauveau*, I, 368.

Beauvillier (Paul, duc de), IV, 44.

Beckers (le sieur), *Becker*, III, 191*, 199; IV, 1, 4, 352, 359.

Beleim (le camp de), III, 178.

Belgrade (la ville de), *Bellegrade*, I, 69*, 94, 96, 100, 103, 206, 349*, 358, 362, 375, 377, 386, 409, 413; IV, 98, 101, 231.

Bellefonds (Bernardin Gigault, marquis de), maréchal de France, I, 6-8, 13-17, 95, 117, 118, 169*.

Bellefonds (Louis-Charles-Bernardin Gigault, marquis de), *Bellefont*, II, 326; III, 116, 287.

Bellefonds (le chevalier de), III, 288.

Bellefonds (Marie Gigault de), marquise de Villars, mère du Maréchal. Voyez Villars.

Belleforière (le château de), III, 160-162, 164.

Bellegarde (Roger, duc de), IV, 76.

Belle-Isle (Charles-Louis-Au-

guste Foucquet, comte de), *marquis de Belle-Isle*, III, 193 ; IV, 130, 212, 261, 279, 285, 288, 295, 316 ; V, 25, 27, 83, 117.
Belle-Isle (Louis-Charles-Armand Foucquet, chevalier de), frère du précédent, *comte de Belle-Isle*, IV, 261, 285 ; V, 25.
Belrieux (Alexandre, marquis de), III, 339.
Belzunce (Mgr de), évêque de Marseille, VI, 75.
Bender (la ville de), III, 284.
Bender (le pacha de), V, 95.
Benfati (le P.), I, 92, 392, 393, 415 ; VI, 219.
Benheim (la ville de), *Beneim*, VI, 247.
Benoît XIII (le pape), IV, 291 ; V, 216.
Bentivoglio (le cardinal), V, 233, 236, 242.
Bercsenyi (Nicolas), *Bergeny*, II, 91.
Bercy (M. de), V, 30.
Berge (M. de), IV, 386.
Bergeret (M. de), II, 248.
Berghes (Anne-Henriette-Charlotte de Rohan-Chabot, princesse de), *Bergue*, IV, 312 ; V, 85, 86.
Bergheyck (Jean de Brouchoven, comte de), *Bergheic*, III, 8, 9, 43.
Beringhen (Henri, marquis de), I, 17.
Beringhen (Henri-Camille, chevalier de), *Beringuen*, III, 330, 350.
Beringhen (Jacques-Louis, marquis de), premier écuyer du roi, IV, 77, 229, 253, 254.
Berkheim, grand chambellan de Bavière, I, 415, 418.
Berlepsch (la comtesse de), *La Berleps*, I, 197.
Berles (le village de), *Berle*, III, 93.
Berlin (la ville de), I, 82 ; III, 2 ; V, 33, 54, 57, 58, 93, 100,

120, 126, 136, 186, 194, 197, 209, 210, 213, 252, 266, 274, 276, 282, 284, 364, 382.
Bermerain (le bourg de), *Bermerein, Bermerin*, III, 326, 327, 334, 335, 339.
Bermudès (le P.), IV, 298, 299, 304.
Bernage (Louis de), intendant, III, 251, 287 ; VI, 89, 92.
Bernançon (le mont), III, 257.
Bernard, sculpteur, VI, 285.
Bernard (Samuel), IV, 157, 185, 315.
Bernard (les), V, 321.
Bernards (le sieur), IV, 166.
Berncastel (la ville de), I, 16.
Bernières (l'intendant de), III, 50, 134, 247, 249, 251, 253, 257, 258.
Bernisar (le bourg de), III, 265.
Berry (Charles de France, duc de), IV, 43, 222, 263, 295, 315 ; V, 117 ; VI, 62, 68.
Berry (la duchesse de). Voyez Orléans.
Berscheny (les houssards de), I, 319.
Bertencourt (le village de), *Bretoncourt*, III, 92.
Berwick (Jacques Fitz-James, duc et maréchal de), *Barvick, Bervic*, I, 358, 363 ; II, 222 ; III, 8, 25, 26, 78, 83-85, 87, 91, 241, 242, 259, 273, 275, 304, 350 ; V, 22, 25, 45, 67, 218, 232, 234, 242, 298, 323, 325, 418, 422, 423 ; VI, 82.
Besançon (la ville de), I, 4, 17 ; III, 3.
Besbre (le lieutenant-colonel), I, 182, 183.
Béthune (Louis-Pierre-Maximilien, marquis de), V, 220 ; VI, 88.
Béthune (Paul-François, duc de), V, 99, 121.
Béthune (Julie-Christine-Régine Gorge d'Entraigues, duchesse de), IV, 315 ; V, 312.
Béthune (la ville), III, 46, 47,

56, 80, 88, 91-94*, 95, 97-99, 180, 256, 275, 286-288.
Bettens (Georges Mannlich de), *Bettans*, III, 17.
Beuil. Voyez Bueil.
Beuvrière (le village de), III, 118.
Beuvry (le bourg de), III, 61.
Bevern (le prince de), V, 378.
Bézieux (le président de), IV, 48; VI, 12, 67.
Bezons (Jacques Bazin, comte et maréchal de), I, 136, 444-446; III, 183-185, 196, 198, 201, 203, 208-212, 345; IV, 76, 110, 181, 203, 208, 219, 287, 306; VI, 53, 54.
Biache (le bourg de), III, 86.
Bibra (le général), *Pibrak*, II, 59.
Bidache, maître d'armes, VI, 77.
Bielk (le comte de), *Bielke*, I, 364, 371, 372, 383, 439.
Bignon (Armand-Roland), intendant de Paris, IV, 188, 286.
Bignon (l'abbé), IV, 231.
Bigorre (l'abbé), IV, 120, 121.
Bihel. Voyez Bühl.
Bingen (la ville de), I, 154.
Biren, duc de Courlande, *Biron*, V, 354, 378.
Biron (Charles-Armand de Gontaut, marquis, puis duc et maréchal de), II, 26, 31, 39*, 268; III, 195, 198, 345; IV, 247.
Bissy (Jacques de Thiard, marquis de), II, 325.
Bissy (Anne-Claude de Thiard, marquis de), ministre de France à Parme, VI, 5, 118, 128, 130-159.
Bissy (le cardinal de), évêque de Meaux, IV, 34, 61, 232, 235-238, 278, 302; V, 13, 105, 131, 289, 404.
Bitche (la ville de), III, 7, 242, 243; IV, 361.
Blainville (Jules-Armand Colbert, marquis de), II, 77, 80, 324; VI, 243.
Blanchefort-Créquy (le marquis de), I, 99.
Blancmesnil (l'avocat général de), IV, 146, 247, 276, 301.
Blanzac (Charles de La Rochefoucault de Roye, comte de), II, 324.
Blanzy (l'ingénieur de), II, 65, 70.
Blaugies. Voyez Malplaquet.
Blécourt (M. de), I, 278, 279, 282.
Blindheim (le village de), *Plintheim*, II, 116-119, 324*.
Bliscastel (la ville de), III, 242.
Blois (la ville de), III, 138; IV, 58, 60, 121, 145-147, 149, 150, 157, 267, 305.
Blouin (Louis), *Bloüyn*, III, 77; IV, 279; V, 197-198.
Boffrand (Germain), architecte, VI, 282-284.
Bohain (le bois de), III, 144, 145, 318.
Boham (Jean-Antoine-François de), *Bohan*, II, 174.
Bois-David, I, 364.
Boiselly, échevin de Marseille, VI, 74, 75.
Boisseleau (Alexandre de Rainier de Droué, marquis de), *Boisselot*, I, 135, 141.
Boissieux (Louis de Fretat, comte de), III, 215; IV, 314; VI, 214.
Boissieux (le chevalier de), V, 94, 278; VI, 214.
Boissieux (Thérèse de Villars, marquise de), I, 193*.
Bologne (la ville de), VI, 139.
Bombarda (Jean-Paul), II, 89.
Bondy (M. de), I, 444, 445.
Bongars (M. de), *Bongard*, III, 83, 95, 153, 288, 289.
Bonif (le camp de), I, 34.
Boniface de Vachières, VI, 76, 77.
Bonn (la ville de), I, 13, 15, 16, 103; V, 256, 334, 376.
Bonnac (Jean-Louis d'Usson,

marquis de), ambassadeur, IV, 297; V, 132, 133, 204, 221, 395.

Bonnaire (le sieur), II, 348, 351.

Bonneval (Claude-Alexandre, chevalier, puis comte de), V, 83, 285.

Bonnevaux (le prieuré de), VI, 83.

Bontemps (Alexandre), I, 98, 99.

Bordage (René de Montbourcher, marquis du), I, 53, 169, 451, 453.

Borck (Adr.-Bernard, comte von), *Borch, Bourck*, III, 131; V, 38*, 205.

Bordeaux (la ville de), I, 65*.

Borgia (le cardinal), V, 76.

Borgoforte (le bourg de), I, 102.

Borgomaneiro (M. de), I, 186.

Boselly (le comte de), I, 232.

Bosot (le lieutenant-colonel), II, 105.

Bouchain (la ville de), I, 31, 37; III, 59, 88, 114, 118, 123, 125-134, 136, 143, 153, 156, 171-172, 174-175, 177, 178, 275, 307-309, 336, 337, 342, 343; V, 64.

Bouesse (Arnaud de), IV, 289.

Boufflers (le maréchal de), I, 58, 114, 123, 124, 126, 129-131*, 142, 143, 154-157, 160, 254, 447-449; II, 310; III, 9, 25, 30, 41, 66, 67, 70, 73, 74, 132, 240, 248, 257, 269-271; IV, 12, 44, 360.

Boufflers (la maréchale de), IV, 314.

Boufflers (A.-M. de Villeroy, duchesse de), VI, 212.

Bouillon (le cardinal de), I, 184*; III, 37*, 83; IV, 21.

Bouillon (Emmanuel-Théodore de la Tour, duc de), IV, 226, 308; V, 65.

Bouillon (Marie-Anne Mancini, duchesse de), I, 115; III, 182.

Bouillon (Louise-Henriette-Françoise de Lorraine, duchesse de), IV, 308.

Boulbon ou Bourbon (le président de), IV, 48; VI, 36.

Boulet (le conseiller), VI, 62, 63.

Boulogne (la ville de), III, 47, 54, 251, 257; V, 142.

Bouquenon (la ville de), II, 256, 260.

Bourbon (Louis III, prince de Condé, duc de), dit Monsieur le Duc, III, 54.

Bourbon (Louis-Henri, prince de Condé, duc de), dit Monsieur le Duc, premier ministre de Louis XV, III, 215, 254, 347, 349, 350; IV, 49, 67, 105, 108-110, 112, 137, 141, 143, 151-153, 155, 157, 163, 164, 174-179, 183, 184, 191, 196, 197, 201, 211, 215, 226, 241, 244, 248, 260, 265, 270, 272-275, 278, 281-283, 285-287, 289, 292-294, 296, 300-302, 305-311, 313-322, 324-330, 332, 334, 335, 338, 345-348; V, 2, 4, 11, 14, 18, 22-26, 28, 29, 37, 38, 124, 132, 194, 289; VI, 109.

Bourbon (Marie-Anne de Bourbon-Conti, duchesse de), dite Madame la duchesse, IV, 141, 143, 151, 270, 313, 314; V, 28, 29, 37, 99, 102, 170, 243, 330; VI, 109.

Bourbon. Voyez Boulbon.

Bourbonne (les eaux de), III, 98, 100, 121, 286, 291.

Bourdet (M. du), II, 355.

Bouret (le sieur), V, 29.

Bourg (Léonor-Marie du Maine, comte et maréchal du), II, 26, 31, 43, 63, 64, 69, 110, 111, 134, 187, 211, 240, 290, 324, 327, 350, 358, 369; III, 7, 184, 188, 203, 207, 210, 213, 214, 242, 243, 347-349; IV, 3, 283, 376, 378; V, 353; VI, 54, 247.

Bourgeois (le sieur), IV, 154.

Bourg-la-Reine (le bourg de), IV, 219.
Bourgogne (Louis de France, duc de), II, 96, 98, 304; III, 7, 9, 22, 25, 30, 75, 78, 136, 244, 267; VI, 233-241, 243, 272.
Bourgogne (Marie-Adélaïde de Savoie, duchesse de), III, 75*, 78, 268; VI, 272.
Bourgogne (les chevau-légers de), I, 10.
Bournonville (le duc de), IV, 211; V, 70, 71, 75, 135, 139, 141-144, 146-151, 153, 155, 160, 167, 351, 361.
Boussut (le camp de), I, 443.
Bouthillier, médecin, VI, 86.
Bouzols (Louis-Joachim de Montaigu, marquis de), *Boussole, Bousols*, II, 329; III, 152.
Boyer-Desguilles (M.), IV, 82.
Boyne (la), rivière, I, 116.
Brancas (Louis, marquis de), maréchal de France, III, 87; V, 35, 57, 88, 92, 126, 132, 137, 139, 140, 143, 146, 153, 155-157, 160, 236, 244, 247-250, 253, 254, 258, 260, 261, 266, 267, 269-271, 274, 275, 277, 279-281, 283, 287, 288, 291; VI, 101, 103.
Brancas (Louis-Antoine, duc de Villars-), IV, 305, 306.
Brancas (J.-B. Antoine de), évêque de la Rochelle, VI, 117.
Brandebourg (Frédéric-Guillaume, électeur de), I, 7, 24, 59, 62*.
Brandebourg (Frédéric III, électeur de), I, 103, 264, 267, 273, 278, 284, 285, 304, 307, 426, 430; II, 356; III, 2, 3.
Brandebourg (le), I, 104, 116, 213, 387.
Branges (Paul de Barillon, marquis de), I, 99.
Braunau-sur-l'Inn (la ville de), II, 75.
Bregentz (le village de), *Bre-*
gens, I, 109, 110; II, 83, 93, 100; III, 237.
Brême (la ville de), V, 7.
Brendlé (Jost), *de Brendelay,* III, 89, 279, 338.
Brenner (la montagne de), II, 102.
Brescello (la ville de), VI, 128, 129.
Brésil (Joseph, prince du), fils du roi de Portugal, IV, 316.
Brésil (la princesse du). Voyez Espagne (Marie-Anne-Victoire, infante d').
Bressac (le capitaine), III, 195.
Bressy (le lieutenant de roi), III, 279.
Brest (la ville de), III, 55.
Bretagne (Louis de France, duc de), III, 136.
Bretagne (le régiment de), III, 73, 74.
Breteuil (François-Victor Le Tonnelier, baron, puis marquis de), IV, 259, 315, 324, 328; V, 16, 24.
Bretoncourt. Voyez Bertencourt.
Briaille (les dragons de), III, 291.
Briançon (le marquis de), I, 331.
Briançon (la ville de), III, 11, 15-17, 27, 29, 31, 245.
Brienne (les *Mémoires* de Henri-Auguste, comte de), IV, 216.
Brière (le sieur), V, 384.
Brillet (M. de), capitaine de vaisseau, VI, 47.
Brinvilliers (la marquise de), *Brainvilliers,* I, 115.
Briord (le comte de), I, 459.
Brisach (la ville de), *Brisac, Brissac,* I, 48, 50, 150, 161, 210, 240; II, 51, 56, 96; III, 5, 191, 358; IV, 351, 354, 355, 359.
Brisgau (le), I, 1, 163.
Brissac (L.-Hercule-Timoléon de Cossé, duc de), VI, 284.
Brissac (N. de Mortemart, duchesse de), VI, 285.

DES MATIÈRES. 299

Brissac (Elisabeth de Verthamon, duchesse de), IV, 220*, 221.
Britomare, héros de roman, VI, 231-232.
Broglie (Charles - Guillaume, marquis de), IV, 221.
Broglie (François-Marie, comte et maréchal de), *Broglio*, II, 200, 212, 223, 225, 227*, 234, 240, 360, 361, 364, 369 ; III, 67, 72, 86, 87, 97, 103, 104, 110, 117, 125, 140, 154, 157, 160, 164, 174, 186, 191, 195, 196, 222, 290, 307, 321, 325, 327-329, 338, 352 ; IV, 123, 330, 336, 367, 378 ; V, 1, 7, 40, 43, 51, 77, 96, 121, 155, 164, 167, 168, 171, 211, 237, 272, 302, 304, 316, 317 ; VI, 53, 124, 142, 143, 145, 146, 148, 149, 154, 279.
Broglie (Victor-Maurice, comte et maréchal de), *Broglio*, IV, 283.
Broglie (le chevalier de), *Broille*, II, 235.
Brompt (le), ruisseau, II, 194.
Bruay (la ville de), *Brouay*, III, 118.
Bruch (la ville de), IV, 35.
Bruchsall (la ville de), III, 237.
Bruges (la ville de), I, 126, 450 ; III, 13, 23, 299.
Brugnies (le village de), III, 169.
Brunswick (Bénédicte-Henriette-Philippe de Bavière, duchesse de Hanovre, dite la duchesse de), V, 273.
Brunswick (Sophie de Bavière, princesse palatine, duchesse de), III, 180.
Brunswick-Wolfenbuttel (Auguste-Guillaume, duc de), V, 48, 116, 129, 177, 195.
Brunswick-Wolfenbuttel (Rodolphe-Auguste, duc de), I, 343.
Brunswick-Wolfenbuttel-Blanckenberg (Elisabeth-Christine de), archiduchesse d'Autriche, IV, 373.

Brunswick-Zell (Georges-Guillaume, duc de), I, 28, 37.
Bruxelles (la ville de), I, 11, 124-127, 154, 229, 348* ; III, 9, 32, 42, 123, 178, 299, 306 ; IV, 155, 324 ; V, 20, 134, 180.
Bude (la ville de), I, 71, 80, 101, 353, 355, 362, 364, 366, 378, 437.
Bueil (Honorat, comte de), *Beuil*, III, 74.
Buenretiro (le palais de), I, 178*.
Bühl (la ville et les lignes de), *Bihl, Bihel*, I, 453 ; II, 76, 77, 227, 228, 289, 302, 361.
Buhy (le comte de), IV, 252.
Bulau (le baron de), V, 8, 11.
Buoux (le marquis), IV, 80.
Burgau (le marquisat de), I, 426, 428.
Burich (la ville de), I, 9.
Busca (Antoine de Monlezun, baron de), *Buscas*, I, 20.
Büsen, IV, 355.
Büsingen (le village de), III, 225*.
Bussy (Fr. Lamoral de), III, 279.
Bussy (M. de), diplomate, V, 176, 179, 192, 204, 206, 213, 248, 250, 292, 293, 299, 301, 305, 308, 311, 362, 368, 375, 381.

C

Caderousse (M. de), VI, 35.
Cadix (la ville de), V, 33, 97, 115, 139, 148, 156, 162, 163, 165, 166, 172, 184, 187, 190, 192, 193, 195, 202, 271, 293, 321.
Cadogan (Guillaume, comte de), III, 53, 103, 118, 124, 145.
Cadrieux (M. de), VI, 160.
Cadrolle (le capitaine), III, 171.
Caen (la ville de), IV, 325.
Cahen (Mme Albert), VI, 280, 285.
Calais (la ville de), I, 6, 37 ; III, 103 ; IV, 288.

300   TABLE ALPHABÉTIQUE

Calandès (le marquis de), I, 238.
Callières (François de), III, 283.
Calvo (le marquis de), *Calvau*, I, 34, 131.
Cambrai (la ville de), I, 37, 41, 131 ; III, 81*, 82, 88, 118, 124, 129, 140, 143, 178, 273-275, 311, 316, 318, 324, 326, 327, 329, 335, 337 ; IV, 144, 268, 269, 281, 292, 298, 300, 384 ; V, 87, 92, 93, 98, 107, 121-123.
Cambrai (les archevêques de). Voyez Fénelon (François de Salignac de) et Saint-Albin (Charles de).
Cambrin (le camp de), III, 63, 81.
Cambron (la plaine de), I, 134.
Cameron (le sieur), VI, 77.
Camilly (P. Blouet, chevalier, puis comte de), V, 27, 54, 61-64, 110, 111, 128, 202.
Camisards (les), II, 145-160.
Campistron (Jean Galbert de), VI, 259.
Campo-Florido (le marquis de), IV, 304.
Campredon (M. de), V, 4 ; VI, 150, 153.
Canal dit de Villars (le), VI, 110.
Canche (la), rivière, III, 93.
Canillac (le marquis de), IV, 157, 208, 228, 229, 267.
Canossa (Mlle de), I, 64.
Canourgue (le bourg de la), IV, 195.
Cany (Michel II Chamillart, marquis de), III, 7.
Cantarel (le chef camisard), II, 321.
Capelle (le village de). Voyez Kappel.
Caprara (le comte), I, 67, 297, 357, 437.
Capus, avocat de Marseille, VI, 78, 92, 100, 108.
Caraffa (le comte), I, 89, 306, 381, 438.
Caraffa (don Lelio), VI, 138.
Caraffa (la comtesse), I, 223.

Carcassonne (la ville de), IV, 316.
Carignan (le prince de), III, 181 ; VI, 80.
Carlingford (lord), I, 321*.
Carlos (l'infant don), fils de Philippe V, duc de Parme et de Plaisance, puis roi de Naples, I, xxxij ; IV, 269, 312, 317 ; V, 124, 140, 168, 170, 174, 178, 181, 196, 199, 205, 207, 211, 243, 283, 300, 304, 307, 309, 325, 330, 351, 355, 362, 367, 377, 378, 385, 387, 400, 405, 412, 413, 416, 417, 419 ; VI, 118, 120, 128, 129, 131, 133, 135, 136, 141, 144, 148, 150, 159.
Carlos (don), I, 348*.
Carlowitz (la ville de), I, 102*, 206, 321*.
Carpegna (le comte), *Carpegne*, I, 364, 373, 384.
Carpi (le village de), I, 347.
Carvin-Epinoy (la ville de), III, 163.
Casal (la ville de), *Cazal*, I, 70, 180.
Casal-Maggiore (la ville de), *Casalmajor*, II, 10.
Casau (le chevalier de), III, 178.
Castanaga (le marquis de), I, 132, 408.
Castanet (le chef camisard), II, 153, 161.
Castel (M. de), III, 349.
Castelar (le marquis de), V, 270, 271, 277, 278, 280-283, 287-293, 295, 297-299, 303, 305, 306, 308, 309, 311, 322, 328-331, 340, 362, 364, 366, 367, 373, 374, 379, 383, 384, 386-388, 391, 392, 394, 395, 405, 411, 413, 414, 416, 419.
Castelbady (M. de), II, 321.
Castelbarco (le comte de), I, 306.
Castellane d'Ampies (le marquis de), VI, 67.
Castellane (le chevalier de), III, 18.

Castellas (le régiment de), III, 17.
Castelleone (le bourg de), II, 7.
Castries (le maréchal de), I, ij, iv, vj, vij.
Castropignano (le duc de), VI, 155.
Catalogne (la), I, 3.
Cateau-Cambrésis (la ville de), III, 143, 313, 316, 318, 320, 323, 325, 330, 334, 335.
Catelet (la ville du), III, 142, 323.
Catherine Ire (la czarine), IV, 327-329; V, 4, 9, 12, 16, 19, 27, 42, 54, 60, 66, 71-75, 78, 80, 84, 101.
Catinat (Nicolas, maréchal), I, 156, 161, 166, 181, 184, 331, 344; II, 9, 18-23, 261; III, 18.
Catinat (Guillaume), I, 13.
Catinat (chef camisard), II, 159, 160, 321.
Caunitz (le comte de). Voyez Kaunitz.
Cauvisson (le chevalier de), I, 444.
Cavaillac (le comte de), II, 6.
Cavalier (Jean), chef camisard, II, 149-153, 156, 311-313, 322.
Caylus (M. de), VI, 91, 98, 100.
Cayx (R.-J.-B.-Ch.), I, iij.
Cazalla (le village de), V, 258, 270, 271.
Cellamare (le prince de), IV, 112, 117-121, 267; V, 115, 366, 410.
Censée (la), rivière, *Sansay, Sensée*, III, 86, 90, 104, 105, 113, 115, 123, 125, 137, 307.
Cereste-Brancas (le comte de), IV, 314; V, 17, 281, 288.
Césanne (le bourg de), *Césane*, III, 10*, 15-18, 20, 29, 270, 271.
Cette (la ville de), VI, 99.
Ceuta (la ville de), V, 352, 370, 401.
Chabannes (M. de), III, 116.
Chailly (M. de). Voyez Squiddy.
Chalais (le prince de), I, vj.

Chalais (la princesse de), IV, 315.
Châlons-sur-Marne (la ville de), I, 195; III, 190; IV, 135.
Chamarande (L. d'Ornaison, comte de), *Chamarante*, I, 453; II, 26, 33, 35, 64, 78, 83, 267, 268, 329; III, 11, 245.
Chambéry (la ville de), III, 12, 14, 16, 304.
Chambrier (M.), III, 107.
Chamillart (Michel), II, 73, 168, 170, 176, 207-209, 256-264, 266-272, 274-277, 279-282, 284, 286, 287, 289, 293-304, 307-309, 314, 320, 326, 332-340, 343, 348, 350-353, 355, 357, 359-363, 368-371; III, 2, 6, 8, 17, 19, 32-34, 36, 39-41, 43, 48-50, 78, 235, 236, 241-246, 251, 252, 301; VI, 244.
Chamillart (Jean-François), évêque de Senlis, IV, 52.
Chamillart (Jérôme, dit le comte de), II, 352, 353, 371.
Chamilly (Noël Bouton, marquis et maréchal de), II, 16.
Chamilly (le chevalier de), II, 35.
Chamlas (le hameau de), *Chanlas*, III, 17-19.
Chamlay (le marquis de), I, 40, 41, 166; III, 75*.
Chamlay (le château de), IV, 135.
Chamorel, V, 155, 164, 171, 292, 322.
Champagne (le régiment de), I, 122, 444.
Chantilly (le château de), IV, 137, 241, 242, 289, 292-296, 323, 325-328; V, 24, 25, 37, 423, 424.
Charlemagne (les droits de), I, 261.
Charlemont (la ville de), III, 175.
Charleroi (la ville de), *Charleroy*, I, 18, 60; III, 170.
Charles VI, archiduc d'Autriche, puis empereur d'Alle-

magne, I, 197, 199, 202, 218, 219, 234, 236*, 241, 250, 252, 253, 259, 266, 270-272, 293, 294, 299, 305, 334, 337, 339, 348; III, 225, 230, 293, 346; IV, 11, 21-23, 26, 29, 32, 34, 35, 37-41, 96, 98, 101, 103, 106, 191, 209, 258, 266, 268, 270, 315, 316, 328, 330, 332, 333, 343, 353, 354, 356-359, 363, 364, 368, 369, 373-375, 377, 378, 381-383; V, 6, 16, 19, 27, 29, 30, 33, 40, 41, 46, 48, 49, 51-61, 63-67, 70, 71, 80, 82, 83, 87, 90, 99, 102, 107, 109, 110, 112, 114, 120, 122, 125, 128, 131, 134, 135, 138-141, 144, 146, 150, 151, 156-159, 161-163, 165, 167-175, 177-179, 181-184, 186, 188-192, 195-205, 212, 213, 216, 221, 223-225, 228, 231, 235, 236, 239, 245, 246, 248, 250, 252, 253, 257, 258, 262, 268, 278, 287, 291-294, 296-301, 303-309, 311, 313, 314, 318, 319, 325, 326, 328-336, 339, 343, 348, 349, 353, 357, 363, 364, 372, 375, 376, 379, 381, 387, 388, 391, 393, 396, 401, 405, 407, 409, 415, 418, 420-422, 425, 427.

Charles II, roi d'Angleterre, I, 101.

Charles II, roi d'Espagne, I, 10, 60, 89-91, 93, 178*, 192, 196-198, 205, 206, 209, 210, 215, 216, 232, 235-239, 243, 246, 252, 257, 261-263, 265, 268, 270, 272, 274-284, 286, 288, 290, 292, 293, 298, 300, 301, 305, 306, 310, 320, 328, 339, 340, 350, 399, 402, 407, 408, 461-463; II, 254, 301.

Charles XI, roi de Suède, I, 59.

Charles XII, roi de Suède, I, 240*, 243; II, 238; III, 238, 284, 293, 299, 317; IV, 25, 37, 103, 105, 125, 328, 339, 340, 380.

Charles-Emmanuel, roi de Sardaigne et duc de Savoie, V, 273, 274, 279, 289, 326, 329, 334, 348, 371, 375-377, 381-383, 385, 388, 389, 393-395, 400, 401, 403, 405, 407, 412, 415-417, 419, 421, 422, 425, 426; VI, 119, 120.

Charles (Charles de Lorraine-Armagnac, dit le prince), II, 245, 305, III, 114, 115, 213; IV, 190, 253*, 254.

Charny (le comte), VI, 155.

Charolais (le comte de), IV, 174, 184, 190, 240, 251, 256, 326.

Charolais (Mlle de), IV, 243, 244; V, 118.

Charost (François de Béthune, duc de), IV, 244; V, 22, 23, 98, 263, 359.

Charost (Louis-Joseph de Béthune, marquis de), III, 74.

Charpentier (le sieur), III, 276, 295.

Charron (le sous-lieutenant), I, 150.

Chartres (la ville de), IV, 219.

Chartreuse (la), près Liège, I, 129.

Chartreuse (la) de Pavie, I, 186.

Chaseron (M.), III, 323.

Chassonville (le marquis de), I, 110.

Chateaufort (M. de), VI, 155.

Châteaumorand (Jean-François Joubert de la Bastide, marquis de), III, 130.

Châteauneuf (Pierre-Antoine de Castagner, marquis de), IV, 136, 188, 258, 261, 334.

Châteauneuf (le colonel de), III, 339.

Châteaurenaud (Emmanuel Rousselet, marquis de), IV, 229.

Châteaurenaud (Fr.-Louis Rousselet, comte et maréchal de), I, 141.

Châteaurenaud (Emilie de Noailles, marquise de), IV, 228.

Châtelet (Antoine-Charles, marquis du), *Chastellet*, I, 169, 182, 451-453.

Châtelet (Thérèse-Marie Gigault

de Bellefonds, marquise du), I, 169*.
Châtenay (M. de), *Chastennay*, III, 186, 279.
Châtillon (l'abbaye de), I, 42.
Châtillon (A.-M.-R., chevalier, puis comte et duc de), III, 175; IV, 2, 3, 367.
Chattes (M. de), IV, 156.
Chaulieu (l'abbé de), VI, 33, 44, 47.
Chaulnes (Louis-Auguste d'Albert-d'Ailly, duc de), IV, 156, 170, 229.
Chaumont (la veuve), IV, 130, 200.
Chauvelin (le président de), IV, 225; V, 86, 89.
Chavigny (Anne-Théodore Chevignard, chevalier de), V, 34, 56, 57, 60, 183, 191, 192, 200, 205, 245, 248, 250, 338, 371.
Chélers (le village de), III, 91.
Chelles (l'abbaye de), I, 193*.
Chemerault (Jean-Noël de Barbezières, comte de), III, 70, 74, 270.
Chenay (le fort de), I, 129.
Chervary (le lieutenant-colonel), II, 217.
Cheverny (Louis de Clermont-Montglat, marquis de), *Chiverny*, IV, 104.
Chevron (M. du), IV, 287.
Cheyladet (François de Dienne, comte de), *Chéladet*, II, 369; III, 116.
Chiari (le combat de), II, 4.
Chiny (le comté de), *Chini*, IV, 19*.
Chirac, médecin du roi, IV, 279; V, 28.
Chiusa (le P.), I, 198*.
Chocaturne. Voy. Czakathurne.
Choin (Mlle), IV, 205*.
Choiseul (Antoine Clériadus, marquis de), III, 116.
Choiseul (Claude, comte et maréchal de), I, 156, 160, 187-191, 453, 454.
Choiseul (le comte Albéric de), I, vj.

Choiseul (le baron de), I, v.
Choiseul-Traves (François-Eléonore, comte de), beau-frère de Villars, I, iv, 193*; II, 38, 325; III, 177.
Choiseul-Traves (Marie-Louise de Villars, comtesse de). Voy. Villars.
Choisy (Thomas de Choisy-Moigneville, marquis de), II, 175.
Cholier (le président de), III, 268, 342; IV, 383.
Chycoineau, médecin, VI, 86.
Cienfuegos (le cardinal), IV, 291; V, 242, 344.
Cinq-Eglises. Voyez Funfkirchen.
Clagny (le château de), IV, 135.
Clare (lord), II, 119, 140, 329.
Clémence (la), rivière, III, 118.
Clément IX, pape, I, 4*.
Clément XI, pape, I, 302, 311, 312, 321-323, 325.
Clément (l'abbé), IV, 254, 261, 264, 265.
Clérembault (Philippe de Palluau, marquis de), II, 78, 324.
Clermont (M. de). Voyez Nesmond.
Clermont (Mme de), V, 31.
Clermont (Marie-Anne de Bourbon-Condé, dite Mlle de), IV, 313, 327; V, 243.
Clermont (le château de), III, 325, 327.
Clermont-Chattes (le chevalier de), IV, 205, 206, 335.
Clermont-Gallerande (Pierre-Gaspard, marquis de), IV, 277, 279.
Clisson (M. de), capitaine aux gardes, III, 167.
Clouet (M.), brigadier, III, 127.
Coblentz (la ville de), III, 191, 195, 196, 200; IV, 378.
Cochin de Saint-Vallier (M.), IV, 305.
Coëtenfao (François-Toussaint de Querhoent, marquis de), *Coetenfau*, III, 350.
Coëtmen (M. de), *Coëtmene*, III, 117.

Coëtquen (Malo-Auguste, marquis de), III, 69.
Coigny (François de Franquetot, comte, puis marquis et enfin duc de), maréchal de France, II, 351; III, 88, 114-116, 131, 140, 143, 145, 148, 152, 154, 167, 173, 197, 208, 324, 325, 337, 348, 352; IV, 336.
Coigny (Robert-Jean-Antoine de Franquetot, comte de), I, 152, 186.
Colbert (Antoine-Martin, chevalier), I, 122.
Colbert (Mme), née Charon, IV, 296.
Collande (Thomas Le Gendre de), *Colandre*, III, 339.
Collalto, ambassadeur de l'Empereur au conclave, V, 236.
Collobrières (le conseiller de), VI, 67.
Collonits (le cardinal), I, 288.
Collonitz (les houssards de), I, 319.
Colmenero (le comte de), I, 182, 186.
Cologne (Cl.-Aug. de Bavière, électeur de). Voyez Bavière.
Cologne (Joseph-Clément de Bavière, électeur de). Voyez Bavière.
Cologne (Max.-Henri de Bavière, électeur de), I, 87.
Cologne (électorat et ville de), I, 7, 59, 85-87, 99, 103, 204, 421-423; IV, 153; V, 167, 231.
Colonna (Fabricio), IV, 267.
Colonna (le cardinal), V, 242, 246.
Colorno (la ville de), VI, 153, 154, 156, 160.
Comacchio (la ville de), IV, 98.
Commercy (Charles de Lorraine-Harcourt, prince de), I, 75, 76, 295, 297, 299, 308, 313, 372, 441.
Comorre. Voyez Komorn.
Compiègne (la ville de), V, 125, 132-134, 137, 170, 171, 173, 177, 258, 260, 261, 344, 345, 414, 417, 418, 422, 423.

Conches (M. de), IV, 210, 285.
Condé (Louis II, prince de), dit « le Grand Condé » et « Monsieur le Prince, » I, 3*, 8, 9, 18-24, 30, 31, 59, 119; II, 306, 370.
Condé (Anne de Bavière, princesse de), IV, 250.
Condé-sur-l'Escaut (la ville de), I, 31, 37, 126; III, 57, 59, 65, 265, 266, 275, 309, 317, 334.
Condrieu (la ville de), I, 193*; VI, 164.
Conflans (Philippe-Alexandre, chevalier de), IV, 277, 331.
Conflans-l'Archevêque (le village de), IV, 222.
Coni (la ville de), I, 166; III, 11.
Consarbrück (la ville de), *Consarbrick*, I, 28*; II, 182*, 347.
Constance (la ville de), I, 51.
Constant (le capitaine), I, 128.
Constantinople (la ville de), I, 101, 336; IV, 136, 297; V, 94, 95, 111, 113, 127, 276, 284, 327, 328, 410.
Contades (Georges-Gaspard, marquis de), III, 128, 153, 163, 178, 184, 203, 210, 226, 271, 289, 290, 308, 338, 347, 351, 353; IV, 3, 19, 21, 24, 26-28, 42, 43, 60, 128, 287, 367, 379, 380; VI, 61.
Conti (Armand de Bourbon, prince de), I, 3.
Conti (François-Louis de Bourbon, prince de), I, 194; II, 314, 318, 332, 350; III, 2, 3, 76, 345.
Conti (Louis-Armand de Bourbon, prince de), III, 215, 347, 349; IV, 105, 161, 170, 173, 174, 176-179, 183, 184, 187-189, 191, 201, 205, 206, 243, 248, 274, 296, 305, 313, 314, 322; V, 46, 61, 62.
Conti (Louise-Elisabeth de Bourbon, princesse de), IV, 313, 314; V, 61, 62.
Conti (Marie-Anne de Bourbon, princesse douairière de), II, 41; VI, 231.

Conti (Marie-Thérèse de Bourbon, princesse de), III, 345; IV, 205, 271.
Copenhague (la ville de), V, 54, 61, 64, 391.
Coprogli, V, 213.
Coqfontaine (le lieutenant-colonel), I, 189, 190.
Corfou (le siège de), IV, 231.
Corinthe (la ville de), I, 377, 378.
Coriolis (le président de), VI, 83.
Cornéli (Mlles), II, 320.
Corogne (la ville de la), V, 404.
Corradini (le cardinal), IV, 292; V, 174, 175, 180, 182.
Corsini (le cardinal), V, 261.
Corsini (le marquis de), I, 92.
Corte-de-Arena (le château de), V, 169.
Coscia (le cardinal), IV, 292; V, 119, 216.
Cossini (le prince), VI, 138.
Costanizza (la ville de), I, 378.
Cotte (Robert de), architecte, VI, 283.
Coucy (M. de), III, 83.
Coula (la ville de). Voyez Gyula.
Coulanges, diplomate, IV, 281.
Coulanges (la marquise de), I, 191*.
Courcelles (le régiment de), I, 23.
Courlande (Frédéric-Casimir, prince de), *Curlande*, I, 76, 358, 371.
Courlande (la princesse de). Voyez Anne Ivanowna.
Courson (M. de), IV, 301; V, 88, 205.
Courson (le château de), IV, 234.
Courtrai (la ville de), I, 60, 154; III, 36, 38, 51.
Coustou, sculpteur, VI, 78.
Couturier (le sieur), IV, 249.
Couvestein (la ville de). Voyez Kufstein.
Coyzevox (Antoine), sculpteur, VI, 78.

Cracovie (la ville de), V, 392, 393.
Craggs (le sieur), III, 287.
Craon (A.-M. de Ligniville, princesse de), IV, 32.
Crécy (L. Verjus, comte de), I, 433.
Crémone (la ville de), II, 13, 15.
Crenan (Pierre de Perrien, marquis de), II, 15.
Creny (Louis-Adrien de), III, 112.
Créquy (François de Blanchefort, marquis et maréchal de), I, 8, 16, 28, 42-51, 54-59; II, 306.
Créquy (Fr.-Joseph, marquis de), I, 75-77, 127, 371, 383.
Cressy (M. de), IV, 313.
Creutsnach (le bailliage de), III, 191.
Crèvecœur (la ville de), I, 9; III, 323.
Crillon (J.-Louis de), évêque de Saint-Pons puis archevêque de Toulouse, V, 91; VI, 98, 99.
Crinchon (le), rivière, III, 89.
Croates (les), I, 378.
Croissy (Charles Colbert, marquis de), I, 83*, 392.
Croissy (Louis-François-Henri Colbert, comte de), III, 352.
Croix (le comte de), général espagnol, VI, 127-129.
Croüy (le comte de), III, 74.
Croy (le prince de), général au service de l'empereur, I, 439.
Croy (Mme de), *Croï*, IV, 204*.
Crozat (Antoine), financier, IV, 152; VI, 39, 44.
Crussol (Charles-Emmanuel, duc de), V, 70.
Cujavie (l'évêque de), I, 194.
Custrin (la ville de), V, 275, 277.
Czakathurne (le comté de), *Chocaturne*, I, 307.
Czar (le). Voyez Ivan V, Pierre le Grand, Pierre II.
Czarewitch (le). Voyez Pierre Alexiowitz.

Czarine (la). Voyez Anne Ivanowna, Catherine Ire.
Czartoriski (les), V, 397.

D

Daccia (le nonce), I, 311, 318-325.
Daguesseau. Voyez Aguesseau.
Dahlunden (l'île de), *Daxlante, Talunte, Talhünd*, II, 225, 227; III, 243; VI, 247.
Damas (Jean-Jacques, chevalier de), III, 149.
Dambre (le chevalier), III, 350.
Damvillers (la ville de), I, 2, 3.
Danemark (le), I, 2, 5, 219, 240, 243, 262, 344.
Danemark (le roi de). Voyez Frédéric IV.
Danemark (l'envoyé de) à Vienne, I, 219, 309*, 317.
Dangeau (Philippe de Courcillon, marquis de), I, 192*.
Dangeau (M. de Lœvenstein, marquise de), IV, 204*.
Daniel (le capitaine), VI, 160.
Dantzig (la ville de), I, 225; V, 389.
Danube (le), fleuve, I, 66, 67, 104, 105*, 171, 304, 353, 354, 356, 357, 362, 364, 375, 376*, 377, 378, 380, 385, 402, 406; III, 216, 218, 235, 237, 294; IV, 353, 354, 357.
Darbaud de Jouques (le conseiller), VI, 67.
Darda (la ville de), I, 76, 353, 356, 357, 364, 371, 375.
Darien, I, 238.
Darmstatt (le prince de), II, 245.
Darsin (M.), II, 361.
Daubenton (le P.), IV, 221.
Dauger (Guy), *Doger*, lieutenant général, I, 137, 138, 449.
Dauphin (Louis de France, dit le Grand), I, 60, 91, 102, 104, 159-161, 199, 209, 237, 249, 271, 277, 402, 411; III, 33, 104.
Dauphin (le régiment), I, 17.

Dauphine (Mar.-Anne-Christine-Victoire, dite Madame la), I, 60, 63, 108, 368, 369, 382, 392, 400, 431, 433, 434.
Dauphiné (le), I, 161, 193*, 293, 303*, 307.
Daxlanden, *Daxlante*. Voyez Dahlunden.
Déack (Paul), I, 334.
Deffournaux (M.), III, 116.
Deinse. Voyez Deynse.
Delafond (l'intendant), VI, 3.
Delpêche (le conseiller), IV, 305; V, 342, 358, 398.
Dem (le comte), V, 176, 288.
Denain (l'abbaye, le camp et la bataille de), I, xxvij; III, 59, 63, 125, 143, 152, 155-160, 162, 177, 258, 316, 321, 325-331, 336, 338, 340; IV, 133, 384; VI, 186, 197, 200, 219.
Dendre (la), rivière, I, 124.
Desbordes (M.), II, 26, 33, 267.
Des Eddes (M.), *Des Zeddes*, brigadier, II, 192, 351.
Desforts (M.-R. Le Peletier-). Voyez Le Peletier des Forts.
Desguiddy, capitaine des gardes de Villars. Voyez Sguiddy.
Desmarets (Nicolas), III, 6, 33, 37, 40, 48*, 273, 295, 301, 304; IV, 48, 94, 142; V, 30; VI, 32, 39, 41, 46, 56, 71.
Desmarets (Mme), née Béchameil, IV, 296.
Destouches (Michel Le Camus, chevalier), III, 289.
Desventes (l'ingénieur), II, 97.
Desville (M.), I, 444, 445.
Deulle (la), rivière, III, 46, 59, 103, 104, 106, 161, 162, 331; IV, 380.
Deux-Ponts (la ville de), I, 37.
Deventer (la ville de), I, 235*.
Deydier, médecin, VI, 86.
Deynze (la ville de), *Deinse*, I, 126.
Dietrichstein (François, cardinal de), I, 203*.
Dietrichstein (le prince de), I, 203-214, 230*.

DES MATIÈRES. 307

Dietrichstein (le fils du prince de), I, 379.
Dijon (la ville de), IV, 121, 135.
Dillingen (la ville de), I, 105*; II, 91, 99, 111, 118, 368.
Dillon (Arthur, comte de), *Dilon*, II, 370; III, 189, 190, 195, 221.
Dinant (la ville de), I, 130, 131.
Dixmude (la ville de), I, 155; III, 180.
Dodun (Gaspard), contrôleur général des finances, IV, 225, 296; V, 22, 24, 65.
Dœting. Voyez Œttingen.
Dohna (Jean-Frédéric, comte de), *Dhona*, III, 158, 338.
Dole (la ville de), I, 4.
Dolgorouki (les princes), *Dolgorousky*, V, 106, 172, 214, 216, 245.
Dolgorouki (Catherine Alexéiewna, princesse), V, 204.
Dombes (Louis-Aug. de Bourbon du Maine, prince de), IV, 32, 279; V, 115.
Donauwörth (la ville de), *Donavert, Donnavert*, I, 105, 429; II, 91, 100, 101, 115-117, 127, 139, 160, 314, 318, 368; III, 67*.
Dorcisse (M.), II, 338, 339.
Doria (le cardinal), V, 253.
Doria-Baltea (la), rivière, I, 179, 180.
Dorion (M.), IV, 297.
Dorminville (Mme), V, 92.
Douai (la ville de), *Douay*, I, 4, 126; III, 38, 42, 44, 46, 51*, 54, 59, 66, 80, 81*, 85, 88, 89, 91, 103, 104, 110, 114, 115, 122-124, 129, 133, 143, 158, 160-166, 169-171, 178, 248, 249, 274, 277, 278, 299, 321, 340, 341, 360; VI, 218.
Douglas (le colonel), IV, 90.
Douillat (l'intendant), III, 46.
Doullens (la ville de), *Doulens, Dourlens,* III, 100, 251; IV, 122, 135.
Dourlach (le prince de), *Dourlac, Dourlack,* II, 363; III, 191; IV, 31.
Dourlach (la princesse de), II, 245.
Dourlach (la ville de), *Dourlac,* I, 188; II, 242, 244.
Doux (le château de), *Dou,* IV, 259.
Drave (la), rivière, I, 66, 67, 69, 71-73, 80, 84, 354-361, 363-365, 371, 375, 376, 380.
Dresde (la ville de), V, 120, 122, 126, 136, 187.
Dreux (la ville de), IV, 90.
Dreux (Thomas), conseiller au Parlement, IV, 73.
Dreux (Thomas Dreux, marquis de Brézé, dit le marquis de), II, 371; III, 89, 278, 338; IV, 277.
Drusenheim (la ville de), II, 194, 198, 201, 202, 208, 219, 359; III, 121.
Druy (F.-E. Marion, comte de), II, 134, 187, 329, 350.
Dubois (l'abbé, puis cardinal), IV, 93, 96, 103, 105, 118, 120, 137, 144, 145, 148, 196, 197, 206, 211, 213, 216, 221, 223, 224, 226, 227, 229, 232, 235-242, 244, 245, 247-251, 254-257, 259-264, 269, 278, 316; V, 13; VI, 105.
Dubois (M.), frère du cardinal, IV, 263.
Dubourg (M.), IV, 316.
Dubourg. Voyez Bourg (du).
Duc (Monsieur le). Voyez Bourbon (Louis III et Louis-Henri, ducs de).
Duchesse (Madame la). Voyez Bourbon (Marie-Anne de Bourbon-Conti, duchesse de).
Dugrou, trésorier des Etats de Provence et procureur de Villars, VI, 18, 19, 24, 41, 45, 51, 52, 65, 81, 85, 88, 89, 94.
Duguay-Trouin (René), IV, 265.
Duhesme (M.), II, 307.
Duisbourg (le siège de), I, 9.
Dumoulin (le colonel), III, 135.
Du Luc (le comte), V, 97.

Dunewald (le général), *Dune-val,* I, 71, 76, 81, 366, 371, 375, 379, 381, 385, 438.
Dunkerque (la ville de), *Dunkerke,* I, 126, 131, 154, 155; III, 1, 150, 180, 240, 304, 319, 320, 322; IV, 93; V, 224, 263, 340.
Duparc (M.), IV, 166; V, 70.
Duperrier (M.), III, 202.
Duplessis (M.), IV, 257.
Durance (la), rivière, IV, 79.
Duras (le duc et maréchal de), I, 24, 117-121, 147.
Durevest (le sieur), IV, 154.
Dusseldorf (la ville de), III, 309.
Duvernay (Joseph Paris, dit), IV, 211, 249, 285-287, 302, 315, 346; V, 2-4, 23, 29. Voyez Paris (les frères).

E

Ebersbourg (la ville d'), I, 153, 154.
Ecosse (l'), I, 238, 267.
Edimbourg (la ville d'), III, 1; IV, 94.
Effiat (Antoine, marquis d'), IV, 65, 75, 104, 110, 112, 113, 116.
Egmont (la comtesse d'), IV, 315.
Ehrenberg (la ville d'), II, 108.
Eidelsheim (le combat d'), VI, 223.
Elbe (l'), fleuve, V, 69, 205, 364.
Elbeuf (la duchesse d'), née Navailles, IV, 16, 190.
Elbing (la ville d'), I, 212.
Elvemont (M. d'), III, 116.
Embrun (l'archevêque d'). Voyez Tencin (Pierre de Guérin de).
Embrun (la ville d'), III, 10, 15, 29, 31, 245.
Emden (la ville d'), V, 134.
Empereur d'Allemagne (l'). Voyez Charles VI, Ferdinand III, Joseph Ier, Léopold.
Enghien (le régiment d'), III, 208.

Entragues (le marquis d'), *Antragues,* IV, 324.
Entragues (M. d'), colonel, II, 14.
Entrecasteaux (la terre d'), VI, 35.
Epernon (Jean-Louis de Nogaret, duc d'), colonel général de l'infanterie, IV, 167.
Epernon (Louis de Pardaillan de Gondrin, duc d'), V, 207, 278.
Epernon (Françoise-Gilone de Montmorenci - Luxembourg, duchesse d'), IV, 315.
Epinay (M. d'), IV, 277.
Epinoy (le prince d'), III, 215.
Erdöd (la ville d'), *Erdeudy,* I, 376, 377.
Erlach (le comte d'), *Erlac,* II, 245.
Erlau (la ville d'), *Erla,* I, 72, 80, 81, 354, 355, 364, 378, 381, 382.
Ersans (le mont), *Erschans, Erchans.* Voyez Harsan.
Ersbach (le lieutenant général), III, 131.
Escaillon (l'), rivière, *Ecaillon, Escaillion,* III, 144, 146, 151, 326, 330.
Escaut (l'), fleuve, I, 31, 38, 131, 134, 154, 192; III, 15, 23, 25, 32, 51, 59, 63, 68, 96, 118, 122-127, 130, 131, 135, 140-143, 146, 151, 154-159, 168, 169, 306, 307, 314, 317, 321, 323, 325-328, 330, 334, 336-339, 344.
Escheref, *Eschref, Esreck,* V, 113, 179, 198, 213.
Esclimont (le comte d'), IV, 342.
Escragnolle (M. d'), VI, 97.
Espagne (le roi d'). Voyez Charles II, Ferdinand VI, Louis Ier, Philippe IV, Philippe V.
Espagne (la reine d'). Voyez Autriche, Bavière-Neubourg, Farnèse, Orléans, Savoie.
Espagne (Marie-Anne-Victoire, infante d'), fiancée à Louis XV, puis princesse du Brésil et

DES MATIÈRES.

reine de Portugal, IV, 219, 279, 308, 309-313, 315, 316, 318, 329, 334; V, 157, 160.
Espagne (M. d'), II, 338.
Espar (le comte de l'), III, 168.
Espinlieu (l'abbaye d'), I, 127*.
Esquiddy (M. d'). Voyez Sguiddy.
Esreck. Voyez Escheref.
Estaing (François, comte d'), III, 99, 117, 122-124, 127, 129, 323; IV, 226.
Estelle, échevin de Marseille, VI, 14, 23, 96.
Esterhazy, général autrichien, *Esterhasi*, I, 441.
Esterhazy, lieutenant-colonel autrichien, II, 77.
Estrades (Godefroy, comte d'), maréchal de France, I, 24*.
Estrades (Godefroy-Louis, comte d'), III, 215, 347, 348.
Estrée-Blanche (le village d'), *Etrée-Blanche*, III, 118.
Estrées (Victor-Marie, maréchal et duc d'), III, 36, 37*; IV, 75, 207, 219, 226, 229; V, 194, 197, 366.
Estrées (le cardinal d'), III, 75*.
Estrées (Madeleine-Diane de Bautru de Vaubrun, duchesse d'), IV, 127.
Eszek (la ville d'), *Esseck, Essek*, I, 66, 67, 72, 80, 81, 353, 357-360, 363, 364, 375, 377-379, 383, 386, 387.
Etampes (la ville d'), IV, 5, 8.
Etlingen (la ville d'), *Etelingue*, III, 185-188, 196, 200, 203, 204, 206, 210, 211, 214, 219, 220, 346; IV, 25, 378.
Etlingen (le ruisseau d'), I, 189, 190.
Etoile (le fort de l'), à Fribourg, III, 217, 353.
Etrun (l'abbaye et le pont d'), III, 110, 131.
Eu (Louis-Charles de Bourbon-du Maine, comte d'), IV, 279; V, 115.
Eugène de Savoie (le prince), I, 75, 80, 178, 186, 206, 229,
293, 297, 299, 301, 305, 308, 313, 319, 325, 326, 328, 334, 343-349, 360, 371, 372, 376, 439; II, 3, 10, 18, 90, 95, 140, 155, 166, 207, 217, 222, 323, 335, 338, 363; III, 6, 9, 32, 38, 39, 44, 49, 52, 53, 56, 69, 78-80, 94*-96, 106, 107, 110, 111, 142, 145-151, 154, 156, 158, 163-165, 170, 182, 185, 187*, 188, 200, 203, 206, 210, 216, 219, 223, 225, 226, 228-231, 235, 239, 249, 253, 261, 291, 294, 296, 312, 315, 316, 318, 319, 321, 327, 330-332, 335-337, 339, 340, 342, 355, 356, 360; IV, 2-12, 14, 19, 20-23, 26-31, 33-41, 98, 99, 106, 351-383; V, 39, 48, 49, 68, 71, 77, 87, 90, 141, 182, 190, 204, 206, 209, 210, 217, 246, 250, 254, 286, 292, 299, 300, 308, 310, 311, 362, 363, 385; VI, 52, 57, 61, 65, 139.
Evêchés (les Trois-), I, 1, 129.
Evreux (H.-Louis de la Tour d'Auvergne, comte d'), II, 351, 353, 359; III, 81; IV, 183, 275; V, 13, 14.
Exiles (le fort d'), III, 11, 19, 20, 26, 30, 31, 134, 271; IV, 12.

F

Fagel (François-Nicolas, baron de), I, 126; III, 135.
Fagel, homme d'Etat hollandais, V, 47.
Faget (le capitaine de vaisseau), IV, 265.
Fagon (Guy), médecin du roi, I, 145; IV, 54-56; VI, 110.
Fagon (Louis), fils du précédent, IV, 138, 176, 188, 211, 224, 225, 248, 265, 296, 319; V, 18, 27, 154.
Falkembourg (le château de), IV, 323.
Falkenheim (le comte de), *Falkenam*, I, 375.

Falkenstein (le comte de), *Falguestein*, II, 10; IV, 2.
Fargès (M.), III, 43*, 248; IV, 130, 200.
Farnèse (Elisabeth), reine d'Espagne, IV, 97, 132, 206, 312, 316, 333; V, 11, 32, 101-111, 116, 120-126, 132, 135, 137, 143, 147-169, 175, 177, 178, 180, 181, 183-192, 195, 198, 205, 211, 215, 216, 223, 224, 233, 235, 236, 239, 244-247, 249, 260, 267, 271, 275, 277, 279, 280, 283, 286, 296, 300, 301, 303, 304, 306, 307, 310, 313, 318, 320-322, 324, 326, 329, 330, 339, 340, 344, 350, 352, 353, 360, 365, 375, 376, 378, 381, 389-391, 393, 400, 408-410, 420, 424-426; VI, 66.
Felts (le comte de), I, 369.
Fémy (l'abbaye de), III, 151, 323, 337.
Fénelon (François de Salignac de la Motte-), archevêque de Cambrai, III, 75*, 149, 266; IV, 384.
Fénelon (Gabriel-Jacques de Salignac, marquis de), III, 130, 131; V, 1, 42, 44, 47, 51, 61, 64, 66, 92, 93, 102, 113, 118, 320, 389.
Fénelon (le chevalier de), V, 29.
Fenestrelle (la ville de), III, 11, 21, 22, 24, 27, 28, 31.
Ferdinand III, empereur d'Allemagne, I, 197*.
Ferdinand VI, prince des Asturies, puis roi d'Espagne, IV, 317; V, 122, 130, 132, 137, 157, 280, 324, 366-369, 375, 384, 385.
Ferrand (M.), IV, 155, 166, 183.
Ferriol (M. de), II, 345.
Fervacques (Anne-Jacques de Bullion, marquis de), *Farvaques*, III, 279.
Feuquières (Antoine de Pas, marquis de), I, 105, 106; II, 306; III, 81.
Feÿ (le village du), I, 21, 22.
Fillingue. Voyez Villingen.

Fimarcon (Jacques de Cassagnet, marquis de), IV, 336; VI, 160.
Final (la ville de), I, 245*.
Finetti, ministre du grand-duc de Toscane, I, 92, 392, 393.
Finglen. Voyez Vegelin (M. de).
Finkbach (le village de), *Finkinbach*, II, 78.
Fismes (la ville de), IV, 240.
Flemming (le comte de), I, 240; V, 100, 106, 120, 128, 129, 131, 136.
Fleurus (la bataille de), I, 446*; II, 178.
Fleury (le cardinal de), évêque de Fréjus, IV, 73, 203, 204, 209, 221, 234, 236, 244, 246, 248, 265, 270, 272-274, 277, 278, 292, 302, 310, 315, 319, 321, 330, 345-348; V, 2-4, 22-25, 29, 30-35, 43-47, 49, 63, 66, 67, 70, 76, 78, 86-90, 92, 93, 98, 99, 108, 112, 113, 118, 121, 125, 127, 129, 133-138, 140-143, 146, 149-152, 155-159, 165, 167-171, 173, 175, 177-179, 183, 185, 188, 190, 191, 193, 194, 200, 203, 204, 206-209, 211-213, 215, 216, 218, 219, 221-229, 231, 234-237, 240, 241, 244, 246, 247, 250-255, 257, 260-265, 276, 278-281, 283, 285-291, 293, 295-298, 300-306, 309, 310, 312, 313, 316, 318, 320, 323, 326, 332-336, 338, 341, 342, 346, 347, 351, 354, 357, 358, 361, 363, 365, 372, 374, 383, 385-389, 393, 397, 400, 403, 406, 407, 411-415, 418, 420, 423, 425, 426; VI, 36, 45, 56, 57, 117.
Fleury (le marquis de), ministre du roi de Pologne, V, 323.
Flines (l'abbaye de), III, 163.
Flonheim (le camp de), I, 144, 148.
Florence (la ville de), I, 92, 142, 389-392, 394-397, 416; IV, 101, 314; V, 170, 175, 176, 178, 189, 196, 205, 207, 209,

211, 213, 215, 261, 262, 304, 311, 331, 367, 368.
Flot (le capitaine), III, 256.
Fonseca (le baron de), IV, 316; V, 20, 47, 52, 56, 65, 66, 71, 110, 133, 144, 177, 236.
Fonspé (le comte de), V, 72.
Fontainebleau (le château et la ville de), I, 162, 400; III, 302, 305, 321, 322, 325, 327, 329; IV, 41, 44, 48, 212, 297, 308, 316, 325, 332, 334, 335, 340; V, 29, 30, 37, 93, 94, 98, 102, 106, 108, 144-150, 153, 154, 234, 243-246, 251, 255, 271, 322, 327, 332, 361, 365, 370, 427.
Fontarabie (la ville de), IV, 130.
Fontbeausard (Ph.-André Forest de), II, 105; VI, 243.
Fontenay (M. de), III, 83, 117.
Fontenelle (Bernard Le Bovier de), IV, 128, 242.
Forbin (Louis-Victor, chevalier de), III, 1.
Forbin-Janson (Jacques de), archevêque d'Arles, IV, 88*.
Forbona (la comtesse), V, 100.
Forest (la porte), au Quesnoy, III, 171.
Foresta (Joseph-Ignace de), évêque d'Apt, V, 296.
Forges (les eaux de), I, 101, 145; IV, 133.
Forges (le chemin des), I, 444.
Forières (le village de), III, 169.
Fort-des-Vaches (le), à Valenciennes, I, 39.
Fortier (Romain), notaire, I, 193*.
Fort-Louis du Rhin (le), I, 191; II, 43, 198, 246, 261; III, 186, 188, 196, 203, 207, 209-212, 239; IV, 9, 10, 359, 362-366; VI, 54, 247, 248.
Fossano (la ville de), I, 166.
Fourilles (le marquis de), I, 21, 23.
France (la reine de). Voyez Marie Leczinska, Marie-Thérèse.
Francfort (la ville de), I, 15; III, 287, 298, 309; V, 247.

Franche-Comté (la), I, 16, 17, 119, 164.
Franconie (la), I, 13, 29, 103, 105, 307, 410, 428.
Frankendal (la ville de), I, 104.
Frédéric IV, roi de Danemark, I, 142, 240*; IV, 329; V, 62, 64, 147, 202, 217, 325, 343.
Frédéric, prince de Hesse-Cassel, puis roi de Suède, III, 86; V, 181, 182, 320, 333.
Frédéric-Guillaume II, roi de Prusse, IV, 20, 21, 25, 102, 103, 105, 125, 330, 336, 343, 344; V, 1, 5-12, 15-21, 27, 33, 38, 45, 48-50, 52, 56-58, 63, 64, 71, 73, 75, 80, 93, 100, 106, 120, 122, 125, 128, 131, 135, 154, 156, 159, 185, 187, 192, 194, 195, 197, 198, 202, 221, 223, 224, 231, 242, 252, 266, 269, 272, 274, 277, 284, 287, 288, 304, 337, 357, 364, 378, 390, 391, 396, 405.
Frédéricstadt (le siège de), IV, 125.
Fréjus (l'évêque de). Voy. Fleury (le cardinal de).
Fresnes (le château de), IV, 96, 138.
Fresse de Montval (M. de), VI, 67.
Fretteville (M. de), II, 124*, 126.
Freysing (l'évêché de), I, 407.
Frezelière (Jean-François-Angélique Frezeau, marquis de la), II, 257.
Fribourg (la ville de), I, 1, 50-52, 163, 172, 196; II, 43, 51, 56, 96, 189, 207; III, 5, 89, 197, 200, 204-208, 210-220, 223, 224, 228, 230, 235, 346, 349, 351, 353-355, 357, 358, 360; IV, 2, 9, 10, 11, 14, 106, 133, 136, 354, 359, 361-363, 365, 378, 380; VI, 57, 186, 200, 218.
Friedlingen (la bataille de), *Fridlingue*, I, xxj, 172*; II, 27, 34, 178, 267; VI, 165, 224-233.
Frioul (le), I, 288, 345.
Fromaget (le sieur), IV, 154.

Fronsac (Louis-Francois-Armand de Vignerot, duc de). Voyez Richelieu.
Fugger (la comtesse de), III, 296.
Fünfkirchen (la ville de), *Cinq-Eglises*, I, 72, 80, 357, 369.
Furnes (la ville de), I, 154, 155, 450; III, 180.
Fürstenberg (Antoine - Egon, prince de), I, 414, 415.
Fürstenberg (Charles - Egon, comte de), II, 35.
Fürstenberg (Guillaume-Egon, cardinal de), I, 86, 87, 103, 430.
Fürstenberg (le prince de), V, 55.
Fürstenberg (la comtesse de), I, 87.

G

Gabrielli (le marquis), I, 359.
Gacé (Louis-J.-B. de Goyon, comte de), IV, 133.
Gacé (Charles - Auguste de Goyon, comte de), maréchal de Matignon, III, 1, 2.
Gadayne (Charles-Félix de Galéan, duc de), I, 4.
Gaillard (le P.), IV, 221.
Gaillon (la ville de), IV, 231.
Gaisdon (M. de), *Gaydon*, III, 116.
Galibier (la route de), III, 16, 31, 78.
Galitzin (les princes), *Gallitzin*, V, 73, 84, 95, 105, 106.
Galles (le prince de). Voyez Angleterre.
Galleville (la terre de), IV, 231.
Galloway (lord), *Galouay*, III, 173.
Gally, secrétaire de Villars, III, 342; IV, 383; VI, 61.
Gambis (M. de), ambassadeur à Turin, V, 47.
Gand (la ville de), I, 125, 126, 133, 154; III, 8, 9, 13-15, 23, 32, 39, 299, 320, 341, 343.
Garavagne, sculpteur, VI, 78.

Gardané (le sieur), VI, 87.
Garnier, miroitier, VI, 284.
Gasquet (Joseph de), II, 18.
Gassion (Jean, chevalier, puis comte de), II, 325; III, 66, 114, 115, 117, 339.
Gassion (Jean, marquis de), IV, 337.
Gaultier (François, abbé), III, 302*; VI, 50.
Gaumont (M. de), IV, 143, 319; V, 88.
Gavaudun (le sieur), IV, 135, 205.
Gayet (le sieur), II, 248.
Genap (le), ruisseau, I, 26.
Gênes (la république de) et les Génois, I, 273, 281*, 287; IV, 131.
Genève (la ville de), III, 10, 11, 245; IV, 40.
Gengenbach (la ville de), *Gegembach*, I, 57; II, 59.
Genlis (le marquis de), I, 51.
Georges Ier, roi d'Angleterre, IV, 39, 90, 96, 98, 99, 271, 294, 316, 327, 330, 336, 343; V, 76, 77, 96, 97, 104, 109, 123, 161, 177, 179, 183, 185, 187, 191-193, 195, 200, 210, 215, 225, 242, 243, 259, 263, 294, 298, 314, 339, 340.
Gera-d'Adda (la ville de), VI, 120, 121, 125.
Gerpines (le camp de), I, 446, 447.
Gertrudenberg (les conférences de), III, 80-82, 85, 90, 276, 280, 282; IV, 13, 25, 26, 45, 119, 381; VI, 49.
Gesvres (Bernard-François Potier, duc de), V, 85, 121, 207, 278.
Gesvres (Léon Potier, cardinal de), IV, 278.
Gibraltar (la ville de), V, 40, 41, 43, 51, 55, 57, 60, 61, 75, 81, 92, 94, 103, 104, 109, 126, 136, 141, 142, 164, 169, 370.
Gigeri (la ville de), I, 4*.
Gilbert (l'avocat général), IV, 322; V, 358.

Gilbert, greffier du Parlement, IV, 164, 167.
Girone (la ville de), III, 96, 101, 304.
Giudice (le cardinal del), IV, 54.
Givry (Thomas-Alexandre du Bois-de-Fiennes, chevalier de), III, 22.
Glesse (le sieur), IV, 83.
Gmündt (la ville de), *Gemundt, Schwabs Gemündt*, II, 233, 237, 364, 369.
Goës (le comte de), I, 325, 457; IV, 33.
Goësbriant (Léon-Vincent, marquis de), III, 70, 94, 102.
Goësbriant (le marquis de), fils du précédent, V, 31.
Goloskin (le comte), V, 73.
Gondola, général autrichien, I, 439.
Gondrin (Louis de Pardailhan, marquis de), III, 283.
Gontaut-Biron (Armand-Charles, marquis, puis duc de), maréchal de France, III, 195, 198.
Gontaut (Marie-Adélaïde de Gramont, duchesse de), IV, 315; V, 31, 99, 312.
Gonzague (le marquis de), III, 200.
Goslinga (M. de), III, 124; V, 144, 146, 226, 232, 244, 281.
Gosse (Pierre), I, j.
Gougony (le sieur), VI, 76, 77.
Gournay (le bourg de), III, 282.
Gouy (le village de), III, 90.
Graben (le camp de), III, 236.
Grammont (la ville de), I, 125.
Gramont (Antoine IV, duc de), *Grammont*, II, 332.
Gramont (Ant.-V., duc de Guiche, puis duc de), maréchal de France, *Grammont*, III, 222, 317, 323, 346; IV, 44, 78, 92, 156, 215, 229, 267, 283.
Gramont (Louis-Antoine-Armand, duc de), fils du précédent, V, 115, 121.
Gramont (Louis, comte, puis duc de), frère du précédent, V, 115.
Gramont (la maréchale de), IV, 314; V, 141, 172, 173.
Grancey (le marquis de). Voyez Médavy.
Grangues (M. de), III, 340.
Grasse (la ville de), IV, 85.
Grasse (l'évêque de). Voyez Mégrigny (J.-B. de).
Gratz (la ville de), V, 139, 151.
Grave (la ville de), I, 16.
Gravelines (la ville de), III, 75.
Gravton (l'avocat), V, 77.
Grégoire VII, pape, V, 193, 194.
Grégoire, député du commerce de Marseille, VI, 98.
Grenade (la ville de), V, 224, 251.
Grenoble (la ville de), III, 11, 30, 180, 181, 245, 246, 304, 311.
Griffeuil (M. de), III, 66*.
Grignan (Fr.-Adh. de Monteil, comte de), IV, 76; VI, 27, 28, 29-31, 33, 35, 36, 40, 44, 51, 55, 106.
Grignan (Mme de), I, 191*.
Grimaldi (Louis, baron de), III, 265.
Grimaldo (le marquis de), IV, 284, 300, 304, 329, 333, 334.
Grimani (le cardinal), I, 178; IV, 101.
Grimoard (M. de), I, v.
Grinbergue (le prince de), *Grimberg*, I, 126; V, 343.
Grisons (les), I, 185, 278.
Grodno (la ville de), V, 179, 187, 195.
Grosbois (le château de), V, 321.
Gross-Wardein (la ville de), *Grand-Varadin, Waradin*, I, 66, 357, 377.
Growestein (le comte de), III, 177; V, 64, 66, 67, 214, 218, 219, 226, 237, 240.
Grumbkow (Fr.-W. von), *Grumko*, V, 38*, 205, 277.
Gualterio (le cardinal), V, 34.
Guastalla (la ville de), VI, 124, 128, 130, 136, 143.

Gueldres (le pays de), I, 318.
Guerreyra (M. de), IV, 281.
Gugenheim (le village de), *Guguenein*, I, 43.
Guiche (Armand de Gramont, comte de), I, 15.
Guiche (le duc de). Voyez Gramont.
Guillaume III, prince d'Orange, stathouder de Hollande, puis roi d'Angleterre, I, 8, 18-23, 31-34, 39-41, 99, 116, 118, 127, 128, 130, 132, 134, 141, 145, 160, 198, 232, 234, 244, 261, 267, 269, 301, 324, 424, 461-463; II, 254; III, 71.
Guillebert, intendant de Villars, VI, 3.
Guintrandi (l'abbé de), VI, 95.
Guipuzcoa (le), I, 245*.
Guiscard (Louis, comte de), II, 30.
Guiscard (le marquis de). Voyez La Bourlie.
Guise (la ville de), III, 178, 318, 324.
Guise (Marie-Louise-Christine de Castille de Montjeu, princesse de), IV, 308.
Günthersthal (la vallée et l'abbaye de), *Kinderstal*, I, 50, 52.
Gustave-Adolphe, roi de Suède, III, 217.
Gutenstein (le général), *Coudelstein*, I, 344.
Gyula (la ville de), *Youlo, Coula*, I, 354, 377, 382.

H

Hagenbach (la ville de), I, 171, 172; II, 219, 220.
Haguenau (la ville de), I, 29; II, 19, 50, 192, 196, 199, 202, 207, 219, 356, 358, 361, 362; III, 24, 121, 186, 202, 207-211; IV, 359.
Haisne (l'), rivière, *Hayne*, I, 126; III, 340.
Hambourg (la ville de), V, 91.
Hamilton (le duc d'), V, 188, 237, 255.

Hammer (le chevalier), III, 142.
Hanon (l'abbaye d'), III, 59.
Hanovre (Ernest-Auguste, duc électeur de), *Hannover*, I, 103.
Hanovre (Georges-Louis, duc de), I, 273, 284, 304, 307; II, 248; III, 237-239; IV, 11, 20, 25, 34, 379.
Hanovre (Frédéric-Auguste, prince de), I, 358, 364.
Hanovre (Maximilien, prince de), II, 106, 305.
Hanovre (Guillelmine-Amélie, princesse de), reine des Romains, I, 223, 232, 289*, 306, 315, 348.
Hanovre (le traité de), V, 1, 5, 6, 8, 9, 11, 15, 17, 26.
Harcourt (Henri, duc et maréchal d'), I, 123, 192, 197, 198, 209, 252, 284, 302, 303*, 350; II, 300, 306; III, 41, 55, 58, 79, 96, 100, 102, 109, 181, 183, 203, 269*, 271, 285, 290; IV, 46, 67, 68, 359.
Harcourt (François, duc d'), IV, 231; V, 121.
Harlay (Achille de), premier président, IV, 62.
Harlay (Louis-Auguste-Achille de), dit le comte de Cély, IV, 48, 258, 286, 323; VI, 32, 72.
Harlebeke (le village d'), *Harlebec*, III, 108.
Harlus (Louis, comte de), *d'Haslus*, I, 453.
Harne (le marais de), III, 84.
Harrach (le comte), grand maître de la cour à Vienne, I, 206, 207, 213, 221, 223, 229, 230*, 233, 234, 237, 241, 242, 251-259, 264, 270, 272-276, 281*, 286-290, 292, 298, 300, 312*, 327, 333, 349, 456, 461, 462; II, 253, 255, 300.
Harrach (le comte), fils du précédent, ambassadeur d'Autriche à Madrid, I, 207, 249, 272, 277, 282, 339, 340; II, 105.

Harrington, *Arington*. Voyez Stanhope (William).
Harsan (le mont et la bataille d'), *Ersans, Erschans, Erchans*, I, 72, 73, 364, 369, 374.
Harsch (le baron d'), *Aarsch*, III, 225, 354-360.
Haslach (la ville d'), II, 60, 80, 277.
Haspres (le village d'), III, 315, 323.
Hassling (le régiment de), III, 335.
Hatsel (M.), IV, 355, 359.
Hatten (le château de), II, 189, 358.
Hausach (la ville et le fort de), II, 80.
Hausen (la ville de), *Hosen*, II, 60.
Hautefeuille (Gabriel-Etienne-Louis Texier, marquis d'), II, 325.
Hautefeuille (la marquise d'), V, 76.
Hautefort (François-Marie, marquis d'), II, 237; III, 72, 323.
Hautefort (Charles-Nicolas, comte d'), II, 245; 114, 115.
Hautefort-Bozin (Jean-Louis, comte d'), II, 355.
Hauteval (le sieur d'), secrétaire de Villars, III, 252; IV, 39, 372; VI, 276.
Havrincourt (Fr.-D. de Cardevacque, marquis d'), VI, 272.
Havrincourt (A.-G. d'Osmond, marquise d'), VI, 272.
Haye (la ville de la), I, i, ij, 100, 248, 456; III, 38, 39, 50, 56, 59, 60, 111, 248, 250, 280; IV, 9, 25, 45, 119, 136, 343, 376; V, 100, 172, 176, 198, 213, 260, 270, 328.
Heidelberg (la ville de), I, 120, 158, 174.
Heilbronn (la ville de), I, 159.
Heileissen (l'abbaye d'), II, 189.
Heinsius, grand pensionnaire de Hollande, I, 248, 269; III, 44, 56, 59, 80, 96, 146,
173, 177, 264, 282, 339; V, 92, 102, 272.
Hélesmes (le bourg de), *Hellesme*, III, 59.
Helvetius (Jean-Adrien), II, 5.
Hemskerke (M. de), I, 456, 457.
Hérault (René), lieutenant de police, IV, 334; V, 282.
Herbain (M. d'), III, 171.
Herbault (Louis-Balthasar Phélypeaux d'), évêque de Riez. Voyez Phélypeaux.
Herbigny (M. d'), IV, 258, 261, 285.
Hermand (M. d'), III, 351.
Héron (C. de Caradas, marquis du), I, 371, 383; II, 102, 105.
Hesdin (la ville de), III, 93, 94, 97.
Hesse-Cassel (Charles, landgrave de), I, 150, 152-154.
Hesse-Cassel (Frédéric, prince de), roi de Suède. Voyez Frédéric.
Hesse-Cassel (Guillaume, prince de), V, 33, 67, 116, 129, 177, 182, 320.
Hesse-Darmstadt (le prince de), I, 358.
Heusler (le général), I, 355, 369, 440.
Hildebrand (le cardinal). Voyez Grégoire VII.
Hocher, I, 62*, 215*.
Hochstedt (les deux batailles d'), *Ocstet, Hocstet*, II, 87*, 118-122, 135, 160, 233, 234, 307, 323, 361; III, 35, 235; IV, 95; VI, 185, 206, 219, 242, 246.
Hoglindorff, IV, 376.
Hohendorf (le baron d'), IV, 99.
Hohenzollern (le prince de), II, 244, 363.
Hollgraben (les hauteurs de), *Holgraben*, III, 215, 224, 230.
Holstein (le duc de), IV, 329; V, 4, 42, 66, 71-73, 84, 91.
Holstein (le prince de), III, 157.

Holstein (la princesse de), V, 60, 72, 73.
Hombourg (la ville de), I, 59; II, 50, 174, 189, 191, 196, 356; III, 7, 185, 242, 243; IV, 361.
Hompesch (le comte de), III, 113, 169, 341.
Hongrie (le roi de). Voyez Joseph Ier.
Honneau (l'), rivière, *Hosneau*, III, 68, 169, 175.
Honnecourt (le bourg de), III, 143.
Honorat, préfet de Barcelonnette, VI, 81.
Hop (M.), envoyé de Hollande à Vienne, I, 198, 205, 217-219, 227, 228, 233, 234, 237, 238, 244, 250, 255, 257, 264, 268, 269, 277, 455; V, 136, 226, 281.
Hordain (le village d'), III, 130, 131.
Horn (le comte de), V, 17, 35.
Hornberg (la ville de), *Horneberg*, II, 81, 242, 248, 323, 371, 372; III, 197, 211, 214.
Hornes (Phil.-Max., comte de), *Horn*, II, 189.
Horst (le baron d'), I, 348*.
Hullin, chargé des affaires de France en Espagne, V, 277, 280, 284, 286, 290, 293.
Huluch (le marais de), III, 46, 50.
Humières (Louis de Crevant, duc d'), maréchal de France, I, 8, 16, 59, 114, 116, 117, 120-122, 131, 444-446.
Humières (Louis-François d'Aumont, duc d'), IV, 268.
Humières (Anne-Louise-Julie de Crevant, duchesse d'), IV, 243, 244.
Hundhein (le baron de), *Hontheim*, III, 191*, 219, 224, 225*; IV, 1, 4, 8, 10, 12, 31, 351-357, 359, 363, 370.
Huningue (la ville d'), I, 47, 112, 113; II, 22, 27, 30, 204, 264, 304; III, 4, 5, 196, 200, 242; IV, 34, 35.
Hurtebise (la cense d'), *Urtebise*, I, 32.
Huster (le capitaine), III, 5.
Huxelles (Nicolas du Blé, marquis et maréchal d'), I, 149, 160; II, 16; III, 81, 280; IV, 13, 74, 77, 93, 97, 99, 103, 104, 118, 123, 203, 208, 219, 226, 259, 383; V, 22, 25, 30-32, 35, 44, 45, 49, 67, 105, 117, 124, 137, 138, 150, 154, 156, 167, 171, 184, 187, 188, 189, 202, 204.
Huy (la ville de), I, 130; III, 126.

I

Ile-Adam (le château de l'), V, 62.
Ilgen (Henri Rudiger von), ministre de Prusse, V, 12*, 38.
Imbert (le sieur), IV, 241.
Imécourt (César-Hector de Vassinhac d'), *Hymécourt*, II, 6, 7, 233, 364.
Impératrice d'Allemagne (l'). Voyez Autriche et Bavière-Neubourg.
Imperiali (le cardinal), V, 218, 233, 236.
Impériaux (les), I, 15, 16, 74, 185, 209, 210, 267, 305.
Indes (les), I, 196, 245, 249, 252, 255, 259, 349.
Infante (l'). Voyez Espagne (Marie-Anne-Victoire d').
Ingen, I, 432, 434.
Ingolstadt (la ville d'), V, 401.
Ingweiler (la ville d'), VI, 248.
Inn (l'), rivière, I, 402, 406, 428; IV, 354, 357; V, 401.
Innocent XI, pape, I, 84, 87, 103, 193.
Innocent XII, pape, I, 282.
Innocent XIII, pape, IV, 309, 316.
Inspruck (la ville d'), I, 102, 299, 339, 358; II, 53, 97, 100, 102.

DES MATIÈRES. 317

Ioquenum (la ville d'), *Yockenum, Iockrum,* VI, 54.
Isabeau, greffier au parlement, IV, 168.
Isenghien (L. de Gand de Mérode, prince d'), maréchal de France, III, 114, 168, 338.
Isère (l'), rivière, III, 30.
Ismaël-Pacha, I, 366.
Ispahan (la ville d'), V, 380.
Issy (le village d'), *Icy,* IV, 205; V, 197.
Italie (l'), I, 3, 70, 102, 161, 163-165, 169*, 177, 185, 267, 268, 270, 273, 274, 277-279, 282, 285*, 298, 299, 301, 305, 309*, 311, 319, 321, 322, 325, 326, 328, 329, 337, 343, 344, 347, 349, 350, 399, 407, 461, 462.
Ivan V (le czar), *Jean,* I, 187.
Ivoy (M. d'), III, 175.
Ivrée (la ville d'), III, 11.

J

Jacques II, roi d'Angleterre, I, 99, 101, 140, 141; III, 17, 52, 55.
Jansénistes (les), IV, 229, 278.
Janson (Toussaint de Forbin, cardinal de), I, 325; II, 321; III, 75*.
Janson (Michel de Forbin, chevalier de), I, 452.
Janus, général des Impériaux, II, 235.
Jarnac (Pons-Auguste-Gaston de la Rochefoucauld, chevalier de Montandre, puis comte de), III, 150.
Jaucourt (le marquis de), VI, 44.
Jean II (Sobieski), dit le Grand, roi de Pologne, I, 187, 193, 222, 223.
Jean V, roi de Portugal, V, 130, 159, 281.
Jean (le czar). Voyez Ivan V.
Jennings (l'amiral), V, 51*.
Jeoffreville (François Le Danois,
marquis de), *Geoffreville,* III, 123, 317, 323-325; IV, 73.
Jerger (le comte), I, 288, 293, 294.
Jonzac (M. de), colonel, III, 339.
Jorreau (le lieutenant-colonel), II, 31.
Joseph Ier, archiduc d'Autriche, roi de Hongrie, empereur d'Allemagne, I, 86, 91, 92, 201, 202, 207, 208, 224, 232, 273, 288, 305, 306, 313, 315, 316, 320, 324, 326, 334, 338, 339*, 341, 348, 390, 391, 393, 395, 400, 406-408, 410, 416, 438; III, 104-106, 239, 257, 292, 295.
Jouany (chef camisard), II, 153.
Joubert (le sieur), VI, 81.
Joyeuse (Jean-Armand de Grandpré, marquis de), maréchal de France, I, 156, 172, 174, 176; III, 89.
Joyeuse (le comte de), V, 317.

K

Kaiser-Ebersdorf (le village de), I, 224*.
Kaiserfeld (le château de), *Keysenfelt,* I, 83*, 400.
Kaiserslautern (la ville de), *Kaiserlutter, Keyserslutter,* III, 188, 190, 194; V, 334.
Kandel, *Camdel,* II, 216, 351.
Kanisza (la ville de), *Canise,* I, 80, 364, 380, 381.
Kappel (le village de), *Capelle,* II, 72.
Karg (le baron), *Karch,* III, 296.
Katte, officier prussien, *Karg, Spach,* V, 284*, 287.
Kaunitz (le comte de), *Kaunits, Caunitz,* I, 68, 84, 85, 92*, 93, 106, 204, 219, 220, 223, 228-231, 233, 234, 237, 241, 248, 253, 256, 257, 259, 261, 273, 275, 281, 286, 288, 289, 294, 295, 298-300, 312*, 323*, 327, 333, 335, 341, 342, 346,

349, 382, 387, 389, 390, 403, 405, 407, 412-414, 417-419, 423, 424, 426, 427, 432, 433, 456, 457; II, 253-255, 271, 273, 300; III, 105.
Kaunitz (la comtesse de), I, 63, 64, 382, 399, 401, 403, 405, 409, 412.
Kehl (le fort de), *Kell, Keel*, I, 48, 49, 57, 58; II, 49, 51-55, 60-72, 277-286, 303; III, 7, 207, 209, 220; IV, 354, 359, 366; V, 418, 420, 426, 427; VI, 185, 207, 218.
Kensingen (la ville de), II, 66.
Kent, ambassadeur d'Angleterre en Espagne, V, 114, 317, 325.
Kercado (René-Alexis Le Sénéchal, comte de), *Kerkado, Quercado*, I, 453, II, 121.
Kerenin. Voyez Querenaing.
Keudrin. Voyez Quievrain.
Keysenfelt. Voyez Kaiserfeld.
Kiévrain. Voyez Quievrain.
Kinsky (François Ulrich, comte de), ministre de l'empereur, I, 199, 203-205, 207, 209, 213-216, 220-223, 225-227, 231, 237, 241, 253, 275, 349; II, 253; III, 105.
Kinsky (le comte de), *Kinski*, ambassadeur, V, 196, 197, 204, 208, 244, 248, 250, 300, 338.
Kintzig (la), rivière, *Kintche, Kinche*, I, 48, 56, 57, 453; II, 51, 60 et *passim*, 277; III, 211, 212, 220.
Kirn (la ville de), III, 229.
Knok (le fort de), III, 180.
Knyphausen (Frédéric-Ernest von), *Knipausen*, V, 12, 38, 252, 275.
Kochersberg (le combat de), *Kokesberg*, I, xvij, 42-47; II, 76; VI, 218.
Kœnigsegg (le comte de), *Kœnigseck, Kœnigseck*, IV, 2, 19, 21, 37, 343; V, 82, 103, 107, 111, 124, 147, 150, 151, 186, 209, 245, 291, 299, 314, 394.

Komorn (la ville de), I, 385.
Körös (le), rivière, I, 354*, 377*.
Kufstein (la ville de), *Couvestein*, II, 91, 97.
Kuppenheim (les hauteurs de), I, 188, 190, 191.
Kurakin (le prince de), V, 73.

L

La Badie (Ch. d'Espalungue de), III, 149.
La Barre (le sieur), IV, 287.
La Bastie (Charles de Marnais, baron de), II, 372.
La Bastie (le comte, puis marquis de), IV, 314; V, 205, 206, 262.
La Battue (M. de), III, 217, 218.
La Billarderie (Ch. César Flahaut, marquis de), II, 198; IV, 122.
La Billarderie (le chevalier de), frère du précédent, IV, 124, 135.
La Blandinière (M. de), VI, 242.
La Boulaye (Jacques de), III, 20*.
La Bourlie (l'abbé de), dit le marquis de Guiscard, II, 157, 162, 322.
La Bretesche (Esprit de Joussaume, marquis de), I, 454.
La Bretèche (M. de), III, 256.
La Chaise (le comte de), IV, 268.
La Chatre (Louis-Charles Edme, marquis de), II, 235.
La Croix (le sieur), II, 171.
Ladron (don Barthélemy de), VI, 145.
La Fare (Etienne-Joseph de), évêque de Laon, V, 306.
La Fare (Philippe-Charles, marquis de), IV, 233, 279.
La Fautrière (le conseiller), V, 343.
La Ferandière (M. de), I, 453.
La Ferronays (Pierre Ferron,

chevalier, puis comte de), I, 183 ; II, 57.

La Feuillade (Fr. d'Aubusson, duc et maréchal de), I, 24, 170*.

La Feuillade (Louis d'Aubusson, duc et maréchal de), III, 81, 357 ; IV, 159-161, 170, 279, 283, 287, 305-307 ; VI, 53, 80.

Lafitte (le partisan), I, 10, 18.

La Fond (M. de), III, 175, 256.

Lafont (l'intendant), I, 149.

La Force (H.-J. Nompar de Caumont, duc de), IV, 165-169, 172, 174, 183, 187, 189, 386.

La Force (la duchesse de), V, 85.

La Fresnoye (le conseiller), V, 13.

La Garde (M. de), capitaine de grenadiers, III, 349.

La Garde (M. de), procureur général d'Aix, IV, 48 ; VI, 12.

Lagny (le marquis de), II, 231.

La Grange (M. de), I, 454.

La Houssaye (Félix Le Peletier de), III, 5, 191*, 207, 210 ; IV, 24, 31, 33, 138, 152, 153, 162, 165, 178, 211, 224, 370-373, 375, 380.

La Jonchère (M. de), IV, 248, 256-259, 261, 285, 287, 288.

Lalaing (le château de), III, 161, 162.

Lalande (J.-B. du Deffend, marquis de), II, 152, 153, 157, 170.

La Lande (les dragons de), I, 452.

Lalo (le baron de), III, 63, 260.

La Marck (le comte de), IV, 302.

Lamberg (le cardinal), *Lambert*, I, 302 ; II, 47*.

Lambert (le président), IV, 334.

Lambesc (le prince de), *Lambesck*, III, 116.

Lambesc (la ville de), IV, 79-81.

Lambsheim (la ville de), III, 209.

La Mina (le marquis de), VI, 155, 157, 159.

Lamoignon (Chrétien de), président à mortier, IV, 159, 225, 301, 302.

La Motte-Houdancourt (le comte de), III, 13, 32.

Lançon (la ville de), IV, 186 et l'*errata*.

Landau (la ville de), I, 58, 70, 148, 174, 176, 196 ; II, 18, 132, 144, 167, 203, 214, 262, 359 ; III, 180, 189, 190, 192-195, 197-204, 206-209, 211-214, 356 ; IV, 7, 8, 10, 15, 18, 19, 30, 43, 133, 323, 353-355, 357, 359, 361, 363-367 ; VI, 53, 55, 56, 186, 218.

Landivisio (M. de), IV, 156.

Landrecies (la ville de), III, 151-154, 159, 160, 172, 315, 316, 318, 321-331, 334, 335, 337.

Landshut (le château de), *Landsut*, I, 83*, 403.

Langembrich, III, 209.

Langenau (la plaine de), *Languenau*, II, 98.

Langendeuzlingen (le village de), *Langendetling*, III, 347.

Langeron (Jacques-Charles Andrault de Maulevrier, bailli de), III, 12 ; IV, 227* ; VI, 14, 93, 101, 103-106.

Langlois (l'abbé), V, 175.

Langres (la ville de), V, 29.

Langshleithal (la ville de), VI, 247.

Languedoc (les Etats de), VI, 63, 218, 219.

Languetot (le marquis de), I, 39.

Lannion (Anne-Bretagne, marquis de), III, 279.

Launion (Pierre, marquis de), *Lanion*, II, 77, 115, 328, 353.

Lannoy (la ville de), III, 38.

Lanzo (la vallée de), *Lents*, III, 22.

Laon (l'évêque de). Voyez La Fare et Petit.
La Paz (le marquis de), V, 41, 82, 94, 109, 111, 114, 148, 166, 169-171, 175, 186, 260, 270, 280, 303, 327, 366*, 373, 392, 410.
La Peronnie, IV, 262.
La Petitière (le capitaine), II, 31.
Lappara (L. de Fieux de), ingénieur, II, 63.
Laquette (la), rivière, III, 118.
La Retournade (le capitaine), II, 62.
La Roche, valet de chambre du roi d'Espagne, V, 137.
La Roche (la comtesse de), V, 62.
La Rochefoucauld (François, duc de), I, 157; IV, 159-161; V, 70, 90.
La Rochefoucauld (Antoine, duc de La Rocheguyon, puis duc de), fils du précédent, IV, 279; V, 121, 341.
La Rochefoucauld (Jean-Baptiste, chevalier de), I, 10.
La Rochefoucauld (Alexandre de). Voyez Marcillac (le prince de).
La Rochefoucauld (le cardinal de), IV, 216, 218.
La Rocheguyon (Antoine, duc de), *La Rocheguyon*. Voyez La Rochefoucauld (Antoine, duc de).
La Rose, chef camisard, II, 162, 163.
Larrard (le régiment de), I, 453.
Larrey (le marquis de), *Larré*, I, 166, 181.
La Salle (chef camisard), II, 161, 169.
La Salle (M. de), major, III, 279.
Las-Foguetas, amiral espagnol, V, 54.
Las-Torres (le général de), V, 51.
Lastour (le colonel de), III, 107.
La Tour (le comte de), I, 184*.

La Tour (le colonel de), II, 100, 104*, 115.
La Tour (le comte de), général bavarois, II, 104, 109, 305.
La Tour d'Aigue (la terre de), VI, 35.
La Trémoïlle (Charles-Belgique-Hollande, duc de), III, 49.
La Trémoïlle (Charles-Louis-Bretagne, duc de), fils du précédent, III, 49*, 116, 252.
La Trémoïlle (Charles-René-Armand, duc de), fils du précédent, IV, 293; V, 31, 127, 130, 194; VI, 112.
La Trémoïlle (Joseph-Emmanuel, cardinal de), III, 344.
La Troche (Fr.-Martin de Savonnières, marquis de), I, 138*.
La Troche (Marie Godde de Varennes, marquise de), I, 138*.
La Trousse (le marquis de), I, 40.
Laubanie (Yrier de Magontier de), II, 26, 31.
Laue (la), rivière, III, 93.
Lauingen (la ville de), *Lauvingue*, II, 46, 99.
Launay (Mlle de), IV, 135.
Laurière (l'aide-major général), II, 201.
Lauter (la), rivière, *Lutter, Loutre*, I, 171; II, 19, 203, 215, 362; III, 55, 58, 183, 186, 211; IV, 6, 367.
Lauterbourg (la ville de), *Lutterbourg*, I, 171; II, 76, 189, 200, 203, 226, 357, 358, 362; III, 7, 121, 185, 186, 188, 208, 210, 239, 243.
Lauzun (Antonin Nompar de Caumont, duc de), III, 2; V, 194.
Lauzun (la duchesse de), IV, 158.
Laval (Guy-André, comte de), IV, 117, 136.
Laval (Guy-Claude Roland de Montmorency, comte de), III, 221.

La Valette (Louis-Félix de Nogaret, marquis de), I, 43, 44, 48, 52, 124, 448.
La Valette (Fr. des Monstiers, baron de), I, 170; VI, 123.
La Vallière (Charles-François de la Baume le Blanc, marquis, puis duc de), III, 317, 323; IV, 229, 247, 279.
La Vrillière (Louis Phelypeaux, marquis de), IV, 144, 145, 226, 271, 272, 330; VI, 87.
La Vrillière (Balthasar Phelypeaux, chevalier de), II, 57, 60, 307.
La Vrillière (Françoise de Mailly, marquise de), V, 325.
Law (Jean), I, xxx; IV, 94, 96, 117, 126-129, 136-139, 141-144, 151-155, 162, 165, 174, 184, 189, 247, 333; V, 13, 120; VI, 101.
Laxenbourg (le château de), I, 232, 257, 272.
Le Blanc (Claude), III, 95, 134, 249; IV, 105, 110, 120, 124, 141, 143, 163, 180, 181, 233, 246, 248-250, 257, 259, 261, 285-288, 304-307, 315, 316; V, 24, 25, 45, 67, 132; VI, 91, 99.
Le Bret (P.-Cardin), intendant de Provence, IV, 48, 80, 384; V, 205; VI, 8 et *passim*; sa correspondance avec Villars, VI, 26 et suiv.
Le Clercq (M.), III, 349.
Le Coigneux (le président), VI, 280, 282.
Le Couturier (M.), IV, 224.
Lecouvreur (Adrienne), V, 14.
Le Dran, chirurgien, III, 76, 117; IV, 132.
Lée (André de), II, 122, 329.
Le Feron (le conseiller), IV, 166, 167.
Lefèvre des Boulleaux, VI, 3.
Lefèvre d'Orval, VI, 266, 267.
Le Gall (François-René), *de Légal*, II, 102, 104, 105, 116, 124, 129, 305, 324, 328; III, 68, 73, 266.

Léganez (le marquis de), I, 178, 181, 182, 186.
Legnago (la ville de), I, 344.
Le Guerchois (Pierre), *de Guerchois*, III, 12, 17, 18, 27, 188, 227, 291, 345, 347, 348, 353.
Leimersheim (le village de), *Limersein*, I, 58.
Leipsick (la ville), III, 238.
Lens (la ville de), III, 42, 44, 50, 62, 63, 82, 95, 110, 111*, 118, 129, 161, 162.
Lents. Voyez Lanzo.
Leobaldt (le colonel), III, 117.
Léon (Louis-Bretagne de Rohan-Chabot, prince de), IV, 116; V, 242.
Leonsberg (le château de), I, 83*.
Léopold Ier, empereur d'Allemagne, I, xxj, 13, 33, 61, 63, 65, 70, 82, 93, 94, 101, 103, 107, 109, 159, 179, 180, 192, 196-201, 205, 221, 222, 227, 229, 232-239, 241-246, 250-252, 254-257, 259, 261, 263-265, 267-285, 289-297, 300-312, 314-316, 320-331, 334-337, 339-344, 346-350, 353, 386, 387, 390, 391, 401-410, 413-416, 418-420, 422-432; II, 179, 253, 255.
Le Peletier (Louis), président à mortier, IV, 225; V, 349, 358, 360, 398.
Le Peletier des Forts (Michel-Robert), III, 301; IV, 137, 141, 143, 152, 234, 248, 250, 296, 301, 319; V, 18, 24-27, 30, 31, 45, 65, 167, 222, 223; VI, 85-87, 92, 95, 96.
Le Peletier de Souzy (Michel), II, 285*; III, 166.
Le Raistre, bronzier, VI, 284.
Le Roux, architecte, VI, 284.
L'Escalopier (M.), V, 205.
Lescossois (M.), I, 148.
Lesdiguières (le duc de), IV, 216, 217.
Lesdiguières (la duchesse de), VI, 35.
Leslie (le général), V, 54.

Lestrade (les dragons de), I, 453.
L'Estrange (le marquis de), II, 339.
Le Tellier (Michel), I, 30.
Le Tellier (le R. P.), IV, 60, 73, 204*.
Letteup, ministre d'Angleterre à Ratisbonne, V, 66.
Leuze (le combat de), I, xviij, 135-139, 449; VI, 218.
Le Vasseur (le sieur), IV, 287.
Lévis (Charles-Eugène, marquis, puis duc de), *Lévi, Lévy*, II, 329; III, 2, 193; IV, 247; V, 83, 218.
Leyde (le marquis de), IV, 281.
Leyde (la marquise de), II, 269, 270.
Leydel (le comte), I, 92*, 106, 409, 411, 412, 415, 418, 424, 426, 427, 430, 433; II, 127.
Liechtenstein (le prince de), *Lichtenstein*, I, 218, 219, 225-232, 297, 299, 455-460; III, 297.
Liège (la ville de), I, 18, 115, 129, 447; III, 7, 42, 47.
Liès (le château de), III, 163.
Liévin (le village de), *Liévain*, III, 117.
Ligne (le bourg de), I, 133.
Ligne (le ruisseau de), I, 134.
Lignery (M. de), I, 12, 445.
Ligneville (Charles de), I, 76, 372.
Ligneville (le comte de), général impérial, VI, 160.
Lille (la ville et le siège de), I, 126, 156*; III, 9, 23-42, *passim*, 51, 61*, 99*, 103, 107, 122, 180, 246, 258, 279, 299, 316, 320; IV, 360.
L'Ille du Vigier (M.), II, 105.
Lillers (le bourg de), III, 98.
Limanton (M.), I, iv.
Limbourg (la ville de), I, 24.
Limerick (la ville de), I, 135*, 141.
Limon (le partisan du), III, 133.
Linange (le comte de), IV, 323.
Linières (le P. de), IV, 222, 229.

Lintz (la ville de), *Lints*, II, 90.
Lionne (Hugues de), I, 5.
Lippa (la ville de), *Lipa*, I, 377, 382.
Lippe (le comte de), I, 148.
Liria (Fitz-James, duc de), V, 225, 297, 306, 323, 325, 377; VI, 122, 125, 126, 128, 130-133, 135, 145, 146.
Lisbonne (la ville de), V, 130.
Lisieux (la ville de), IV, 316, 325.
L'Isle (M. de), II, 235.
Livonie (la), I, 240, 266.
Livourne (la ville de), V, 195, 209, 216, 372.
Livry (M. de), *Livri*, III, 131.
Livry (François Sanguin, abbé de), IV, 309-311; V, 129.
Lixin (le prince de), V, 121.
Lloyd (M.), III, 319.
Lobkowitz (le comte de), I, 382, 428.
Lobkowitz (la princesse), I, 312.
Locatelli, officier bavarois, II, 22, 25, 265.
Locmaria (M. de), II, 258.
Londres (la ville de), I, 199, 238, 245*, 456; IV, 308; V, 17, 59, 100, 125, 138, 155, 157, 159, 164, 172, 200, 201, 237, 263, 272, 303, 305, 316, 322, 325, 328, 340, 402, 403.
Longaunay (Suzanne de), I, 6*.
Longueval (le sieur), I, 332, 333, 345, 346.
Longueville (Henri, duc de), IV, 35.
Longwy (la ville de), I, 70; II, 174; V, 334.
Loo (le château de), I, 235; III, 480.
Lorch (l'abbaye de), II, 235, 236, 370.
Loredano, ambassadeur de Venise à Vienne, I, 268, 338, 341.
Lorge (Guy-Aldonce de Durfort, comte, puis duc de), maréchal de France, I, 27, 117-119, 144, 146, 149, 151, 153, 160, 168,

169, 174, 176, 451-453; IV, 386.
Lorge (Guy de Durfort, duc de), fils du précédent, IV, 158.
L'Orient (le sieur), IV, 166.
Lorraine (Charles III, duc de), I, 17, 24.
Lorraine (Charles IV, duc de), I, 42, 48-51, 54, 56-59, 62, 65-68, 70, 72, 73, 79-81, 84, 85, 89, 93, 96, 102, 103, 353-358, 360-363, 367, 369-372, 374, 378, 380-382, 385, 409, 413, 416, 417, 419, 434-436.
Lorraine (Léopold, duc de), I, 208, 245*, 249, 262; II, 256, 260, 294, 340, 342, 348; IV, 11, 32, 89, 258; V, 92.
Lorraine (François, duc de), roi des Romains, V, 209, 212, 348, 353, 354, 363.
Lorraine (Charles de). Voyez Charles (le prince).
Lorraine (Ch.-Henri de). Voyez Vaudemont.
Lorraine-Harcourt (Charles de). Voyez Commercy (prince de).
Lorraine (Philippe, dit le chevalier de), I, 157.
Lorraine (la duchesse de). Voyez Orléans.
Los Rieros (la duchesse de), IV, 318.
Louis Ier, prince des Asturies, puis roi d'Espagne, IV, 203, 207, 281, 283, 294, 296-298; VI, 187.
Louisia (la senora), IV, 299.
Lourches (la ville de), III, 326, 328.
Loutre (la). Voyez Lauter (la).
Louvain (la ville de), I, 130; III, 299.
Louvois (François-Michel Le Tellier, marquis de), I, xix, 4, 7, 16, 17, 29-31, 53, 61, 94, 95, 99, 101, 115, 117, 127, 128, 131*, 144, 145, 192*, 442-447; IV, 31; V, 353, 354, 393.
Louvois (M. de). Voyez Souvré (Louis-Nicolas Le Tellier, marquis de).

Loux (la redoute du), III, 24.
Löwenstein (le comte de), V, 213.
Lubomirsky (le prince), V, 392, 393.
Luc (Charles-François de Vintimille, comte du), IV, 33*, 36, 37, 99.
Lude (la duchesse du), VI, 88.
Lunéville (la ville de), IV, 32.
Lumbre (la brigade de), I, 444.
Lussan (Jean de), chef camisard, II, 160.
Lutteaux (le comte de), Deslutteau, III, 202.
Luttens (M. de), des Lutteins, Des Luettein, II, 28, 265, 271.
Lutter (la). Voyez Lauter (la).
Luxembourg (François-Henri de Montmorency, duc et maréchal de), I, 7, 24, 25, 27, 34, 38, 41, 114-117, 122, 123, 131-134, 135-139, 143, 442, 446, 449; II, 178, 218, 302.
Luxembourg (Charles-François-Frédéric de Montmorency, duc de), fils du précédent, IV, 159, 170, 172, 231, 325.
Luxembourg (Charles-François-Frédéric, duc de), fils du précédent, V, 341; VI, 112.
Luxembourg (Christian-Louis de Montmorency, chevalier de), puis prince de Tingry, III, 67, 68.
Luxembourg (Marie-Sophie Colbert, duchesse de), V, 312.
Luxembourg (le duché de), I, 250; III, 180; V, 300.
Luxembourg (la ville de), I, 60, 70, 319; V, 64, 203, 230, 236, 243, 300, 309, 338, 418, 420.
Luynes (Charles-Philippe d'Albert, duc de), III, 197.
Luzignan (le comte de), I, 109-111.
Lyon (la ville de), III, 4, 10, 11, 17, 31; IV, 290, 338; V, 10, 91.
Lys (la), rivière, I, 126, 156; III, 46, 51, 53, 63*, 99, 100, 118.

M

Machault (Louis-Charles de), conseiller d'Etat et lieutenant général de police, IV, 155, 176, 250; V, 43, 119.
Mâcon (la ville de), III, 265.
Madrid (la ville de), I, 198, 199, 206, 209, 216, 227, 234, 238, 239, 249, 264, 265, 272, 277, 278, 282-284, 286, 287, 300, 310, 325, 337, 339, 399, 427; III, 103, 277; IV, 43, 45, 105, 119, 206, 212, 266, 294, 297, 298, 300, 303, 308, 309, 311, 318, 329, 333; V, 11, 20, 21, 32, 33, 35, 39, 55, 59, 67, 68, 75, 82, 84, 91-93, 95, 97, 98, 101, 103-105, 107, 110, 114, 118, 120-124, 126, 130, 131, 134, 137-141, 143, 144-154, 155, 157-160, 167, 169, 172, 174, 182, 183, 422.
Maestricht (la ville de), *Mastrict*, I, xvj, 8, 17, 18, 32, 33, 36, 118, 319, 343, 356; III, 42; V, 390; VI, 218.
Maëstro (le P.), I, 393.
Mafféi (le marquis de), *Maffey*, II, 338.
Maffei (le comte), IV, 266.
Maffei (le nonce), V, 50, 61.
Magalon (le sr), VI, 89.
Magdebourg (la ville de), V, 193.
Magnac (Jules Arnolphini, comte de), I, 453; II, 26, 38*, 267, 268; III, 273; VI, 217-230.
Magnan (M.), diplomate, V, 104, 179, 216, 354.
Magy (le sieur), échevin de Marseille, VI, 84.
Mahomet IV (le sultan), I, 70, 363.
Maillebois (J.-B.-Fr. Desmarets, marquis de), I, 139*; III, 173; VI, 160.
Maillet, chef camisard, II, 153, 154, 158, 320.
Mailly (M. de), II, 355.
Mailly (François, cardinal de), archevêque de Reims, IV, 169, 170, 172, 203.
Mailly (Mme de), IV, 374.
Maine (le duc du), I, 122; III, 75*, 311; IV, 46, 62, 63, 67, 68, 71, 105, 112-117, 121, 122, 126, 135, 189, 205, 219, 253, 297; V, 25.
Maine (la duchesse du), IV, 112, 115-117, 120-122, 124, 134-136, 205, 219, 297.
Maine (le régiment du), I, 139.
Mainguy (le conseiller), VI, 62, 63.
Maintenon (la marquise de), I, xxiv, 6*, 98, 116*, 144; II, 12, 65, 170, 205, 245*, 298, 346; III, 4, 16, 19, 22-24, 29, 32, 36, 37, 41, 48, 49, 52, 66, 67, 78, 79, 112, 119, 122, 128*, 132, 236, 240, 264, 267; IV, 12, 15, 26, 40, 42, 43, 45, 56, 59, 61, 125, 133, 204*, 360-362, 366, 377; VI, 272.
Maisons (Claude de Longueil, marquis de), président à mortier, II, 13; III, 269*, 274; IV, 57-60, 228.
Maisons (Jean-René de Longueil, marquis de), président à mortier, IV, 225.
Maisons (Marie-Charlotte Rocques de Varangeville, marquise de), V, 62.
Maisons-sur-Seine (le château de) [Maisons-Lafitte], III, 137.
Maldachini (le cardinal), *Maldaquin*, II, 146, 147.
Malezieux (MM. de), IV, 122, 135.
Malplaquet (la bataille de), I, xxv, 138*, 156*; III, 66*, 68-73, 77, 87, 330; VI, 197, 200, 206, 218, 265.
Malte (l'île de), IV, 231.
Mancini (Olympe), I, 229*.
Mandajors (M. de), II, 165.
Manicamp (M. de), III, 146.
Manicault (M. de), II, 329.
Mannheim (la ville de), I, 104; II, 240; III, 190, 193, 194,

DES MATIÈRES. 325

198, 206, 208, 210; V, 91, 128, 269, 376.
Mansfeld (Henri - François, comte de), I, 178, 181, 182, 185, 230*, 234, 286, 288, 294, 312*, 345.
Mansfeld, ministre du roi de Pologne, V, 175.
Mantes (la ville de), 1, 192*.
Mantoue (Ferdinand-Charles IV, duc de), I, 70, 77, 273, 326, 328, 330, 358, 364, 365, 368, 373; IV, 16, 191.
Mantoue (Suzanne-Henriette de Lorraine, duchesse de), IV, 190.
Mantoue (la ville de), I, 328, 330; II, 18; III, 346; IV, 8, 98, 363; VI, 147.
Mapach (la ville de), I, 359.
Marcé de la Motte (François-Guill. de), *Marsé*, II, 19.
Marche (le château de la), IV, 154.
Marchiennes (le bourg de), III, 62, 135, 155, 157-159, 161, 162, 170, 177, 261, 321, 322, 327, 339, 340, 344.
Marcieu (le chevalier de), *Martieux*, IV, 131*.
Marcillac (Alexandre de La Rochefoucauld, prince de), III, 116; VI, 157.
Marcilly (le comte de), I, 214.
Marcilly (M. de), *Marsilli*, enseigne des gardes du corps, I, 135, 136, 450.
Marcin (Ferdinand, comte de), maréchal de France, I, 167; II, 128-130, 135, 136*, 140, 160, 175-203 *passim*, 208-212, 323, 343, 359.
Mardick (le fort de), IV, 93.
Maréchal (Georges), chirurgien du roi, III, 75, 291; IV, 56, 59, 132, 133; V, 108, 222.
Margon (Guillaume Plantavit de la Pause, abbé de), I, 1; IV, 305.
Marie-Casimire, reine de Pologne, I, 210; IV, 58, 60.
Marie Leczinska, reine de France, IV, 313, 314, 317, 318, 323, 331, 335-337, 339, 346, 348, V, 28; VI, 111.
Marie-Thérèse, reine de France, I, 196.
Marie-Thérèse, archiduchesse d'Autriche, V, 199*.
Marientraut (le château de), III, 208, 209.
Marignane (le marquis de), VI, 47.
Marillac (René de), IV, 211, 215.
Marivault (Hardouin de L'Isle, marquis de), *Marivaux*, I, 175; II, 63, 268.
Marlborough (le duc de), I, xvj; II, 155, 166, 175-189 *passim*; 222, 238, 323, 339-349, 370; III, 19, 32, 38, 39, 44, 46, 49, 52, 60, 62, 63, 78-80, 81*, 85*, 87, 94*, 95, 96, 106, 107, 110, 118*, 124-126, 134, 135, 235, 248, 249, 253, 255, 256, 260-264, 273, 287, 293, 296, 307, 309, 310; IV, 91, 357, 370; V, 64; VI, 246, 262.
Marlenheim (la ville de), *Marle*, I, 43.
Marly (le château de), I, 98, 401; II, 288; III, 40, 41, 112*, 136, 137, 182, 241, 242, 255, 292, 298, 314; IV, 44, 49, 54, 56, 72, 279, 292, 295, 306, 309-311, 318, 348, 360, 361; V, 1, 9, 118, 121, 197, 201, 212, 258, 279, 290, 355, 356.
Marne (la), rivière, I, 66.
Maros (la vallée du), I, 377*.
Marquette (le village et le marais de), III, 126, 128, 129.
Marquion (le bourg de), III, 83, 123, 124.
Marquis (M.), III, 83.
Marquisat (l'île du), I, xxiij; II, 27, 32, 212; III, 196.
Marre (lord), IV, 89.
Marsaille (la bataille de la), I, 156*, 161, 166.
Marsal (la ville de), III, 243.
Marsan (Charles de Lorraine-Armagnac, comte de), II, 305.

Marseille (la ville de), I, 1 ; IV, 48, 57, 81, 83-86, 270, 288 ; V, 127, 230 ; VI, 40, 43, 46.
Marseille (l'Académie de), VI, 16, 112-114, 195-208.
Marseille (le chapitre de la cathédrale de), VI, 106.
Marseille (les échevins de), VI, 69-73, 84.
Marseille (les embellissements de), VI, 78, 109, 110.
Marseille (le gouvernement de), VI, 107.
Marseille (la peste de), IV, 185, 227 ; VI, 15, 84-98, 100, 101, 103, 104.
Martigny (M. de), I, 326 ; II, 348.
Martigues (la principauté de), I, 1 ; IV, 84, 186 ; VI, 20 et suiv., 35, 39, 45, 47, 52, 58, 61-68, 96, 98, 101, 102.
Martin (le sieur), consul de Saint-Tropez, VI, 91.
Martin père, peintre, I, 47*, 139* ; VI, 218.
Marton (le comte du), I, 371, 383*.
Mary (le marquis), V, 152.
Masengarde. Voyez Mazingarbe.
Massei (le nonce), *Macei*, IV, 155*.
Massol (M. de), V, 46.
Mathurine. Voyez Catherine Ire (la czarine).
Matignon (Jacques, comte de), III, 2, 4 ; IV, 226, 287.
Matignon (le maréchal de). Voyez Gacé (Charles-Auguste de Goyon, comte de).
Maubeuge (la ville de), I, 169* ; III, 123, 170, 316, 321, 330, 331.
Maulevrier (M. de), III, 295.
Maupeou (René, marquis de), *Maupeoux,* maréchal de camp, III, 186.
Maupeou (René-Charles de), président à mortier, IV, 225.
Mauplat (le chef camisard), II, 153, 161.
Maurepas (Jean-Frédéric Phélypeaux, comte de), IV, 262, 305, 328, 342 ; V, 23, 45, 298, 317, 343, 359, 365.
Maurienne (la), III, 245.
Maurin (le sieur), consul de Barcelonnette, VI, 81.
Maurocordato (l'ambassadeur turc), I, 100, 101.
Mauroy (Denys-Simon, marquis de), I, 183.
Mauroy (le capitaine), II, 62.
Maxfil (l'ingénieur), II, 70.
May (M.), III, 339.
Mayence (l'électeur de), I, 59, 291 ; III, 293, 346 ; IV, 31 ; V, 162, 200, 237, 256.
Mayence (la ville de), I, 15, 102, 104, 120, 121, 144, 146, 153, 176, 177 ; III, 189, 191-193, 195, 196, 199, 200, 204, 206, 208, 235 ; IV, 378 ; V, 67, 345.
Mayr (Max von), *Mayer, Mer*, I, 411, 412, 414, 416, 424 et l'*errata*.
Mazalquivir. Voyez Mers-el-Kébir.
Mazarin (le cardinal), II, 303.
Mazarin (Paul-Jules, duc de), IV, 170 ; V, 325.
Mazingarbe (le bourg de), III, 118.
Mecklembourg (le duc de), V, 134, 261.
Médavy (Fr. Rouxel, comte de), puis marquis de Grancey, III, 10, 13-15, 244 ; V, 253.
Médavy (Jacques-Léonor Rouxel de Grancey, marquis de), maréchal de France, IV, 226, 283.
Médicis (Anne-Marie-Louise de), femme de l'Electeur palatin, I, 270.
Medina-Sidonia (le duc de), I, 337 ; V, 164.
Mégrigny (J.-B. de), évêque de Grasse, IV, 85*, 86.
Meilleraye (le château de la), IV, 231.
Mein (le), rivière, I, 14*, 15 ; III, 237 ; V, 69.

Meiskirch. Voyez Messkirch.
Mélac (Ezéchiel de), I, 146, 147.
Melford (lord), III, 220.
Melun (Louis d'Espinoy, duc de), IV, 170.
Melun (la ville de), V, 94.
Memmingen (la ville de), *Memingue*, II, 29, 133, 134, 137.
Ménager (M.), plénipotentiaire à Utrecht, III, 167, 168, 173, 305; VI, 39.
Monegati (le P.), I, 222.
Menersagen, envoyé du roi de Prusse, V, 272.
Menguy (l'abbé), *Mengui*, IV, 148, 225, 305; V, 399.
Menin (la ville de), III, 15, 38, 39, 180, 246, 299.
Menq (le sieur), IV, 288.
Menzikoff (le prince), V, 60, 66, 72, 73, 78, 83, 84, 91, 95, 100, 101, 103, 104, 180*.
Mercy (le comte de), général autrichien, I, 170, 452; II, 7, 80, 241; V, 269; VI, 147, 151, 157.
Mérinville (Gaspard des Monstiers, comte de), I, 134*, 137; VI, 223.
Mérinville (Jean des Monstiers, vicomte de), VI, 255.
Mérinville (le régiment de), I, 134, 137, 138, 169*, 170, 451, 453; VI, 223.
Mérode (Mme de), IV, 315.
Merrège (la ville de), IV, 195.
Mers-el-Kébir (la ville de), *Mazalquivir*, V, 352.
Mesmes (Jean-Antoine de), premier président du Parlement, IV, 64, 264.
Mesnager (Nicolas), III, 305*.
Messkirch, *Meiskirch*, II, 124.
Metz (la ville de), I, 42, 114; III, 66*, 184, 189, 193; IV, 14.
Metz (M. du), I, 32.
Meudon (le château de), IV, 236, 257, 260, 262.
Meuse (la), fleuve, I, 42, 121, 126, 130, 131; III, 46, 47, 54, 249; IV, 354; V, 43, 64, 67, 69, 83, 334.
Meyronnet (le conseiller de), VI, 67, 83.
Mézières (M. de), IV, 156.
Mézières (Mme de), V, 317.
Middelbourg (Alexandre-Maximilien de Gand de Mérode, comte de), *Milderbourg*, III, 339.
Milan (la ville de), I, xxxij, 182, 186; IV, 358; V, 134; VI, 118, 139, 142.
Milanais (le), I, 178-186, 245*, 249, 250, 259, 261, 267, 268, 270, 275, 278, 285, 299, 301, 305, 306, 321, 325, 349, 461.
Mimeure (le marquis de), VI, 275.
Minorque (l'île de), V, 41.
Mirandole (la ville de la), IV, 363; VI, 137, 143-147.
Mirandole (la princesse de la), IV, 266, 267.
Miroménil (J.-B. Hue, marquis de), III, 98, 288.
Mississipi (la compagnie du), IV, 126.
Mistra (la ville de), *Militra*, I, 378.
Mittau (la ville de), V, 95, 96, 214.
Modène (Renaud d'Este, duc de), I, 273, 325, 326; IV, 266; VI, 151.
Modène (Charlotte-Aglaé d'Orléans, duchesse de), IV, 207.
Moder (la), rivière, *Mutter*, *Moutre*, II, 99, 192, 197.
Moëns de la Croix, *Moons*, V, 179, 180*.
Mogne (le médecin), IV, 317.
Mohacz (la ville de), *Moaich*, I, 363-366.
Mohacz ou Mont-Hersan (la bataille de), I, xviij, 368-375; VI, 218.
Molès (le duc de), I, 270-272, 310, 311, 325.
Molinistes (les), IV, 229, 278.
Molo (M.), III, 283.
Monasterol (Ferdinand-Auguste

Solaro, comte de), II, 75, 78, 85-136 *passim;* 269-275, 309, 326-329, 334, 336; III, 294.
Monceaux (la capitainerie de), V, 13.
Monchy (J.-Ch. de Bournel de Namps, marquis de), III, 338.
Monchy-le-Preux (le village de), *Mouchy-le-Pieux* ou *le-Preux,* III, 87, 325.
Monnais (E.), I, iij.
Mons (la ville de), I, 23, 32, 126, 131*, 319; III, 35, 36*, 46, 57, 67, 68, 88, 131*, 160, 169, 265, 316, 321, 338, 339; V, 64.
Monsieur le Prince. Voyez Condé.
Monstiers (des). Voyez Mérinville.
Montagne (Claude Paris, dit la), V, 24. Voyez Paris (les frères).
Montagnes-Noires (les), I, 171, 173; II, 103, 194.
Montagny (le conseiller), V, 397, 402, 406.
Montal (Charles de Montsaulnin, comte du), I, 20, 21, 34, 35, 60.
Montal (Louis-Charles de Montsaulnin, marquis du), III, 346.
Montalègre (M. de), VI, 142, 144, 149, 155, 159.
Montaran (Michel-Michau de), III, 59.
Montargis (le sieur de), IV, 257.
Montargis (la ville de), IV, 188.
Montauban (M. de), III, 287.
Montauban (Mlle de), IV, 122, 123, 134.
Montauban (le s^r), IV, 286.
Montauban-Soyans (le marquis de), V, 16.
Montbazon (Louis-Henri de Rohan-Guémené, prince de), III, 184.
Montbéliard (le prince de), *Montbelliart,* V, 34.
Montbéliard (la ville de), III, 16.
Mont-Cassel, I, 40.
Mont-Cenis (le), III, 12, 13.
Montclar (Joseph de Pons de Guimera, baron de), I, 47, 102, 106.
Mont-Dauphin (le fort de), III, 29.
Mont-de-Lans (le bourg de), *Mondelant,* III, 15, 16, 245.
Montecuculli (Raymond, comte de), I, 13, 19, 437.
Montéléon (M. de), IV, 311, 312.
Montemar (le comte de), général espagnol, VI, 121, 122, 124, 125, 128-146, 148-150, 154, 155, 159.
Montenescourt (le village de), *Montenaucourt,* III, 92.
Montenegro (le ministre espagnol), IV, 304.
Monteres (le marquis), 1, 23.
Montesquiou (Pierre, comte d'Artagnan, puis maréchal de), III, 56, 59, 62, 65, 72, 80, 81*, 83-85, 87, 103, 104, 118*, 123, 126, 129, 137, 141, 151*, 153, 159, 162, 175, 272, 307, 317, 323, 326, 328, 338; IV, 219; VI, 281.
Montet (M. du), III, 17, 18, 27.
Montferrat (le), I, 407.
Montgallard (le marquis de), II, 105.
Montgon (l'abbé de), V, 44, 84, 104.
Montgon (Jean-François Cordebœuf de Beauverger, comte de), *Mongon,* I, 453.
Montgon (Philippe-Gilbert Cordebœuf de Beauverger, comte de), III, 130.
Montigny (Mlle de), III, 35*.
Montijo (le comte de), V, 364.
Mont-Louis (le bourg de), IV, 336.
Montmartel (Jean Paris, dit de), V, 24. Voyez Paris (les frères).
Montmédy (la ville de), V, 334.

DES MATIÈRES. 329

Montmélian (la ville de), III, 15.
Montpellier (la ville de), IV, 88.
Montpensier (Mlle de). Voyez Orléans.
Montpeyroux (le marquis de), *Monperroux*, I, 186, 187, 451, 453; II, 325.
Montréal (M. de), III, 75*.
Montreuil-sur-Mer (la ville de), III, 92, 94, 97, 103.
Montrevel (Nicolas-Auguste de la Baume, comte, puis marquis de), maréchal de France, I, 99*, 162, 445; II, 145, 163.
Mont-Royal (la ville de), I, 70.
Montviel (J.-B. de Vassal, chevalier de), III, 153.
Monty (le marquis de), V, 186, 344, 365, 375, 381, 386, 391, 396, 397, 409, 426, 427.
Mony (Bernard de Joisel de), I, 452; III, 178.
Moreau (le capitaine), II, 71.
Morel (l'abbé), I, 70.
Moret de Bourchenu (Flodoard), évêque de Vence, IV, 80*.
Moret (la ville de), IV, 335.
Moreton (M. de), I, 348*.
Morlière (le village de), III, 17.
Morosini (François), I, 378*.
Morsan (les dragons de), I, 184.
Mortagne (le bourg de), en Flandre, III, 68, 80, 107, 331.
Mortagny (M.), III, 100.
Mortemart (Louis de Rochechouart, duc de), III, 89, 279, 338, 347, 348; IV, 346, 347; V, 22, 201.
Mortier (le fort), IV, 366.
Mortval (l'abbaye de), III, 169.
Morville (Charles-J.-B.-Fleuriau, comte de), IV, 262*, 302, 308, 310, 326, 330; V, 23, 30, 32, 45, 49, 67, 71, 83, 85, 89, 93.
Moscou (la ville de), V, 91, 101, 122, 171, 179, 181, 186, 204, 209, 216, 225.
Moselle (la), rivière, I, 10, 16, 29, 42, 172; II, 176, 180, 183, 186, 188, 197, 343; III, 148, 253; V, 83.
Mouchy (Philippe de Noailles, marquis de), V, 198.
Mouchy-le-Preux. Voyez Monchy-le-Preux.
Moustier (le sieur), échevin de Marseille, VI, 14, 23, 84, 94, 96.
Moustiers-en-Argonne (l'abbaye de), I, 142*.
Moutre (la). Voyez Moder (la).
Mouzon (la ville de), I, 195; V, 334.
Mühlberg (le village de), III, 239; IV, 355, 362.
Mundelheim (le village de), IV, 357.
Munderkingen (le combat de), *Munderking*, II, 104*; VI, 233, 241.
Munich (le maréchal), V, 354.
Munich (la ville de), I, 63, 64, 69*, 83*, 84, 88, 92*, 93, 102, 104, 106, 108, 111, 329, 387, 389-398, 402-434; III, 35*; V, 10.
Munster (la paix de), I, 100*; IV, 35.
Muret (Jean-François Lécuyer, comte de), III, 11, 12, 15, 21, 22.
Mustapha-bey, *Mustapha-beck*, I, 366.
Mutter (la). Voyez Moder (la).
Muy (de Felix, marquis du), conseiller au parlement d'Aix, IV, 48; VI, 12.

N

Namur (la ville de), I, 154, 319; III, 46, 51, 54, 113, 141, 180; 294, 298; IV, 360; V, 334.
Nancy (la ville de), I, 321, 329; V, 46.
Nangis (Louis-Armand de Brichanteau, marquis de), II, 212, 213*, 235, 237, 243, 329, 358; III, 59, 86, 91, 97, 158,

163, 222, 229, 338, 352; IV, 315, 345; V, 121.
Nangis (le chevalier de), officier de marine, III, 1.
Nantes (la ville de), IV, 136; V, 162.
Naples (le royaume de), I, 90*, 91, 178*, 210, 250, 259, 261, 321, 349, 402, 405, 407, 408, 411; VI, 131, 133, 135, 136, 140, 149, 151, 159.
Naples (la ville de), I, xxxij, 306; IV, 101, 358; V, 19; VI, 157.
Narbonne (la ville de), I, 134*.
Narbonne (l'archevêque de). Voyez Beauvau.
Nareskin (le prince), V, 172.
Nasmar (le général autrichien), II, 122.
Nassau (le prince de), III, 338.
Nathalie (la princesse), sœur du czar Pierre II, V, 84, 159.
Navailles (Philippe de Montaut, duc de), maréchal de France, I, xxviij, 24, 138*; VI, 280.
Navarre (la), I, 250.
Neausel. Voyez Neuhaüsel.
Necker (le), rivière, *Neckre*, I, 158; III, 235.
Nemours (Charles-Amédée de Savoie, duc de), I, 3.
Nemours (la ville de), IV, 121, 188.
Nerwinde (la bataille de), I, 140, 156*, 160.
Nesle (le chevalier de), I, 443.
Nesle (Félice-Armande Mazarini, marquise de), IV, 315.
Nesmond (H. de), *Clermont*, archevêque de Toulouse, V, 91.
Nesmond (le chevalier de), I, 141.
Nettancourt (M. de), II, 329.
Neubourg (la maison de), I, 390, 422.
Neubourg (Philippe-Guillaume, duc de). Voyez Palatin (électeur).
Neubourg (Louis-Antoine, prince de), grand maître de l'ordre Teutonique, I, 440.
Neubourg (Charles-Philippe, prince, puis duc de). Voyez Palatin (électeur).
Neubourg (Eléonore de). Voyez Bavière-Neubourg (Eléonore de).
Neubourg (Sophie-Auguste de), IV, 34.
Neubourg (le marquisat de), I, 426, 428.
Neuenburg (la ville de), *Neubourg*, I, 54, 55; II, 31, 42, 51.
Neufchâtel (la principauté de), III, 2, 3, 4.
Neufchelles (le marquis de), *Neuchelles*, I, 138.
Neuhaüsel (la ville de), *Neausel*, I, 72.
Neustadt (la ville de), I, 270, 272, 273, 274, 276, 345; IV, 375; V, 139.
Neuville-sur-l'Escaut (le village de), III, 153.
Nevers (Philippe-Julien Mancini-Mazarini, duc de), I, 115.
Nevers (Philippe-Jules-François Mancini-Mazarini, duc de), fils du précédent, IV, 160, 313; V, 85.
Newcastle (le duc de), V, 43, 118.
Nice (la ville de), III, 12, 17; IV, 131.
Nicolay (le président de), *Nicolaï*, III, 75; IV, 280.
Niert ou Niel. Voyez Nyert.
Nieuport (la ville de), I, 154, 450.
Nigrelli, général autrichien, I, 441.
Nimègue (la paix de), I, 59, 62*, 100*, 204, 215*, 411.
Nimègue (la ville de), I, 10; V, 231, 257.
Nimes (la ville de), IV, 88.
Nimy (le village de), *Nimie*, I, 127; III, 265.
Ninove (la ville de), I, 131*, 132.
Nivelles (la ville de), I, 26.

Noailles (Anne-Jules, duc de), maréchal de France, I, 5, 117, 156, 158.
Noailles (Adrien-Maurice, duc de), III, 79, 96, 273; IV, 44, 77, 92-97, 138, 142, 190, 201, 214, 228-230, 253, 259, 268, 269, 283, 303, 319, 320; V, 69, 152, 198, 212, 218.
Noailles (Louis-Antoine, cardinal de), IV, 61, 65, 66, 74, 75, 118, 134, 144-151, 191, 221, 222, 229, 266, 267, 278; V, 97, 105, 108, 141, 142, 146, 149, 151, 152, 163, 165, 171, 172, 180, 182, 399; VI, 97.
Noailles (Jacques, bailli de), I, 281*.
Noailles (Amable-Gabrielle de), marquise de Villars. Voyez Villars.
Noblesse (l'ingénieur), I, 429.
Nocé (M. de), IV, 263.
Nocle (le marquisat de la), I, ix, 1*.
Non (le comte de), II, 11.
Non (la ravine de), III, 126.
Normandie (le régiment de), I, 148.
Nourse (Jean), éditeur, I, ij.
Novare (la ville de), V, 411.
Novion (le président de), IV, 159, 225, 276, 300-302, 304.
Noyelle (le camp de), III, 312, 313, 317, 319, 320, 323.
Noyelles (le comte de), II, 342.
Nuremberg (la ville de), I, 91, 105, 291, 402, 406, 410; IV, 340; V, 336.
Nyert (François-Louis de), premier valet de chambre du roi, *Niel*, I, 163.
Nyert (Louis de), premier valet de chambre du roi, *Niert*, IV, 346.
Nymphenburg (le château de), *Ninfembourg*, II, 139.

O

Obersdorff (le camp d'), I, 124.
Obrelet (la vallée d'), III, 221.
Ocford (M. d'), II, 310.
Oder (l'), fleuve, V, 205, 364.
Odescalchi (don Livio), I, 193.
OEttingen (Wolgang, comte d'), ambassadeur de l'Empire, I, 206, 230*.
OEttingen (les princes d'), *Dœting*, V, 88, 89.
Offemburg (la ville d'), I, 56, 57, 453; II, 56, 59, 277; III, 184.
Ogier (le président), V, 343.
Oglio (l'), rivière, II, 10.
Oise (l'), rivière, *Oyse*, III, 318, 324.
Oisy (le bourg d'), III, 87, 124.
Olier (M.), colonel, I, 55.
Olivier (le sieur), V, 43.
Olivieri (le cardinal), IV, 291, 292.
Olonne (le duc d'), V, 31; VI, 112.
Olonne (Anne de Harlus-Vertilly, duchesse d'), IV, 220*, 221.
Ombreval (M. d'), IV, 251, 252, 282, 334.
Oneau (l'), rivière, III, 266.
Onerot (le capitaine), III, 349.
Opach, général autrichien, II, 187.
Opolinsky (l'abbé), V, 119.
Oppède (M. de Forbin d'), président du parlement d'Aix, VI, 29.
Oppenheim (le bailliage d'), III, 191.
Oraison (le marquisat d'), VI, 35.
Oran (la ville d'), V, 369, 374, 375, 401, 404.
Orange (la principauté d'), III, 181; VI, 59, 80.
Orange (le prince d'). Voyez Guillaume III.
Orbessan (M. d'), III, 352.
Orbitello (la ville d'), *Orbitelle*, IV, 8; VI, 123, 125, 136.
Orchies (le village d'), III, 261, 334.
Orendain, ministre espagnol, IV, 304.
Orgon (la ville d'), IV, 79.

TABLE ALPHABÉTIQUE

Orléans (Gaston, duc d'), I, 86*.

Orléans (Philippe, duc d'), dit « Monsieur, » I, 9, 39-41, 346.

Orléans (Philippe, duc de Chartres, puis d'), régent, I, xxix, 140; II, 41, 205, 223; III, 137; IV, 44, 51, 54, 57, 62, 64, 65, 67, 69, 73, 74, 76, 89, 94, 101, 102, 104, 105, 108-110, 112, 113, 115, 116-118, 120, 121, 123, 129, 130, 135, 145-149, 151-156, 158, 160, 163, 166, 167, 171, 173-182, 184, 186-189, 191-194, 196-198, 200-203, 206, 208, 211-214, 216-224, 226-229, 233-236, 243, 246-250, 255-257, 259-272, 278, 279, 316, 382; VI, 72, 80, 84-89, 95-98, 100, 102, 105.

Orléans (Louis, duc de Chartres, puis d'), fils du régent, IV, 105, 173, 174, 184, 207, 210, 240, 243, 247, 260, 274-277, 279, 282, 283, 286, 287, 290, 305; V, 30, 34, 46, 54, 102, 105, 117, 124, 155, 200, 231, 246, 247, 250, 276, 278, 295, 297, 307, 308, 314, 320, 322, 324, 331, 337, 358, 407, 409, 411, 415, 420.

Orléans (Henriette-Anne d'Angleterre, duchesse d'), I, 6.

Orléans (Elisabeth-Charlotte de Bavière, duchesse d'), dite « Madame, » IV, 242, 243; VI, 246, 250, 262.

Orléans (Françoise-Marie de Bourbon, duchesse d'), femme du régent, IV, 224, 253, 274, 277, 308, 312; V, 11, 85.

Orléans (Auguste-Marie-Jeanne de Bade, duchesse d'), IV, 286, 287, 290.

Orléans (Elisabeth-Charlotte d'), duchesse de Lorraine, I, 208; II, 260; III, 240.

Orléans (Louise-Elisabeth d'), dite Mlle de Montpensier, reine d'Espagne, IV, 203, 207, 240, 324; VI, 187.

Orléans (Marie-Louise d'), reine d'Espagne, I, 60, 340.

Orléans (Marie-Louise-Elisabeth d'), duchesse de Berry, IV, 44, 49, 315.

Orléans (Philippine-Elisabeth d'), dite Mlle de Beaujolais, IV, 312, 324.

Orméa (le marquis d'), V, 348, 371, 376, 381, 382, 390, 395, 396, 400, 411, 412, 424; VI, 119, 125.

Ormesson (Henri-François-de-Paule Le Fèvre d'), IV, 138, 143, 319; V, 88.

Ormond (Jacques Butler, duc d'), III, 142-150, 311-313, 318-320, 322, 334, 336-343; IV, 89.

Orondate, surnom de Pierre de Villars, père du Maréchal. Voyez Villars.

Orry (Philibert), V, 222.

Orsini (le cardinal) ou des Ursins. Voyez Benoît XIII.

Orsoy (la ville d'), I, 9.

Ortenberg (le château d'), Artembourg, Ortembourg, 1, 57; II, 60, 72.

Orval (le comte d'), V, 220.

Osiander, ministre de Wurtemberg, III, 237-239.

Osier (l'amiral anglais), V, 32, 35, 91, 112.

Osnabruck (le traité d'), IV, 217.

Ossone (le duc d'), IV, 206, 211, 221.

Ostende (la ville d'), I, 142; III, 9, 32, 57, 95.

Ostende (la compagnie d'), V, 11, 41, 42, 46, 49, 50, 54, 55, 59, 60, 67.

Ostermann, ministre du czar, V, 101, 105, 107, 217, 225.

Ostfrise (le prince d'), V, 134.

Oudenarde (la ville d'), I, 23, 131*, 132, 133; III, 14, 15, 23, 25, 32, 38, 96, 246.

Oxford (le comte d'), III, 343, 344.

Oysan (le bourg d'), III, 245.

P

Paffoven. Voyez Pfaffenhofen.
Pajot (Léon), directeur des postes, III, 259.
Pajot (Pierre-Maximilien), seigneur de Villeperot, III, 18.
Palatin (Charles-Louis de Bavière, électeur), IV, 367.
Palatin (Philippe-Guillaume de Bavière-Neubourg, électeur), I, 82, 215, 378.
Palatin (Jean-Guillaume-Joseph de Bavière-Neubourg, électeur), fils du précédent, I, 270, 296, 307; II, 363; III, 200, 235, 346; IV, 9, 353, 355-357, 361, 363, 370.
Palatin (Charles-Philippe, prince, puis duc de Neubourg, électeur), frère du précédent, IV, 34; V, 56, 128, 134, 256, 376.
Palatinat (le Bas-), I, 16, 148.
Palatines (les), III, 11.
Palavicini (le marquis de), III, 74.
Palfy (le comte), général de l'empereur, I, 177, 438.
Palfy (le comte), lieutenant-colonel, I, 363.
Pallant (M. de), III, 66*.
Palma (M. de), V, 52.
Palu (le conseiller), IV, 305.
Pape (le). Voyez Benoît XIII, Clément IX, Clément XI, Grégoire VII, Innocent XI, Innocent XII, Innocent XIII, Sixte-Quint.
Paris (les frères), III, 43, 210, 211, 251; IV, 143, 157, 185, 248, 254, 287, 305; V, 23, 24, 26. Voyez Duvernay, Montagne (la), Montmartel.
Paris (le diacre), V, 397-402.
Parlements (les) de Dauphiné et de Provence, VI, 54, 56, 59, 89, 95.
Parme (François Farnèse, duc de), I, 325, 326; IV, 131, 266, 292.
Parme (Antoine Farnèse, duc de), V, 307.
Parme (Carlos, duc de). Voyez Carlos (l'infant don).
Parme (Henriette-Marie de Modène, duchesse de), V, 307, 311, 313, 325.
Parme (la ville ou les États de), IV, 101; V, 170, 175, 177, 178, 189, 196, 205, 207, 211, 215, 300, 301, 304, 307, 311, 313, 314, 325, 331, 378, 393; VI, 140, 143-145, 148, 160.
Pascalis (Hyacinthe), VI, 79, 81, 82.
Passau (la ville de), *Passaw*, I, 97, 406; II, 90, 131, 294, 315; III, 35, 294.
Passau (l'évêque de), I, 207.
Passioni (l'abbé), IV, 36.
Pasteur, partisan, III, 166.
Patiño (Joseph), ministre espagnol, V, 109, 114, 143, 164, 166, 175, 183, 184, 186, 187, 192, 270, 280, 284, 286, 290, 293, 303, 313, 315, 317-321, 329, 366*, 369, 373, 374, 378, 379, 381, 383, 384, 386, 390-393, 395, 403, 411, 412; VI, 124-126, 135, 152.
Paulet (l'abbé), IV, 221.
Paulucci (le cardinal), IV, 292.
Pavie (la ville de), I, 182, 186.
Pays-Bas (les), I, 178*, 245*, 250, 301, 319, 343, 349, 408, 410, 411, 426, 427, 450.
Pécomme (le capitaine), II, 212, 213*.
Peira (le médecin), V, 99.
Pelegrine, camériste de la reine d'Espagne, V, 384*.
Peletier. Voyez Le Peletier.
Pelletier (l'abbé), V, 398, 402.
Pelouse (le sieur), V, 16.
Penières (le château de), IV, 230.
Penterrieder (baron de), ambassadeur de l'empereur, IV, 31, 36, 39, 99, 268, 269, 372; V, 87, 114, 119, 121, 125, 133, 141, 144, 286.

Périgueux (la ville de), V, 24.
Permangle (Gabriel de Chouly de), III, 107.
Péronne (la ville de), III, 104, 139, 145.
Pérouse (le bourg de la), III, 11, 12, 15, 245, 246.
Perrin (Joseph Brichambault), III, 188.
Perrini (le sieur), VI, 53, 91.
Persan (le marquis de), I, 363.
Perteville (M. de), *Perseville*, chargé d'affaires en Pologne, V, 323.
Pery (J.-B., marquis de), *Peri*, II, 114, 194, 195*, 226, 358, 361, 370 ; III, 24.
Pessemann, le partisan, I, 172.
Pestalozy, I, 375.
Pesters (M.), *Pester*, II, 342 ; III, 257, 280 ; V, 64, 66, 67, 96, 113.
Pesth (la ville de), *Pest*, I, 353.
Petersvaradin (la ville de), *Petersvaradein, Petervaradin*, I, 353, 355, 378, 382, 385.
Petit, évêque de Laon (désigné par erreur sous ce nom au lieu de celui de La Fare), V, 306.
Petitbourg (le château de), V, 30, 37, 154, 370.
Petkum (M.), III, 280, 283.
Petra (le cardinal), V, 218.
Petrowitz (le village de), I, 358.
Peyre (le comte de), II, 170.
Pezé (M. de), V, 99.
Pezeux (Clériadus de Pra-Balesseau, chevalier de), *Peseux*, II, 237 ; III, 56, 221, 348.
Pfaffenhofen (le bourg de), *Paffoven*, II, 77, 193, 195 ; VI, 248.
Pfedersheim (la ville de), I, 148, 149, 153.
Pfortzheim (la ville de), *Pforzheim*, I, 151 ; II, 231.
Phalaris (Mme de), *Falaris*, IV, 271.
Phelypeaux (Raymond-Balthasar, marquis de), II, 141.
Phelypeaux d'Herbault (Louis-Balthasar), évêque de Riez, IV, 80* ; VI, 57.
Philingue. Voyez Villingen.
Philippe IV, roi d'Espagne, I, 197*.
Philippe V, duc d'Anjou, puis roi d'Espagne, I, 178*, 298, 300, 305, 322, 327, 335-341, 343, 345, 347 ; III, 45, 48, 77, 81, 86, 105, 111, 277, 278, 280, 303, 305 ; IV, 5, 11, 15, 18, 20-23, 29, 30, 33, 37, 38, 43, 45, 96-103, 105, 119, 121, 125, 131, 132, 197, 203, 206, 210, 217, 260, 266, 281-284, 297-300, 303, 304, 309-313, 316-318, 323, 326, 329, 332-334, 337, 372, 374, 375, 378 ; V, 20, 21, 32, 33, 40, 41, 44, 50, 68, 75, 76, 79-83, 85, 92-94, 99, 103, 105, 107, 109, 115, 116, 120-127, 130, 137, 139, 140, 145, 146, 148, 153, 155, 156, 161, 162, 164-166, 168-170, 172, 177, 178, 183, 199, 202, 205, 210, 211, 214, 223, 224, 236, 239, 240, 247, 249-251, 265, 267, 270, 271, 275, 278-280, 282, 284, 287, 288, 296, 300-302, 313, 315-317, 319-322, 324-326, 328, 330, 331, 344, 350, 352, 357, 360, 365-369, 372, 379-381, 383-385, 391, 405, 409, 410, 414, 416, 419, 420, 425, 426, 429 ; VI, 187, 190.
Philipsbourg (la ville de), *Philisbourg*, I, 13, 29, 33, 101, 102, 104, 148, 168, 174, 423, 424 ; III, 99*, 186-188, 190, 204 ; IV, 359, 378 ; V, 334.
Piantoni (Angelo), I, 348*.
Piazza (le cardinal), *Piassa*, IV, 291.
Pibrak. Voyez Bibra.
Picardie (la), I, 124, 129.
Picardie (le régiment de), I, 452.
Piccolomini, général de l'empereur, *Picolominy*, I, 73, 374, 440.

Pichatty (le sieur), avocat à Marseille, VI, 14, 86.
Pico (le cardinal), V, 248.
Picton (le), ruisseau, I, 19, 23.
Piedmont (la redoute de), à Douai, III, 167.
Piémont (Charles-Emmanuel, prince de), IV, 336.
Piémont (Anne-Christine de Neubourg, princesse de), IV, 251.
Piennes (l'abbaye de), I, 41.
Pierre le Grand (le czar), I, 187*, 240*, 243, 262, 267 ; IV, 102, 103, 125, 297.
Pierre II (le czar), V, 61, 71, 73, 74, 91, 100, 101, 102, 104, 105, 107, 114, 120, 122, 128, 131, 136, 146, 156, 159, 167, 169, 171, 172, 176, 179-181, 191, 204, 213, 214, 216, 217, 225, 245.
Pignerol (la ville de), I, 166.
Pilles (Alphonse de Fortia d'Urban, marquis de), VI, 23, 55, 68, 74-77, 87, 90, 93, 96, 100-103, 106, 116, 117.
Pimentel (M. de), I, 408.
Pineau, sculpteur, VI, 284.
Pingré (Alexandre-Gui), I, v.
Pinsonneau (le sieur), secrétaire de Villars, IV, 109, 123.
Pio (le prince), IV, 267.
Piolenc (le président de), VI, 79.
Piombino (la ville de), VI, 123, 125.
Piper (le comte), II, 238.
Pirou (Mlle), I, 192*.
Pizzighettone (la ville de), *Pitchiditon*, IV, 98 ; VI, 118, 120, 121, 124, 125.
Plaisance (la ville de), V, 195, 216 ; VI, 145, 148.
Plancy (E. de Guénégaud de), II, 325.
Plane (M. de), II, 157.
Planty (N. de Barcos de), *Deplanty*, III, 348, 349.
Plélo (le comte de), ambassadeur en Danemark, V, 217, 317.

Pointis (le baron de), *Pontis*, I, 281*.
Poitevin (le sieur), intendant du Maréchal, VI, 58, 59.
Poitiers (la ville de), IV, 120.
Polignac (Melchior, abbé, puis cardinal de), III, 81, 150, 176, 178, 273, 276, 278, 282 ; IV, 13, 122, 134, 169, 297, 331 ; V, 119, 162, 163, 165, 167, 171, 175, 193, 202, 216, 218, 233, 236, 239, 242, 243, 246, 248, 254, 261, 268, 270, 292, 302 ; VI, 39, 43.
Polignac (Francoise de Mailly, marquise de), IV, 220*, 221.
Pologne (le roi de). Voyez Auguste II, Auguste III, Jean II, Stanislas.
Pologne (la reine de). Voyez Marie-Casimire.
Pologne (Jacques Sobieski, prince de), I, 210, 212.
Pologne (la), I, ix, 209, 211-213, 225, 240, 262, 267, 417, 418.
Pompadour (le marquis de), IV, 117, 121, 285.
Ponce (l'ile de), V, 378.
Ponchin (le château de), I, 385.
Poniatowski (Stanislas), V, 397.
Pont-à-Mark (le bourg de), III, 62.
Pont-à-Rache (le village de), III, 161, 162.
Pont-à-Vendin (le bourg de), *Pont-Aventin*, III, 162.
Pontchartrain (L. Phélypeaux, comte de), chancelier, III, 269-271 ; IV, 231.
Pont-d'Espiers (le), I, 131.
Pontoise (la ville de), IV, 144, 146, 147, 149, 150 ; V, 359.
Porry (le sieur), échevin de Marseille, VI, 68-70, 72.
Portal (M. du), II, 65.
Portail (le président), IV, 225, 289, 301, 302 ; V, 360.
Portes (M. des), II, 338.
Portland (lord), I, 197, 248, 254, 276.
Port-Mahon (la ville de), V, 41.

Port-Marie. Voyez Puerto de Sta Maria.
Porto-Bello (la ville de), V, 32, 35, 42, 163.
Porto-Carrero (le cardinal), I, 278; II, 255.
Porto-Carrero (l'abbé), IV, 120.
Porto-Ercole (la ville de), V, 219; VI, 123, 125.
Portolongone (la ville de), IV, 8, 24, 30, 363, 372, 377, 379; VI, 61.
Portsmouth (la ville de), V, 180, 181, 192.
Portugal (le roi de). Voyez Jean V.
Portugal (la reine de). Voyez Espagne (Marie-Anne-Victoire, infante d').
Portugal (Emmanuel, prince de), IV, 240.
Portugal (le), I, 4, 116, 117, 308, 340.
Pragelas (la vallée de), III, 180.
Prague (la ville de), I, 198*; V, 343, 356, 357.
Praslin (le régiment de), I, 139.
Prefontaine (M. de), major de Saint-Tropez, VI, 90.
Presbourg (la ville de), I, 388.
Préseau (le camp de), III, 340.
Prétendant (Jacques Stuart, dit le), ou « le roi d'Angleterre, » III, 52*, 253; IV, 89-91, 93, 266; V, 91, 97.
Prie (Louis, marquis de), IV, 226.
Prie (Agnès Berthelot de Pléneuf, marquise de), IV, 315, 324, 346; V, 2-4, 24.
Prié (Hercule-Joseph-Louis de Turinetti, marquis de), ambassadeur de Savoie à Vienne, puis gouverneur des Pays-Bas pour l'empereur, I, 218, 229, 230, 232, 233*, 262, 307, 330, 331, 456-459; II, 11; IV, 155.
Prior (Mathieu), envoyé anglais, III, 302*.
Protin (M.), ministre de Lorraine, II, 172, 340.

Provence (les Etats de). Leur organisation, VI, 10.
Prusse (le roi de). Voyez Frédéric-Guillaume II.
Prusse (Frédéric, prince royal de), V, 274, 277, 282, 284, 287.
Pruth (le), rivière, Prut, V, 74.
Pucelle (l'abbé), IV, 151, 225; V, 398, 399.
Puerto de Sta Maria (la ville de), V, 181, 183, 189.
Pultawa (la bataille de), I, 240*.
Pultenay (lord), V, 161.
Puycerda (la ville de), IV, 336.
Puységur (Jacques-François de Chastenet, marquis de), III, 73, 104, 153, 154, 210, 310, 317, 323, 324, 327; IV, 105.
Puysieux (Robert Brulart de Sillery, marquis de), I, 112, 113.
Pyrénées (la paix des), I, 3.

Q

Quadt de Landscron (Guillaume-Henri de), I, 139; II, 230, 233; III, 209.
Queiche (la), rivière, III, 188, 200, 203.
Quercado (M. de). Voyez Kercado.
Querenaing (le village de), Kerenin, Querenin, III, 326, 327.
Quesnoy (la ville du), III, 73, 74, 123, 144-149, 160, 169-172, 174, 175, 177, 268, 294, 312, 315, 316, 318, 321, 323, 330, 331, 340, 341, 342.
Queyras (le château de), III, 27, 29.
Quiévrain (le bourg de), Kiévrain, Keudrin, III, 169, 266.
Quincy (le marais de), III, 46.

R

Rabata (le comte de), I, 438.
Rabutin (Jean-Louis, comte de), au service de l'empereur, I, 441.

DES MATIÈRES. 337

Rabutin (le comte de), fils du précédent, ambassadeur de l'empereur en Russie, V, 9, 100, 102.
Raconigi (la ville de), I, 166.
Radstadt (le village de), I, 188, 190.
Radzieiowski (le cardinal), *Radzieyouski*, I, 194.
Raffy, entrepreneur de vivres, III, 34, 43*, 251.
Ragane (M. de), III, 350.
Rakoczy (le prince), *Ragotski, Ragotsy*, I, 307*, 332, 333, 345, 346; II, 91, 273, 345*; IV, 9, 21.
Rambouillet (le château de), V, 22, 28, 64, 78, 84, 130, 184, 283, 313, 315, 349, 350, 352.
Rambures (L.-A. de la Rochefontenilles, marquis de), IV, 232.
Ramillies (la bataille de), I, 156*; II, 202, 203; III, 35, 74*, 121; IV, 45.
Rancé (M. de), III, 75*; VI, 93.
Rancereau (le conseiller), IV, 230.
Randuyck (le baron de), III, 261.
Ranes (le marquis de), I, 56.
Rantzau (le comte de), V, 70.
Raspal (le chef camisard), II, 321.
Rastadt (la ville et les conférences de), *Rastat*, I, xxvij, 1; II, 228; III, 183, 186, 188, 205*, 206, 210, 230, 231; IV, 2, 3, 13, 17, 19, 23, 28, 29, 31, 36, 39, 98, 152, 353-384; V, 141; VI, 186, 198, 201, 218.
Ratisbonne (la ville de), 1, 91, 381, 402, 406; II, 98, 102, 315.
Ratisbonne (la diète de), I, 62*, 88, 89, 97, 425, 428, 434; V, 56, 57, 59, 60, 66, 140, 183, 245, 248, 333.
Ratsky (le baron de), *Ratky*, III, 88, 108, 111, 114, 117.

Rattenberg (le château de), *Rotemberg*, II, 98, 108.
Ratzenhausen (M. de), III, 237.
Ravanel, chef camisard, II, 153, 162, 169, 316, 322, 332.
Ravignan (Joseph de Mesmes, marquis de), III, 61, 67, 99, 100, 125, 133, 134*, 260-262, 309; IV, 250.
Rederen (le château de), II, 189.
Reetheren (M. de), III, 167, 168.
Reffuge (Henri-Pompone, marquis du), *Refuge*, II, 189, 339.
Regemorte (l'ingénieur), II, 198.
Régis (le sieur), viguier d'Istres, VI, 102.
Reichardt, secrétaire de Max.-Emmanuel, II, 47*.
Reims (l'archevêque de). Voyez Mailly.
Reims (la ville de), III, 342; IV, 239, 240.
Reischoffen (le village de), II, 21*.
Remiremont (l'abbesse de), IV, 317.
Renaix (la ville de), *Renay*, I, 132.
Renard de Pleinechesne, VI, 56.
Renaut (Bernard) d'Eliçagaray, dit le petit Renaut, IV, 95.
Renfin (le colonel), I, 57.
Rennes (la ville de), IV, 230.
Retz (le cardinal de), I, 277.
Retz (Louis-François-Anne de Neufville, marquis de Villeroi, duc de), V, 31, 89, 341; VI, 112.
Retz (le chevalier de), III, 60.
Retz (Marie-Renée de Montmorency-Luxembourg, duchesse de), IV, 231.
Revel (Charles-Amédée de Broglie, comte de), II, 13, 16.
Revel (l'abbaye de), I, 167.
Revere (la ville de), VI, 143-145, 147, 152.
Rheinfelden (la ville de), *Rein-*

VI 22

felt, Rhinfeld, Rinfeldt, I, 51, 56, 57, 172; V, 67.
Rhin (le), fleuve, I, 10, 13, 16, 17, 27-29, 47-50, 58, 70, 102, 104, 109, 119, 120, 146, 148, 149, 151, 154, 158, 160, 168, 170-172, 174, 176, 188, 191, 210, 298, 316, 319, 329, 350, 424; III, 47, 58, 184-196, 200, 203-212, 235, 238, 239, 243, 346, 356; IV, 353, 354, 357, 359; V, 43, 45, 51, 67, 69, 82, 91, 94, 211, 218, 256, 257, 259, 266, 269, 318, 334, 336, 353, 393, 427.
Rhin (le passage du), I, 9, 172*.
Rhingrave (Frédéric), I, 11, 34.
Ricart (M. de), II, 357.
Richelieu (le cardinal de), V, 145, 316.
Richelieu (Louis-François-Armand, duc de Fronsac, puis duc de), III, 197, 215, 222, 229, 352; IV, 123, 133, 134, 170, 177, 305, 306, 328, 330, 332; V, 1, 4, 5, 10, 15, 30, 34, 40-44, 46, 52, 53, 55-57, 66, 70, 71, 79, 80, 83, 91, 98, 103, 110, 113, 114, 119, 129, 131, 138, 235, 244, 285, 354, 355.
Richelieu (Marguerite-Thérèse Rouillé, duchesse de), V, 198.
Richemond (le duc et la duchesse de), V, 188.
Richemont (lord de), I, 444.
Ricoüart (le chevalier de), III, 173.
Ricous (M. de), envoyé français en Bavière, II, 87, 110, 131, 134*, 265, 274, 307, 326-329, 334; VI, 243, 263.
Riedlingen (la ville de), *Riedling*, II, 85, 292, 293.
Riez (l'évêque de). Voyez Phélypeaux d'Herbault.
Rieza (le sieur), VI, 150, 153.
Riga (la ville de), I, 240; V, 19, 42.
Rigaud (Hyacinthe), peintre, VI, 209.
Rigondez (M. de), II, 325.

Rinfeldt. Voyez Rheinfelden.
Riperda (le duc de), IV, 316, 328, 329; V, 20, 21, 148.
Rippert (le conseiller de), VI, 67.
Riquet (Jean-Mathieu), baron de Bonrepos, président à mortier au parlement de Toulouse, II, 157.
Rivoli (le village de), I, 344.
Robecq (le prince de), IV, 313; V, 85, 86.
Robert (le conseiller), V, 343.
Roborel de Climens, VI, 195.
Rochefort (Henri-Louis d'Aloigny, marquis de), maréchal de France, I, 12, 33.
Rochefort (le président de), VI, 275.
Rochefort (Madeleine de Laval, maréchale de), IV, 176, 179.
Rochelle (l'évêque de la). Voyez Brancas.
Rochemillay (le comté de la), I, 1*.
Rodemack (M.), II, 106.
Roding (M. de), III, 127.
Rohan (Armand-Gaston-Max., cardinal de), évêque de Strasbourg, III, 9, 236; IV, 61, 169, 212-216, 218, 278, 291, 316, 335; V, 102, 170, 216, 289, 296, 306, 404.
Rohan (Hercule-Meriadec de Rohan-Soubise, prince de), III, 163, 323; IV, 2, 207, 210, 277, 289, 313, 335, 362; V, 88, 208.
Rohan (Louis de Rohan-Soubise, prince de), I, 122.
Rohan (Anne-Geneviève de Lévis, princesse de), IV, 178.
Rohan (le régiment de), I, 139.
Roideau, aide de camp de Villars, II, 107.
Rolland (Pierre Laporte, dit), chef camisard, II, 151, 153, 154, 156, 158, 313, 316, 317, 320, 323; VI, 245.
Romains (le roi des). Voyez Lorraine (François, duc de).
Romains (la reine des). Voyez

Hanovre (Guillelmine-Amélie, princesse de).
Rome (la ville et la cour de), I, 84, 178*, 198*, 261, 282, 311, 319; III, 344; IV, 98, 212, 291, 294, 297, 309, 316; V, 13, 18, 33, 97, 137, 165, 171, 173, 174, 180, 182, 202, 215, 236, 242, 253, 258, 261, 268, 281, 292, 391.
Rommel (le sieur), I, 316.
Ronelle (la), rivière, III, 330.
Roquelaure (Gaston-J.-B.-Antoine, duc de), maréchal de France, IV, 88, 195, 283; V, 115.
Roquette (Gabriel de), évêque d'Autun, I, 30.
Rosel (Charles-Armand, marquis de), *Rozel*, II, 76, 180.
Rosel (François de Rosel, dit le chevalier du), II, 354.
Roskopf (le mont), *Roscoph*, III, 214, 215, 347.
Rosny (la terre de), IV, 231.
Roth (le village de), *Root*, I, 169, 451.
Rothaus (le village de), *Rothenhausen*, II, 54.
Rothe (Michel de), *Roth, Rot, Rott*, III, 98, 288; IV, 195.
Rothelin (le marquis de), *Rotelin*, I, 138.
Rothelin (l'abbé de), *Rotelin*, I, 138*.
Rothenhausen. Voyez Rothaus.
Rothweil (la ville de), *Rodeveille, Rottwil*, III, 216, 235.
Rottembourg (C.-A., comte de), ambassadeur, III, 116; V, 5, 6, 8, 10, 12, 15, 16, 33, 38, 48, 49, 52-54, 57, 58, 63, 65, 72, 75, 82, 95, 103, 104, 107, 109-113, 115, 116, 118, 123-127, 130, 296, 300, 302-304, 306, 311, 313, 315-325, 327, 330-332, 337-340, 344, 350-353, 356, 362, 364, 365-369, 372, 375, 376, 378-381, 384-387, 390, 392, 396, 400, 404, 405, 409, 410*, 411, 413, 414,

420, 422, 424-426; VI, 125, 144, 152.
Rotterdam (la ville de), III, 166, 250.
Rouen (la ville de), IV, 325.
Rouillé (le président), *Rouillier*, III, 50, 250, 283.
Roulers (la ville de), *Rousselaer*, III, 316.
Rousselet de Charpillot, III, 6*.
Roussillon (le), I, 117, 303*.
Roveredo (le bourg de), I, 329.
Roye (M. de), I, 383.
Roze (le chevalier), VI, 14, 93.
Ruffey (le comte de), III, 2.
Rumay (le bois de), III, 161.
Rupelmonde (Marie-Marguerite-Elisabeth d'Alègre, comtesse de), IV, 315; V, 312.
Ruprechtsau (le hameau de la), près Strasbourg, *Ruperschau*, I, 454.
Rustan-Bacha, V, 327, 328.
Ryswick (la paix de), I, 156*, 191, 226, 227, 240, 263, 301; III, 238; IV, 6, 8-11, 30, 363, 366.

S

Saare (le régiment de la), III, 18.
Sabionette (le duché de), IV, 8, 16.
Sabran (Louise-Charlotte de Foix-Rabat, comtesse de), IV, 220*, 221.
Sabran de Baudinar (le baron de), IV, 80.
Sade (le comte de), VI, 216.
Saillant (Jean-Philippe d'Estaing, comte de), *Saillans*, III, 135, 141, 166, 193, 249.
Sailly (Mme de), III, 248.
Sains (le village de), III, 124.
Saint-Aignan (Paul-Hippolyte de Beauvillier, duc de), III, 116; IV, 99, 170, 214, 215, 218; V, 281, 344; VI, 155.
Saint-Albin (Charles de), fils naturel du duc d'Orléans, ar-

chevêque de Cambrai, IV, 341.
Saint-Amand (la ville de), I, 38 ; III, 106, 107, 167, 256, 339.
Saint-André (Jos. de Marnays de la Bastie, chevalier de), III, 349.
Saint-André-le-Haut (l'abbaye de), à Vienne, I, 193* ; II, 245.
Saint-Chamans (Antoine Galiot, comte de), *Saint-Chamont*, III, 350.
Saint-Clars (les frères de), partisans, I, 14.
Saint-Contest (Dominique-Claude de Barberie de), II, 258, 339 ; III, 189 ; IV, 33, 36 ; V, 88.
Saint-Cyr (la maison de), I, 98 ; IV, 71 ; V, 163.
Saint-Denis-en-France (l'abbaye de), IV, 71.
Saint-Denis, près Mons (l'abbaye de), I, 127*.
Saint-Eloi (l'abbaye de), III, 91.
Saint-Eloi (le mont), III, 162.
Saint-Estevan (le comte de), IV, 281 ; VI, 121, 122, 124, 125, 129-144, 149, 155-157, 159.
Saint-Florentin (Louis Phelypeaux, comte de), IV, 330 ; V, 343, 359.
Saint-François (le fort), III, 180.
Saint-Frémond (Jean-François Ravend, marquis de), I, 169, 170, 347, 451, 452 ; II, 235, 365, 370 ; III, 148, 209, 210, 286, 331, 350 ; IV, 3, 21.
Saint-Gall (la ville de), I, 111, 112.
Saint-Gelais (le marquis de), I, 122.
Saint-Georges (le chevalier de). Voyez Prétendant.
Saint-Géran (Bernard de la Guiche, comte de), I, xv, 6, 9, 10.
Saint-Géran (la marquise de), I, xv ; II, 298.
Saint-Germain (le peintre), IV, 141.
Saint-Germain (le sieur), agioteur, V, 46.
Saint-Germain (N. Doublet de Persan, marquise de), VI, 213.
Saint-Germain-des-Prés (l'abbaye de), I, 86*.
Saint-Germain-en-Laye (la ville de), IV, 134 ; V, 125.
Saint-Ghislain (le bourg de), *Saint-Guillain, Saint-Guislain*, I, 136 ; II, 66, 249, 265.
Saint-Hilaire (Armand de Mormès de), IV, 181.
Saint-Hilaire (le sieur), VI, 3.
Saint-Jean de Lyon (le chapitre de), IV, 338.
Saint-Jean-de-Maurienne (la ville de), III, 15, 16.
Saint-Laurent (M. de), III, 83.
Saint-Laurent-des-Eaux (le bourg de), IV, 57, 58.
Saint-Léon (le village de), *Saint-Leen*, I, 169.
Saint-Léon (l'île), V, 163.
Saint-Malo (la ville de), I, 168 ; III, 37, 69* ; V, 49, 54.
Saint-Mauris (le marquis de), *Saint-Maurice*, II, 26 ; VI, 228-236.
Saint-Omer (la ville de), I, 37-41 ; III, 47, 103, 251.
Saint-Pater (Jacques Le Coutelier, marquis de), I, 453.
Saint-Paul (le lieutenant de), V, 23.
Saint-Périer (César-Joachim, marquis de), III, 357.
Saint-Pétersbourg (la ville de), IV, 327 ; V, 9, 41, 52, 58, 60, 66, 71, 72, 78, 83, 90, 95, 100, 101, 103-105, 107, 167, 176, 245, 354.
Saint-Pierre (M. de), brigadier, III, 190.
Saint-Pierre (François-Marie Spinola, duc de), IV, 16.
Saint-Pierre de Rome (l'église), IV, 291.
Saint-Pierre (le fort), à Fribourg, III, 217, 223, 229, 348, 353, 355.

Saint-Pierre (la vallée de), II, 53; III, 208, 211, 212, 221.
Saint-Pol (la ville de), III, 91, 97.
Saint-Pons (l'évêque de). Voyez Crillon.
Saint-Pouanges (François-Gilbert Colbert, marquis de), II, 325.
Saint-Quentin (la ville de), III, 141, 142, 144, 146, 318.
Saint-Saphorin (le comte de), ministre d'Angleterre à Vienne, V, 10, 21, 43, 53.
Saint-Sébastien (Mme de), dite la comtesse de Spire, V, 273*, 274.
Saint-Sébastien (la ville de), IV, 130.
Saint-Sernin (Jean-Benoit-César-Auguste des Porcellets de Maillane, marquis de), III, 99, 116, 117, 288, 289.
Saint-Sévérin (le comte), IV, 292.
Saint-Sicaire-de-Maurienne (le hameau de), III, 16-19.
Saint-Simon (Louis, duc de), I, 4*, 135*, 136*, 166*, 169*, 170*, 175*, 184*, 211*, 460*; II, 38*; III, 125*, 128*, 136*; IV, 64, 76, 158, 168, 206, 212, 228, 386; V, 114, 127, 130.
Saint-Thomas (le marquis de), I, 182, 185, 331.
Saint-Vallier (le régiment de), III, 208.
Saint-Vast (l'abbaye de), III, 83.
Saint-Venant (la ville de), III, 51*, 53, 54, 56, 98*, 180, 256, 257.
Saint-Victor (M. de), I, 453; VI, 40, 44, 51.
Sainte-Croix (le marquis de), IV, 16, 20, 373, 374.
Sainte-Croix (le marquis de). Voyez Santa-Cruz.
Sainte-Geneviève (la bibliothèque de), à Paris, I, iij-vj.
Sainte-Marie-aux-Mines (la ville de), III, 357.

Sainte-Menehould (la ville de), I, 138.
Salburg (le comte de), *Sallbourg*, I, 310.
Sales (don Juan de), I, 337.
Sales, chef camisard, II, 332.
Salm (Charles-Théodore-Othon, prince de), I, 207, 230*, 288, 438.
Saluces (la ville de), I, 166.
Salviati (le cardinal), V, 215.
Sambre (la), rivière, I, 116, 443, 447; III, 151, 152, 154, 316, 323, 325, 326, 330, 331, 334, 335, 337.
Sanfré (le comte de), II, 133, 138, 325.
Sangone (le), rivière, *Sangon*, I, 177.
San-Lucar (la ville de), V, 183.
Santa-Cruz (le marquis de), *Sainte-Croix*, ambassadeur d'Espagne, IV, 210, 318; V, 151, 226, 228, 232, 251, 374.
Santander (la ville de), V, 54.
Santini (le chevalier), *Sentini*, I, 69; II, 338.
Sapieha (le comte), V, 180.
Sapieha (Mereski), V, 409*.
Sara (la baronnie de), I, 2, 5.
Sardaigne (le roi de). Voyez Charles-Emmanuel et Victor-Amédée.
Sardaigne (la), I, 245*, 304; III, 86.
Sarre (la), rivière, *Saare, Sare*, I, 10, 16, 59, 172; II, 52, 174-177, 182, 256-260; III, 183-185, 243; IV, 45; V, 83, 334.
Sarrebourg (la ville de), I, 42; II, 182.
Sarrebruck (la ville de), *Sarbruk, Sarbrik*, II, 176-177.
Sarrelouis (la ville de), *Sarlouis, Saarelouis*, I, 70; II, 171, 174-177, 180, 185, 343; III, 189, 242.
Sarvits (la), rivière, I, 365.
Sauble (M. de), III, 338.
Saulx (François Chevalier de), évêque d'Alais, II, 331.
Saumery (Jacques-François de

Johanne de la Carre, marquis de), IV, 72.
Saumery (J.-B.-François de Johanne de la Carre, comte de), *Sommery*, III, 116.
Saumur (la ville de), V, 24.
Sauroy (M.), IV, 248.
Sauvage (le cabaret du), à Bâle, I, 113.
Sauvebœuf (le marquis de), I, 8.
Sauvegardes (les), II, 134*, 281, 310, 336; VI, 250-264.
Savary, partisan, III, 118.
Save (la), rivière, *Savv*, I, 355, 375, 386, 413.
Saverne (la ville de), I, 43; III, 9.
Savigliano (la ville de), I, 166.
Savoie (le duc de). Voyez Charles-Emmanuel et Victor-Amédée II.
Savoie (Charles-Amédée de). Voyez Nemours.
Savoie (Eugène de). Voyez Eugène (le prince).
Savoie (Marie-Adélaïde de). Voy. Bourgogne (duchesse de).
Savoie (Marie-Louise-Gabrielle de), reine d'Espagne, I, 345; IV, 30.
Saxe (la), I, 104, 309*, 387, 429, 431.
Saxe (l'électeur de). Voyez Auguste II et Auguste III, rois de Pologne.
Saxe (Jean-Georges III, électeur de), I, 103, 429.
Saxe (Maurice, comte de), V, 95, 96.
Saxe-Eisenach (le prince de), I, 47, 48, 49, 52.
Saxe-Gotha (le duc de), V, 195.
Saxe-Zeitz (le prince de), I, 212, 217, 218, 224.
Scarboroug (lord), V, 78.
Scarlati (l'abbé), I, 211, 212.
Scarlati (M.), envoyé de Saxe, I, 389, 431.
Scarpe (la), rivière, *Escarpe*, III, 46, 59, 63*, 82-87, 89, 90, 93, 104, 105, 107, 111, 115, 137, 140, 158, 159, 161, 276, 314, 317, 360; IV, 380.
Scarpe (le fort de la), à Douai, 164, 165.
Sceaux (Charles-Edouard Colbert, dit le comte de), II, 77*.
Sceaux (le château de), IV, 117, 122, 135, 189, 220.
Schaffouse (la ville de), II, 140, 141.
Scherffenberg (le comte de), I, 440.
Schereny (le comte de), *Sereni*, I, 429, 439.
Schleissheim (le château de), I, 83*, 106; II, 127, 139, 271*, 314.
Schlick (le comte de), I, 321, 329; II, 95, 273.
Schmit (le chancelier), *Schmidt*, I, 88, 409, 417, 421, 424.
Schomberg (Frédéric-Armand, maréchal de), I, 4, 24, 32, 34-36, 44, 116-118; II, 306.
Schönborn (le comte de), *Schomborn*, évêque de Wurtzbourg, V, 162, 333.
Schorndorff (la ville de), II, 234, 365; III, 235.
Schültz (le sieur), I, 348*.
Schutte (le général), I, 44.
Schwartzenberg (le prince de), I, 207, 210*, 230*, 265; V, 429 et l'*errata*.
Schweighausen (le camp de), II, 256.
Schweningen (le château de), *Schvening*, II, 116, 119, 323.
Schwieberdingen (le village de), *Schweirbertingen*, II, 231, 232*.
Scoti (M. de), V, 384*.
Scutari (la ville de), V, 270.
Sebeville (Bernardin Kadot, marquis de), I, 15.
Sebeville (Charles-Louis Kadot, comte de), II, 325.
Séchelles (M. de), IV, 285.
Seckingen (M. de), *Sequigen, Seguin*, III, 157, 338.
Seclin (le bourg de), *Selin*, III, 165.

Sedan (la ville de), I, 124.
Ségovie (la ville de), V, 148.
Séguiran (M. de), VI, 47.
Seilern (le comte de), *Seiler*, IV, 33, 368.
Seille (la), rivière, *Selle*, *Sceille*, III, 142, 146, 151-154, 316, 318, 323, 326, 330, 334, 335, 337.
Seinsheim. Voyez Sintzheim.
Sekendorff (le général), V, 33, 38, 48, 56, 159, 175, 182, 186, 192, 194, 195, 197.
Selin. Voyez Seclin.
Sels (le château de), II, 189.
Seltz (la ville de), III, 192.
Senef (la bataille de), I, 18-23; VI, 218.
Senès (M. de), ingénieur, VI, 110.
Sérent (le comte A. de), I, v, vj.
Serin (les comtes de), I, 307.
Sestrières (le col de), III, 17, 18.
Sévignan (la terre de), VI, 35.
Sévigné (Mme de), I, 4*, 5*, 99*, 138*.
Séville (la ville de), V, 161, 176, 180, 183, 197, 199, 204, 205, 208, 211, 217, 218, 220, 221, 224, 226, 229, 233, 237, 240, 243, 245, 250, 256, 262, 270, 273, 274, 277, 278, 281, 283, 287, 288, 290, 291, 293, 295-298, 302, 303, 306, 311, 315, 324-328, 331, 335, 337, 351, 352, 354, 362, 367, 375, 378, 381, 389, 390, 401, 402, 403, 410, 411.
Sèvres (le pont de), *Sève*, III, 281.
Seyne (le bourg de), III, 27.
Sézanne (L.-Fr. d'Harcourt, comte de), *Sésanne*, II, 241, 368; III, 200.
Sguiddy, *Desguiddy*, *Squiddy*, capitaine aux gardes de Villars, III, 159, 219, 268; V, 98; VI, 263, 271.
Shah Thamasp, *Chac* ou *Chah Thamas*, V, 213, 328, 380.
Shrewsbury (le duc de), ambassadeur d'Angleterre, VI, 32.

Sicile (le roi de). Voyez Victor-Amédée.
Sicile (la), I, 90*, 91, 170*, 250, 259, 261, 304, 321, 349, 402, 405, 407, 408, 411; III, 86.
Sienne (la ville de), V, 262; VI, 139.
Sierck (le camp de), *Circq*, *Sirk*, II, 176, 180, 356; VI, 185, 219.
Siguença (l'évêque de), IV, 304.
Siking (le comte de), III, 353.
Siklos (la ville de), *Siclos*, I, 72, 80, 355, 357, 359, 363, 365, 369, 370, 374*, 375, 378.
Silenrieux (le bourg de), I, 444.
Silly (Jacques-Joseph Vipart, marquis de), II, 192, 325; III, 197, 222, 323, 347-350, 352; IV, 95.
Simeoni, envoyé bavarois, II, 46, 271, 275.
Simiane (M. de), I, 452.
Simiane (Louis, marquis de), IV, 76, 279; VI, 83.
Simiane (Pauline de Grignan, marquise de), VI, 116.
Sinety, commissaire des guerres, VI, 91.
Sintzheim (la ville de), *Seinsheim*, I, 174.
Sinzendorff (Philippe-Louis-Vinceslas-François-Antoine-Bonaventure-Étienne, comte de), I, 248, 249, 258-260, 266, 268, 269, 280, 282, 297, 328, 331, 336, 338; II, 254, 273; III, 44, 177, 315, 339; IV, 363, 368, 372, 373; V, 4, 21, 44, 53, 71, 87, 127, 129, 131-136, 138, 140-144, 146-150, 153, 155-161, 173, 179, 190, 197, 203, 204, 206, 235, 244, 262, 285, 286, 299, 314, 334, 337, 351, 360-363, 385, 394.
Sinzendorff (Christian-Louis-Ignace, comte de), I, 76, 372.
Sinzendorff (le comte de), mort en 1683, I, 222, 223.
Sinzendorff (Mlle de), I, 84, 88, 405, 409.

Sirmitte, protonotaire de Hongrie, I, 332.
Sixte-Quint, pape, I, 302.
Sobieski (le prince Alexandre), I, 193, 210, 211.
Sobieski (le prince Constantin), I, 210.
Sobieski (Marie-Casimire, princesse), IV, 308.
Sobieski (Marie-Charlotte, princesse), IV, 266.
Sobor. Voyez Zombor.
Soissons (Eugène-Maurice de Savoie, comte de), I, 115, 229*.
Soissons (Louis-Thomas de Savoie, comte de), I, 229, 239.
Soissons (Olympe Mancini, comtesse de), I, 115.
Soissons (le congrès de), IV, 125, 129, 132, 133, 136, 138, 141, 146, 177, 286.
Soissons (la ville de), IV, 240.
Solary (le comte), I, 332.
Solern (le prince de), IV, 31.
Solesmes (la ville de), *Solemme*, III, 326.
Söllingen (la ville de), *Selingen, Selinguen*, II, 227, 228, 246; III, 7, 243; V, 353.
Somme (la), rivière, III, 34, 139, 141, 277; IV, 51.
Sontheim (le village de), I, 159.
Sors (le chevalier de), III, 17.
Souabe (la), *Swabe, Suabe*, I, 91, 103, 104, 109, 307, 355, 359, 364, 407, 410, 428.
Soubise (Louis-François-Jules de Rohan, prince de), IV, 289.
Soubise (Anne de Rohan-Chabot, princesse de), III, 236.
Soubise (Anne-Julie-Adélaïde de Melun-Espinoy, princesse de), IV, 210.
Souches (le général), au service de l'empereur, I, 18, 23, 385.
Souches (le général), fils du précédent, I, 440.
Soulet (le conseiller), V, 349.
Souternon (le régiment de), I, 146.

Souvré (Louis-Nicolas Le Tellier, marquis de), I, 383, 385.
Soyecourt (Joachim-Adolphe de Seiglière de Boisfranc, marquis de), III, 130, 169.
Spach. Voyez Katte.
Spar (le sieur), V, 272.
Spinchal (le marquis de), I, 431, 432.
Spinola (le marquis de), V, 225-228, 232, 233, 236, 237, 239-242, 245, 246, 249, 250-252, 255, 258, 275, 335.
Spire (l'évêque de), III, 187; IV, 361, 370.
Spire (la comtesse de). Voyez Saint-Sébastien (Mme de).
Spire (la ville de), I, 104, 120, 149, 150; III, 61*, 191, 200, 208-210, 213, 345; IV, 353, 358; V, 334; VI, 51-54.
Squiddy. Voyez Sguiddy.
Staffarde (la bataille de), I, 156*.
Stahrenberg (Ernest Rudiger, comte de), I, 203, 204, 329, 345, 437.
Stahrenberg (Guido, comte de), III, 297, 367.
Stahrenberg (Gundackar, comte de), I, 203, 204, 310; IV, 368; V, 71, 190, 206.
Stairs (lord), IV, 90, 103.
Stanhope (Jacques, comte), IV, 103, 105, 117.
Stanhope (William), lord Harrington, V, 20*, 21, 39, 41, 57-59, 77, 155, 157, 166, 188, 189, 197, 205, 219, 226, 232, 237, 251, 292, 294, 302.
Stanislas Leczinski, roi de Pologne, I, 240*; IV, 313, 314, 317, 318, 323, 326, 327, 339, 340; V, 19, 48, 98, 99, 388-391, 396, 405, 407, 409, 410, 415, 418, 424-426, 428.
Stanloo. Voyez Stavelot.
Stauffen (la vallée de), III, 221.
Stavelot, *Stanloo*, V, 334.
Steckenberg (M. de), III, 71.
Steenbergen (la ville de), *Steimbourg*, III, 166*.

DES MATIÈRES. 345

Steinau (le régiment bavarois de), I, 181.
Steinbock (le général suédois), VI, 34.
Steinkerque (la bataille de), I, 140.
Stenay (la ville de), V, 334.
Stevensweert (la ville de), *Stervesvert*, III, 149.
Stockholm (la ville de), IV, 328; V, 11, 35, 54, 57, 78.
Stoll (le sieur), IV, 17*.
Stollhofen (les lignes de), *Stoloffen*, I, xxiij; II, 76*, 203, 223, 224, 228; III, 7, 121, 237; VI, 192, 197, 200.
Stradella (le bourg de), I, 169*.
Strafford (le comte de), *Straffort*, III, 173, 320, 336, 340, 342; IV, 14, 353, 357; VI, 32.
Strasbourg (l'évêque de). Voyez Rohan (cardinal de).
Strasbourg (la ville de), I, 28, 43, 49, 56, 57, 86*, 365, 453, 454; II, 43, 51, 299; III, 109, 184-186, 196, 207-213, 220, 230, 242, 244, 304; IV, 27, 34, 35, 266, 318, 330, 331, 355, 359, 361, 370, 378, 382; V, 91, 102, 353.
Stratmann (le comte de), I, 62, 65, 82, 93, 95-97, 204*, 215, 227, 384, 414, 417, 419, 420, 428; III, 105.
Streiff (le baron de), II, 194, 212, 213, 351.
Stringlandt (le pensionnaire), V, 42, 320.
Stuart (Jacques). Voyez Prétendant (le).
Stuhlweissenburg (la ville de), *Albe-Royale*, I, 71, 354, 363, 378, 380, 381*.
Stuttgard (la ville de), I, 430; II, 228, 232, 233, 363, 364; III, 237; IV, 27*; V, 90.
Styrum (le comte de), II, 88, 89, 94, 95, 97, 110, 114-117, 125, 132, 134, 137; VI, 241.
Styrum (les cuirassiers de), I, 319, 367.
Suède (le roi de). Voyez Charles XI, Charles XII, Frédéric, Gustave-Adolphe.
Suède (la), I, 59, 100*, 240, 243, 262, 267.
Suédois (les), I, 210.
Suisse (la), I, 109, 111, 112, 430, 434.
Sully (Maximilien-Henri, duc de), IV, 159, 170, 279; V, 90.
Sumynghen. Voyez Zumjungen.
Sunderland (lord), V, 188.
Surlauben. Voyez Zurlauben.
Surville (Louis-Charles d'Hautefort, marquis de), III, 61, 63-65, 68, 258, 261-263.
Suse (la ville de), *Suze*, I, 166; III, 21, 180.
Szegedin (la ville de), *Segedin*, I, 66, 72, 357, 377, 385.
Sziget (la ville de), *Siget*, I, 80, 354, 365, 380, 381*.

T

Taaffe (le comte de), *Taff*, I, 67, 375, 439.
Taaffe (les cuirassiers de), I, 319.
Talhünd (l'ile de). Voyez Dahlunden.
Tallard (Camille de la Baume d'Hostun, comte, puis duc de), maréchal de France, I, 123, 152, 172, 192, 198, 252, 302, 350; II, 44, 45, 76, 77, 97, 100, 123-129, 132, 160, 161, 284, 285, 304, 323, 324, 328, 329; IV, 67, 76, 123, 203, 219, 223, 226, 360; V, 30-32, 45, 49, 84, 87-90; VI, 53, 242.
Tallard (Marie-Joseph d'Hostun, duc de), fils du précédent, III, 225, 356.
Tallard (Marie-Isabelle-Gabrielle de Rohan, duchesse de), IV, 312, 315.
Talmont (Frédéric-Guillaume de la Trémoïlle, prince de), IV, 293.
Talon (Louis-Denis), IV, 276.

Talouët (le maître des requétes), IV, 254-256, 261, 264, 265.
Talunte (l'ile de). Voyez Dahlunden.
Tanaro (le), rivière, I, 347.
Tarente (le prince de). Voyez La Trémoïlle (Charles-Louis-Bretagne, duc de).
Tarlo (le comte de), IV, 326, 330, 339.
Tartares (les), I, 359, 363-366.
Tauber (le), rivière, *Tober*, I, 14, 15.
Tauris (la ville de), IV, 340.
Tékely (Emeric, comte de), *Téquéli*, I, 332, 378, 382.
Temes (la vallée du), I, 377*.
Temeswar (la ville de), *Temisvar*, I, 206, 377, 378, 416.
Templeuves (le château de), III, 38.
Tencin (Pierre Guérin de), archevêque d'Embrun, IV, 297*; V, 215, 289, 295, 296, 306.
Tencin (Mlle de), V, 13, 15.
Térouanne (la ville de), III, 257.
Terrade (l'ingénieur), II, 64, 65, 68, 71.
Terrebasse (Humbert de), VI, 163, 168.
Terres adjacentes de Marseille (les), VI, 26, 27, 29.
Tessé (Philibert-Emmanuel de Froullay, marquis de), I, 56.
Tessé (René de Froullay, comte et maréchal de), I, 123, 178, 181, 186, 307, 329, 347; III, 245; IV, 226, 284, 298, 299, 304, 309, 334.
Tessé (René-François de Froullay, chevalier de), III, 339.
Tessé (René-Mans de Froullay, comte de), IV, 315; V, 121.
Tessé (les dragons de), I, 134.
Thamas. Voyez Shah Thamasp.
Thaun (Dorothée de), I, 208, 211*, 224.
Theilheim (le village de), I, 159.
Theiss (la), rivière, *Tibisque*, *Tibisc*. I, 354, 355, 363, 385.
Thil (le chevalier du), III, 117, 118.

Thionville (la ville de), I, 42; II, 180, 185.
Thouy (le marquis), *Thoy*, III, 10, 12, 14, 18, 27.
Thun (le comte de), *Toun, Thoune*, I, 83, 84, 391-409.
Thüngen (Jean-Charles de), *Thingen*, maréchal de l'empire, II, 190, 217, 249; III, 5, 6.
Tibisque (la). Voyez Theiss (la).
Tilladet (J.-B. de Cassagnet, marquis de), I, 121, 443*, 444.
Tiller, lieutenant-colonel suisse, III, 4-6.
Tillières (le marquis de), I, 191*.
Tilly (Claude de Tserclaes, comte de), *Tilli*, III, 95.
Tingry (Christian-Louis de Montmorency-Luxembourg, prince de), III, 314, 328, 329; V, 83.
Titon (le conseiller), V, 398, 402, 406.
Titon (Maximilien), VI, 20, 21.
Titon (Marguerite Beccaille, veuve), VI, 21.
Titon (Louis), seigneur de Villegenou, VI, 21, 52, 64.
Todtenau (la vallée de), *Tolnau*, III, 224.
Toiras (le marquis de), I, 135*, 136.
Toison d'or (ordre de la), VI, 54.
Tolstoi (le comte), *Tolstoy*, V, 180.
Tonnerre (la ville de), I, 444.
Top (le général), III, 52, 142, 145.
Torcy (J.-B. Colbert, marquis de), I, 145, 211*, 220*, 248, 249, 265, 303, 331, 348*, 350, 456, 457; II, 254; III, 39, 42, 44-47, 50, 60, 77, 185, 246, 247, 249, 250, 256, 258-260, 262, 277, 280, 281, 283, 292, 296, 302-306; IV, 13, 15, 24, 26, 27, 45, 75, 119, 206, 268, 351, 354, 355, 361, 365, 368-370, 373, 377-379; VI, 47, 65, 82.

Tornese (le château), I, 377, 378.
Toscane (Cosme III de Médicis, grand-duc de), I, 86*, 92, 389-397 ; IV, 314.
Toscane (Ferdinand de Médicis, prince de), I, 86, 91-93, 393, 397, 400.
Toscane (Jean-Gaston de Médicis, prince de), IV, 269.
Tot (Fr.-Laurent Wacquet du), II, 78.
Toufflers (le château de), III, 38.
Toul (la ville de), III, 193.
Toulon (la ville de), I, 266 ; III, 12, 239 ; IV, 84, 186 ; V, 199, 230 ; VI, 33, 51, 96-98.
Toulouse (Louis-Alexandre de Bourbon, comte de), III, 51, 75*, 254 ; IV, 67, 68, 71, 75, 113, 114, 116, 117, 163, 167, 174 ; V, 108 ; VI, 87.
Toulouse (l'archevêque de). Voyez Nesmond.
Tour de Bouc (la), VI, 33, 47, 77.
Tournay (l'évêque de). Voyez Beauvau (René-François de).
Tournay (la ville de), I, 124, 126, 131, 132, 134, 139, 142, 448, 449 ; III, 15, 23, 32, 38, 39, 44, 47, 48, 53-55*, 57, 60, 61*-64, 68, 69*, 77, 80, 106, 107, 122, 163, 167, 168, 180, 256-258, 261, 265, 299, 311.
Tournon (Louis du Pasquier de), II, 150.
Tournon (M. de), VI, 83.
Tourville (Anne-Hilarion de Cotentin, comte et maréchal de), I, 156.
Tourville (Louis-Alexandre de Cotentin, marquis de), III, 157, 339.
Townshend (le comte de), *Toushen*, V, 6, 165, 167, 168, 171, 191, 192, 195.
Tracy (M. de), I, 133.
Traërbach (la ville de), I, 70 ; II, 50 ; III, 229.

Transylvanie (la), I, 66, 80, 81, 89, 213, 375-378, 381, 386.
Trappe (l'abbaye de la), III, 296.
Trauttmannsdorff (le comte de), II, 273.
Trauttmannsdorff (la princesse de), I, 456-459.
Trautsen (le comte de), IV, 368.
Trélans (le vicomte de), IV, 385.
Trente (la ville de), I, 326.
Trente (le concile de), I, 422.
Tresignies (la plaine de), I, 19.
Tresmes (Bernard-François Potier, duc de), IV, 59.
Tresnel (le marquis de), IV, 259.
Tressemanes (le chevalier de), II, 33, 64, 116, 122, 128, 282, 283.
Trèves (la ville de), I, 28, 29, 120 ; II, 187, 189, 350 ; III, 7, 184, 185, 195, 243 ; V, 334.
Trianon (le château de), IV, 279.
Tricault (M. de), *Trécot*, III, 339.
Trivulce (M. de), I, 186.
Trochanire, surnom de Mme de la Troche, I, 138*.
Trompette (le château), à Bordeaux, I, 65*.
Trouille (la), rivière, III, 68, 316, 340, 342.
Trudaine (Charles), IV, 154, 176.
Turcs (les), I, 18, 64, 66-75, 77, 82, 84, 88, 100, 101, 120, 205, 206, 209, 213, 215, 254, 272, 353-359, 361, 363, 366-368, 371, 372, 376-382, 385-387, 402, 424.
Turenne (le maréchal de), I, 7-10, 13-17, 24, 27-30, 118, 119 ; II, 52, 286, 295, 370, 372 ; III, 25, 212, 213 ; IV, 26, 123 ; V, 231, 255.
Turenne (Louis de la Tour, prince de), I, 61*.
Turenne (Frédéric-Maurice de la Tour, prince de), IV, 266*.
Turin (la ville de), I, 178, 179, 185-187, 459 ; II, 217 ; III, 11, 70*, 357 ; V, 52, 55, 134, 369, 371, 376, 385, 387,

389, 392, 393, 396, 401, 403, 408, 409, 416, 417, 419-426.
Turkheim (la ville de), III, 209.
Turodin (le chirurgien), III, 76.
Turpin, doreur, VI, 284.
Tyrol (le), I, 111, 169*, 278, 285, 288, 307, 319, 326, 329, 332, 345, 408.

U

Ulm (la ville d'), I, 104, 195, 196, 199, 425 ; II, 98, 109, 110, 232, 261, 294, 363, 366 ; III, 346 ; IV, 13.
Urago (le camp d'), II, 9.
Urgel (la ville d'), IV, 336.
Ursins (le cardinal des). Voyez Benoît XIII.
Ursins (Anne-Marie de la Trémoïlle, princesse des), I, 178* ; III, 344 ; IV, 5, 16, 18, 20, 22, 24, 54, 333, 374, 375, 379.
Urtebise. Voyez Hurtebise.
Usson (Jean Dusson de Bonnac, marquis d'), II, 118, 122, 307, 329.
Utrecht (le congrès et le traité d'), I, 248* ; III, 8*, 142, 160, 167, 168, 173, 179, 336, 342 ; IV, 9-11, 331, 353, 354, 356-358, 365, 368, 382, 383.
Utrecht (la ville d'), V, 179.
Uzès (Jean-Charles de Crussol, duc d'), IV, 170.
Uzès (Anne-Marie-Marguerite de Bullion, duchesse d'), V, 70.

V

Vaas (le pays de), I, 125, 126.
Vackmeister (le sieur), III, 237.
Vakerbart (le comte de), II, 245.
Valcourt (le combat de), I, 116, 122, 443, 444, 446.
Valcroissant (le capitaine), III, 171.
Valence (M. de), VI, 146.
Valence (la ville de), en Italie, I, 180-182.

Valenciennes (la ville de), I, 31, 37, 38, 41, 118, 126, 447, 449 ; III, 46, 57, 59, 73, 74, 88, 90, 123, 125, 158, 160, 167, 169, 170, 171, 250, 256, 263, 266, 275, 294, 298, 314, 317, 330, 331, 334, 335.
Valero (le marquis de), IV, 281.
Valgrand (M. de), I, 443.
Valkowar. Voyez Vukovar.
Vallière (Jean-Florent de), III, 102*, 174, 175, 202 ; V, 415.
Valory (Charles-Guy, marquis de), III, 166, 174, 175, 192, 198, 218, 350, 353, 355, 357 ; VI, 53.
Valory (Guy-Louis-Henri, chevalier de), III, 202.
Valpô (le château de), 66, 69, 355, 357-359, 379.
Valsassina (le comte de), Varsassine, général des Impériaux, I, 125.
Vanchon (le lieutenant-colonel), IV, 314.
Vandermer (M.), ambassadeur de Hollande en Espagne, V, 175, 321.
Van-Hoë (M.), V, 146.
Varennes (J.-A. de Nagu, marquis de), II, 50, 257.
Varennes (Marie Godde de). Voyez La Troche (marquise de).
Varsovie (la ville de), I, 194 ; V, 175, 186, 343, 356, 401, 428.
Vasnar (le général), III, 131.
Vassy (M. de), III, 194.
Vattan (M. de), IV, 256.
Vatteville (le comte de), I, 137.
Vauban (Sébastien Le Prestre, maréchal de), I, 34, 165 ; II, 61, 63, 67.
Vauban (Antoine Le Prestre, comte de), III, 98, 99, 285, 288.
Vaubonne (Joseph Guibert, marquis de), I, 453, 454 ; III, 197, 214, 217.
Vaubrun (Nicolas Bautru, marquis de), 1, 5, 27, 119.

DES MATIÈRES. 349

Vaubrun (Guillaume Bautru, dit l'abbé de), IV, 122.
Vaudémont (Charles-Henri de Lorraine, prince de), I, 20, 184*, 268, 270, 301, 304, 329, 331 ; II, 6, 205, 256 ; III, 75* ; IV, 317.
Vaudémont (Charles-Thomas de Lorraine-), fils du précédent, I, 213, 268, 270, 293, 299, 308, 313.
Vaudrey (Jean-Charles, comte de), *Vaudray*, I, 453.
Vaugrenant (M. de), ambassadeur à Turin, V, 371, 377, 382, 389, 390, 396, 400, 403, 405, 407, 408, 411, 415, 417, 424, 426.
Vaure (l'abbaye de), I, 25.
Vauvenargues (M. de), VI, 97, 102.
Vaux-le-Vicomte, appelé ensuite Villars (le château et la terre de), I, xxx, 47*, 139* ; VI, 38, 48, 218, 247, 248, 262-263.
Vaux-le-Vicomte (les archives de), VI, 2-4.
Vazières (le camp de), III, 262.
Vegelin (M. de), député des États de Hollande, *Finglen*, III, 95, 339.
Veir (le comte de), V, 72.
Velen (le comte de), V, 35.
Vence (l'évêque de). Voyez Moret de Bourchenu.
Vendeuil (François de Clérembault, marquis de), *Vandeuil*, I, 125.
Vendeuil (Pierre-Timoléon de Clérembault de), *Vandeuil*, II, 6.
Vendôme (César, duc de), IV, 62 ; VI, 47.
Vendôme (Louis-Joseph, duc et maréchal de), I, xxij ; II, 53, 91, 96, 100-103, 144, 173, 205, 209-210, 218, 262, 304 ; III, 8, 9, 13, 14, 23, 26, 31, 77, 78, 178 ; IV, 131, 253 ; VI, 26, 28-31, 42, 44, 46, 47, 243, 244, 258.
Vendôme (Philippe de), grand prieur de France, I, 181 ; IV, 147, 156, 253.
Vendôme (Marie-Anne de Bourbon-Condé, duchesse de), IV, 84 ; VI, 56, 58, 62, 64.
Venise (la ville de) et les Vénitiens, I, 64, 209, 213, 251, 262, 268, 273, 311, 312, 325, 326, 344, 377, 382, 387-390, 409, 410.
Ventabrain (Mme de), VI, 97.
Ventadour (Charlotte-Eléonore de la Motbe-Houdancourt, duchesse de), III, 236 ; IV, 72, 203, 206, 210, 309.
Verdun (la ville de), I, 195 ; III, 193, 243.
Verdy (le médecin), VI, 86.
Verne (Mme de), V, 145.
Vernitz (la), rivière, II, 118.
Vernon (M. du), II, 171.
Vérone (la ville de), I, 344.
Verseilles (J. Badier, marquis de), II, 64, 111, 116, 228, 235, 236, 329.
Vertilly (René de Harlus, chevalier de), I, 452.
Verue (Joseph de Scaglia, comte de), I, 99* ; II, 325, 336.
Verue (la ville de), I, 184* ; II, 173.
Vervins (le conseiller), V, 343.
Veterani, général de l'empire, I, 364, 440.
Vezel (la ville de), I, 9.
Vezins (la comtesse de), I, iij, v.
Viallon (M.), I, v.
Vicentin (le), I, 326, 329.
Victor-Amédée II, duc de Savoie, puis roi de Sicile et ensuite de Sardaigne, I, 161*, 177-182, 183-187, 262, 263, 265, 268, 273, 307, 325, 328, 331, 343, 431 ; II, 10, 11, 96, 141, 142, 321 ; III, 10-21, 30, 31, 44, 176, 180, 186-188, 292, 304 ; IV, 98, 100-102, 251, 308, 318, 331, 332, 345 ; V, 39, 45, 47, 48, 52, 68, 71, 82, 144, 174, 207, 262, 264,

267, 271, 273, 280, 369; VI, 33.
Vienne (la ville de), en France, I, 167.
Vienne (la ville de), en Autriche, III, 35, 105, 106, 294, 346; IV, 3, 5, 6, 8, 16, 21, 22, 30, 31, 34, 37, 39, 41, 97-99, 298, 316, 340, 352, 355, 361, 362, 368, 372, 374, 376, 378; V, 7, 11, 15, 16, 19, 21, 27, 29, 34, 40, 41, 43, 50, 51, 53, 55, 58-60, 63, 67, 68, 71, 75, 79, 80, 82, 95, 97, 98, 101, 103, 105, 110, 113, 114, 119, 124, 125, 127, 129, 132, 136, 138, 139, 144, 157-160, 164, 166, 167, 170, 175, 176, 178-182, 190, 192, 199, 204, 208, 210, 213, 215, 217, 220, 223, 224, 250, 251, 254, 262, 268, 269, 287, 291, 292, 298, 305-308, 310, 311, 313-317, 319, 321-326, 328, 332, 339, 355, 367, 368, 375, 379, 381, 390, 392, 401, 425.
Vieuxpont (Guillaume-Alexandre, marquis de), II, 227, 235, 371; III, 153, 154, 168, 175, 208, 326-328, 337, 338.
Vignory (M.), I, 12, 28.
Villacerf (Pierre-Gilbert Colbert, marquis de), IV, 315.
Villars (Barthélemy de), I, xiij, xiv.
Villars (Pierre IV de), archevêque de Vienne, I, xiv, 2*.
Villars (Pierre V de), archevêque de Vienne, I, 2*; VI, 163.
Villars (Jérôme de), archevêque de Vienne, I, 2*.
Villars (Balthazard de), président des Dombes, I, xiij; VI, 163.
Villars (Nicolas de), évêque d'Agen, I, 2*.
Villars (Claude III de), I, xiv. Son anoblissement, VI, 164.
Villars (Claude IV et V de), fils et petit-fils du précédent, VI, 167.

Villars (Henri de), archevêque de Vienne, I, 3*.
Villars (Pierre VI de), archevêque de Vienne, I, 3*, VI, 167.
Villars (Pierre VIII, marquis de), dit Orondate, père du Maréchal, I, xiv, 2-5, 7*, 8, 60, 95, 162, 192, 194*, 252, 340; VI, 162, 167, 222.
Villars (Claude-Louis-Hector, marquis, puis duc de), maréchal de France, passim.
Villars (Honoré-Armand, marquis, puis duc de), fils du Maréchal, I, iij, iv; II, 47; IV, 108; VI, 25, 190, 191, 213, 284.
Villars (Armand, comte de), frère du Maréchal, I, 193*; II, 222, 370; III, 11, 75, 95, 103, 108, 133, 165, 310, 338.
Villars (l'abbé Félix de), agent général du clergé, frère du Maréchal, I, 142.
Villars (Marie Gigault de Bellefonds, marquise de), femme de Pierre VIII, I, xiv, 2, 7*, 193; VI, 221.
Villars (Jeanne-Angélique Rocques de Varangeville, maréchale de), I, xxx; II, 13, 74*, 144, 166, 293, 300, 304, 336; III, 257, 259, 269, 283; IV, 55, 58, 247, 315, 382; VI, 215, 249.
Villars (Amable-Gabrielle de Noailles, marquise, puis duchesse de), IV, 190, 191; VI, 23.
Villars (Thérèse de), sœur du Maréchal, marquise de Boissieux, VI, 214. Voyez Boissieux.
Villars (Marie-Louise de), sœur du Maréchal, comtesse de Choiseul-Traves, I, iij, 193*; VI, 220.
Villars (Charlotte de), sœur du Maréchal, comtesse de Vogüé, I, iij, 193*; II, 326; III, 269; VI, 211, 214, 220.
Villars (Agnès de), sœur du

Maréchal, abbesse de Chelles, I, 193*; II, 245; III, 310; IV, 265*; VI, 220.
Villars (la maison de), VI, 161 et suiv.
Villars (l'hôtel de), I, xxviij; VI, 280.
Villars-Thoire (Humbert VII de), VI, 161.
Villars (Honorat, marquis de), comte de Tende, VI, 162.
Villars, major de la vieille marine, VI, 55.
Villars, aide-major des gardes, III, 158.
Villemeur (Fr., marquis de), *Villemur*, III, 116.
Villeneuve (Louis Sauveur, marquis de), V, 126*, 213, 276, 328.
Villeneuve (la marquise de), VI, 83.
Villeneuve-le-Marc (la terre de), I, 193*.
Villenouette (M. de), III, 279.
Villepion (Claude-Léon de Cornuel de), I, 444, 445.
Villeroy (François de Neufville, marquis, puis duc et maréchal de), I, 34, 156, 157; II, 2-15, 53, 179-183, 208, 209, 343; IV, 40, 41, 44, 46, 67, 68, 72, 93, 97, 104, 113, 116, 123, 125, 126, 145, 149, 151, 190, 192, 196, 197, 201, 209, 213, 216, 219, 221, 226, 227, 231-235, 259, 290, 360; V, 94, 108, 109, 262, 263; VI, 89, 94.
Villeroy (Louis-Nicolas de Neufville, marquis, puis duc de), fils du précédent, III, 225; V, 89, 90, 108, 341.
Villeroy (Louis-François-Anne de Neufville, marquis de). Voyez Retz (le duc de).
Villers-Brulin (le village de), *Viler-Brulin*, III, 287.
Villers-Cotterets (la ville de), IV, 239, 240.
Villiers (l'ingénieur), III, 194.
Villiers (le marquis de), II, 6.

Villingen (la ville de), *Vilinghen, Philingue, Fillingue*, I, 171; II, 54, 82, 107, 124, 127-130, 144, 319, 325; III, 109, 185, 206, 214, 235, 280, 294; IV, 378.
Vilmont (Mme de), IV, 138.
Vincennes (le château de), I, 179*; IV, 72, 124, 324; V, 11.
Vins (le marquis de), I, 181.
Vintimille (Charles-Gaspard-Guillaume de), archevêque d'Aix, IV, 79*, 81; VI, 10, 23, 27, 57, 67, 106, 117.
Virmon (le capitaine), I, 59.
Vis-à-Marles (le village de), III, 83.
Visconti (le comte de), I, 306.
Vitry-sur-Scarpe (le bourg de), III, 85, 87.
Vittoria (la ville de), V, 21.
Vivans (Jean de Noaillac, marquis de), *Vivant*, II, 201, 225, 230, 231, 233, 247, 351, 359; III, 222, 223, 237, 239, 352.
Vivonne (Louis-Victor de Rochechouart, duc et maréchal de), I, 25*.
Vogüé (Charles-François-Elzéard, marquis de), lieutenant général, I, iij, iv; VI, 189.
Vogüé (Jacques-Joseph-François de), évêque de Dijon, I, iij, iv, v.
Vogüé (Pierre, comte de), brigadier, I, ij, iij, iv; VI, 189, 284.
Vogüé (Léonce-Louis Melchior, marquis de), VI, 190.
Vogüé (Charlotte de Villars, comtesse de). Voyez Villars.
Voisin (la), I, 115.
Voltaire, V, 14; VI, 212 et suiv.
Voulx (la terre de), VI, 35.
Voysin (Daniel-François), *Voisin*, III, 50, 80, 83*, 88, 92*, 101, 108*, 113, 114, 117, 118*, 122, 128*, 133, 137, 181, 182, 187*, 205*, 255, 257, 259, 263, 264, 266, 272, 274, 278, 281, 283, 284, 287-289, 291, 293, 297, 309, 311, 314, 317, 321,

323, 325, 327-329, 345, 349, 351, 355; IV, 13, 15, 24, 26-28, 59, 61, 64, 75, 93, 351, 359-361, 363, 366, 367, 369, 371-379, 381, 382; VI, 82.
Vukovar (la ville de), *Valkowar*, I, 377, 382.

W

Wachtendonck (le général), *Vactendonc*, III, 228, 229.
Wager (l'amiral), *Vager*, V, 51, 97, 321.
Walbron (le comte de), V, 80.
Waldeck (Georges-Frédéric, comte de), *Valdec*, I, 116, 134, 447.
Waldegrave (lord), *Walgraf*, V, 75*, 96, 127, 206, 251, 284, 290, 298, 313, 315, 317-319, 325.
Waldkirch (le bourg de), *Waldkirk, Valkirck, Valkirk*, I, 50; II, 54; III, 197.
Waldkirk (le comte de), *Valkirk*, II, 246.
Waldstein (le comte de), grand chambellan de l'empereur, I, 200, 230*, 286, 288, 294; II, 254.
Waldstein (le comte de), fils du précédent, I, 200.
Waldstein (le chevalier de), *Wallstein*, I, 85.
Walef (le régiment de), III, 340.
Wallis (le général), I, 441.
Walpole (Robert), ministre anglais, V, 161, 195, 371, 402, 403.
Walpole (Horace), ambassadeur anglais, V, 17, 20, 32, 35, 47, 50, 57, 58, 61, 64, 66, 67, 71, 77, 95, 96, 110-113, 136, 144, 155, 157, 166, 168, 183, 251, 255, 257, 259, 269, 273, 277, 292, 294, 303, 319, 371, 402, 403.
Wampel (M.), *Wampl*, I, 418, 424.
Warneton (le bourg de), III, 55, 56.
Wartigny (César de Brouilly, marquis de), I, 184.
Watten (le fort et l'abbaye de), *Watte*, I, 33, 38.
Weitersheim (M. de), III, 222.
Welen (Mlle de), I, 64, 88, 396, 399, 402-405, 410, 416.
Werdt (la ville de), III, 185.
Werner (le général), I, 326.
Westerloo (le comte de), V, 80.
Westphalie (le traité de), I, 291.
Wetzel (le baron de), V, 186*.
Wiesloch (le combat de), *Wisloch, Visloc*, I, 168-170, 451-453; VI, 223.
Wight (le port de), *Vic*, V, 4.
Wilbade (les eaux de), I, 199.
Willstädt, *Wilstett*, III, 184.
Windisgratz (le comte de), V, 129.
Winnenden (la ville de), *Winenden*, II, 367.
Wiser (le baron), I, 198*.
Wissembourg (la ville de), III, 208, 243.
Wœrth (la ville de), *Vert*, II, 21, 188.
Wolfenbuttel (le duc de). Voyez Brunswick-Wolfenbuttel.
Wolfstein (le château de), III, 195.
Worms (la ville de), I, 104, 120, 146, 148; III, 189, 191, 346; V, 54.
Wratislaw (le comte de), I, 300, 324, 325, 328.
Wratislaw (Mlle de), I, 211*.
Wurtemberg (Eberhard-Louis, duc de), III, 113, 147, 237-239, 293; V, 34, 45, 59, 177, 244, 247, 363.
Wurtemberg (Frédéric-Charles, administrateur du duché de), I, 103, 109, 151, 152; III, 238; VI, 223.
Wurtemberg (Charles-Alexandre, prince de), III, 189, 201; IV, 31.

Wurtemberg (le), *Wirtemberg*, I, 106, 181.
Wurtzbourg (la ville de), *Wirtsbourg*, I, 14, 15.
Wurtzbourg et Bamberg (l'évêque de). Voyez Schönborn (le comte de).

X

Ximénès (le marquis de), IV, 188.

Y

Youlo (la ville de). Voyez Gyula.
Ypres (la ville d'), I, 39, 126, 142; III, 39, 44, 47, 48, 56, 100, 180, 249, 320.
Yvrée. Voyez Ivrée.

Z

Zalecki (Leo), I, 212*, 217, 225.
Zell (le duc de). Voyez Brunswick-Zell.
Zell (la ville de), I, 387.
Zeringen (le camp de), *Zeringuen*, III, 349, 351.
Zombor (la ville de), *Sobor*, I, 377.
Zuli-Khan (le général persan), V, 379, 380.
Zumjungen (le baron de), *Sumynghen*, V, 243*.
Zurich (le canton de), III, 3.
Zurlauben (M. de), *Surlauben*, général de l'empire, II, 325.
Zutphen (la ville de), I, 9.
Zwingenberg (le village et le ruisseau de), I, 158.

TABLE
DU SIXIÈME ET DERNIER VOLUME.

                                            Pages

Avant-propos   1

APPENDICE AU TOME V.

I. Extraits de la correspondance de Villars comme gouverneur de Provence   7

    Villars à Lebret, nos 1-3, 6-8, 10-15, 17-21, 23-26, 28, 29, 31-37, 40-42, 44, 46-48, 51, 58, 72, 73, 75, 77, 79, 81, 84-87, 89-92, 95-101, 105, 107-112, 120, 121.

    Lebret à Villars, nos 4, 9, 16, 22, 27, 30, 38, 45, 49, 50, 54, 59-61, 68, 80, 82, 83.

    Villars aux maire et échevins de Marseille, nos 62, 70, 71, 74, 76, 78, 88, 94, 102-104, 113, 115-119.

    Les échevins de Marseille à Villars, n° 53.

    Villars au marquis de Pilles, n° 55; — à l'échevin Alphanty, n° 106.

    Villars à Hyacinthe Pascalis, nos 63, 65; — Hyacinthe Pascalis à Villars, n° 67.

    Villars aux maire et consuls de Barcelonnette, n° 64; — aux maire et consuls d'Alloz, n° 66; — aux consuls de Martigues, n° 93; — à MM. de l'Académie de Marseille, n° 114.

    Villars à Torcy, n° 39; — à l'abbé de Citeaux, n° 69.

    Belzunce à Villars, n° 57.

    Le marquis de Pilles à Villars, n° 52.

    Gally à Lebret, n° 43.

II. Extraits de la correspondance de Villars pendant sa dernière campagne en Italie (1733-1734) 118

    Villars au duc d'Antin, n° 122.

    Villars au marquis de Bissy, nos 123, 124, 126, 129, 132-135, 139-145, 148, 149, 151-154, 156, 157, 160.

TABLE.

Le marquis de Bissy à Villars, nos 125, 130, 131, 136, 137, 146, 155, 158, 159.
Villars au comte de Montemar, nos 127, 128, 138, 147.
M. de Campredon à Villars, no 150.

III. Origines de la famille de Villars 161
IV. Brevets et pouvoirs donnés a Villars par Louis XIV et Louis XV. 169
V. Grandesse d'Espagne de Villars. 187

Le maréchal de Villars à MM. les consuls de Toulon, no 161.
Le marquis de Villars à MM. les consuls de Toulon, no 162.

VI. Pièces de vers sur Villars 192

Ode composée en 1707. — Acrostiche. — Le Cygne, par M. Houdard de la Motte. — Épigramme, par M. de la Monnoye.
Odes présentées à l'Académie royale des belles-lettres de Marseille 195
Chansons satiriques 209

VII. Voltaire et Villars. 212

Lettre écrite de Villars à Mme de Saint-Germain. — Divertissement pour une fête qu'André donna à Mme la Maréchale de Villars. — Pour un des amis de M. de Voltaire qui était à l'armée d'Italie. — A M. le comte de Sade. — Réponse de M. de Sade.

Additions aux tomes I, II, III et IV.

Tableaux commandés par Villars 218
La princesse de Bavière 219
Combats en Wurtenberg (1692) 220
Charlotte de Villars à Villars, no 163.
Le marquis de Villars à Villars, no 164.
Combat de Wiesloch (1694) 223
Bataille de Friedlingue (1702) 224
Le Markgrave de Baden au roi Joseph, no 165.
Villars à la princesse de Conti, no 166.
Campagne de 1703. 233
Villars au duc de Bourgogne, nos 167-170.
Le maréchal de Tallard à Villars, no 171.
M. de Ricous au maréchal de Vendôme, no 172.

356   TABLE.

	Pages
Année 1704	245

Rossel d'Aigaliers à Villars.

Année 1705 246
   Villars au prince de Conti, n° 173.
   La maréchale de Villars à Villars, n° 174.

Année 1706 249

Campagne de 1707. — Contributions et sauvegardes . . 250
   Patentes de sauvegarde de Henri IV, Louis XIV, Villeroy, Vendôme, Noailles, Marlborough.
   Chamillart à Villars, n° 175.
   Villars à Chamillart, n° 176.

Bataille de Malplaquet (1709) 265

Bataille de Denain (1712). 266
   Chansons.
   Desquiddy au président Cholier, n° 177.
   Mme de Maintenon à Villars, n° 178.

Additions a la correspondance 275
   Villars à l'Électeur de Cologne, n° 179; — au Président de Rochefort, n° 181; — à M. d'Hauteval, n° 182; — à M. des Alleurs, n° 183.
   Le marquis de Mimeure à Villars, n° 180.

Additions au tome VI.

Sauvegardes 279
   Patente du maréchal de Broglie.

L'hôtel de Villars 280

Errata 287

Table alphabétique des matières 289

Nogent-le-Rotrou, imprimerie Daupeley-Gouverneur.

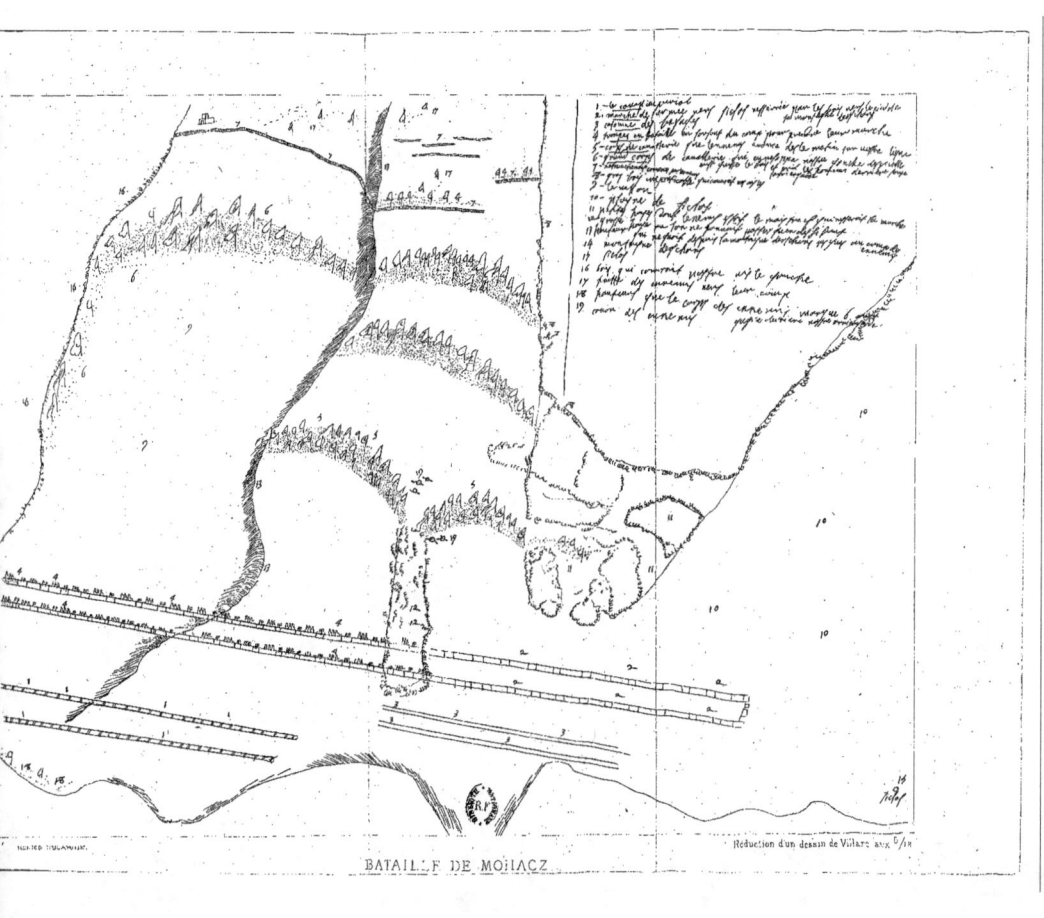

BATAILLE DE MOHACZ

Ouvrages publiés par la Société de l'Histoire de France
depuis sa fondation en 1834.

In-octavo à 9 francs le volume, 7 francs pour les Membres de la Société.

Ouvrages épuisés.

L'Ystoire de li Normant. 1 vol.
Lettres de Mazarin. 1 vol.
Villehardouin. 1 vol.
Histoire des Ducs de Normandie. 1 vol.
Beaumanoir. Coutumes de Beauvoisis. 2 vol.
Mémoires de Coligny-Saligny. 1 vol.
Mémoires et Lettres de Marguerite de Valois. 1 vol.
Comptes de l'argenterie des rois de France. 1 vol.
Mémoires de Daniel de Cosnac. 2 vol.
Journal d'un Bourgeois de Paris sous François I er. 1 vol.
Chroniques des comtes d'Anjou. 1 vol.
Lettres de Marguerite d'Angoulême. 2 vol.
Joinville. Hist. de saint Louis. 1 vol.
Chronique de Guillaume de Nangis. 2 vol.

Ouvrages épuisés en partie.

Grégoire de Tours. Histoire ecclésiast. des Francs. 4 v.
Œuvres d'Éginhard. 2 vol.
Barbier. Journal du règne de Louis XV. 4 vol.
Mémoires de Ph. de Commynes. 3 vol.
Registres de l'Hôtel de Ville de Paris pendant la Fronde. 3 vol.
Procès de Jeanne d'Arc. 5 v.
Bibliographie des Mazarinades. 3 vol.
Choix de Mazarinades. 2 vol.
Histoire de Charles VII et de Louis XI, par Th. Basin. 4 vol.
Grégoire de Tours. Œuvres diverses. 4 vol.
Chron. de Monstrelet. 6 vol.
Chron. de J. de Wavrin. 3 vol.
Journal et Mémoires du marquis d'Argenson. 9 vol.
Œuvres de Brantôme. 11 v.
Commentaires et Lettres de Blaise de Monluc. 5 vol.
Mém. de Bassompierre. 4 vol.

Ouvrages non épuisés.

Mém. de Pierre de Fenin. 1 v.
Orderic Vital. 5 vol.

Correspondance de Maximilien et de Marguerite. 2 v.
Richer. Hist. des Francs. 2 v.
Le Nain de Tillemont. Vie de saint Louis. 6 vol.
Mém. de Mathieu Molé. 4 v.
Miracles de S. Benoît. 1 vol.
Chronique des quatre premiers Valois. 1 vol.
Mém. de Beauvais-Nangis. 1 v.
Chronique de Mathieu d'Escouchy. 3 vol.
Choix de pièces inédites relatives au règne de Charles VI. 2 vol.
Comptes de l'hôtel des Rois de France. 1 vol.
Rouleaux des morts. 1 vol.
Œuvres de Suger. 1 vol.
Mém. et corresp. de M me du Plessis-Mornay. 2 vol.
Chroniques des églises d'Anjou. 1 vol.
Introduction aux chroniques des comtes d'Anjou. 1 vol.
Chroniques de J. Froissart. T. I à XI. 13 vol.
Chroniques d'Ernoul et de Bernard le Trésorier. 1 v.
Annales de S.-Bertin et de S.-Vaast d'Arras. 1 vol.
Histoire de Béarn et de Navarre. 1 vol.
Chroniques de Saint-Martial de Limoges. 1 vol.
Nouveau recueil de comptes de l'argenterie. 1 vol.
Chanson de la croisade contre les Albigeois. 2 vol.
Chronique du duc Louis II de Bourbon. 1 vol.
Chronique de J. Le Fèvre de Saint-Remy. 2 vol.
Récits d'un ménestrel de Reims au XIII e siècle. 1 v.
Lettres d'Ant. de Bourbon et de Jeanne d'Albret. 1 vol.
Mém. de La Huguerye. 3 vol.
Anecdotes et apologues d'Étienne de Bourbon. 1 vol.
Extraits des auteurs grecs concern. la géographie et l'hist. des Gaules. 6 vol.
Histoire de Bayart. 1 vol.
Mémoires de N. Goulas. 3 v.
Gestes des évêques de Cambrai. 1 vol.
Les Établissements de saint Louis. 4 vol.
Chronique normande du XIV e s. 1 vol.

Relation de Spanheim. 1 vol.
Œuvres de Rigord et de Guillaume le Breton. 2 v.
Mém. d'Ol. de la Marche. 4 v.
Lettres de Louis XI. T. I à VIII.
Mémoires de Villars. T. I à VI.
Notices et documents, 1884. 1 v.
Journal de Nic. de Baye. 2 v.
La Règle du Temple. 1 vol.
Hist. univ. d'Agr. d'Aubigné. T. I à IX.
Le Jouvencel. 2 vol.
Chroniques de Louis XII, par Jean d'Auton. 4 vol.
Chronique d'Arthur de Richemont. 1 vol.
Chronographia regum Francorum. 3 vol.
L'Histoire de Guillaume le Maréchal. 3 vol.
Mémoires de Du Plessis-Besançon. 1 vol.
Éphéméride de La Huguerye. 1 vol.
Hist. de Gaston IV, comte de Foix. 2 vol.
Mémoires de Gourville. 2 vol.
Journal de J. de Roye. 2 vol.
Chronique de Richard Lescot. 1 vol.
Brantôme, sa vie et ses écrits. 1 vol.
Journal de J. Barrillon. 2 v.
Lettres de Charles VIII. T. I à IV.
Mém. du chev. de Quincy. 3 v.
Chron. de Morosini. 4 vol.
Documents sur l'Inquisition. 2 vol.
Mém. du vicomte de Turenne. 1 vol.
Chron. de Perceval de Cagny. 1 vol.
Journal de J. Vallier. T. I.
Mémoires de St-Hilaire. T. I.
Journal de Fauquembergue. T. I.
Chron. de Jean Le Bel. T. I.

SOUS PRESSE :

Hist. univ. d'Agr. d'Aubigné. T. X.
Chron. de J. Froissart. T. XII.
Lettres de Louis XI. T. IX.
Journal de J. Vallier. T. II.
Lettres de Charles VIII. T. V.
Mémoriaux du Conseil de Louis XIV. T. I.
Chron. de Jean Le Bel. T. II.
Chron. de Gilles Le Muisit.

ANNUAIRES, BULLETINS ET ANNUAIRES-BULLETINS (1834-1903),

In-18 et in-8°, à 2 et 5 francs.

(Pour la liste détaillée, voir à la fin de l'Annuaire-Bulletin de chaque année.)

Nogent-le-Rotrou, imprimerie Daupeley-Gouverneur.

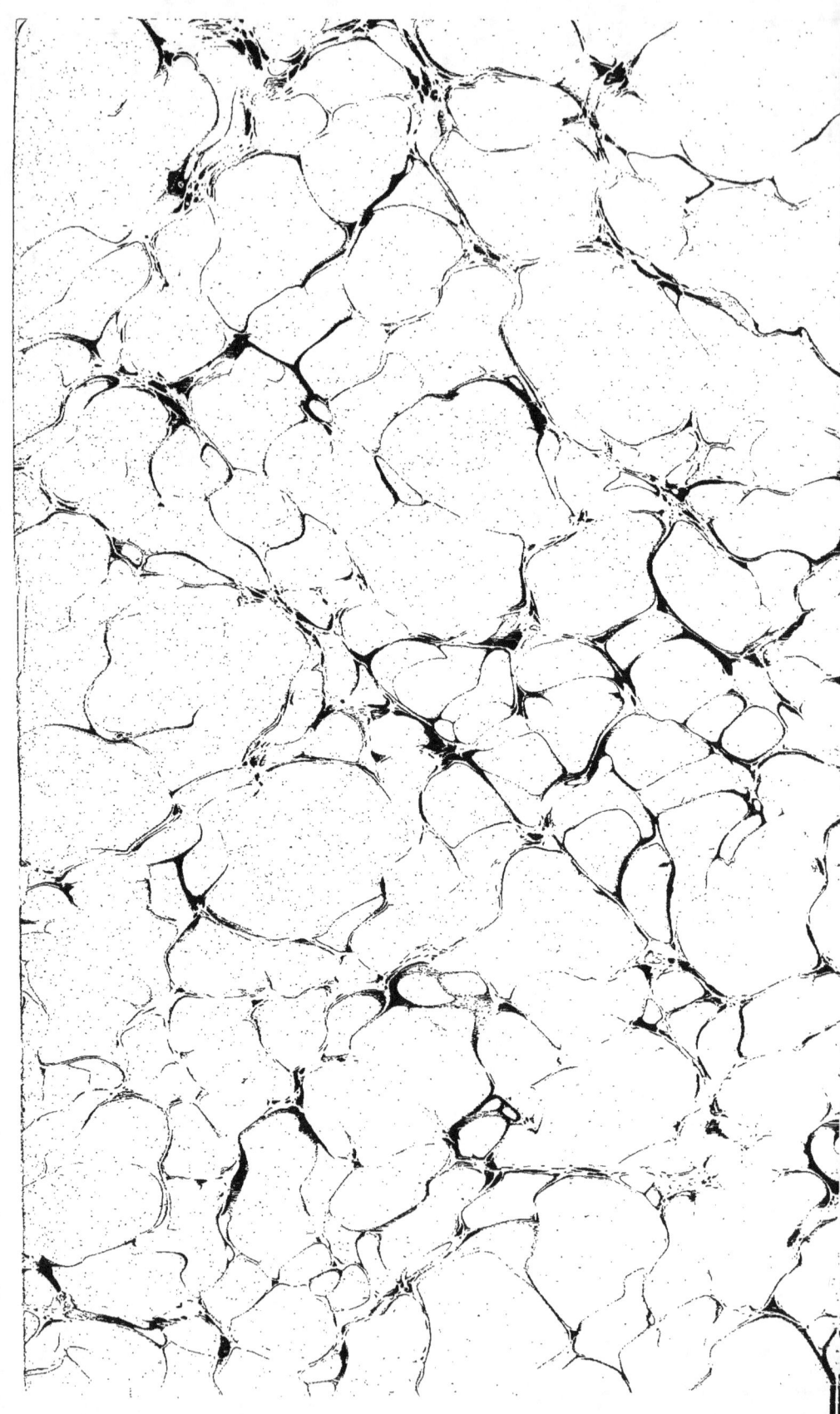

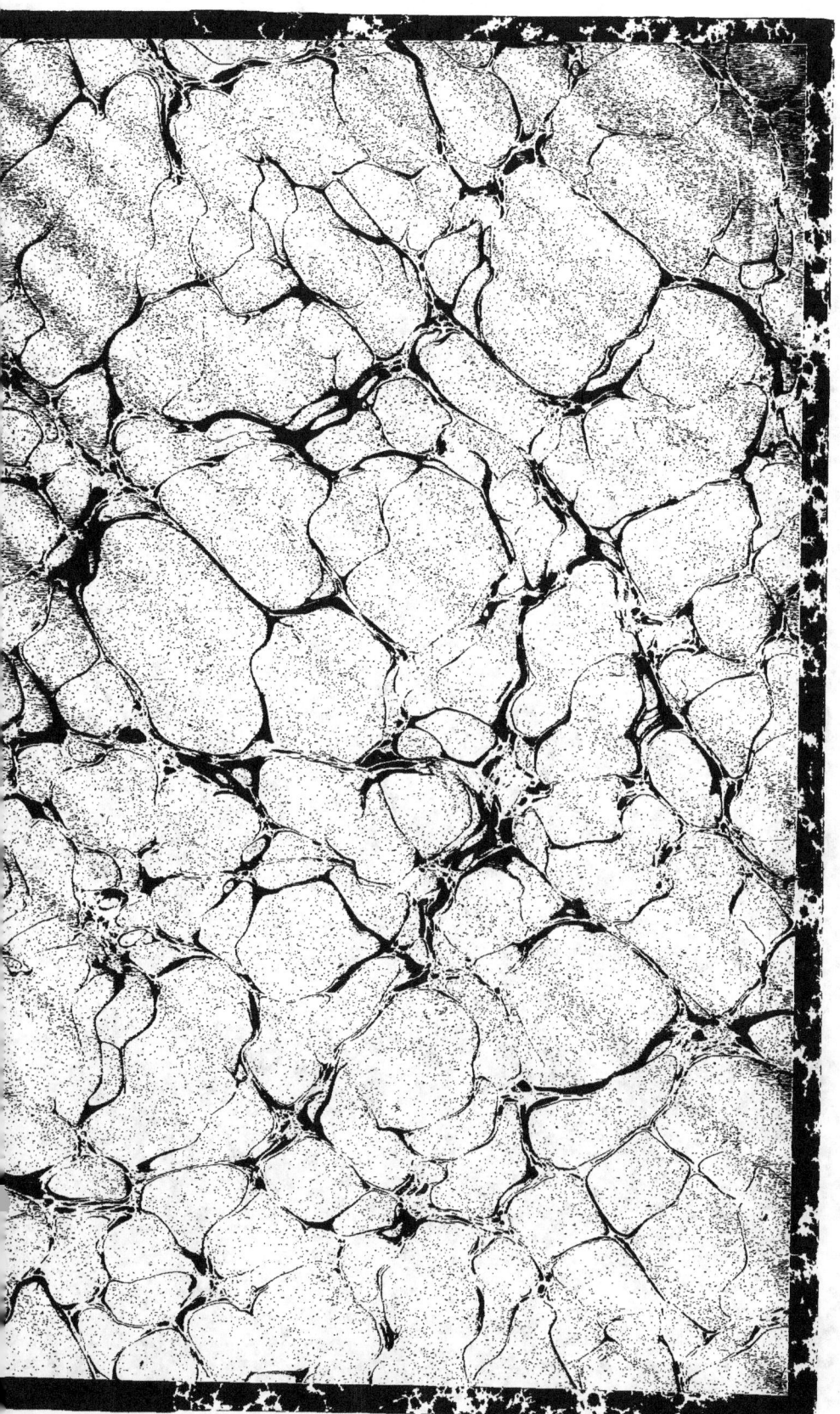

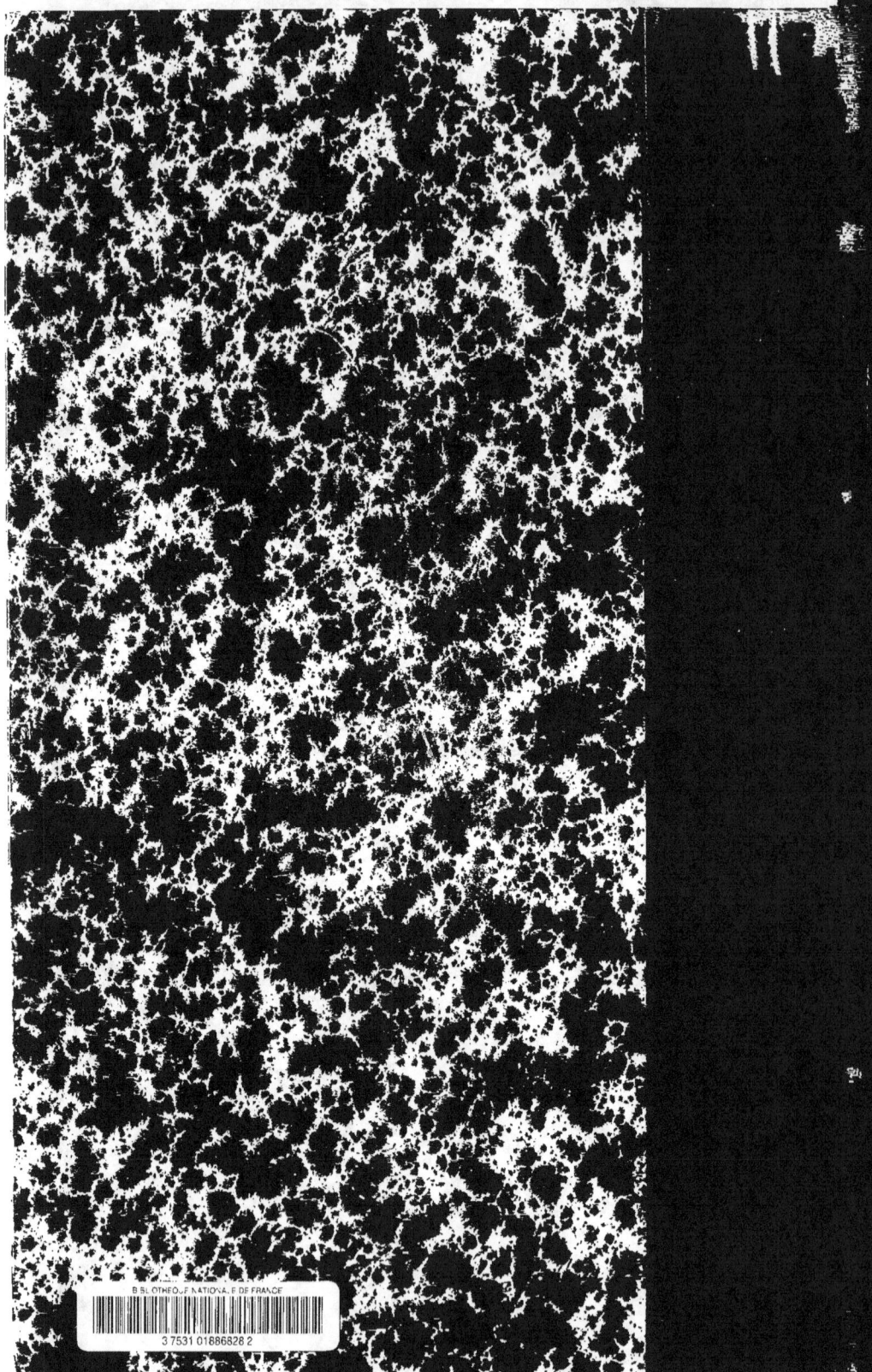

www.ingramcontent.com/pod-product-compliance
Lightning Source LLC
Chambersburg PA
CBHW071239240426
43671CB00031B/1220